노동법 실무시리즈 I

수식과 도표로 알기 쉽게 정리한

# 연차휴가와 노동법

수식과 도표로 알기 쉽게 정리한

**연차휴가와 노동법**

---


초 판 발 행 | 2013년 8월 19일
개정7판발행 | 2024년 8월 22일

지 은 이 | 조 갑 식
펴 낸 이 | 김 남 진

펴 낸 곳 | 중앙경제
디 자 인 | 이지훈, 최가영
마 케 팅 | 신석재, 김성울, 이소영, 윤지희, 김선혜
경 영 지 원 | 이상훈, 박세라, 조용환

주 소 | 서울시 중구 다산로 11길 19(신당동) 백석빌딩 신관 4층
전 화 | 02-2231-7293
팩 스 | 02-2235-5344
홈 페 이 지 | www.elabor.co.kr
출 판 등 록 | 80. 6. 21 제2-66호

I S B N | 978-89-7017-561-4 (93320)
정 가 | 35,000원


---

개정7판

수식과 도표로 알기 쉽게 정리한

# 연차휴가와 노동법

실무자를 위한
연차휴가 업무처리 지침서

| 조 갑 식 |

중앙경제

## 머리말

개정 7판에는 다음 내용에 대해 중점적으로 수정·보완하였다. 특히, 시간 단위 연차가 활발해짐에 따라 이를 종합하여 정리하였으며, 6판 발간 이후 새롭게 나온 판례나 행정해석, 변경된 행정해석의 내용을 반영하였다.

- 특별한 사유로 근로제공의무가 정지되는 날(기간)에 대한 연차휴가 계산방식을 좀 더 이해하기 쉽도록 수정
- 단시간근로자, 단축근무(임신기/육아기/가족돌봄 등) 등 소정근로시간이 짧은 경우에 대한 시간 단위 연차의 계산방법, 사용단위 등에 대해 '제7절'로 통합하여 설명
- 소정근로일과 소정근로시간에 따른 연차휴가 발생/사용을 예시로 설명
- 풀타임근무와 단축근무가 혼재된 경우의 연차휴가 계산
- 연차촉진시 이메일이 가능한지에 대한 고용노동부의 입장
- 무급휴일에는 연차사용이 불가능하다는 변경된 고용노동부 행정해석
- 연차휴가를 이월한 경우의 평균임금 산정방식에 대한 고용노동부 행정해석
- 포괄임금제가 무효인 경우의 연차휴가수당에 대한 무효의 범위에 대한 대법원 판결
- 탄력적 근로시간제에서 노사합의로 시간 단위로 연차사용이 가능한지 여부
- 감시단속적 근로자의 연차휴가수당 계산방법 변경
- 연차휴가에 관한 서류의 보존기간
- 연차대체제도 도입시 근로자대표 선정 단위에 대한 변경된 행정해석

개정 7판도 인사노무업무를 담당하는 실무자들의 연차휴가 관리에 도움이 되었으면 하는 바램이며, 이 책에 실린 각종 서식이나 정오표(오류나 오타가 발생하는 경우 등)는 카페(조갑식 노무사의 laborlawschool(네이버 카페, https://cafe.naver.com/laborlawschool)를 통해 공개할 예정이다. 카페에도 연차휴가 실무와 관련한 많은 내용들이 있으니 참고하기를 바랍니다.

2024. 8

**조 갑 식**

# <목 차>

## 제1장 서 론

### 제1절 연차휴가의 의의와 연혁



### 제2절 연차휴가제도의 적용범위

## 제2장 연차휴가의 발생

### 제1절 기본 연차휴가일수

## 제2절 가산휴가



## 제3절 출근율 산정과 휴가일수

## 제4절 회계연도 기준의 연차휴가 산정



## 제5절 계속근로년수와 퇴직일

## 제6절 기간제근로자의 연차휴가

## 제7절 소정근로시간이 짧은 경우



## 제8절 특수한 경우의 연차휴가 산정

# 제3장 연차휴가의 사용

## 제1절 연차휴가의 사용기간



## 제2절 시기지정권과 시기변경권

## 제4절 연차휴가사용촉진제도

## 제5절 연차휴가의 대체제도

## 제4장 연차휴가와 임금 등

### 제1절 연차휴가수당과 관련한 쟁점

## 제2절 형사벌칙/금품청산/소멸시효



# 제5장 기타 쟁점

## 제1절 취업규칙, 근로계약과 연차휴가

## 제2절 기타 쟁점 및 추가 설명

## 제3절 연차휴가 사용과 장시간근로 개선



## 첨 부

## 서 식

# 일러두기

## Ⅰ. 법률명칭 약어표

이 책에서는 법제처의 국가법령정보센터에서 사용하는 방식에 따라 다음과 같이 약칭으로 법률명칭을 사용하기로 한다.

| 정식 명칭 | 약 칭 |
|---|---|
| 고용상 연령차별금지 및 고령자고용촉진에 관한 법률 | 고령자고용법 |
| 기간제 및 단시간근로자 보호 등에 관한 법률 | 기간제법 |
| 파견근로자 보호 등에 관한 법률 | 파견법 |
| 근로자참여 및 협력 증진에 관한 법률 | 근로자참여법 |
| 남녀고용평등과 일·가정 양립 지원에 관한 법률 | 남녀고용평등법 |
| 노동조합 및 노동관계조정법 | 노동조합법 |

## Ⅱ. 기본적인 용어의 정의

이 책에서는 저자가 설명의 편의를 위하여 법정용어가 아닌 임의용어를 사용하였다. 대표적인 것으로 ① 기본연차(전년도 80% 이상 출근시 발생하는 15일의 휴가), ② 가산휴가(1년을 초과한 매 2년마다 1일씩 추가되는 휴가), ③ 정상연차(출근율이 80% 이상인 정상적인 상황에서 발생하는 연차휴가로 기본연차와 가산휴가를 같이 칭하는 명칭), ④ 회계연도(기업마다 회계연도가 다르지만 이 책에서는 매년 1.1~12.31까지를 회계연도로 함) 등으로 사용하기로 한다. 법정용어는 판례 및 행정해석 등을 인용하여 해당 부분에서 그 정의를 설명하였다.

# 제1장

# 서 론

# 제1절 연차휴가의 의의와 연혁

## Ⅰ. 휴가제도의 의의

### 1. 휴가의 의의

“휴가”는 사용자가 근로자의 노무를 수령할 수 있는 상태임에도 불구하고 그 날의 근로제공의무를 면제시켜 주는 것을 의미하며, 관련 법령 또는 당사자간의 합의 등으로 시행할 수 있다.[1)]

### 2. 휴가의 종류

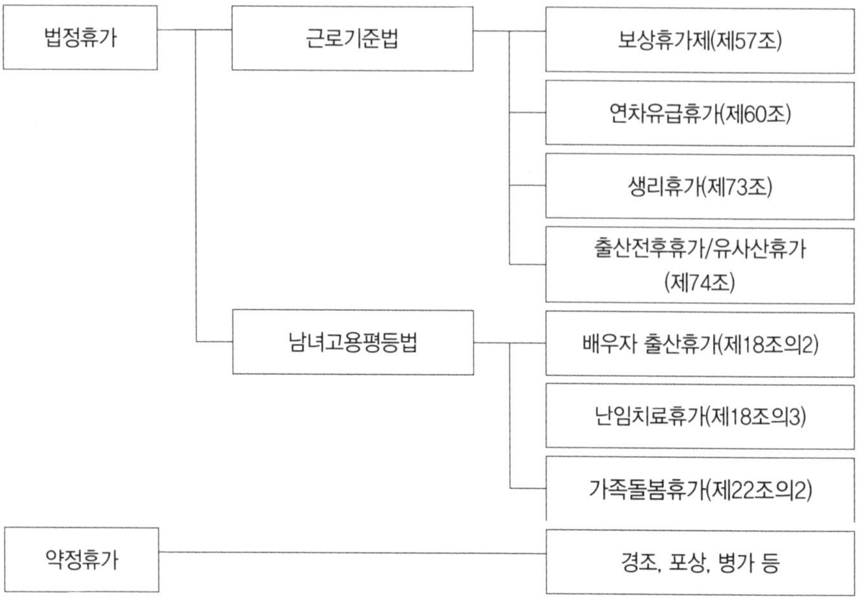


※ 근로기준법상의 월차휴가제도는 주 40시간제 시행과 함께 폐지되었음.

---

1) 2005.1.29, 근로기준과-577

휴가의 종류에는 근로기준법에서 정하고 있는 법정휴가와 단체협약·취업규칙·근로계약 등으로 정한 약정휴가가 있다. 근로자에게 정상적인 근로제공의무가 있으나 휴가라는 제도를 통하여 면제된다는 점에서 양자는 동일하다.

#### (1) 법정휴가

법정휴가에는 보상휴가제, 연차휴가, 생리휴가, 출산전후휴가, 유사산휴가(이상 근로기준법), 배우자 출산휴가, 난임치료휴가, 가족돌봄휴가(이상 남녀고용평등법)가 있다.

#### (2) 약정휴가

근로계약 당사자 또는 노사간의 합의(단체협약 등), 취업규칙 등으로 약정한 휴가를 의미하며, 대표적인 것으로 경조휴가, 하계휴가 등이 있다. 약정휴가이기 때문에 어떤 경우에 휴가를 부여할 것인지, 유급으로 할 것인지 무급으로 할 것인지 등에 대해서는 당사자간의 합의내용에 따라 다르게 규정될 수 있다.

### 3. 휴가와 휴일의 구별

근로기준법상 휴가는 '근로제공의무가 있지만 이를 면제한 날'이므로 면제할 '소정근로시간이 있을 것'을 전제로 한다. 반면, 휴일은 '근로제공의무 자체가 없는 날'을 의미한다.[2] 유급휴일은 근로를 제공하였더라면 지급받을 수 있었던 금액을 지급받으면서 근로제공의 의무는 없는 것으로 정하여진 날이다.[3]

## Ⅱ. 연차휴가제도의 의의 및 법적 성격

### 1. 의 의

헌법재판소는 "근로기준법상의 연차휴가는 근로자에 대하여 휴일 외에 매년 일정일수의 휴가를 유급으로 보장하는 제도로서, 근로자에게 일정기간 근로의

---

2) 2005.3.3, 근로기준과-1186; 1999.12.15, 근기 68207-883
3) 2004.4.30, 근로기준과-2156

무를 면제함으로써 근로자의 정신적·육체적 휴양을 통하여 문화적 생활의 향상을 기하려는 데 그 취지가 있다. 휴게시간이나 주휴일은 하루 또는 일주일의 노동으로 육체적·정신적 피로가 누적된 근로자들의 생리적인 회복을 위한 것이 주목적이라면, 연차휴가는 임금 삭감 없이 휴가기간을 스스로 결정할 수 있게 함으로써 근로자들이 노동으로부터 일정기간 해방되고 사회적·문화적 시민생활을 영위할 수 있는 기회를 보장하기 위한 것으로 본래적 의미에서의 '여가'를 보장한 것이라 할 수 있다"고 하였다.[4)]

대법원과 고용노동부도 연차휴가는 근로기준법에 의한 법정휴가 중 하나로서, 전년도에 일정한 비율 이상의 출근을 함으로써 장기간 성실히 근로한 근로자에게 일정기간 근로의무를 면제함으로써 정신적·육체적 피로회복과 휴양의 기회를 제공하고 노동의 재생산 유지와 문화적 생활의 향상을 기하기 위한 제도이며, 휴가로 사용한 날은 유급으로 보상해 주는 공로보상적 성격과 동시에 이를 준수하지 않은 사용자에게 별도의 벌칙규정을 통하여 그 이행을 강제하는 제도라고 보고 있다.[5)]

## 2. 법적 성격

연차휴가의 법적 성격에 대해서는 여러 견해가 있지만, 판례는 "연차휴가권이 근로기준법상의 성립요건을 충족하는 경우에 당연히 발생하는 것이라고 하여도 이와 같이 발생한 휴가권을 구체화하려면 근로자가 자신에게 맡겨진 시기지정권을 행사하여 어떤 휴가를 언제부터 언제까지 사용할 것인지에 관하여 특정하여야 한다"고 함으로써 연차휴가의 발생 그 자체와 사용을 위한 시기지정권을 구분하는 입장을 취하고 있다.

4) 헌법재판소 2008.9.25, 2005헌마586; 헌법재판소 2015.5.28, 2013헌마619
5) 대판 2008.10.9, 2008다41666; 2009.12.1, 근로기준과-5084 등

# 제2절 연차휴가제도의 적용범위

## Ⅰ. 상시 근로자수에 따른 적용 사업(장)

### 1. 연차휴가가 적용되는 사업(장)

**관련법령**

**근로기준법 제11조【적용 범위】** ① 이 법은 상시 5명 이상의 근로자를 사용하는 모든 사업 또는 사업장에 적용한다. 다만, 동거하는 친족만을 사용하는 사업 또는 사업장과 가사(家事) 사용인에 대하여는 적용하지 아니한다.
② 상시 4명 이하의 근로자를 사용하는 사업 또는 사업장에 대하여는 대통령령으로 정하는 바에 따라 이 법의 일부 규정을 적용할 수 있다.
③ 이 법을 적용하는 경우에 상시 사용하는 근로자 수를 산정하는 방법은 대통령령으로 정한다.

근로기준법은 원칙적으로 상시 5명 이상의 근로자를 사용하는 사업(장)에 적용되며, 상시 4명 이하의 근로자를 사용하는 사업(장)에 대해서는 동법시행령 별표 1에 따라 근로기준법의 일부 조항만 적용된다.

그러나 별표 1에 따르면 '상시 4명 이하의 근로자를 사용하는 사업(장)'에 적용되는 조항에 연차휴가와 관련한 제60조(연차유급휴가), 제61조(연차유급휴가의 사용촉진), 제62조(유급휴가의 대체)의 규정은 제외되어 있다.

따라서 상시 4명 이하의 근로자를 사용하는 사업(장)에는 연차휴가제도가 적용되지 않고, 5명 이상의 근로자를 사용하는 사업(장)에만 연차휴가제도가 적용된다.[6] 다만, 상시 4명 이하의 근로자를 사용하는 사업(장)의 사용자가 임의로 연차휴가를 부여하는 것은 가능하다.[7]

---

6) 2011.11.30, 근로개선정책과-4879. 연차휴가미사용수당도 상시 5명 이상의 근로자를 사용하는 사업(장)에 적용된다.
7) 2023.6.16, 근로기준정책과-1937

▶ **사업과 사업장의 개념**

사업이란 하나의 활동주체가 유기적 관련 아래 업으로서 계속적으로 하는 모든 작업을 말함. 사업장이란 본사·공장·지점 등 작업이 수행되는 장소 또는 장소적으로 구획된 사업체의 일부분을 말함.
업으로서 계속적으로 행하는 한 영리를 목적으로 하지 않더라도 관계가 없으며, 업으로서 계속하려는 의도가 있는 이상 사업이 1회적으로 또는 일시적이더라도 적용됨(고용노동부, 「임금체불 유형별 업무처리 매뉴얼」, 2009.11, 72쪽).
원칙적으로 하나의 법인은 하나의 사업(장)으로, 법인이 다를 경우에는 별개의 사업(장)으로 봄. 그러나 하나의 법인에 소속된 여러 개의 사업장이 장소적으로 분리되어 있고 인사·노무·재정 및 회계가 서로 분리되어 독자적으로 사업경영이 이루어지며, 별도의 단체협약이나 취업규칙의 적용을 받는 등의 경우에는 별도의 사업(장)으로 보아 상시근로자수를 산정할 수 있음(2005.9.7, 근로기준과-4616).

## 2. 연차휴가제도 적용을 위한 상시근로자수 산정방법[8)]

상시근로자수의 산정 방법에 대해 그동안 근로기준법에는 명문의 규정이 없어 판례와 행정해석에 의존하여 왔으나, 2008.3.21 근로기준법 제11조(적용 범위) 제3항에서 근거 규정을 마련한 후, 2008.6.25 동법시행령 제7조의2(상시 사용하는 근로자 수의 산정 방법)에서 구체적인 산정방법이 규정되어 2008.7.1부터 시행되었다. 고용노동부 역시 행정해석을 정비하여 「근로기준법령 개정관련 업무처리 지침」을 2008.7.1 이후 법적용 사유 발생 사건부터 적용하도록 하였다.[9)]

### (1) 상시근로자수 산정 기본원칙

**관련법령**

**근로기준법시행령 제7조의2【상시 사용하는 근로자 수의 산정 방법】** ① 법 제11조제3항에 따른 "상시 사용하는 근로자 수"는 해당 사업 또는 사업장에서 법 적용 사유(휴업수당 지급, 근로시간 적용 등 법 또는 이 영의 적용 여부를 판단하여야 하는 사유를 말한다. 이하 이 조에서 같다) 발생일 전 1개월(사업이 성립한 날부터 1개월 미만인 경우에는 그 사업이 성립한 날 이후의 기간을 말한다. 이하 "산정기간"이라 한다) 동안 사용한 근로자의 연인원을 같은 기간 중의 가동 일수로 나누어 산정한다.

8) 이하에서는 고용노동부의 행정해석(2008.6.30, 근로기준과-877) 및 「근로기준법령 개정관련 업무처리 지침(2008.6)」의 내용을 요약하여 정리하였다.
9) 기존의 「근로기준법 적용범위 관련 상시근로자 수 판단기준(2007.11.29, 근로기준팀-8048)」은 개정법령 시행과 동시에 폐지하고, 개정법령 시행전에 사업주가 동 판단기준을 신뢰함으로써 발생한 법위반 사항에 대하여는 책임을 지지 않는다고 하고 있다.

근로기준법시행령 제7조의2(상시 사용하는 근로자 수의 산정 방법) 제1항에 따라 '상시 사용하는 근로자 수(이하 '상시근로자수')'는 법 적용사유[10] 발생일 전 1개월(사업이 성립한 날부터 1개월 미만인 경우에는 그 사업이 성립한 날 이후의 기간, 이하 '산정기간') 동안 사용한 근로자의 연인원을 같은 기간 중의 가동 일수로 나누어 산정한다.

**▶ 상시 근로자수의 의미**

'상시 5명 이상의 근로자를 사용하는 사업 또는 사업장'이라 함은 '상시 근무하는 근로자의 수가 5명 이상인 사업 또는 사업장'이 아니라 '사용하는 근로자의 수가 상시 5명 이상인 사업 또는 사업장'을 뜻하는 것이고, 이 경우 상시라 함은 상태(常態)라고 하는 의미로서 근로자의 수가 때때로 5명 미만이 되는 경우가 있어도 사회통념에 의하여 객관적으로 판단하여 상태적으로 5명 이상이 되는 경우에는 이에 해당한다 할 것이고, 여기의 근로자에는 당해 사업장에 계속 근무하는 근로자뿐만 아니라 그때 그때의 필요에 의하여 사용하는 일용근로자를 포함한다(대판 2000.3.14, 99도1243; 대판 2008.3.27, 2008도364).

**▶ 연인원(延人員)의 의미(출처: Naver 국어사전)**

어떠한 일에 동원된 인원수와 일수(日數)를 계산하여, 그 일이 하루에 완성되었다고 가정하고 일수를 인수(人數)로 환산한 총인원수. 예를 들면, 다섯 사람이 열흘 걸려서 완성한 일의 연인원은 50명이다. '총인원'으로 순화. [비슷한 말] 연인수·연인원수.

**[Q&A] 상시근로자수 산정 사례**

Q. 법 적용사유 발생일: 20××.9.15
산정기간(8.15~9.14) 동안 사용근로자의 연인원 132명
산정기간 중의 가동일수: 24일인 경우
상시근로자 수 산정은?

A. $\text{상시근로자 수} = \dfrac{\text{산정기간 동안 사용한 근로자 연인원}}{\text{산정기간 중 가동일수}} = \dfrac{132\text{명}}{24\text{일}} = 5.5\text{명}$

10) "법 적용 사유"란 연차휴가 산정/부여, 휴업수당 지급, 근로시간 적용 등 근로기준법 또는 동법시행령의 적용 여부를 판단하여야 하는 사유를 말한다.

### (2) '(1) 상시근로자수 산정 기본원칙'에 대한 예외

**관련법령**

**근로기준법시행령 제7조의2【상시 사용하는 근로자 수의 산정 방법】** ② 제1항에도 불구하고 다음 각 호의 구분에 따라 그 사업 또는 사업장에 대하여 5명(법 제93조의 적용 여부를 판단하는 경우에는 10명을 말한다. 이하 이 조에서 "법 적용 기준"이라 한다) 이상의 근로자를 사용하는 사업 또는 사업장(이하 이 조에서 "법 적용 사업 또는 사업장"이라 한다)으로 보거나 법 적용 사업 또는 사업장으로 보지 않는다.

1. 법 적용 사업 또는 사업장으로 보는 경우: 제1항에 따라 해당 사업 또는 사업장의 근로자 수를 산정한 결과 법 적용 사업 또는 사업장에 해당하지 않는 경우에도 산정기간에 속하는 일(日)별로 근로자 수를 파악하였을 때 법 적용 기준에 미달한 일수(日數)가 2분의 1 미만인 경우
2. 법 적용 사업 또는 사업장으로 보지 않는 경우: 제1항에 따라 해당 사업 또는 사업장의 근로자 수를 산정한 결과 법 적용 사업 또는 사업장에 해당하는 경우에도 산정기간에 속하는 일별로 근로자 수를 파악하였을 때 법 적용 기준에 미달한 일수가 2분의 1 이상인 경우

원칙적으로 5명 이상의 사업(장)이 되어야만 연차휴가제도가 적용되지만, 예외적으로 그 산정 결과가 해당 사업(장)의 상태적인 고용 현황을 반영하지 못하는 경우에는 상태적인 고용 현황에 따라 법을 탄력적으로 적용하기 위해 고안된 제도이다.

**▶ 판단기준 요약**

| 상시근로자수 | 5명 미만인 일수 | 연차휴가 적용 여부 | 근거 조항 |
|---|---|---|---|
| 5명 미만 | 1/2 미만 | 적용 | 제2항 제1호 |
| 5명 이상 | 1/2 이상 | 미적용 | 제2항 제2호 |

#### 1) 상시근로자수가 5명 미만이지만 연차휴가제도가 적용되는 경우

'(1) 상시근로자수 산정 기본원칙'에 따라 산정한 상시근로자수가 연차휴가제도 적용을 위한 5명 이상에 해당되지 않더라도, 일별로 근로자수를 파악하였을 때, 법 적용 기준에 미달한 일수(5명 미만인 경우)가 1 / 2 미만인 경우에는 연차휴가제도가 적용된다(제2항 제1호).

**[예시]**

법 적용사유 발생일: 20××.10.15.
산정기간(9.15~10.14) 동안 연인원 106명
산정기간 중의 가동일수: 22일인 경우
상시근로자 수는 4.8명으로 법 적용 사업(장)에 해당되지 않음.

$$\frac{\text{산정기간 동안 사용한 근로자 연인원}}{\text{산정기간 중 가동일수}} = \frac{\text{106명}}{\text{22일}} = \text{4.8명}$$

☞ 그러나 상시근로자수가 5명 이상인 날이 15일, 5명 미만인 날이 7일인 경우에는 법 적용 사업(장)으로 봄.
(이유) 상시근로자수가 4.8명으로 법 적용 대상은 아니지만, 5명 미만인 일수가 1/2 미만인 경우에 해당되어 연차휴가제도가 적용됨.

### 2) 상시근로자수가 5명 이상이지만 연차휴가제도가 적용되지 않는 경우

'(1) 상시근로자수 산정 기본원칙'에 따라 산정한 상시근로자수가 연차휴가제도 적용을 위한 5명 이상에 해당된다고 하더라도 산정기간에 속하는 일별로 근로자수를 파악하였을 때, 법 적용 기준에 미달하는 일수가 2분의 1 이상인 경우에는 연차휴가제도가 적용되지 않는다(제2항 제2호).

**[예시]**

법 적용사유 발생일: 20××.10.15
산정기간(9.15~10.14) 동안 연인원 119명
산정기간 중의 가동일수: 22일인 경우
상시근로자 수는 5.4명으로 법 적용 사업(장)에 해당됨.

$$\frac{\text{산정기간 동안 사용한 근로자 연인원}}{\text{산정기간 중 가동일수}} = \frac{\text{119명}}{\text{22일}} = \text{5.4명}$$

☞ 그러나 상시근로자수가 5명 이상인 날이 10일, 5명 미만인 날이 12일인 경우에는 법 적용 사업(장)으로 보지 않음.
(이유) 상시근로자수가 5.4명으로 연차휴가제도 적용 대상이지만, 5명 미만인 일수가 1/2 이상인 경우에 해당되어 연차휴가제도가 적용되지 않음.

### (3) 연차휴가 적용여부에 대한 판단기준

#### 1) 연차휴가 적용기준

**관련법령**

**근로기준법시행령 제7조의2【상시 사용하는 근로자 수의 산정 방법】** ③ 법 제60조부터 제62조까지의 규정(제60조제2항에 따른 연차유급휴가에 관한 부분은 제외한다)의 적용 여부를 판단하는 경우에 해당 사업 또는 사업장에 대하여 제1항 및 제2항에 따라 월 단위로 근로자 수를 산정한 결과 법 적용 사유 발생일 전 1년 동안 계속하여 5명 이상의 근로자를 사용하는 사업 또는 사업장은 법 적용 사업 또는 사업장으로 본다.

위의 '(1) 상시근로자수 산정 기본원칙'과 '(2) 상시근로자수 산정 기본원칙에 대한 예외'에 의해 월단위 근로자수를 산정한 결과 연차휴가 적용 전 1년 동안 계속하여 5명 이상의 근로자를 사용하는 경우에만 연차휴가제도가 적용된다.

따라서 회계연도에 따라 연차휴가를 산정할 경우 1~12월까지 각각의 월에 대하여 매월 상시근로자수가 5명 이상이어야만 연차휴가가 발생하며, 5명 미만인 달이 한달이라도 있는 경우에는 연차휴가가 발생하지 않는다.

#### 2) 계속근로기간 1년 미만인 근로자/1년간 80% 미만 출근한 근로자

**관련법령**

**근로기준법시행령 제7조의2【상시 사용하는 근로자 수의 산정 방법】** ③ 법 제60조부터 제62조까지의 규정(제60조제2항에 따른 연차유급휴가에 관한 부분은 제외한다)의 적용 여부를 판단하는 경우에 해당 사업 또는 사업장에 대하여 제1항 및 제2항에 따라 월 단위로 근로자 수를 산정한 결과 법 적용 사유 발생일 전 1년 동안 계속하여 5명 이상의 근로자를 사용하는 사업 또는 사업장은 법 적용 사업 또는 사업장으로 본다.

**근로기준법 제60조【연차유급휴가】** ② 사용자는 계속하여 근로한 기간이 1년 미만인 근로자 또는 1년간 80퍼센트 미만 출근한 근로자에게 1개월 개근 시 1일의 유급휴가를 주어야 한다.

연차휴가는 1년간 출근율에 따라 발생여부가 결정되므로, 원칙적으로 1년 중 5명 미만인 달이 있게 되면 연차휴가가 발생되지 않게 된다. 그러나 계속근로기간 1년 미만인 근로자와 1년간 80% 미만 출근한 근로자의 경우에는 1개월 개근시 1일의 연차휴가가 발생하므로, 연단위로 5명 이상·미만을 따질 필요가 없고, 월단위로 5명 이상인 달이 있으면 그 달에 개근한 경우에는 1일의 연차휴가가 발생된다.

그러나 계속근로년수가 1년 미만인 근로자에게 발생하는 월단위 휴가는 '계속근로기간이 1년 미만인 경우'에만 해당되고, 2년차부터는 5명이 안 되는 달이 1월만 있어도 '1년 전체가 5명 이상인 사업(장)'에 해당되지 않으므로 연단위 휴가 자체가 발생하지 않는다.

▶ **연차휴가 적용기준**

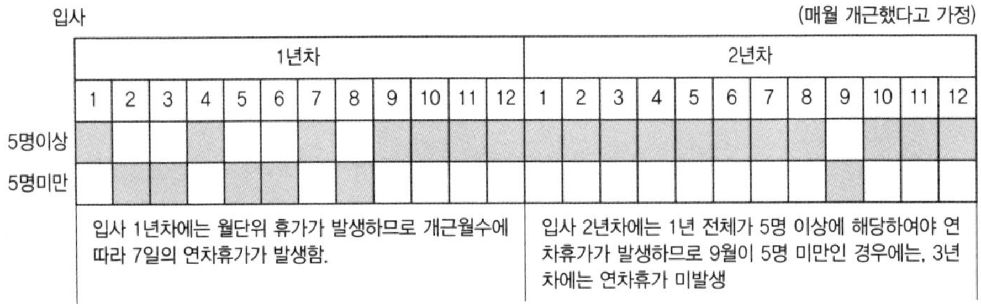


## (4) 연인원에 포함되는 근로자의 범위

**관련법령**

**근로기준법시행령 제7조의2【상시 사용하는 근로자 수의 산정 방법】** ④ 제1항의 연인원에는 「파견근로자보호 등에 관한 법률」 제2조제5호에 따른 파견근로자를 제외한 다음 각 호의 근로자 모두를 포함한다.

1. 해당 사업 또는 사업장에서 사용하는 통상 근로자, 「기간제 및 단시간근로자 보호 등에 관한 법률」 제2조제1호에 따른 기간제근로자, 단시간근로자 등 고용형태를 불문하고 하나의 사업 또는 사업장에서 근로하는 모든 근로자
2. 해당 사업 또는 사업장에 동거하는 친족과 함께 제1호에 해당하는 근로자가 1명이라도 있으면 동거하는 친족인 근로자

해당 사업(장)에서 사용하는 통상근로자, 기간제법상의 기간제근로자, 단시간근로자 등 고용형태를 불문하고 하나의 사업(장)에 근로하는 모든 근로자가 포함된다. 한편, 근로기준법 제11조(적용 범위) 제1항에 따라 동거하는 친족만을 사용하는 사업(장)은 근로기준법 자체가 적용되지 않지만, 동거하는 친족과 함께 통상 / 기간제 / 단시간근로자가 1명이라도 있는 경우에는 동거하는 친족인 근로자도 포함하여 5명 이상인지 여부를 판단한다. 다만, 파견법에 의한 파견근로자, 도급근로자, 용역근로자는 연인원 산정시 제외된다.

## Ⅱ. 인적 적용범위

### 1. 임 원

임원은 원칙적으로 근로기준법상의 근로자에 해당하지 않으므로, 근로기준법상의 연차휴가제도는 적용되지 않고, 별도의 정관이나 규정 등에 따라 휴가를 부여하면 된다.[11] 그러나 다음과 같이 명목상으로는 임원이지만, 그 실질이 근로기준법상 근로자에 해당되는 경우에는 연차휴가제도가 적용될 수 있다.

**▶ 임원의 근로자성 판단**

근로기준법의 적용을 받는 근로자에 해당하는지 여부는 계약의 형식에 관계없이 그 실질에 있어서 임금을 목적으로 종속적 관계에서 사용자에게 근로를 제공하였는지 여부에 따라 판단하여야 할 것이므로, 회사의 이사 또는 감사 등 임원이라고 하더라도 그 지위 또는 명칭이 형식적·명목적인 것이고 실제로는 매일 출근하여 업무집행권을 갖는 대표이사나 사용자의 지휘·감독 아래 일정한 근로를 제공하면서 그 대가로 보수를 받는 관계에 있다거나 또는 회사로부터 위임받은 사무를 처리하는 외에 대표이사 등의 지휘·감독 아래 일정한 노무를 담당하고 그 대가로 일정한 보수를 지급받아 왔다면 그러한 임원은 근로기준법상의 근로자에 해당한다(대판 2009.8.20, 2009두1440; 대판 2003.9.26, 2002다64681 등).

### 2. 기간제, 단시간, 파견근로자, 일용근로자

근로기준법은 고용형태(정규직, 무기계약직, 비정규직 등)가 아니라 계속근로기간에 따라 연차휴가를 부여하고 있으므로, 이들에게도 연차휴가제도는 적용된다.[12]

한편, 일용근로자는 근로계약을 1일 단위로 체결하고 그 날의 근로가 끝나면 근로관계가 종료되어 계속 고용이 보장되지 않는 근로자로서 소정근로일과 결근의 의미가 없는 근로자이지만,[13] 공사 진행기간, 일정업무 수행기간에 상시적으로 출근하거나 출근이 예정되어 있어 계속근로기간을 산정할 수 있는 경우라

11) 1985.12.16, 근기 01254-22583
12) 2012.5.21, 근로개선정책과-2711; 2001.11.16, 여원 68240-508
13) 고용노동부, 임금의 매월 1회 이상 정기지급 원칙에 관한 해석기준, 2011. 일용근로자는 임금계산 및 지급 또한 매일매일 근로관계가 단절되므로, 시간급 또는 일급 단위가 원칙으로 근로관계가 종료한 시점에 임금을 지급해야 한다.

면 월단위 / 연단위 휴가가 발생한다.

## 3. 1주 평균 15시간 미만 근로자

**관련법령**

**근로기준법 제18조【단시간근로자의 근로조건】**
① 단시간근로자의 근로조건은 그 사업장의 같은 종류의 업무에 종사하는 통상 근로자의 근로시간을 기준으로 산정한 비율에 따라 결정되어야 한다.
② 제1항에 따라 근로조건을 결정할 때에 기준이 되는 사항이나 그 밖에 필요한 사항은 대통령령으로 정한다.
③ 4주 동안(4주 미만으로 근로하는 경우에는 그 기간)을 평균하여 1주 동안의 소정근로시간이 15시간 미만인 근로자에 대하여는 제55조와 제60조를 적용하지 아니한다.

**근로자퇴직급여보장법 제4조【퇴직급여제도의 설정】** ① 사용자는 퇴직하는 근로자에게 급여를 지급하기 위하여 퇴직급여제도 중 하나 이상의 제도를 설정하여야 한다. 다만, 계속근로기간이 1년 미만인 근로자, 4주간을 평균하여 1주간의 소정근로시간이 15시간 미만인 근로자에 대하여는 그러하지 아니하다.

1주 평균 15시간 미만으로 근로하는 근로자에게는 주휴일, 연차휴가제도, 퇴직급여제도가 적용되지 않는다. 따라서 1주 소정근로시간이 15시간 이상·미만을 반복하는 단시간근로자의 경우에는 퇴직일을 기준으로 하여 15시간 이상인 기간을 모두 합한 기간이 1년 이상일 경우에 퇴직금이 발생한다.[14]

그러나 연차휴가는 연차휴가산정대상기간인 1년 전체에 대하여 1주 동안의 소정근로시간(4주간 평균)이 15시간 이상이어야만 발생한다는 점에서 퇴직급여제도와 차이가 있다.[15]

또한 계속근로년수 1년 미만인 근로자와 1년간 80% 미만 출근한 근로자의 경우 월 전체가 1주 평균 15시간 이상인 경우에는 월단위 휴가가 발생한다. 즉, 원칙적으로 1주 평균 15시간 이상의 근로를 유지하는 기간만 적용대상이 된다.

---

14) 2001.10.26, 임금 68207-735; 2007.11.27, 퇴직급여보장팀-942
15) 2008.10.9, 근로조건지도과-4378. 상시 근로자수가 5명 이상·미만을 반복하는 경우의 퇴직금과 연차휴가 역시 동일한 방식으로 적용한다.

## 4. 감시 또는 단속적으로 근로에 종사하는 사람

**관련법령**

**근로기준법 제63조【적용의 제외】** 이 장과 제5장에서 정한 근로시간, 휴게와 휴일에 관한 규정은 다음 각 호의 어느 하나에 해당하는 근로자에 대하여는 적용하지 아니한다.
1. 토지의 경작·개간, 식물의 재식(栽植)·재배·채취 사업, 그 밖의 농림 사업
2. 동물의 사육, 수산 동식물의 채포(採捕)·양식 사업, 그 밖의 축산, 양잠, 수산 사업
3. 감시(監視) 또는 단속적(斷續的)으로 근로에 종사하는 사람으로서 사용자가 고용노동부장관의 승인을 받은 사람
4. 대통령령으로 정하는 업무에 종사하는 근로자

감시 또는 단속적으로 근로에 종사하는 사람에 대해서는 근로기준법 제63조(적용의 제외)에 따라 고용노동부장관의 승인을 받은 경우 근로시간, 휴게, 휴일에 관한 규정은 명시적으로 적용을 배제시키고 있지만, 휴가는 적용을 배제하고 있지 않다. 따라서 감시 또는 단속적으로 근로에 종사하는 사람에게는 연차휴가제도가 적용된다.[16]

## 5. 노조전임자

노조전임자는 사용자로부터 시업·종업의 시각, 휴일·휴가 등 근로조건에 있어서 제약을 받지 아니하며 실제로 근로를 제공하지 않으므로 노조전임기간에 대하여 사용자가 연차휴가의 부여 또는 연차휴가미사용수당을 지급할 법적 의무는 없다.[17] 특히, 연차휴가 출근율 산정대상기간 전체가 노조전임기간이라면 다음해에는 연차휴가가 발생하지 않는다.[18] 그러나 단체협약 등의 노사합의로 전임자에 대하여 연차휴가 및 수당지급을 합의한 경우에는 그에 따라야 한다.[19]

대법원 역시 "노조전임자는 근로자 신분은 그대로 유지되지만 근로계약상 근로를 하지 않을 수 있는 지위에 있으므로 휴직상태에 있는 근로자와 유사한 지위를 가진다고 보아야 한다. 따라서 사업주가 급여를 부담한다고 하여 상여금

16) 1994.2.1, 근기 68207-238
17) 2008.4.24, 퇴직연금복지과-122; 1998.10.23, 근기 68207-2837; 1993.2.25, 근기 01254-291 등
18) 2002.8.5, 근기 68207-2649
19) 1980.8.22, 법무 811-21264; 1996.1.19, 근기 68207-83

지급을 요구하거나 연차휴가수당 등을 사업주에게 청구할 권리가 있는 것은 아니고, 단체협약에 그러한 급여를 부담할 의무가 명시된 경우 단체협약을 근거로 청구할 수 있는 것이다"라고 하고 있다.[20] 행정해석과 판례에 따라 지급의무 없는 연차휴가수당은 노조전임자가 된 이후에 발생한 연차휴가미사용수당만을 의미하는 것이고, 노조전임자가 되기 전에 발생한 연차휴가를 사용하지 않아 발생한 미사용수당은 일반근로자와 마찬가지로 지급하여야 한다.

그러나 노동조합 전임자가 아닌 근로자가 소정근로시간에 지정된 근무장소에서 근로를 제공하지 않을 뿐 아니라 사용자의 정당한 업무명령에 불응하는 등 본연의 업무를 전혀 수행하지 아니한다면 이는 무단결근에 해당되므로, 취업규칙 등에 따라 징계처분이 내려질 수도 있고, 연차휴가 산정에서 불이익을 받을 수 있다.[21]

## 6. 근로시간면제자

근로시간면제자의 업무는 정상적인 근로가 아닌 노동조합의 업무와 관련된 근로이기 때문에 휴가 및 휴일을 부여하지 않아도 무방한지 여부에 관하여, 고용노동부는 "근로시간면제자는 근무시간 내에서 근로계약 소정의 업무를 면제받고 노동조합법에 규정된 근로시간면제 대상 업무를 수행할 수 있도록 지정된 사업(장) 소속 근로자이므로 일반 근로자에 준하여 휴일 및 휴가를 부여하면 된다"고 해석한다.[22]

## 7. 청원경찰

청원경찰에 대한 근로조건의 기준에 대하여는 근로기준법의 특별법에 해당하는 청원경찰법령이 우선 적용되고, 청원경찰법 시행령 제7조(복무)에서는 청원경찰법에서 정한 사항 외의 청원경찰의 복무에 관하여는 해당 사업장의 취업규칙에 의한다고 규정되어 있으므로, 동 법령에 규정되지 않은 연차휴가 부여기준

---

20) 대판 1995.11.10, 94다5466
21) 1998.10.14, 근기 68207-2723
22) 2010.9.17, 노사관계법제과-842

등에 대해서는 근로기준법이 적용된다.[23)]

## 8. 공무원

공무원은 근로기준법의 적용대상이 아니므로 연차휴가가 적용되지 않는다. 공무원의 휴가 등 복무에 관해서는 「국가공무원 복무규정」이 적용되는데 휴가의 명칭도 '연가'로 사용하고, 휴가일수도 근로기준법의 연차휴가와는 다르게 규정되어 있다. 동 규정 제15조(연가 일수) 제1항에 따른 재직기간별 연가 일수는 다음 표와 같다. 기타 세부 내용은 법제처 사이트에서 동 규정을 검색하여 확인하기 바란다.

**▶ 공무원의 재직기간별 연가 일수**

| 재직기간 | 연가 일수 | 재직기간 | 연가 일수 |
|---|---|---|---|
| 1개월 이상 1년 미만 | 11 | 4년 이상 5년 미만 | 17 |
| 1년 이상 2년 미만 | 12 | 5년 이상 6년 미만 | 20 |
| 2년 이상 3년 미만 | 14 | 6년 이상 | 21 |
| 3년 이상 4년 미만 | 15 | – | – |

## 9. 사립학교 교직원

### (1) 사립학교 교원

사립학교법 제55조(복무) 제1항은 사립학교의 교원의 복무에 관하여는 국·공립학교의 교원에 관한 규정을 준용하도록 하고 있다. 이에 따라 국가공무원 복무규정을 준용하는데, 동 규정 제24조의2(교원의 휴가에 관한 특례)는 교육공무원법 제2조 제1항 제1호에 따른 교원의 휴가에 관하여는 교육부장관이 학사 일정 등을 고려하여 따로 정할 수 있다고 규정되어 있다. 이에 따라 연가 일수는 국가공무원 복무규정 제15조에 따르며(따라서 근로기준법에 따른 연차휴가일수와 다르다), 세부 운영은 「교원휴가에 관한 예규(교육부예규 제83호, 2023.12.11.)」에 따른다.

---

23) 2006.9.11, 임금근로시간정책팀-2689

### (2) 사립학교 직원

고등교육법 제14조(교직원의 구분) 제3항의 행정직원 등 직원과 조교의 경우에는 사립학교교직원연금법에 규정된 범위 내에서는 근로기준법의 적용이 배제된다. 사무직원의 정원·임용·보수·복무 및 신분보장에 관하여는 학교법인 또는 법인인 사립학교경영자의 경우에는 정관으로 정하고, 사인인 사립학교경영자의 경우에는 규칙으로 정하도록 규정하고 있을 뿐[사립학교법 제70조의2(사무기구 및 직원) 제1항], 교원과 달리 사립학교법에 특별규정을 두고 있지 않으므로 근로기준법상의 연차휴가제도가 적용된다.[24)]

## 10. 외국인근로자

「외국인근로자의 고용 등에 관한 법률」 제2조(외국인근로자의 정의)에 따른 외국인근로자에게도 원칙적으로 연차휴가가 적용된다. 또한 출입국관리법 제19조의2(외국인의 기술연수활동)에 의한 기술연수생 역시 사실상 근로를 제공하고 있다면 일반 근로자와 동일하게 연차휴가가 적용된다.[25)]

## 11. 인턴 등 일경험 수련생

일경험 수련생이란 실습생, 견습생, 수습생 또는 인턴 등 그 명칭에 상관없이 교육 또는 훈련을 목적으로 사업(장)에서 일(업무)을 경험하는 자를 말하며, 임금을 목적으로 사업이나 사업장에 근로를 제공하는 근로기준법 상의 근로자와 구별된다. 따라서 순수한 의미의 일경험 수련생에게는 연차휴가가 적용되지 않는다. 하지만 기업이 일경험 수련생을 실질적으로 근로자로 사용하는 경우에는 연차휴가가 적용된다.[26)]

---

24) 2004.8.16, 근로기준과-4279
25) 2007.12.26, 근로기준팀-8930. 한편, 출입국관리법 제19조의3 제3항(현재는 삭제됨)에서 규정하고 있는 연수취업자는 동법 제18조 제1항 및 동법시행령 제23조 제1항의 규정에 의거 '취업활동을 할 수 있는 체류자격'을 받은 자로서 근로기준법상의 근로자로 보아 근로기준법을 전면적으로 적용하였었다(1999.12.1, 근기 68207-762).
26) 고용노동부, 일경험 수련생에 대한 법적 지위 판단과 보호를 위한 가이드라인, 2016. 2

### (1) 명칭과 실질의 구별

실습생, 견습생, 인턴 등 일경험 수련생의 명칭에도 불구하고 그 실질이 다음 어느 하나에 해당하는 경우에는 근로자로서 노동법적 보호의 대상이 되며, 연차휴가가 적용된다.

① 임금을 목적으로 사용자의 지휘·감독 하에서 자신의 노동력을 제공하는 경우(근로자)

② 근로자의 업무적격성 등 당해 직업과 관련된 능력 등을 판단하기 위해 일정한 기간 동안 사용하기 위해 고용한 경우(시용근로자)

③ 근로계약을 체결한 후 실제 기업 업무에 투입되기 이전에 해당 사업 또는 사업장에서 정한 바에 따라 일정한 수련과정을 이수중인 경우(수습근로자)

④ 일학습병행제 참여 기업(학습기업)의 사업주와 학습근로계약을 체결하고 일학습병행을 수행하는 자(학습근로자)

### (2) 일경험 수련생과 근로자 판단

고용노동부는 다음중 하나에 해당하는 경우를 종합적으로 판단해 볼 때 일경험 수련생이 사실상 근로를 제공하는 경우에는 노동법적 보호 대상인 근로자로 볼 수 있다고 한다.

① 직무교육 프로그램 없이 업무상 필요에 따라 수시로 업무를 지시하는 등의 방식으로 일경험 수련생의 노동력을 활용하는 경우

② 상시적 또는 특정 시기에 인력이 추가로 필요한 업무 등에 근로자를 대체하여 일경험 수련생을 활용하는 경우

③ 교육·훈련내용이 지나치게 단순·반복적인 것이어서 처음부터 노동력의 활용에 그 주된 목적이 있다고 볼 수 있는 경우

## 12. 청소년(아르바이트)

청소년들이 주로 하는 '아르바이트' 역시 '근로'이므로 연차휴가의 발생요건을 충족하는 이상 이들에게도 연차휴가가 적용된다. 아르바이트는 노동법적으로 '기간제근로자' 또는 '단시간근로자' 등에 해당될 수 있기 때문이다.

### 13. 공기업 직원

공기업 역시 근로기준법이 적용되므로 연차휴가제도가 적용된다. 다만, 일부 공기업에서는 단체협약 등으로 공무원 복무규정상의 연가제도를 준용하고 있는데, 근로기준법상의 연차휴가일수와 공무원 복무규정상의 연가일수는 다르기 때문에 만약 휴가일수가 근로기준법에 따른 휴가일수에 미달하는 경우에는 부족한 일수에 해당하는 휴가를 추가로 부여하여야 한다(ex. 공무원들의 연가의 최대한도는 21일이지만, 근로기준법상으로는 25일이므로 추가로 4일을 더 부여하여야만 적법하게 된다).[27]

### 14. 프리랜서 또는 개인사업자

프리랜서 또는 개인사업자 역시 근로자성이 인정된다면 연차휴가를 받을 수 있다. 야쿠르트 위탁판매원들이 회사를 상대로 연차휴가수당 등을 청구한 사건에서 대법원은 업무수행 과정에서 회사로부터 구체적인 지휘·감독을 받았다고 볼 수 없고, 회사가 위탁판매원들에게 근무복을 제공하거나 적립형 보험의 보험료 및 상조회비 중 일부를 지원하였다 하더라도 이는 판매활동을 장려하기 위한 배려 차원에서 이루어진 것일 뿐이므로 근무상의 어떠한 지시나 통제를 받은 것으로 볼 수 없다고 하였다. 따라서 야쿠르트 위탁판매원은 근로기준법상의 근로자에 해당하지 않고, 근로자에게 지급되는 연차휴가미사용수당 역시 청구할 수 없다.[28]

## Ⅲ. 장소적 적용범위

근로기준법은 국내법이므로, 연차휴가 제도 역시 원칙적으로 국내에서만 적용된다(속지주의). 다만, 국가간 조약·협약으로 속인주의를 인정하는 경우는 예외적으로 국외에서도 인정될 수 있다.

---

27) 2003.12.2, 근기 68207-1560
28) 대판 2016.8.24, 2015다253986

### 1. 해외현지법인

해외현지법인은 외국에서 법인격을 부여받은 권리주체로서 국내법이 적용되지 아니하므로 국내회사가 현지에 독립한 법인을 설립하고 동 사업장에서 한국인을 고용하였을 경우에는 근로기준법이 적용되지 않으므로, 연차휴가 역시 적용되지 않는다.

그러나 국내회사에서 해외현지법인에 근로자를 파견하여 근로자의 인사 및 노무관리 등을 국내회사에서 관장하고 근로자의 보수 및 주요 근로조건 등을 국내회사에서 결정하고 있는 근로자에 대해서는 국내회사와 함께 근로기준법이 적용된다.

우리나라 기업이 소속 근로자를 한시적으로 해외 사무소 등에 '파견'한 경우에는 묵시적으로 근로기준법을 선택하였거나 일상적 노무제공 국가를 우리나라로 볼 소지가 크므로 근로기준법을 적용한다. 한편 우리나라 기업이 해외 사무소 등에서 현지 근로자를 '채용'한 경우에는 명시적으로 근로기준법을 준거법으로 선택하지 않은 이상 해외 현지 국가의 법이 적용된다.[29]

### 2. 국내 외국법인

법령 또는 조약상 속인주의를 인정하는 특별한 규정이 없는 한, 속지주의 원칙에 따라 국내에 설립된 외국법인에게도 국내의 근로기준법이 적용되므로, 법정요건이 충족되면 연차휴가제도가 적용된다.[30]

## Ⅳ. 업종에 따른 연차휴가 적용 여부

연차휴가는 법정휴가이므로 업종에 상관없이 근로기준법상의 연차휴가 발생요건을 갖추면 당연히 발생한다.[31]

---

29) 2022.12.29, 근로기준정책과-4248
30) 2000.7.6, 근기 68207-2041
31) 1987.3.2, 근기 01254-3292

# 제2장

# 연차휴가의 발생

# 제1절 기본 연차휴가일수

## Ⅰ. 근로기준법상의 연차휴가

**관련법령**

**근로기준법 제60조【연차 유급휴가】** ① 사용자는 1년간 80퍼센트 이상 출근한 근로자에게 15일의 유급휴가를 주어야 한다.

② 사용자는 계속하여 근로한 기간이 1년 미만인 근로자 또는 1년간 80퍼센트 미만 출근한 근로자에게 1개월 개근 시 1일의 유급휴가를 주어야 한다.

④ 사용자는 3년 이상 계속하여 근로한 근로자에게는 제1항에 따른 휴가에 최초 1년을 초과하는 계속 근로 연수 매 2년에 대하여 1일을 가산한 유급휴가를 주어야 한다. 이 경우 가산휴가를 포함한 총 휴가 일수는 25일을 한도로 한다.

계속근로기간이 1년 미만인 경우에는 1개월 개근시 1일의 연차휴가(월단위 휴가)가 발생하여 1년간 총 11일의 휴가가 발생된다. 최초 1년간 80% 이상 출근한 경우에는 1년이 되는 시점에서 연단위 휴가로 전환되어 추가로 15일이 부여된다.[1] 만 3년 이상을 계속근로한 경우에는 최초 1년을 초과한 매 2년마다 1일의 가산휴가가 발생하며, 총 한도는 25일을 넘지 못한다. 또한 1년간 80% 미만 출근한 경우에는 1개월 개근시 1일의 연차휴가(월단위 휴가)가 발생한다.

---

1) 근로기준법 제60조 제3항이 삭제됨에 따라 2년차에 발생하는 15일에서 최초 1년간 사용한 일수를 공제하지 않게 되었다. 따라서 최초 1년간 발생하는 총 11일의 휴가와 별도로 15일이 추가로 부여되므로 입사일로부터 2년간 최대 26일의 연차휴가가 부여되는데, 이러한 개정내용은 2017.5.30 입사자부터 적용된다.

▶ **연차휴가 관련 근로기준법 제60조의 적용조문(입사일 기준)**

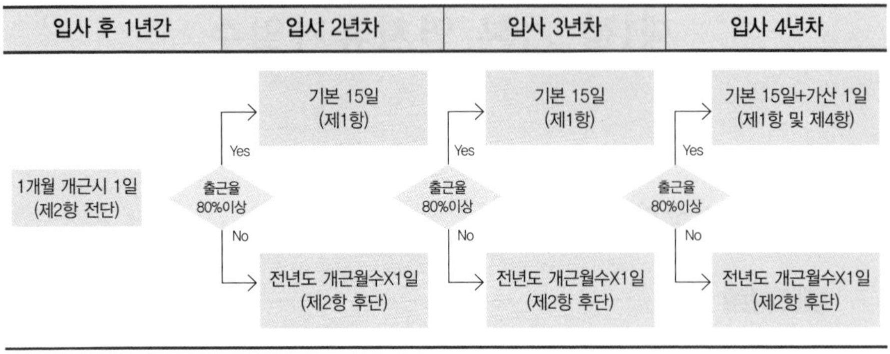


# Ⅱ. 계속근로기간이 1년 미만인 근로자

**관련법령**

**근로기준법 제60조【연차유급휴가】** ② 사용자는 계속하여 근로한 기간이 1년 미만인 근로자 또는 1년간 80퍼센트 미만 출근한 근로자에게 1개월 개근 시 1일의 유급휴가를 주어야 한다.

## 1. 연 혁

주44시간제 하의 휴가제도에서 계속근로기간이 1년 미만인 소위 신입사원의 경우에는 근로기준법에 따라 월차휴가만 적용되었고, 연차휴가는 적용되지 않았다.[2] 다만, 회계연도 단위로 연차휴가를 산정하는 등 취업규칙 등을 통해 특정한 날짜를 산정기준일로 정하여 일률적으로 적용하는 경우에는 계속근로기간이 1년 미만인 근로자에 대해서도 비례하여 연차휴가를 부여하는 등의 방법으로 근로자에게 연차휴가를 부여할 수 있었다.[3]

또한 취업규칙 등으로 1년 미만의 근속자에게도 이를 연차휴가미사용수당 등으로 대체지급할 수 있다는 특단의 정함이 있거나 관례가 있다면 동 수당을 월할지급하여도 무방하다고 보았다.[4]

2) 1983.3.21, 근기 1451-7205; 1987.8.31, 근기 01254-14029 등
3) 1985.9.26, 근기 01254-17760; 1987.6.15, 근기 01254-9631 등
4) 1981.2.25, 법무 811-6054

## 2. 계속근로기간이 1년 미만인 근로자의 의미

계속근로기간이 1년 미만인 근로자의 의미는 정규직 또는 무기계약직 등 기간의 정함이 없는 근로자로 입사하여 근속 1년 미만인 근로자 뿐만 아니라, 1년 미만의 근로계약(ex.3개월 또는 6개월 근로계약 등)을 체결한 기간제 근로자 등을 모두 포함한다. 즉, 정규직 신입사원만 의미하는 것이 아니라는 점을 유의하여야 한다.

## 3. 출근율 산정기간과 휴가발생일

주 5일제/주 40시간제를 시행하는 기업을 전제로 하면 2022년 월별의 소정근로일수는 다음과 같으며, 연간 소정근로일수는 임시공휴일이나 약정휴일(창립기념일 등)이 없다는 가정하에서 247일이 된다. 만약 이러한 휴일이 있다면 247일에서 임시공휴일 등을 제외한 일수가 해당 기업의 연간 소정근로일수가 된다.

**[2022년 월별 소정근로일수]**

| 1월(20일) | | | | | | |
|---|---|---|---|---|---|---|
| 일 | 월 | 화 | 수 | 목 | 금 | 토 |
| | | | | | | 1 |
| 2 | 3 | 4 | 5 | 6 | 7 | 8 |
| 9 | 10 | 11 | 12 | 13 | 14 | 15 |
| 16 | 17 | 18 | 19 | 20 | 21 | 22 |
| 23 | 24 | 25 | 26 | 27 | 28 | 29 |
| 30 | 31 | | | | | |

| 2월(18일) | | | | | | |
|---|---|---|---|---|---|---|
| 일 | 월 | 화 | 수 | 목 | 금 | 토 |
| | | 1 | 2 | 3 | 4 | 5 |
| 6 | 7 | 8 | 9 | 10 | 11 | 12 |
| 13 | 14 | 15 | 16 | 17 | 18 | 19 |
| 20 | 21 | 22 | 23 | 24 | 25 | 26 |
| 27 | 28 | | | | | |

| 3월(21일) | | | | | | |
|---|---|---|---|---|---|---|
| 일 | 월 | 화 | 수 | 목 | 금 | 토 |
| | | 1 | 2 | 3 | 4 | 5 |
| 6 | 7 | 8 | 9 | 10 | 11 | 12 |
| 13 | 14 | 15 | 16 | 17 | 18 | 19 |
| 20 | 21 | 22 | 23 | 24 | 25 | 26 |
| 27 | 28 | 29 | 30 | 31 | | |

| 4월(21일) | | | | | | |
|---|---|---|---|---|---|---|
| 일 | 월 | 화 | 수 | 목 | 금 | 토 |
| | | | | | 1 | 2 |
| 3 | 4 | 5 | 6 | 7 | 8 | 9 |
| 10 | 11 | 12 | 13 | 14 | 15 | 16 |
| 17 | 18 | 19 | 20 | 21 | 22 | 23 |
| 24 | 25 | 26 | 27 | 28 | 29 | 30 |

| 5월(21일) | | | | | | |
|---|---|---|---|---|---|---|
| 일 | 월 | 화 | 수 | 목 | 금 | 토 |
| 1 | 2 | 3 | 4 | 5 | 6 | 7 |
| 8 | 9 | 10 | 11 | 12 | 13 | 14 |
| 15 | 16 | 17 | 18 | 19 | 20 | 21 |
| 22 | 23 | 24 | 25 | 26 | 27 | 28 |
| 29 | 30 | 31 | | | | |

| 6월(20일) | | | | | | |
|---|---|---|---|---|---|---|
| 일 | 월 | 화 | 수 | 목 | 금 | 토 |
| | | | 1 | 2 | 3 | 4 |
| 5 | 6 | 7 | 8 | 9 | 10 | 11 |
| 12 | 13 | 14 | 15 | 16 | 17 | 18 |
| 19 | 20 | 21 | 22 | 23 | 24 | 25 |
| 26 | 27 | 28 | 29 | 30 | | |

| 7월(21일) | | | | | | |
|---|---|---|---|---|---|---|
| 일 | 월 | 화 | 수 | 목 | 금 | 토 |
| | | | | | 1 | 2 |
| 3 | 4 | 5 | 6 | 7 | 8 | 9 |
| 10 | 11 | 12 | 13 | 14 | 15 | 16 |
| 17 | 18 | 19 | 20 | 21 | 22 | 23 |
| 24 | 25 | 26 | 27 | 28 | 29 | 30 |
| 31 | | | | | | |

| 8월(22일) | | | | | | |
|---|---|---|---|---|---|---|
| 일 | 월 | 화 | 수 | 목 | 금 | 토 |
| | 1 | 2 | 3 | 4 | 5 | 6 |
| 7 | 8 | 9 | 10 | 11 | 12 | 13 |
| 14 | 15 | 16 | 17 | 18 | 19 | 20 |
| 21 | 22 | 23 | 24 | 25 | 26 | 27 |
| 28 | 29 | 30 | 31 | | | |

| 9월(20일) | | | | | | |
|---|---|---|---|---|---|---|
| 일 | 월 | 화 | 수 | 목 | 금 | 토 |
| | | | | 1 | 2 | 3 |
| 4 | 5 | 6 | 7 | 8 | 9 | 10 |
| 11 | 12 | 13 | 14 | 15 | 16 | 17 |
| 18 | 19 | 20 | 21 | 22 | 23 | 24 |
| 25 | 26 | 27 | 28 | 29 | 30 | |

| 10월(19일) | | | | | | |
|---|---|---|---|---|---|---|
| 일 | 월 | 화 | 수 | 목 | 금 | 토 |
| | | | | | | 1 |
| 2 | 3 | 4 | 5 | 6 | 7 | 8 |
| 9 | 10 | 11 | 12 | 13 | 14 | 15 |
| 16 | 17 | 18 | 19 | 20 | 21 | 22 |
| 23 | 24 | 25 | 26 | 27 | 28 | 29 |
| 30 | 31 | | | | | |

| 11월(22일) | | | | | | |
|---|---|---|---|---|---|---|
| 일 | 월 | 화 | 수 | 목 | 금 | 토 |
| | | 1 | 2 | 3 | 4 | 5 |
| 6 | 7 | 8 | 9 | 10 | 11 | 12 |
| 13 | 14 | 15 | 16 | 17 | 18 | 19 |
| 20 | 21 | 22 | 23 | 24 | 25 | 26 |
| 27 | 28 | 29 | 30 | | | |

| 12월(22일) | | | | | | |
|---|---|---|---|---|---|---|
| 일 | 월 | 화 | 수 | 목 | 금 | 토 |
| | | | | 1 | 2 | 3 |
| 4 | 5 | 6 | 7 | 8 | 9 | 10 |
| 11 | 12 | 13 | 14 | 15 | 16 | 17 |
| 18 | 19 | 20 | 21 | 22 | 23 | 24 |
| 25 | 26 | 27 | 28 | 29 | 30 | 31 |

### (1) 1.1 입사자의 출근율 산정기간과 휴가발생일

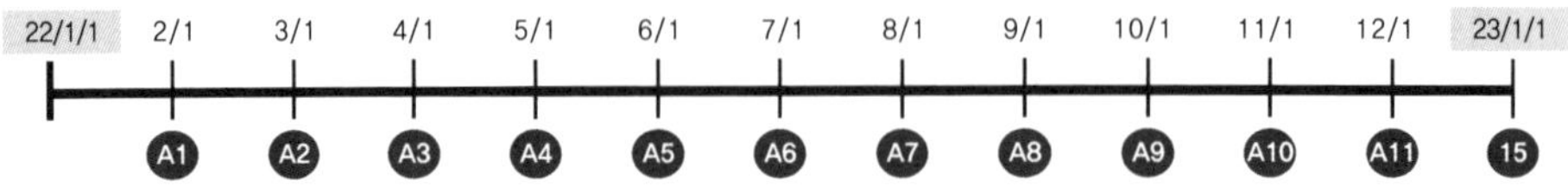


| 구 분 | 출근율 산정기간(1달/1년) | | 소정근로일수 (개근) | 휴가발생일 |
|---|---|---|---|---|
| | 시작일 | 종료일 | | |
| A1 | 2022.1.1 | 2022.1.31 | 20 | 2022.2.1 |
| A2 | 2022.2.1 | 2022.2.28 | 18 | 2022.3.1 |
| A3 | 2022.3.1 | 2022.3.31 | 21 | 2022.4.1 |
| A4 | 2022.4.1 | 2022.4.30 | 21 | 2022.5.1 |
| A5 | 2022.5.1 | 2022.5.31 | 21 | 2022.6.1 |
| A6 | 2022.6.1 | 2022.6.30 | 20 | 2022.7.1 |
| A7 | 2022.7.1 | 2022.7.31 | 21 | 2022.8.1 |
| A8 | 2022.8.1 | 2022.8.31 | 22 | 2022.9.1 |
| A9 | 2022.9.1 | 2022.9.30 | 20 | 2022.10.1 |
| A10 | 2022.10.1 | 2022.10.31 | 19 | 2022.11.1 |
| A11 | 2022.11.1 | 2022.11.30 | 22 | 2022.12.1 |
| | 2022.12.1 | 2022.12.31 | 22 | |
| 15일 | 2022.1.1 | 2022.12.31 | 247 | 2023.1.1 |

2022.1.1 입사한 근로자의 경우를 예로 들면, 최초 1년간(계속근로기간 1년 미만)은 1개월을 개근하여야 1일의 연차휴가가 발생하는데, 여기서 1개월의 기준은 입사일을 기준으로 한다. 즉, 1.1 입사자의 경우 1개월은 1.1~1.31까지이며, 이 1개월을 개근(월 소정근로일수 20일 모두 출근)하면 2022.2.1에 첫 번째 휴가(A1)가 발생한다. 그리고 2.1~2.28까지 1개월을 또다시 개근(18일 중에 18일)하면 3.1에 두 번째 휴가(A2)가 발생한다. 같은 방식으로 A10까지 발생하며, 마지막 11번째 휴가(A11)는 2022.12.1에 발생한다.

최초 1년간(2022.1.1~2022.12.31) 80% 이상 출근(247일의 80% 이상) 하였고 다음날인 2023.1.1에도 계속 근로한다면 2023.1.1에 15일의 연차휴가가 새로 발생한다.

### (2) 2020.8.26 입사자의 출근율 산정기간과 휴가발생일

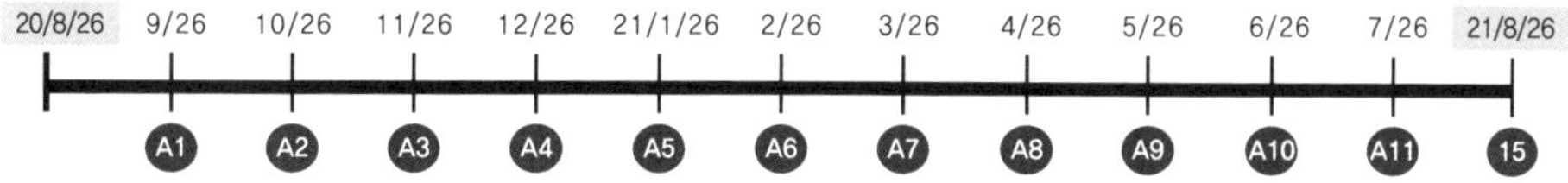


| 구 분 | 출근율 산정기간(1달/1년) | | 소정근로일수 (개근) | 휴가발생일 |
|---|---|---|---|---|
| | 시작일 | 종료일 | | |
| A1 | 2020.8.26 | 2020.9.25 | 19 | 2020.9.26 |
| A2 | 2020.9.26 | 2020.10.25 | 23 | 2020.10.26 |
| A3 | 2020.10.26 | 2020.11.25 | 21 | 2020.11.26 |
| A4 | 2020.11.26 | 2020.12.25 | 20 | 2020.12.26 |
| A5 | 2020.12.26 | 2021.1.25 | 22 | 2021.1.26 |
| A6 | 2021.1.26 | 2021.2.25 | 22 | 2021.2.26 |
| A7 | 2021.2.26 | 2021.3.25 | 22 | 2021.3.26 |
| A8 | 2021.3.26 | 2021.4.25 | 19 | 2021.4.26 |
| A9 | 2021.4.26 | 2021.5.25 | 21 | 2021.5.26 |
| A10 | 2021.5.26 | 2021.6.25 | 22 | 2021.6.26 |
| A11 | 2021.6.26 | 2021.7.25 | 23 | 2021.7.26 |
| | 2021.7.26 | 2021.8.25 | 18 | |
| 15일 | 2020.8.26 | 2021.8.25 | 252 | 2021.8.26 |

2020.8.26 입사자의 경우도 앞에서 설명한 1.1 입사자와 동일한 구조이다. 다만. 출근율 산정기간이 1.1 입사자와 같이 매월 1일부터 말일까지가 아니라 매월 26일부터 다음달 25일까지라는 점이 차이가 있다. 또한 소정근로일수도 매월 26일부터 다음달 25일 사이의 소정근로일수를 기준으로 하여야 한다. 휴가발생일 역시 본인의 입사일자인 매월 26일에 발생된다는 점이 차이가 있다.

연단위 휴가는 1년간 80% 이상 출근시 15일이 발생한다. 여기서 1년간은 입사일부터 다음해 입사일의 전일까지(2020.8.26~2021.8.25)이다. 이 기간 동안의 소정근로일수(위 사례에서 252일)의 80% 이상을 출근하고, 2021.8.26에도 계속 근로를 한다면 2021.8.26에 15일이 발생한다.

한편, 회계연도 방식으로 적용하는 경우에도 계속근로기간이 1년 미만인 경우는 위와 같은 방식으로 적용하는 것이 원칙이다. 즉 회계연도 기준이라고 하여 반드시 매월 1일부터 말일까지로 산정하여야 하는 것은 아니다.[5] 예를 들어 8.26 입사자는 입사한 해에는 9.26 / 10.26 등에 월단위 휴가가 발생되는 것이 원칙이므로, 반드시 9.1 / 10.1 등으로 매월 1일에 발생되도록 하지 않아도 된다는 것이다. 물론 이러한 방식으로 운영하는 것도 가능하지만, 이는 법적인 발생시점보다 미리 부여하는 형태(9.26에 발생될 휴가를 9.1에 미리 부여)로서 관리의 편의를 위한 일종의 선부여(가불) 방식이다.

### (3) 2월의 경우

**관련법령**

**민법 제160조【역에 의한 계산】** ① 기간을 주, 월 또는 연으로 정한 때에는 역에 의하여 계산한다.
② 주, 월 또는 연의 처음으로부터 기간을 기산하지 아니하는 때에는 최후의 주, 월 또는 연에서 그 기산일에 해당한 날의 전일로 기간이 만료한다.
③ 월 또는 연으로 정한 경우에 최종의 월에 해당일이 없는 때에는 그 월의 말일로 기간이 만료한다.

1.30에 입사한 근로자의 첫 번째 휴가(A1)의 발생일자는 언제일까?

2.29까지가 1개월인데 윤달이 없다면 2.29는 달력에 존재하지 않는다. 이러한 경우 2월에 해당일이 없기 때문에 민법 제160조 제3항에 따라 2월의 말일로 1달의 기간이 만료한다. 따라서 출근율 산정기간 1달은 1.30~2.28(윤달이 있으면 2.29)까지가 되며, A1은 3.1에 발생하게 된다.

결론적으로 1.30, 1.31 입사자 모두 1달은 2.28(윤달이 있으면 2.29)까지이며, A1은 3.1에 발생한다. 만약, 1.28 입사자라면 1.28~2.27까지가 1개월이고, A1은 2.28에 발생한다.

## 4. 개근과 만근

근로기준법에는 만근이라는 단어가 나오지 않는데, 실무상 만근이라는 용어를 많이 사용하고 있다. 주휴일의 발생요건은 1주간의 소정근로일수를 개근하여야 하며, 계속근로 1년 미만자나 전년도 80% 미만자에게 발생하는 월단위 휴가의 발생도 1개월간의 개근이라는 요건이 필요하다.

개근은 100% 출근을 의미하는데, 소정근로일수의 만근을 의미하는 것이지,

5) 2004.12.10, 근로기준과-6641

소정근로시간의 만근을 의미하는 것이 아니다. 주 5일제 및 주 40시간제가 적용되는 기업에서 5일 중 하루에 1시간 지각을 하여 39시간을 근로한 경우 이는 개근을 한 것이 된다. 개근은 소정근로시간의 만근(40시간 모두 채우는 경우)이 아니라 소정근로일수의 만근(5일 모두 출근)이기 때문이다. 지각을 1시간 하기는 했지만 그날은 출근한 것이다.

같은 방식으로 월단위 휴가에 적용하면 되는데, 1달의 소정근로일수가 20일이면 20일을 출근하면 개근이 되는 것이다. 그 달이 31일이라고 31일을 출근해야 하는 것이 아니다. 20일 중 어느 하루에 1시간을 지각하더라도 그 날은 출근을 한 것이므로 결국 20일 모두 출근한 것이 되어 월단위 휴가의 발생요건이 충족된다. 이러한 원리로 지각·조퇴·외출 등의 시간을 누적시켜서 1일 결근으로 처리하는 것은 허용되지 않는다.

한편, 연단위 휴가의 경우는 개근(100% 출근)이 아니라 80% 이상/미만을 기준으로 한다.

## 5. 휴가 발생일수

근로기준법 제60조(연차 유급휴가) 제2항은 '계속하여 근로한 기간이 1년 미만인 근로자'에게는 1개월 개근시 1일의 휴가를 부여하도록 하고 있고, 1년이 되는 시점에서는 새로이 15일의 휴가를 부여하도록 하고 있다. 이에 따라 여러 사례들을 설명해 보기로 한다.

### (1) 최초 1년간 개근한 경우

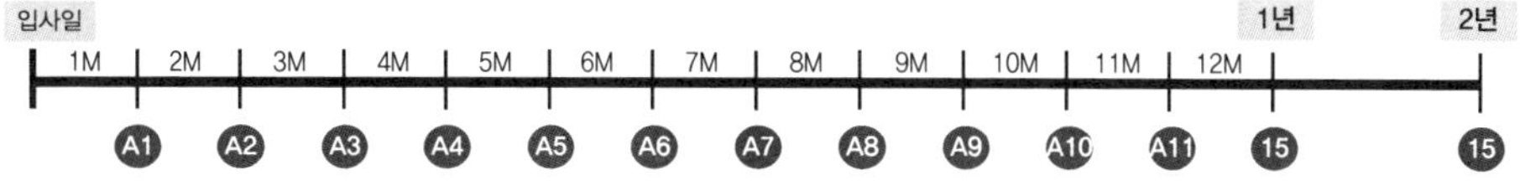


① 근로자가 회사에 입사한 첫해에는 1개월 개근시 다음달에 1일의 휴가가 발생하며, 1개월을 개근할 때마다 A1, A2, A3 ~ A11까지 총 11일의 휴가가 순차적으로 발생된다. ② 발생된 휴가는 1일씩 또는 적치하여 사용할 수 있다. ③ 최초 1년 동안 80% 이상을 출근한 경우에는 다음해 본인의 입사일자에 15일의 휴가가 발생한다.

### (2) 최초 1년간 개근하지 못한 달이 있는 경우(최초 1년간 출근율 80% 이상인 경우)

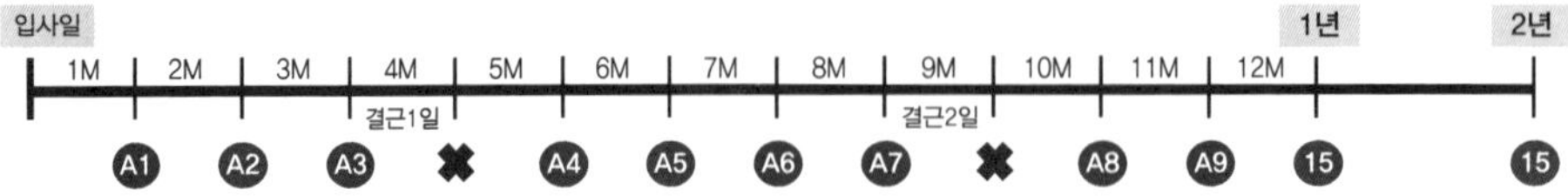


입사 후 최초 1년간은 1달을 개근하여야만 1일의 휴가가 발생하는데, 개근하지 못한 달이 있는 경우에는 그 다음 달에 연차휴가가 발생하지 않는다. 위 그림에서 4번째 달과 9번째 달에 개근하지 못하였으므로 1년간 총 9일의 연차휴가만 발생한다. 위 (1)의 그림과 비교해보면 2일의 휴가가 적게 발생하였음을 알 수 있다.

그러나 입사 다음해의 본인 입사일자에는 전년도(최초 1년간)의 출근율이 80% 이상이기 때문에 15일의 휴가가 정상적으로 발생한다. 즉, 위 (1)의 경우는 총 11일의 휴가가 발생한 후 다시 15일의 휴가가 발생되는 반면, (2)의 경우는 총 9일의 휴가가 발생한 후 15일의 휴가가 발생한다는 점이 다르다. 그 이유는 (1) (2) 모두 전년도, 즉 최초 1년간의 출근율이 80% 이상이기 때문이다.

### (3) 최초 1년간 출근율이 80% 미만인 경우(12M이 개근이 아닌 경우)

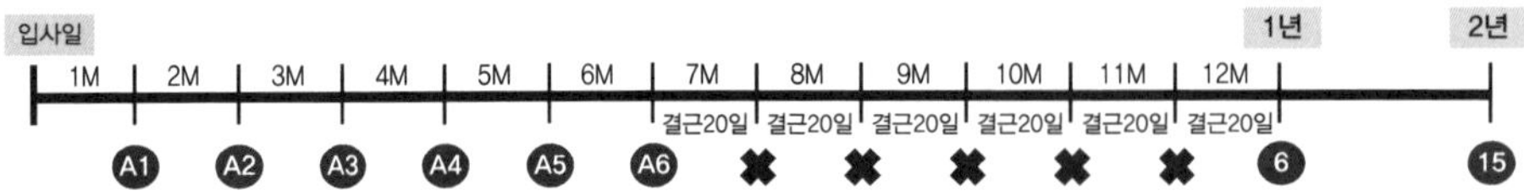


A1~A6까지의 휴가는 순차적으로 하지만 7M~12M까지는 개근을 하지 못하였기 때문에 더 이상 휴가가 발생되지 않는다. 따라서 최초 1년간은 총 6일의 휴가만 발생하게 된다.

다만, 입사 1년이 되는 시점에서는 전년도(최초 1년간)의 출근율이 80% 미만이고, 전년도(최초 1년간)에 6개월을 개근하였으므로 15일이 아닌 6일의 휴가만 발생한다. 그 이유는 근로기준법 제60조 제2항 후단, 즉 '1년간 80% 미만 출근한 근로자'에 해당되어 '1개월 개근시 1일'에 해당하는 휴가를 부여받기 때문이다.

### (4) 최초 1년간 출근율이 80% 미만인 경우(12M이 개근인 경우)

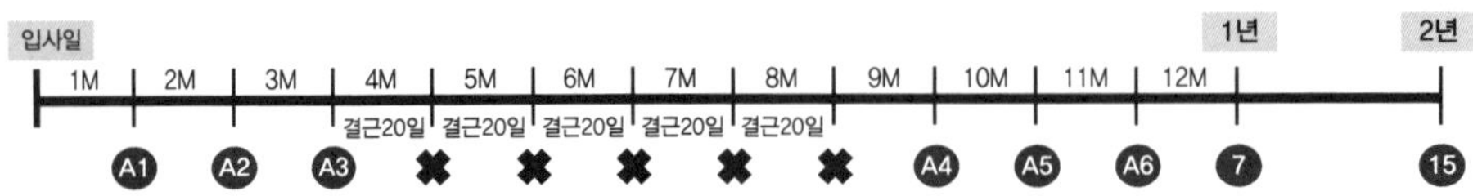

4M~8M까지는 결근이 있으므로 연차휴가가 발생하지 않는다는 점은 앞에서 본 사례와 같다. 다만, 마지막 12M을 개근하였다면 입사 1년이 되는 시점에서는 7일의 휴가가 발생된다는 점이 (3)과의 차이점이다. 전년도(최초 1년간)의 출근율이 80% 미만이고, 전년도에 총 7개월(1M, 2M, 3M, 9M, 10M, 11M, 12M)을 개근하였기 때문에 7일의 휴가가 발생되는 것이다.

### (5) 1년 미만 근로하고 근로관계가 종료된 경우

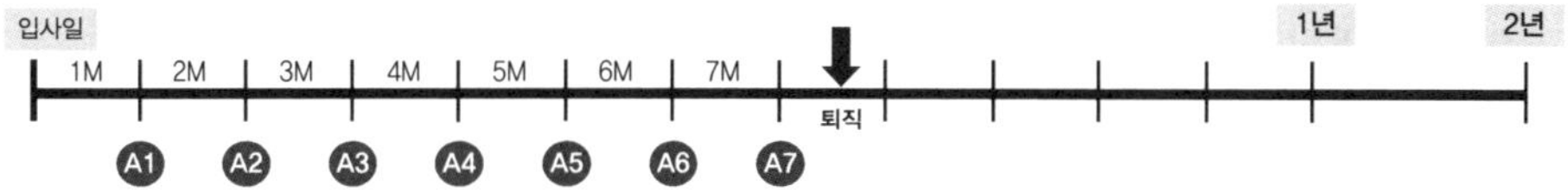


근로자가 입사 후 7개월간 개근하고 추가로 1일 이상 근로한 상태에서, 휴가를 전혀 사용하지 않고 근로관계가 종료되었다면 7일의 미사용휴가는 근로기준법 제36조(금품청산)에 따라 원칙적으로 퇴직일로부터 14일 이내에 통상임금 또는 평균임금으로 근로자에게 지급되어야 한다.

근로관계 종료와 동시에 미사용 연차휴가가 소멸되는 것이 아니라, 근로기준법에 따라 계속근로년수가 1년 미만인 근로자에게 1개월 개근시 발생하는 1일의 연차휴가도 근로관계 종료시에는 해당 미사용휴가일수에 대하여 통상임금 등으로 보상해야 하기 때문이다.[6)]

## Ⅲ. 1년간 80% 미만 출근자의 연차휴가

### 1. 개 요

**관련법령**

**근로기준법 제60조【연차유급휴가】** ② 사용자는 계속하여 근로한 기간이 1년 미만인 근로자 또는 1년간 80퍼센트 미만 출근한 근로자에게 1개월 개근 시 1일의 유급휴가를 주어야 한다.
**부칙 (법률 제11270호, 2012.2.1) 제4조【연차유급휴가에 관한 적용례】** 제60조 제2항의 개정규정은 이 법 시행 후의 근로기간이 최초로 1년이 되는 근로자로서 그 1년간 출근 기간이 80퍼센트 미만에 해당하는 근로자부터 적용한다.

6) 2009.4.16, 근로조건지도과-2244; 2007.5.25, 임금근로시간정책팀-1914; 2007.1.9, 임금근로시간정책팀-119

2012.8.2 이전의 근로기준법에서는 1년간 80% 이상의 출근율(주44시간제 하에서는 90%)을 연차휴가 발생의 최소요건으로 규정하고 있어서, 전년도 1년간 80% 미만 출근한 근로자의 경우 다음해에 사용할 수 있는 연차휴가가 없었다. 따라서 1년간 80% 미만 출근한 근로자를 보호하기 위한 차원에서 '계속근로년수 1년 미만인 근로자'와 동일하게 1개월 개근시 1일의 유급휴가를 부여하도록 근로기준법이 개정되어 2012.8.2부터 시행되었다.

## 2. 적용대상

계속근로기간이 1년 이상인 근로자가 적용대상[7)]이므로 입사 2년차부터 적용된다. '계속하여 근로한 기간이 1년 미만인 근로자'는 근로기준법 제60조 제2항 전단이 적용되지만, 동 근로자가 입사후 최초 1년간 80% 미만 출근한 경우에는 동법 제60조 제2항 후단에 따라 다음해의 연차휴가를 산정한다.

## 3. 적용범위

근로기준법(2012.2.1, 법률 제11270호) 부칙 제1조는 2012.8.2부터 이를 시행하도록 하고 있고, 제4조(연차유급휴가에 관한 적용례)는 "제60조 제2항의 개정규정은 이 법 시행 후의 근로기간이 최초로 1년이 되는 근로자로서 그 1년간 출근기간이 80퍼센트 미만에 해당하는 근로자부터 적용한다"고 하고 있다.

여기서 '법 시행 후의 근로기간이 최초로 1년이 되는 근로자'는 계속근로기간이 1년 이상이면서 다음 연차휴가를 부여하기 위한 출근율 산정시점이 2012.8.2 이후에 도래하는 근로자를 말하며, 연차휴가 발생범위(1개월 개근시 1일)는 2012.8.2 이후 기간만이 아닌 연차휴가를 부여하기 위한 출근율 산정시점으로부터 역산해 1년간에 대해 적용된다.

7) 2013.2.14, 근로개선정책과-1113

▶ **1년간 80% 미만 출근자에 대한 개정 근로기준법 적용범위**

(1) 입사일이 2010.8.2인 근로자가 2011.8.2~2012.8.1까지 80% 미만으로 출근한 경우
(2011.8.2~2012.8.1까지 월별 개근월이 6개월) 연차휴가 발생 일수 → 0일
(※ 출근율 산정시점이 법 시행일인 2012.8.2 이전이므로 연차휴가 미발생)
(2) 입사일이 2010.8.3인 근로자가 2011.8.3~2012.8.2까지 80% 미만으로 출근한 경우
(2011.8.3~2012.8.2까지 월별 개근월이 6개월) 연차휴가 발생 일수 → 6일
(※ 출근율 산정시점이 법 시행일인 2012.8.2 이후이므로 연차휴가 발생)
(2013.2.14, 근로개선정책과-1113; 고용노동부, 표준취업규칙, 2016.3, 22쪽)

## 4. 연차휴가 발생기준

### (1) 최초 1년간 80% 미만 출근한 경우

관련법령

**근로기준법 제60조【연차 유급휴가】** ① 사용자는 1년간 80퍼센트 이상 출근한 근로자에게 15일의 유급휴가를 주어야 한다.
② 사용자는 계속하여 근로한 기간이 1년 미만인 근로자 또는 1년간 80퍼센트 미만 출근한 근로자에게 1개월 개근 시 1일의 유급휴가를 주어야 한다.

최초 1년간 출근율이 80% 미만인 경우 최초 1년간은 개근한 달에 대하여만 1일의 월단위 휴가가 발생하고(제2항 전단), 2년차가 되면 1년차에 개근한 월수당 1일의 휴가가 추가로 발생한다(제2항 후단). 즉, 입사 2년까지 총 발생휴가일수는 '최초 1년간 개근월수당 1일 × 2'가 되는 것이 원칙이다.

그 이유는 근로기준법 제60조 제3항이 삭제되었기 때문이다. 제3항이 삭제되기 전에는 2년차에는 '전년도 개근월수당 1일 – 전년도 사용일수'에 해당하는 연차휴가가 부여되었는데, 동 조항이 삭제됨에 따라 전년도 사용일수를 공제하지 않게 되었고, 제2항 후단만 적용됨에 따라 추가로 연차휴가를 부여하기 때문이다.

**[적용방식]**

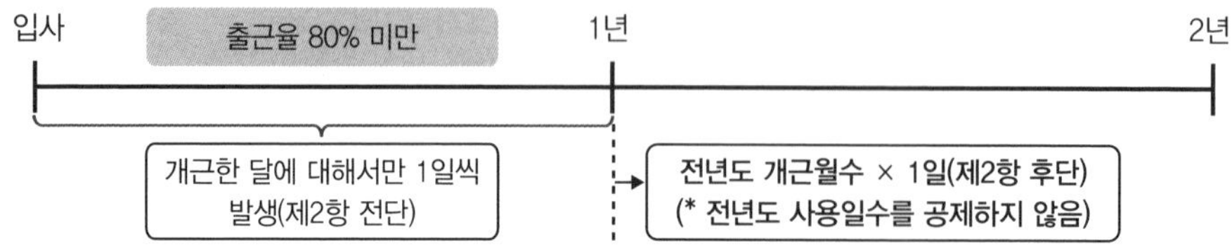


**[예시]**

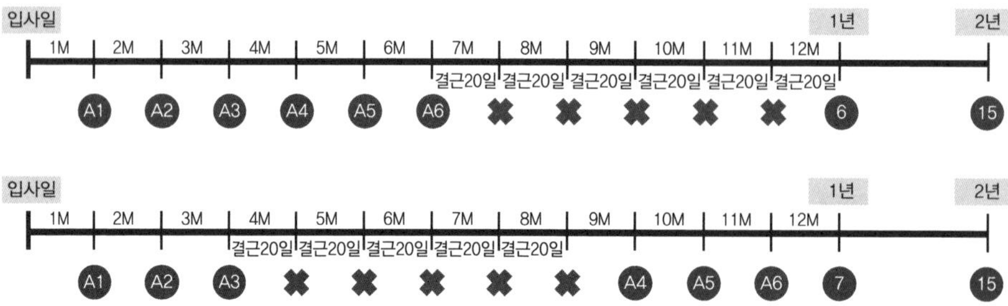


이 내용은 이미 앞에서 설명한 것과 동일하다. 위의 첫 번째 그림은 12M에 개근하지 못한 경우로서 최초 1년간 총 6일의 휴가(A1~A6)가 발생하고, 입사 2년차에는 전년도(입사 1년차)의 출근율이 80% 미만이므로 '전년도 개근월수(6개월) × 1일'에 해당하는 6일의 휴가가 발생하게 된다.

다만, 두번째 그림은 12M을 개근한 경우로서 입사 1년차에는 총 6일(A1~A6)의 휴가가 발생한다는 점은 첫번째 그림과 동일하다. 그러나 입사 2년차에는 첫 번째 그림과 달리 7일의 휴가가 발생한다는 점이 차이가 있다. 그 이유는 입사 2년차 시점에서 전년도(입사 1년차)의 개근월수는 12M을 포함한 7개월이기 때문이다. 따라서 이 경우는 [적용방식]이 그대로 적용되는 것이 아니라는 점을 유의하여야 한다.[8)]

### (2) 입사 3년차 이상 근로자의 경우

근로기준법 제60조 제2항 후단은 1년간 80퍼센트 미만 출근한 근로자에게 1

8) 참고로 제60조 제3항이 삭제되기 전에는 1년차에 발생한 7일을 포함하여 2년차에 부여하되, 전년도 사용일수를 공제하였기 때문에 2년차에는 '7일–전년도 사용일수'가 되어 2년간 총 7일만 부여되었었다.

개월 개근 시 1일의 유급휴가를 주어야 한다고 규정하고 있는데, 이와 관련하여 두가지 다른 해석이 있다.

**① 첫 번째 해석**

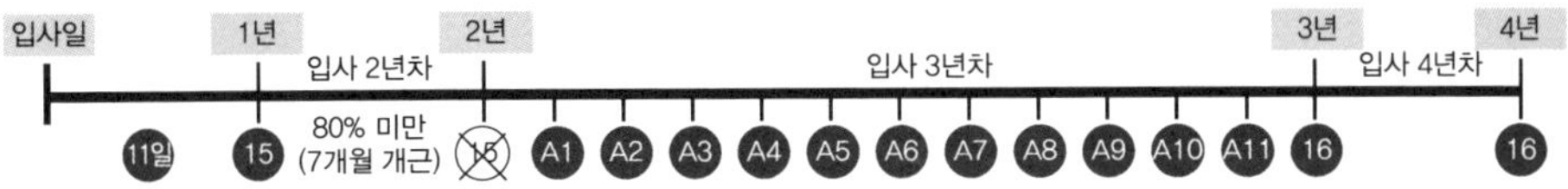


첫번째 해석방식은 이 내용이 계속근로년수 1년 미만인 근로자(제60조 제2항 전단)와 같은 조항(제60조 제2항 후단)에 명시되어 있고 양자 모두 '1개월 개근 시 1일의 유급휴가를 주어야 한다'고 되어 있으므로, 계속근로년수 1년 미만인 근로자와 동일한 방식으로 적용하여야 한다는 견해이다.

즉 입사 2년차의 출근율이 80% 이상이었다면 입사 3년차에는 15일의 휴가가 발생하였을 것이다. 그러나 입사 2년차의 출근율이 80% 미만(7개월 개근인 경우를 가정)이므로 15일 대신 입사 3년차에는 1개월 개근시 1일씩 발생시켜 총 11일의 월단위 휴가를 부여하고, 그 다음해(입사 4년차)가 되면 정상연차(15일+가산휴가)를 부여하여야 한다는 것이다.

**② 두 번째 해석**

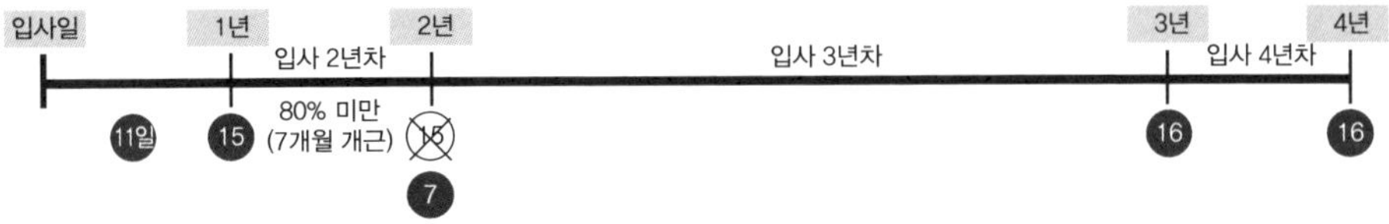


두 번째 해석방식은 전년도(입사 2년차) 80% 미만 출근자는 전년도에 개근월수에 따라 다음해(입사 3년차)에 한꺼번에 부여하는 방식이다. 즉, 전년도 출근율이 80% 미만이고 개근한 달이 7개월이므로 입사 3년차에 7일의 휴가를 한꺼번에 발생시켜 1년간 사용하게 하는 방식이다.

**③ 결론 – 고용노동부의 해석**

고용노동부는 두 번째 해석방식을 채택하고 있는데,[9] 그 이유는 연차휴가는

9) 2013.2.14, 근로개선정책과-1113

'전년도' 출근율에 따라 부여하는 것이고, 다음해 연차휴가일수는 전년도 출근율에 따라 정해지는 것이므로 1년간 80% 미만 출근한 근로자에게'계속근로 1년 미만인 근로자'와 동일하게'월차 형식'으로 월단위 휴가를 부여할 수는 없기 때문이다.[10)]

이에 따르면 근로기준법 제60조 제2항 후단의 관련 내용은 다음과 같이 수정해 볼 수 있다.

**[제60조 제2항 후단의 실제 적용]**

| 제60조 제2항 후단 | 실제 적용 |
|---|---|
| 사용자는 (생략) 1년간 80퍼센트 미만 출근한 근로자에게 1개월 개근 시 1일의 유급휴가를 주어야 한다. | 사용자는 (생략) 전년도 1년간 80퍼센트 미만 출근한 근로자에게 전년도 개근월수당 1일에 해당하는 유급휴가를 금년도에 한꺼번에 주어야 한다. |

**[사례1]**

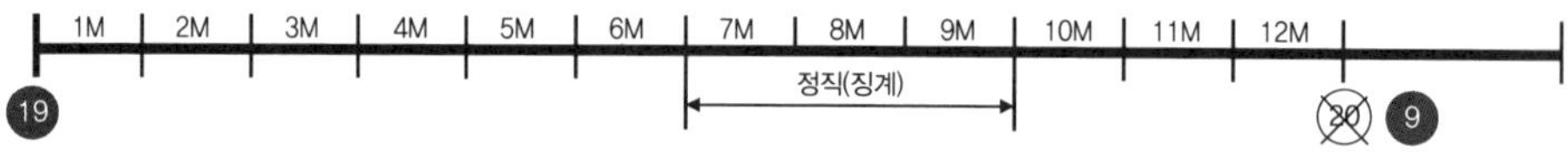


다음해 정상휴가를 20일로 가정할 경우, 전년도에 92일간 정직(징계)처분을 받았다면 전년도의 출근율은 273일 / 365일 = 74.7% (설명의 편의상 365일로 계산함)로 80% 미만이기 때문에 다음해에는 정상휴가 20일(기본휴가 15일 + 가산휴가 5일)이 아니라'전년도 개근월수당 1일'에 해당하는 9일(1~6M, 10~12M 등 9개월)의 휴가가 한꺼번에 발생되어 다음해 1년간 사용할 수 있게 된다. 이 경우 가산휴가 5일은 발생하지 않는다.

**[사례2]**

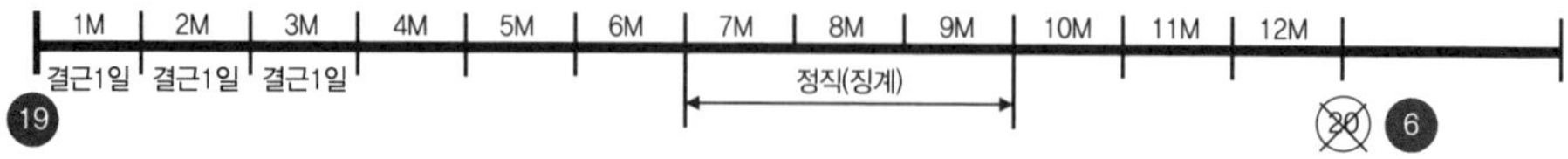


10) 2012.6.25, 근로개선정책과-3225

출근율은 [사례1]과 유사(270일 / 365일 = 73.9%)하게 80% 미만이지만, 다음해 휴가일수는 6일에 불과하여 차이가 난다. 그 이유는 다음해에'전년도 개근월수 당 1일'의 휴가를 일괄 부여하는데, 1~3M에 결근이 1일씩 있어서 개근을 하지 못하였으므로, 개근한 달은 6개월(4, 5, 6, 10, 11, 12M) 밖에 되지 않아서 총 6일의 휴가만 다음해에 발생하게 되기 때문이다.

### (3) 주44시간제 하의 휴가제도를 운영하고 있는 경우

취업규칙 등에서 주44시간제 하의 연월차휴가제도(해당 연도 개근시 10일, 90% 이상 출근시 8일+가산연차, 월차휴가 12일)를 주 40시간제 이후에도 유지하고 있는 경우, 1년간 80% 미만 출근자의 경우 연차휴가 자체는 발생하지 않지만, 매월 개근 여부에 따라 월차는 발생한다.

이 경우에도 2012.8.2 시행되는 개정 근로기준법에 따라 "월단위 휴가"를 별도로 부여하여야 하는지에 대하여, 고용노동부는 "취업규칙에 의한 연월차휴가 일수의 합이 개정법에 의한 연차휴가일수보다 적지 않으면 취업규칙에 따라 종전 규정을 적용하면 되고 월단위 휴가를 별도로 부여할 필요는 없다"고 한다.[11]

## 5. 1년 이상 근로한 자의 중도퇴직 전 근로기간에 대한 휴가 발생 여부

### (1) 문제의 소재

**관련법령**

**근로기준법 제60조【연차유급휴가】**

① 사용자는 1년간 80퍼센트 이상 출근한 근로자에게 15일의 유급휴가를 주어야 한다.

② 사용자는 계속하여 근로한 기간이 1년 미만인 근로자 또는 1년간 80퍼센트 미만 출근한 근로자에게 1개월 개근 시 1일의 유급휴가를 주어야 한다.

예를 들어 1년 3개월 또는 1년 11개월간 근로하고 퇴직한 경우 최초 1년에 대해서는 연차휴가가 발생한다. 하지만 ① 1년 3개월 근로한 경우 잔여 3개월에 대해서는 근로기준법 제60조(연차 유급휴가) 제2항에 따라 '계속근로기간이 1년 미만'에 해당된다거나, '1년간 80% 미만 출근(25%=3/12개월)한 근로자'에 해당되

11) 2012.6.25, 근로개선정책과-3225

므로 3개월에 대해 3일의 휴가를 부여하여야 하는 것이 아니냐는 실무자들의 질문이 많다.

또한 ② 1년 11개월간 근로한 경우 잔여 11개월에 대해서는 출근율이 91.6%(=11/12개월)이므로 동조 제1항에 따라 80% 이상 출근으로 보아 정상연차를 부여해야 하는 것이 아닌지에 대한 질문도 많다. ①② 모두 퇴직으로 인해 사용을 하지 못하므로 수당으로 지급해야 하는지 여부가 쟁점이 된다.

### (2) 중도퇴직 전 근로기간이 80% 미만인 경우

① 2015년 헌법재판소[12]에서 이와 관련한 헌법소원심판이 있었다. 약 1년 7개월 근로한 근로자가 최초 1년에 대해서는 15일의 휴가를 받았으나, 잔여 7개월에 대해서는 휴가를 받지 못하자 헌법소원심판을 청구하였는데, 이에 대해 헌법재판소는 연차휴가는 '근로년도(출근율 산정기간) 1년간의 재직'과 '출근율 80% 이상'이라는 두가지 요건이 모두 충족되어야 하는데, 잔여 7개월은 '1년간의 재직' 요건이 충족되지 않았기 때문에 7일의 연차휴가가 발생하지 않는다고 보았다.

헌법재판소는 '계속하여 근로한 기간이 1년 미만인 근로자'는 연차휴가 대상에서 완전히 배제된 근로자들을 특별히 배려하기 위한 규정이라는 점과 휴가를 주거나 이에 대해 금전 보상을 해야 하는 사용자의 입장에서 상당한 부담으로 작용할 수밖에 없으므로 근로자의 정신적·육체적 휴양의 필요성과 사용자의 부담을 함께 고려하여 유급휴가의 내용을 형성해야 하는 입법자가 중도퇴직 전 근로에 대해 유급휴가를 부여하지 않았다고 하여 이것이 입법재량의 범위를 현저히 일탈한 것이라고 볼 수는 없다고 하였다.

② 대법원 역시 1971.6.1 입사한 근로자가 계속근로를 하던 중 1991.12.20 퇴사한 사례에서 1991.6.1~12.20까지의 기간(6개월 20일)에 대해서는 1년간의 근무를 채우지 못하였고, 그 기간 중의 근무일수가 연차휴가를 받을 수 있는 출근일수에 미달하므로 연차휴가가 발생하지 않는다고 보았다.[13]

회계연도 기준으로 연차를 부여하는 경우에도 "사용자가 각 근로자의 취업일

---

12) 헌법재판소 2015.5.28, 2013헌마619
13) 대판 1996.12.23, 95다32631

을 기준으로 하여 1년 단위로 각 근로자의 연차휴가일수를 정하지 아니하고 취업년도에는 취업일로부터 그 해의 12.31까지의 기간 동안은 그 해의 출근 정도에 따라 연차휴가일수를 월할로 산정하고 그 다음 해부터는 일률적으로 매년 1.1부터 12.31까지 각 1년간을 기준으로 하여 연차휴가일수를 산정하여 왔다고 하더라도, 퇴직하던 해의 1년 미만의 근무기간에 대하여 월할로 연차휴가를 요구할 권리가 당연히 발생한다고 할 수는 없다"고 하고 있다.[14)]

③ 고용노동부 행정해석 역시 같은 입장이다. 1년을 제외한 7개월 19일의 근무기간에 대한 연차휴가도 1년간의 근로를 마치지 못하였으므로 발생되지 않는다거나, 약 1년 3개월 근무한 경우 1년간 근로에 대한 연차휴가 이외 잔여 3개월에 대한 연차휴가 부여의무는 사업장의 단체협약, 취업규칙 등에 다른 특별한 정함이 없는 이상 발생하지 않는다고 한다.[15)]

④ 요약을 하면, 근로기준법 제60조(연차 유급휴가) 제2항의 '계속근로기간이 1년 미만인 근로자'는 최초 입사로부터 1년이 되지 않는 근로자만을 의미하므로, 위의 사례들은 이에 해당되지 않으며, '1년간 80% 미만 출근한 근로자' 역시 출근율 산정기간 1년을 모두 근로한 이후 80% 미만 여부를 판단하는 것인데, 1년을 모두 근로하지 않고 중도퇴직한 경우에는 이에 해당하지 않으므로 연차휴가는 발생하지 않는다.

유의해야 할 점은 퇴직급여는 1년을 초과한 잔여기간에 대해서도 계속근로년수로 인정하여 지급하여야 한다는 것이다.

### (3) 중도퇴직 전 근로기간이 80% 이상인 경우

1년 11개월 근로 후 퇴직한 경우 잔여 11개월은 출근율이 91.6%(=11/12개월)이므로 동조 제1항에 따라 정상연차(15일)에 해당하는 연차휴가미사용수당을 지급해야 하는지에 대해서도 논란이 있다.

하급심 중에는 2012.1.4~2013.12.31까지 근무한 경우 2012.1.4~2013.1.3까지의 기간에 대해서는 15일, 2013.1.4~12.31까지에 대해서는 1년의 기간 중 80%인 9.6개월을 초과하였으므로 15일이 발생한다(총 30일)고 본 사례[16)]가 있었

14) 대판 1991.11.12, 91다14826
15) 2011.9.14, 근로개선정책과-3007; 2011.11.21, 근로개선정책과-4641
16) 대구지판 2015.5.15, 2014가단2058 학교의 '배움터 지킴이'가 근로기준법상 근로자라는 판

고, 대법원도 “근로자가 연차휴가권 발생의 기준이 되는 시점을 기준으로 그 이전 1년간의 근무를 채우지 못하고 퇴직한 경우 그 기간 중의 근무일수가 연차휴가를 받을 수 있는 출근일수에 미달한다면 그 근무일수에 상당하는 연차휴가수당 청구권이 발생하지 않는다”고 하여 근무일수가 80% 이상이라면 발생한다고 해석될 가능성이 있다.[17]

하지만, 위 헌법재판소 결정문(재판관 4명의 반대의견)을 보면 1년 11개월 근무하고 퇴직한 경우 잔여 11개월에 대해서는 연차휴가가 발생하지 않는다고 하면서 다수의견을 비판하는 내용이 나오는데, 이를 보면 헌법재판소는 잔여 11개월에 대해서는 연차휴가가 발생하지 않는다고 해석하고 있는 것으로 판단된다. 또한 위 대법원 판례 역시 ‘1년간의 근무를 채울 것’을 전제조건으로 하고 있는 것으로 해석되며, 하급심 중에도 2011.5.1~2012.2.29까지 10개월(83.3%=10 / 12개월)에 대해서는 연차휴가가 발생하지 않는다고 보았다.[18]

뒤에서 살펴볼 서울중앙지방법원 사례[19]에서는 회계연도 기준시 12.30까지 근무하고 퇴직하는 경우에도 새로운 연차휴가는 발생하지 않는다고 보고 있다.

고용노동부 역시 “연차휴가는 근로자의 1년간의 근로에 대한 출근률에 따라 발생하므로 근로자 퇴직시 동 휴가 산정을 위한 1년간의 기간을 초과하는 잔여기간은 단체협약 및 취업규칙 등에 달리 정하고 있지 않다면 연차휴가는 발생하지 않는다”고 하여 같은 입장을 보인다.[20]

즉, 잔여기간이 80%를 넘는다고 하더라도 ‘1년간의 근로’ 자체를 충족하지 못하였기 때문에 80%가 넘는 것은 의미가 없게 된다. 결국 현행 근로기준법상 1년 3개월이든, 1년 11개월이든 연차휴가는 26일만 발생하게 된다.

---

단하에 연차휴가가 적용된다고 보았으나, 2심(대구지판 2015.11.18, 2015나303513)에서는 근로자성을 부정하였고, 따라서 연차휴가 적용여부 자체를 판단하지 않았다. 최종적으로 대법원에서 소송이 취하되어 확정되었다.

17) 대판 1996.12.23, 95다32631; 대판 1991.11.12, 91다14826
18) 광주고판 2014.11.7, 2013나11811(확정)
19) 서울중앙지판 2010.4.27, 2009가단421267(대법원 확정)
20) 2014.6.13, 근로개선정책과-3360; 1988.1.25, 근기 01254-1136

# 제2절 가산휴가

## Ⅰ. 서 론

**관련법령**

**근로기준법 제60조【연차유급휴가】** ① 사용자는 1년간 80퍼센트 이상 출근한 근로자에게 15일의 유급휴가를 주어야 한다.
④ 사용자는 3년 이상 계속하여 근로한 근로자에게는 제1항에 따른 휴가에 최초 1년을 초과하는 계속 근로 연수 매 2년에 대하여 1일을 가산한 유급휴가를 주어야 한다. 이 경우 가산휴가를 포함한 총 휴가 일수는 25일을 한도로 한다.

근로기준법 제60조 제4항은 사용자는 3년 이상 계속하여 근로한 근로자에게는 15일의 휴가에 최초 1년을 초과하는 계속근로년수 매 2년에 대하여 1일을 가산한 유급휴가를 주도록 하고 있으며, 가산휴가를 포함한 총 휴가 일수는 25일을 한도로 하고 있다. 따라서 가산휴가가 발생하려면 소속 기업에서 최소 만 3년은 계속근로하여야 한다.

**[연차별 휴가 발생일수]**

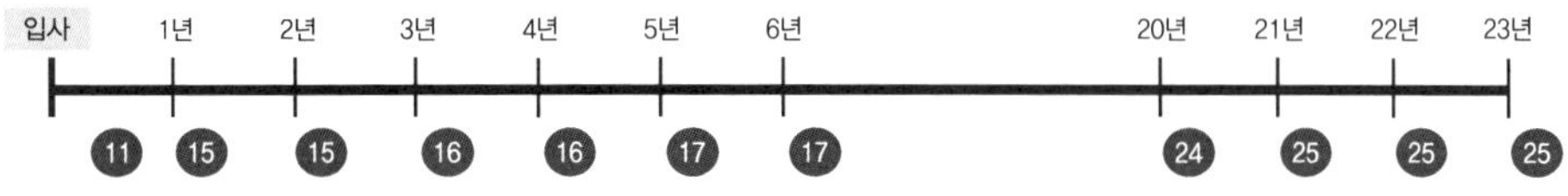


| 해당 연차 | 1년간 | 2년차 | 3년차 | 4년차 | 5년차 | 6년차 | 7년차 | 8년차 | 9년차 | 10년차 | 11년차 |
|---|---|---|---|---|---|---|---|---|---|---|---|
| 휴가일수 (가산휴가) | 11 | 15 | 15 | 16 (+1) | 16 (+1) | 17 (+2) | 17 (+2) | 18 (+3) | 18 (+3) | 19 (+4) | 19 (+4) |
| **해당 연차** | **12년차** | **13년차** | **14년차** | **15년차** | **16년차** | **17년차** | **18년차** | **19년차** | **20년차** | **21년차** | **22년차 이후** |
| 휴가일수 (가산휴가) | 20 (+5) | 20 (+5) | 21 (+6) | 21 (+6) | 22 (+7) | 22 (+7) | 23 (+8) | 23 (+8) | 24 (+9) | 24 (+9) | 25일 (+10) |

**▶ 입사일 기준 연차휴가일수 계산방법**

입사일 기준 연차휴가일수=15+(n−1)/2 (≤25일, 소수점 이하 버림)
※ n=입사일 기준으로 한 만근년수(만 3년 이상의 경우부터 가산휴가가 발생하므로 n이 1 또는 2인 경우에는 그냥 15일로 계산하면 된다)
〈예시〉
① 입사일부터 6년 4개월 근무한 경우
n=6 → 연차휴가일수=15+(6−1)/2=17.5일 → 17일
② 입사일로부터 17년 7개월 근무한 경우
n=17 → 연차휴가일수=15+(17−1)/2=23일 → 23일
③ 입사일로부터 25년 3개월 근무한 경우
n=25 → 연차휴가일수=15+(25−1)/2=27(≤25일) → 25일

## Ⅱ. 가산휴가의 발생요건

**▶ 주 40시간제 시행 전후의 연차휴가 가산휴가 규정 비교**

| 주 40시간제 시행 이전 | 주 40시간제 시행 이후 |
|---|---|
| ① 사용자는 1년간 개근한 근로자에 대하여는 10일, 9할이상 출근한 자에 대하여는 8일의 유급휴가를 주어야 한다.<br>② 사용자는 2년 이상 계속근로한 근로자에 대하여는 1년을 초과하는 계속근로년수 1년에 대하여 제1항의 휴가에 1일을 가산한 유급휴가를 주어야 한다. 다만, 그 휴가 총일수가 20일을 초과할 경우에는 그 초과하는 일수에 대하여는 통상임금을 지급하고 유급휴가를 주지 아니할 수 있다. | ① 사용자는 1년간 80퍼센트 이상 출근한 근로자에게 15일의 유급휴가를 주어야 한다.<br>④ 사용자는 3년 이상 계속하여 근로한 근로자에게는 제1항에 따른 휴가에 최초 1년을 초과하는 계속 근로 연수 매 2년에 대하여 1일을 가산한 유급휴가를 주어야 한다. 이 경우 가산휴가를 포함한 총 휴가 일수는 25일을 한도로 한다. |

### 1. 기본연차가 발생할 것

주44시간제 하의 가산휴가는 전년도에 90% 이상을 출근함으로써 다음해에 10일 또는 8일의 기본 연차휴가가 발생하는 경우에만 가산휴가도 발생된다고 보았다.[21] 따라서 90% 미만 출근한 경우에는 기본휴가 및 가산휴가 모두 발생

21) 1989.1.28, 근기 01254-1448; 1988.1.30, 근기 01254-1454. 외 다수 행정해석

하지 않았다. 구 근로기준법에서 '제1항의 휴가에 1일을 가산'하도록 규정하고 있었기 때문에 이를 고려한 해석으로 보인다.

한편, 현행법에 따르더라도 같은 해석이 적용되므로, 가산휴가가 발생되기 위해서는 제1항에 따라 1년간 80% 이상의 출근이 전제되어야만 한다. 또한 전년도에 80% 미만 출근하여 월단위 휴가가 발생하더라도 이 경우에는 가산휴가는 발생하지 않고 '개근월수×1일'의 월단위 휴가만 발생한다.

### 2. 80% 이상의 출근율

▶ **출근율 산정대상기간**

| 계속근로년수 | 1년 | 2년 | 3년 | 4년 | 5년 | 6년 | 7년 | 8년 |
|---|---|---|---|---|---|---|---|---|
| 휴가일수 | | | | | | | 80% 출근율<br>산정대상기간 | 가산휴가<br>발생여부? |

위 표에서 8년차에 가산휴가가 발생되기 위해서는 7년차(출근율 산정대상기간)의 출근율이 80% 이상이면 된다. 즉 이전 1년~6년간(산정대상기간 이전년도)의 출근율은 가산휴가 발생에 영향을 미치지 않는다.[22] 만약, 7년차의 출근율이 80% 미만인 경우에는 7년차에 개근한 월수에 해당하는 '월단위 휴가'만 8년차에 부여되고, 가산휴가는 발생되지 않는다.

### 3. 만 3년 이상 계속근로 할 것

근로기준법 제60조 제4항에 따라 만 3년 이상을 근무한 경우에만 가산휴가가 발생한다.

## Ⅲ. 가산휴가의 발생한도

주 40시간제 시행 이전의 근로기준법상에서는 연차휴가의 발생한도가 없었으므로, 고등학교 졸업 후 바로 입사하는 등의 경우에는 퇴직시점에 30일 이상의

---

22) 1987.1.21, 근기 01254-958; 1987.2.7, 근기 01254-1904

연차휴가가 발생하기도 하였다. 다만, 20일을 초과하는 일수에 대하여는 사용자가 통상임금으로 지급하고 휴가를 부여하지 않을 수 있도록 하고 있었다.[23)]

그러나 주 40시간제 하에서는 가산휴가의 한도는 총 10일이며, 가산휴가를 포함한 연차휴가의 총일수는 25일을 초과하지 못하며, 이를 초과하는 날짜에 대한 보상규정도 존재하지 않는다.

23) 1999.8.24, 근기 68207-2076; 1987.7.6, 근기 01254-10781 등

# 제3절 출근율 산정과 휴가일수

## Ⅰ. 서 론

### 1. 원 칙

관련법령

**근로기준법 제60조【연차유급휴가】** ① 사용자는 1년간 80퍼센트 이상 출근한 근로자에게 15일의 유급휴가를 주어야 한다.
② 사용자는 계속하여 근로한 기간이 1년 미만인 근로자 또는 1년간 80퍼센트 미만 출근한 근로자에게 1개월 개근 시 1일의 유급휴가를 주어야 한다.

연차휴가는 원칙적으로 1년간 총 소정근로일수를 80% 이상 출근하거나, 1개월을 개근한 경우에 발생한다. 소정근로일이란 노사 당사자가 근로하기로 정한 날로서 역일상의 365일(또는 366일)이 아니라, 여기서 휴일(법정 및 약정) 및 휴무일 등 근로의무가 없는 날을 제외한 일수를 말한다. 따라서 기업마다 소정근로일수가 다르다.

#### (1) 주휴일의 발생조건

관련법령

**근로기준법 제55조【휴일】** ① 사용자는 근로자에게 1주에 평균 1회 이상의 유급휴일을 보장하여야 한다.
**근로기준법 시행령 제30조【휴일】** ① 법 제55조 제1항에 따른 유급휴일은 1주 동안의 소정근로일을 개근한 자에게 주어야 한다.

연차휴가의 출근율을 살펴보기 전에, 구조가 유사한 주휴일의 출근율을 먼저 살펴본다. 주휴일은 1주 동안의 소정근로일을 개근(100% 출근)하여야 부여된다. 이를 계산하기 위한 분자/분모가 7일/7일이 아니다. 그 이유는 출근의무가 있는 날(소정근로일) 중에 몇일을 출근하였는지가 기준이기 때문이다.

<table>
<tr><th>구분</th><th>CASE</th><th>유급주휴일 부여 여부</th></tr>
<tr><td>A</td><td><table><tr><td>월</td><td>화</td><td>수</td><td>목</td><td>금</td><td>토</td><td>일</td></tr><tr><td>8</td><td>8</td><td>8</td><td>8</td><td>8</td><td>휴무일</td><td>주휴일</td></tr></table></td><td>① 소정근로일(월~금)<br>② 출근율: 소정근로일 5일 중에 5일을 모두 출근 → 5일/5일 = 100%(개근)<br>cf. 7일/7일 = 100% (X)</td></tr>
<tr><td>B</td><td><table><tr><td>월</td><td>화</td><td>수</td><td>목</td><td>금</td><td>토</td><td>일</td></tr><tr><td>8</td><td>8</td><td>휴일</td><td>8</td><td>8</td><td>휴무일</td><td>주휴일</td></tr></table></td><td>① 소정근로일: 월, 화, 목, 금<br>② 출근율: 소정근로일 4일 중에 4일을 모두 출근 → 4일/4일 = 100%(개근)<br>cf. 휴일은 소정근로일이 아님.</td></tr>
<tr><td>C</td><td><table><tr><td>월</td><td>화</td><td>수</td><td>목</td><td>금</td><td>토</td><td>일</td></tr><tr><td>8</td><td>8</td><td>결근 (−8)</td><td>8</td><td>8</td><td>휴무일</td><td>주휴일</td></tr></table></td><td>① 수요일 결근<br>② 출근율: 4일/5일 = 80% (개근 X) → 주휴일 미부여<br>cf. 실제 휴일은 부여하고, 주휴수당만 미지급</td></tr>
<tr><td>D</td><td><table><tr><td>월</td><td>화</td><td>수</td><td>목</td><td>금</td><td>토</td><td>일</td></tr><tr><td>8</td><td>8</td><td>지각 (−1)</td><td>8</td><td>8</td><td>휴무일</td><td>주휴일</td></tr></table></td><td>① 수요일 1시간 지각<br>② 출근율: 5일/5일 = 100% (개근)<br>cf. 지각도 출근한 것임.</td></tr>
<tr><td>E</td><td><table><tr><td>월</td><td>화</td><td>수</td><td>목</td><td>금</td><td>토</td><td>일</td></tr><tr><td>8</td><td>8</td><td>생리휴가 (−8)</td><td>8</td><td>8</td><td>휴무일</td><td>주휴일</td></tr></table></td><td>① 생리휴가는 출근으로 간주<br>② 출근율: 5일/5일 = 100%(개근)<br>cf. 생리휴가가 ‘무급’이므로 ‘결근’ 처리해야 한다는 질의가 많지만, 무급이 기준이 아니라 생리휴가는 법(고용노동부 행정해석)으로 출근으로 간주하기로 정해진 것임.</td></tr>
<tr><td>F</td><td><table><tr><td>월</td><td>화</td><td>수</td><td>목</td><td>금</td><td>토</td><td>일</td></tr><tr><td>7</td><td>7</td><td>7</td><td>7</td><td>7</td><td>5</td><td>주휴일</td></tr></table></td><td>① 소정근로일(월~토)<br>② 출근율: 소정근로일 6일 중에 6일을 모두 출근 → 6일/6일 = 100%(개근)<br>cf. 토요일은 소정근로일</td></tr>
<tr><td>G</td><td><table><tr><td>월</td><td>화</td><td>수</td><td>목</td><td>금</td><td>토</td><td>일</td></tr><tr><td colspan="5">휴가/휴업/파업 등</td><td>휴무일</td><td>주휴일</td></tr></table></td><td>① 소정근로일(월~금) 5일 모두를 출근하지 않은 경우 주휴일 부여<br>② 주휴수당은 미지급(무급휴일)</td></tr>
</table>

### (2) 계속근로기간이 1년 미만인 경우 연차휴가의 발생조건

**관련법령**

**근로기준법 제60조 【연차유급휴가】** ② 사용자는 계속하여 근로한 기간이 1년 미만인 근로자 (생략)에게 1개월 개근 시 1일의 유급휴가를 주어야 한다.

주휴일이 1주 동안의 소정근로일의 출근율로 산정·부여하였다면, 계속근로기간이 1년 미만인 근로자의 월단위 연차휴가의 발생은 1개월 동안의 소정근로일의 출근율로 산정·부여한다는 점만 차이가 있고 기타 출근여부를 판단하는 방법은 위 주휴일에서 예로 보여준 것과 동일하다.

즉, 근로기준법 제60조 제2항은'1개월 (동안의 소정근로일을) 개근시'로 보아야 한다. 주휴일과 달리 법조문에서 소정근로일을 개근한다는 내용이 생략되어 있는 것이다. 따라서 일수가 30일인 달이라고 해서 출근율(분자/분모) 계산시 분모를 30일로 해서는 안되며, 소정근로일수로 하여야 한다.

한편, 주휴일의 1주(7일)의 기준이 월~일까지로 예를 들었지만, 월단위 휴가의 경우 입사일~다음달 입사일 전일까지(ex. 9.15 입사자의 경우 9.15~10.14까지)가 1개월이 된다는 점은 앞에서 설명을 하였다.

### (3) 계속근로기간이 1년 이상인 경우 연단위 휴가

**관련법령**

**근로기준법 제60조【연차유급휴가】** ① 사용자는 1년간 80퍼센트 이상 출근한 근로자에게 15일의 유급휴가를 주어야 한다.
② 사용자는 (생략) 1년간 80퍼센트 미만 출근한 근로자에게 1개월 개근 시 1일의 유급휴가를 주어야 한다.

연단위 휴가 역시 1주 → 1개월 → 1년으로 확대되었다는 점 외에는 위 (1), (2)와 같은 방식이다. 대법원 역시 근로자가 1년간 80% 이상 출근하였는지는 1년간의 총 역일(曆日)에서 법령, 단체협약, 취업규칙 등에 의하여 근로의무가 없는 날로 정하여진 날을 제외한 나머지 일수, 즉 연간 근로의무가 있는 일수(이하 '연간 소정근로일수')를 기준으로 그중 근로자가 현실적으로 근로를 제공한 일수(이하 '출근일수'라고 한다)가 얼마인지를 비율적으로 따져 판단하여야 한다고 하고 있다.[24] 즉, 분자/분모에서 분모가 365일(또는 366일)이 아니라는 것이다.

다만, 1년의 기준은 기업이 어떻게 적용하느냐에 따른데 입사일을 기준으로 설정하는 방식과 회계연도 기준으로 설정하는 방식이 있는데, 이에 대해서는 다시 설명하기로 한다.

24) 대판 2019.2.14, 2015다66052

## 2. 월 개근일수 지정 방식

'소정근로일'이란 법령의 범위 내에서 노사 당사자가 근로하기로 정한 날을 의미하며, 소정근로일에 관하여는 단체협약이나 취업규칙 등으로 당사자간에 별도로 정할 수 있다.[25)]

따라서 단체협약이나 취업규칙 등으로 연차휴가 산정을 위한 연간/월간 총소정근로일수를 미리 정해 놓고 이를 기준으로 한 출근율에 따라 연차휴가를 부여하는 것도 가능하다.

예를 들어 실제 월 소정근로일수의 개근과 관계없이 월 13일 근로를 개근으로 보고 연간 156일(=월 13일×12월)의 80% 이상 출근하면 연차휴가가 발생되도록 하는 경우가 이에 해당한다. 이 경우 실제 근로일수가 156일을 초과하더라도 초과한 일수는 소정근로일이 아니므로 연차휴가의 부여기준이 되는 출근율 산정일수에는 포함되지 않으며, '초과한 일수'를 개근하지 않았다고 하여 연차휴가를 부여하지 않는 것도 허용되지 않는다.[26)] 이러한 방식은 주로 버스나 택시업종 등 운수업체에서 많이 활용하고 있다.[27)]

---

25) 1995.8.21, 근기 68207-1340; 1995.5.10, 노조 01254-343 등

26) 2007.9.21, 임금근로시간정책팀-2980; 2000.4.6, 근기 68207-1053

27) 참고로 임금협정에 무사고수당 또는 만근수당을 지급하면서 월 22일 이상 근무자를 그 대상으로 하는 경우, 22일 이상 근무여부에 대한 판단시에 연차휴가 사용일을 실제 근무일과 같이 볼 것인지 여부는 제반사정을 종합적으로 고려하여 판단하여야 한다(2003.10.2, 근기 68207-1268). 다른 행정해석(2004.3.20, 근로기준과-1378)은 특정월의 실근로일이 약정한 일수에 미달함을 이유로 수당을 지급하지 아니한다 하더라도 반드시 위법하다고 단정하기는 어렵다고 한다.

# Ⅱ. 소정근로일수에서 제외되는 날

## 1. 법정휴일

**관련법령**

**근로기준법 제55조【휴일】** ① 사용자는 근로자에게 1주에 평균 1회 이상의 유급휴일을 보장하여야 한다.

② 사용자는 근로자에게 대통령령으로 정하는 휴일을 유급으로 보장하여야 한다. 다만, 근로자대표와 서면으로 합의한 경우 특정한 근로일로 대체할 수 있다.

**근로기준법 시행령 제30조【휴일】** ① 법 제55조제1항에 따른 유급휴일은 1주 동안의 소정근로일을 개근한 자에게 주어야 한다.

② 법 제55조제2항 본문에서 "대통령령으로 정하는 휴일"이란 「관공서의 공휴일에 관한 규정」 제2조 각 호(제1호는 제외한다)에 따른 공휴일 및 같은 영 제3조에 따른 대체공휴일을 말한다.

**근로자의 날 제정에 관한 법률**

5월 1일을 근로자의 날로 하고, 이 날을 「근로기준법」에 따른 유급휴일로 한다.

**관공서의 공휴일에 관한 규정**

**제1조【목적】** 이 영은 「국가공무원법」 및 「공휴일에 관한 법률」에 따라 관공서의 공휴일에 관한 사항을 규정함을 목적으로 한다.

**제2조【공휴일】** 관공서의 공휴일은 다음 각 호와 같다. 다만, 재외공관의 공휴일은 우리나라의 국경일 중 공휴일과 주재국의 공휴일로 한다.

1. 일요일
2. 국경일 중 3·1절, 광복절, 개천절 및 한글날
3. 1월 1일
4. 설날 전날, 설날, 설날 다음날 (음력 12월 말일, 1월 1일, 2일)
5. 삭제 〈2005.6.30〉
6. 부처님오신날 (음력 4월 8일)
7. 5월 5일 (어린이날)
8. 6월 6일 (현충일)
9. 추석 전날, 추석, 추석 다음날 (음력 8월 14일, 15일, 16일)
10. 12월 25일 (기독탄신일)

10의2. 「공직선거법」 제34조에 따른 임기만료에 의한 선거의 선거일

11. 기타 정부에서 수시 지정하는 날

**제3조【대체공휴일】** ① 제2조제2호부터 제10호까지의 공휴일이 다음 각 호의 어느 하나에 해당하는 경우에는 그 공휴일 다음의 첫 번째 비공휴일(제2조 각 호의 공휴일이 아닌 날을 말한다. 이하 같다)을 대체공휴일로 한다.

1. 제2조제2호·제6호·제7호 또는 제10호의 공휴일이 토요일이나 일요일과 겹치는 경우
2. 제2조제4호 또는 제9호의 공휴일이 일요일과 겹치는 경우
3. 제2조제2호·제4호·제6호·제7호·제9호 또는 제10호의 공휴일이 토요일·일요일이 아닌 날에 같은 조 제2호부터 제10호까지의 규정에 따른 다른 공휴일과 겹치는 경우

② 제1항에 따른 대체공휴일이 같은 날에 겹치는 경우에는 그 대체공휴일 다음의 첫 번째 비공휴일까지 대체공휴일로 한다.
③ 제1항 및 제2항에 따른 대체공휴일이 토요일인 경우에는 그 다음의 첫 번째 비공휴일을 대체공휴일로 한다.
**제4조【임시공휴일의 지정】** 제2조제11호에 따른 공휴일을 지정하려는 경우에는 국무회의의 심의를 거쳐야 한다.

법령에 의한 휴일(법정휴일)은 근로기준법에 의한 주휴일(제55조 제1항), 공휴일과 대체공휴일(제55조 제2항), 근로자의 날 제정에 관한 법률에 의한 근로자의 날이 있다. 법정휴일은 소정근로일수에 포함되지 않는다.

근로시간 단축을 주된 내용으로 하는 2018.3.20 개정 근로기준법은 「관공서의 공휴일에 관한 규정」 상의 공휴일과 대체공휴일 중 일요일을 제외(근로기준법의 주휴일과 중복될 수 있기 때문)한 모든 공휴일과 대체공휴일을 근로기준법상의 법정휴일로 변경하였고, 현재는 5명 이상인 기업에 적용되고 있다.

## 2. 약정휴일

단체협약이나 취업규칙 등에 회사 창립기념일, 노동조합 창립기념일, 재량휴업일(학교 등) 등 특별한 날을 휴일로 정한 경우 이러한 휴일은 약정휴일에 해당한다. 약정휴일도 소정근로일수에 포함되지 않는다.

한편, 주 40시간제를 주 5일 근무형태로 운영하는 기업의 토요일은 대부분 휴무일이지만, 노사합의로 휴일로 운영할 수 있다. 이 경우 통상 일요일은 주휴일인 법정휴일이 되지만, 토요일은 약정휴일이 될 수 있다.

## 3. 휴무일/비번일

주 40시간제를 주 5일 근무형태로 운영하는 경우 토요일에 대해 기업이 약정휴일로 정하지 않았다면 고용노동부는 원칙적으로 휴무일로 본다. 고용노동부는 휴무일에 대해 '휴일도 아니면서 근로시간이 편성되지 않는 날'이라고 정의한다. 이러한 휴무일은 소정근로일수에 포함되지 않는다.[28)]

28) 고용노동부, 「임금체불 유형별 업무처리 매뉴얼」, 2009.11, 57~58쪽; 2005.1.7, 근기68207-100; 2002.2.27, 근기 68207-812

교대제 근무 등에서 1주일(7일) 중 소정근로일과 주휴일을 제외한 나머지 요일(비번일)도 소정근로일수에 포함되지 않는다.

## 4. 주 40시간제 하의 토요일

주 40시간제를 어떻게 운영하느냐에 따라 토요일은 소정근로일, 약정휴일, 휴무일 등 크게 3가지에 해당될 수 있으며, 그에 따라 소정근로일수 포함 여부가 달라진다.

주 40시간제를 주6일제 형태로, 즉 월~금요일까지 각 7시간, 토요일 5시간으로 운영하는 것은 가능하다. 이 경우 토요일은 소정근로일이 되며 소정근로일수에 포함되어야 한다. 그러나 토요일이 약정휴일이나 휴무일이라면 소정근로일수에서 제외된다.

## 5. 효 과

**[2022년 월별 소정근로일수]**

1월(20일)

| 일 | 월 | 화 | 수 | 목 | 금 | 토 |
|---|---|---|---|---|---|---|
| | | | | | | 1 |
| 2 | 3 | 4 | 5 | 6 | 7 | 8 |
| 9 | 10 | 11 | 12 | 13 | 14 | 15 |
| 16 | 17 | 18 | 19 | 20 | 21 | 22 |
| 23 | 24 | 25 | 26 | 27 | 28 | 29 |
| 30 | 31 | | | | | |

2월(18일)

| 일 | 월 | 화 | 수 | 목 | 금 | 토 |
|---|---|---|---|---|---|---|
| | | 1 | 2 | 3 | 4 | 5 |
| 6 | 7 | 8 | 9 | 10 | 11 | 12 |
| 13 | 14 | 15 | 16 | 17 | 18 | 19 |
| 20 | 21 | 22 | 23 | 24 | 25 | 26 |
| 27 | 28 | | | | | |

3월(21일)

| 일 | 월 | 화 | 수 | 목 | 금 | 토 |
|---|---|---|---|---|---|---|
| | | 1 | 2 | 3 | 4 | 5 |
| 6 | 7 | 8 | 9 | 10 | 11 | 12 |
| 13 | 14 | 15 | 16 | 17 | 18 | 19 |
| 20 | 21 | 22 | 23 | 24 | 25 | 26 |
| 27 | 28 | 29 | 30 | 31 | | |

4월(21일)

| 일 | 월 | 화 | 수 | 목 | 금 | 토 |
|---|---|---|---|---|---|---|
| | | | | | 1 | 2 |
| 3 | 4 | 5 | 6 | 7 | 8 | 9 |
| 10 | 11 | 12 | 13 | 14 | 15 | 16 |
| 17 | 18 | 19 | 20 | 21 | 22 | 23 |
| 24 | 25 | 26 | 27 | 28 | 29 | 30 |

5월(21일)

| 일 | 월 | 화 | 수 | 목 | 금 | 토 |
|---|---|---|---|---|---|---|
| 1 | 2 | 3 | 4 | 5 | 6 | 7 |
| 8 | 9 | 10 | 11 | 12 | 13 | 14 |
| 15 | 16 | 17 | 18 | 19 | 20 | 21 |
| 22 | 23 | 24 | 25 | 26 | 27 | 28 |
| 29 | 30 | 31 | | | | |

6월(20일)

| 일 | 월 | 화 | 수 | 목 | 금 | 토 |
|---|---|---|---|---|---|---|
| | | | 1 | 2 | 3 | 4 |
| 5 | 6 | 7 | 8 | 9 | 10 | 11 |
| 12 | 13 | 14 | 15 | 16 | 17 | 18 |
| 19 | 20 | 21 | 22 | 23 | 24 | 25 |
| 26 | 27 | 28 | 29 | 30 | | |

7월(21일)

| 일 | 월 | 화 | 수 | 목 | 금 | 토 |
|---|---|---|---|---|---|---|
| | | | | | 1 | 2 |
| 3 | 4 | 5 | 6 | 7 | 8 | 9 |
| 10 | 11 | 12 | 13 | 14 | 15 | 16 |
| 17 | 18 | 19 | 20 | 21 | 22 | 23 |
| 24 | 25 | 26 | 27 | 28 | 29 | 30 |
| 31 | | | | | | |

8월(22일)

| 일 | 월 | 화 | 수 | 목 | 금 | 토 |
|---|---|---|---|---|---|---|
| | 1 | 2 | 3 | 4 | 5 | 6 |
| 7 | 8 | 9 | 10 | 11 | 12 | 13 |
| 14 | 15 | 16 | 17 | 18 | 19 | 20 |
| 21 | 22 | 23 | 24 | 25 | 26 | 27 |
| 28 | 29 | 30 | 31 | | | |

9월(20일)

| 일 | 월 | 화 | 수 | 목 | 금 | 토 |
|---|---|---|---|---|---|---|
| | | | | 1 | 2 | 3 |
| 4 | 5 | 6 | 7 | 8 | 9 | 10 |
| 11 | 12 | 13 | 14 | 15 | 16 | 17 |
| 18 | 19 | 20 | 21 | 22 | 23 | 24 |
| 25 | 26 | 27 | 28 | 29 | 30 | |

10월(19일)

| 일 | 월 | 화 | 수 | 목 | 금 | 토 |
|---|---|---|---|---|---|---|
| | | | | | | 1 |
| 2 | 3 | 4 | 5 | 6 | 7 | 8 |
| 9 | 10 | 11 | 12 | 13 | 14 | 15 |
| 16 | 17 | 18 | 19 | 20 | 21 | 22 |
| 23 | 24 | 25 | 26 | 27 | 28 | 29 |
| 30 | 31 | | | | | |

11월(22일)

| 일 | 월 | 화 | 수 | 목 | 금 | 토 |
|---|---|---|---|---|---|---|
| | | 1 | 2 | 3 | 4 | 5 |
| 6 | 7 | 8 | 9 | 10 | 11 | 12 |
| 13 | 14 | 15 | 16 | 17 | 18 | 19 |
| 20 | 21 | 22 | 23 | 24 | 25 | 26 |
| 27 | 28 | 29 | 30 | | | |

12월(22일)

| 일 | 월 | 화 | 수 | 목 | 금 | 토 |
|---|---|---|---|---|---|---|
| | | | | 1 | 2 | 3 |
| 4 | 5 | 6 | 7 | 8 | 9 | 10 |
| 11 | 12 | 13 | 14 | 15 | 16 | 17 |
| 18 | 19 | 20 | 21 | 22 | 23 | 24 |
| 25 | 26 | 27 | 28 | 29 | 30 | 31 |

월 소정근로일수는 1개월(1일 ~ 말일 또는 입사일~다음달의 입사일 전일)의 기간 중에서 법정휴일/약정휴일/휴무일 등을 제외한 일수를 말한다. 2022.9.1 입사자라면 최초 1개월은 2022.9.1~9.30까지이며 9월의 소정근로일수는 20일이 된다. 개근(100% 출근)은 20일 모두 출근하는 것을 말한다.

연간 소정근로일수는 1년(1.1~12.31 또는 입사일~다음해의 입사일 전일)의 기간 중에서 법정휴일/약정휴일/휴무일을 제외한 일수를 말한다. 2022.1.1 입사자의 경우 총 247일이 연간 소정근로일수이다(단, 주 5일제/주 40시간제 및 약정휴일이 없는 경우를 가정). 247일을 기준으로 출근율 80% 이상/미만이 결정된다.

참고 : 연혁

1962.3.10 근로기준법시행령의 제1차 개정과정에서 신설된 월차휴가 부여시 소정근로일수 산정기준에서는 공민권행사를 위한 휴일, 주휴일, 법정공휴일 및 기타 법정휴일을 소정근로일수에 산입하도록 규정하고 있었으나, 동 조항은 1997.3.27 근로기준법시행령(1997.3.27, 대통령령 제15320호 폐지제정)이 새로이 시행되면서 공민권행사를 위한 시간만을 근로한 것으로 보도록 하고, 나머지 휴일 등은 삭제되었다.
이에 따라 고용노동부에서도 「연차유급휴가 등의 부여시 소정근로일수 및 출근여부 판단기준(2007.10.25, 임금근로시간정책팀-3228)」을 수정하여 새로운 해석기준을 제시하고 적용해왔다.
한편 주 40시간제 시행에 따라 월차휴가가 폐지되면서 동 조항 자체는 현재 삭제되었다.

▶ 소정근로일수 관련 근로기준법시행령의 변천과정
– 고용노동부, 「근로기준법시행령 제 · 개정 발자취」, 2008.8, 261쪽

| 1997.3.26 이전 | 1997.3.27 이후 | 2003.12.11 |
|---|---|---|
| 제○조【월차유급휴가등의 취급】① 법 제○조에 규정된 "월차유급휴가"라 함은 1월간 소정의 근로일수를 개근한 자에 대하여 주는 유급휴가를 말한다.<br>② 법 제○조의 규정에 의한 공민권행사를 위한 휴일, 법 제45조의 규정에 의한 주휴일, 법정공휴일 및 기타의 법정휴일은 이를 각각 제1항의 근로일수에 산입한다. | 제○조【월차유급휴가】법 제00조의 규정에 의한 유급휴가는 1월간 소정근로일수를 개근한 자에게 주어야 한다.<br>이 경우 법 제○조의 규정에 의한 공민권 행사를 위한 시간은 이를 근로한 것으로 본다. | 삭 제 |

**실무상 Tip**

실무상으로는 오른쪽 표와 같이 휴일, 휴무일 등을 포함하여 계산해도 위 결과와 큰 차이가 없다. 다만, 출근율이 80% 내외인 경우 휴가일수가 크게 달라질 수 있으므로 반드시 소정근로일수로 계산하여 휴가를 산정하여야 한다.
이해를 쉽게 하기 위해 월단위로 설명하면 결근이 2달인 경우 출근율은 10월/12월=83.3%로 정상휴가가 발생하지만, 결근이 3달이라면 9월/12월=75%가 되어 월단위 휴가만 발생하게 된다.

| 결근기간 | 출근기간 | 출근율 = 출근기간/365 × 100 |
|---|---|---|
| 70 | 295 | 80.82% |
| 71 | 294 | 80.55% |
| 72 | 293 | 80.27% |
| **73** | **292** | **80.00%** |
| 74 | 291 | 79.73% |
| 75 | 290 | 79.45% |
| 76 | 289 | 79.18% |

# Ⅲ. 법령상 또는 그 성질상 출근한 것으로 보아야 하는 날(기간)

| 법령상 또는 그 성질상 출근한 것으로 보아야 하는 날(기간) | 출근율 계산방법 |
| --- | --- |
| • 업무상 부상 또는 질병으로 휴업한 기간<br>• 출산전후휴가기간 / 분할사용기간 / 유사산휴가기간<br>• 육아휴직기간<br>• 예비군훈련기간<br>• 민방위대원의 교육훈련<br>• 공민권 행사를 위한 휴무일<br>• 연월차휴가<br>• 생리휴가<br>• 배우자 출산휴가<br>• 가족돌봄휴가<br>• 외근업무종사기간<br>• 임신기간 근로시간 단축<br>• 임신기간 출퇴근시간 변경<br>• 가족돌봄 등을 위한 근로시간 단축<br>• 직위해제기간 중 교육훈련을 받은 경우<br>• 근로시간 면제자(타임오프) 활동기간<br>• 부당해고기간(부당정직기간)<br>• 불법 직장폐쇄기간 | 해당 기간을 분자(출근일수) 및 분모(소정근로일수) 모두에 포함하여 출근율을 계산함.<br><br>→ 정상출근한 것으로 간주 |
| 출근율 계산방법(예시) | |
| ① 월간 소정근로일수가 22일인 경우 생리휴가 1일 및 연차휴가 1일을 사용하였다면 출근율은 22일/22일 = 100% (개근)으로 계산함. 즉, 생리휴가 및 연차휴가 사용일이 분자/분모에 포함되어 계산됨.<br>② 연간 소정근로일수가 250일인 경우 업무상 부상 또는 질병으로 소정근로일수 기준 50일을 휴업하였거나, 육아휴직을 사용하였다면 출근율 계산은 250일/250일 = 100%로 계산함. | |

## 1. 업무상 부상 또는 질병으로 휴업한 기간

**관련법령**

**근로기준법 제60조【연차유급휴가】** ⑥ 제1항 및 제2항을 적용하는 경우 다음 각 호의 어느 하나에 해당하는 기간은 출근한 것으로 본다.

1. 근로자가 업무상의 부상 또는 질병으로 휴업한 기간

### (1) 출근율 계산

근로자가 업무상 부상 또는 질병으로 인하여 휴업한 기간은 연차휴가 계산시 출근한 것으로 보아 불이익이 없도록 하여야 한다. 비록 회사 내부적으로 업무

상 부상 또는 질병에 대해 별도로 평균임금의 100%를 지급하고 있다고 하더라도 이는 연차휴가와는 별개의 것이므로 정상적으로 연차휴가를 산정하고, 이를 미사용한 경우에는 연차휴가미사용수당을 지급하여야 한다.[29]

### (2) 출근율 산정기간 전체를 휴업한 경우

#### 1) 고용노동부

기존 행정해석[30]은 연차휴가의 성질에 비추어 월의 전부 또는 연의 전부를 업무상 부상 또는 질병으로 휴업한 경우에는 연차휴가를 부여하지 않도록 하였으나, 2009년 행정해석부터는 전체 기간을 출근한 것으로 보아 정상 연차휴가가 발생되도록 해석을 변경하였다.

**[Q&A] 업무상 부상으로 해당연도 전체를 출근하지 않은 경우 연차발생 여부**

Q. 연차휴가 산정기간(매년 1.1~12.31) 전체에 대하여 육아휴직을 사용하거나, 적법한 쟁의행위기간에 해당되는 경우에는 다음해 연차휴가일수는 '0일'이 되는데, 업무상 부상으로 연차휴가 산정기간 전체를 출근하지 않은 경우에도 연차휴가일수가 '0일'이 되는지?

A. 연차휴가권은 사용자의 부여가 있어야 비로소 근로자에게 주어지는 권리가 아니라, "1년간 8할 이상 출근한 근로자"라는「근로기준법」제60조제1항의 객관적 요건만 갖추어지면 근로자에게 당연히 발생하는 법률상 권리이므로 이러한 연차휴가권을 제한하기 위해서는 법률상 근거가 있어야 한다고 할 것이며, 같은 법 제60조제6항제1호는 근로자가 업무상 부상이나 질병으로 휴업한 기간은 출근한 것으로 본다고 규정함으로써 법률상의 의제규정을 두고 있어 법률상의 명시적인 예외 규정 없이 달리 해석할 수는 없다고 할 것인데, 같은 법 제60조의 규정상 연차휴가의 부여 기준이 되는 해당 연도의 총일수 전부를 출근하지 아니한 경우에는 연차휴가의 부여 기준으로 삼고 있는 출근율의 판단에 있어서 달리 본다는 규정 또는 이러한 경우에는 연차휴가를 부여하지 아니한다는 예외를 정하고 있는 규정도 없습니다.

아울러, 연차휴가의 부여 기준이 되는 해당 연도의 총일수 전부를 출근하지 아니한 경우와 일부라도 출근한 경우를 나누어 전자의 경우에는 연차휴가를 부여하지 않아도 되고, 후자의 경우에는 연차휴가를 부여한다고 하는 것은, 업무상의 부상이나 질병으로 인한 휴업기간에 실제로 출근하여 사실상의 노무를 제공한 일수에 대한 연차휴가의 산정에 관한 법령상의 명확한 규정과 합리적인 기준 없이 자의적인 해석에 의존하여 연차휴가 제도를 운용하는 것이라 할 것입니다.

---

29) 1990.1.29, 임금 32240-5247; 1987.3.31, 근기 01254-5206

30) 2005.7.14, 근로기준과-3733 연간 총일수를 요양으로 휴업한 경우 연차휴가를 부여할 의무는 없으며, 단 연간 일부만 요양하였을 경우에는 소정근로일에 출근하지 않아도 출근한 것으로 보아 연차휴가를 부여하여야 한다.

따라서 근로자가 업무상의 부상으로 휴업하여 연차휴가의 부여 기준이 되는 해당 연도의 총일수 전부를 출근하지 않은 경우에는 「근로기준법」 제60조제6항제1호에 따라 그 휴업기간은 근로 여부에 관계없이 출근한 것으로 보아야 하므로 사용자는 근로자에게 같은 법 제60조제1항부터 제3항까지의 연차휴가를 주어야 합니다(법제처 08-0410 및 2009.2.18, 근로조건지도과).

근로기준법 제60조 제6항은 업무상 부상 또는 질병, 출산전후휴가, 육아휴직 중 어느 하나에 해당하는 사유로 휴업한 기간은 출근한 것으로 본다고 규정하면서, 연차휴가 부여기준이 되는 해당 연도 전부를 휴업한 경우에는 연차휴가를 부여하지 않는다고 규정하고 있지 않다.

그 이유는 해당 기간을 출근으로 간주함으로써 연차휴가 부여에 있어 불이익을 받지 않도록 하기 위함이다. 따라서 그 기간의 장단을 불문하고 소정근로일수와 출근일수에 모두 포함시켜 출근율을 계산하여야 하며, 설령 그 기간이 1년 전체에 걸치거나 소정근로일수 전부를 차지한다고 하더라도 출근으로 간주하여야 한다.[31)]

### 2) 대법원

최근 대법원도 고용노동부와 같은 판단을 하였다. 근로기준법 제60조 제6항 제1호는 근로자가 업무상 재해 때문에 근로를 제공할 수 없었음에도 업무상 재해가 없었을 경우보다 적은 연차휴가를 부여받는 불이익을 방지하려는 데에 그 취지가 있다. 따라서 근로자가 업무상 재해로 휴업한 기간은 장단을 불문하고 소정근로일수와 출근일수에 모두 포함시켜 출근율을 계산하여야 한다.

설령 그 기간이 1년 전체에 걸치거나 소정근로일수 전부를 차지한다고 하더라도 모두 출근으로 처리하여야 한다. 따라서 근로자가 업무상 재해 등의 사정으로 말미암아 연차휴가를 사용할 해당연도에 전혀 출근하지 못한 경우라 하더라도, 사용자는 휴가 대신 연차휴가미사용수당으로 지급하여야 한다.[32)]

만약, 회사의 취업규칙 등에 '근로자가 1년 전체 기간을 출근하지 않을 경우

---

31) 2019.4.25, 임금근로시간과-30, 연차휴가의 부여 기준이 되는 해당 연도의 총 일수 전부를 출근하지 아니한 경우에는 연차휴가를 부여하지 않아도 되고, 일부라도 출근한 경우에는 연차휴가를 부여하여야 한다고 해석하는 것은 법률상의 명시적인 규정에도 맞지 않고 합리적인 근거를 찾기도 어렵다.

32) 대판 2017.12.22, 2017다264416

연차휴가를 부여하지 않거나 연차휴가수당을 지급하지 않는다'는 내용의 규정을 두고 있더라도 동 규정의 내용은 근로기준법에서 정하는 기준에 미치지 못하는 근로조건을 정한 것으로서 효력이 없다고 보아야 하며, 근로자가 업무상 재해 등의 사정으로 연차휴가를 사용할 해당 연도에 전혀 출근하지 못한 경우라 하더라도, 이미 부여받은 연차휴가를 사용하지 않은 데 따른 연차휴가수당은 청구할 수 있다.[33]

## 2. 출산전후휴가기간 / 분할사용기간 / 유사산휴가기간

관련법령

**근로기준법 제60조【연차 유급휴가】** ⑥ 제1항 및 제2항을 적용하는 경우 다음 각 호의 어느 하나에 해당하는 기간은 출근한 것으로 본다.

2. 임신 중의 여성이 제74조제1항부터 제3항까지의 규정에 따른 휴가로 휴업한 기간

**근로기준법 제74조【임산부의 보호】** ① 사용자는 임신 중의 여성에게 출산 전과 출산 후를 통하여 90일(한 번에 둘 이상 자녀를 임신한 경우에는 120일)의 출산전후휴가를 주어야 한다. 이 경우 휴가 기간의 배정은 출산 후에 45일(한 번에 둘 이상 자녀를 임신한 경우에는 60일) 이상이 되어야 한다.
② 사용자는 임신 중인 여성 근로자가 유산의 경험 등 대통령령으로 정하는 사유로 제1항의 휴가를 청구하는 경우 출산 전 어느 때 라도 휴가를 나누어 사용할 수 있도록 하여야 한다. 이 경우 출산 후의 휴가 기간은 연속하여 45일(한 번에 둘 이상 자녀를 임신한 경우에는 60일) 이상이 되어야 한다.
③ 사용자는 임신 중인 여성이 유산 또는 사산한 경우로서 그 근로자가 청구하면 대통령령으로 정하는 바에 따라 유산·사산 휴가를 주어야 한다. 다만, 인공 임신중절 수술(「모자보건법」 제14조제1항에 따른 경우는 제외한다)에 따른 유산의 경우는 그러하지 아니하다.

출산전후휴가기간(산전후휴가라는 명칭은 2012.8.2부터 출산전후휴가로 변경되었음)과 유사산휴가기간은 근로기준법 제60조 제6항에 따라 출근한 것으로 보기 때문에 연차휴가 일수에 전혀 영향을 주지 않는다.[34] 또한 제74조 제2항에 따라 출산전후휴가를 분할사용한 경우 그 기간 역시 출근한 것으로 본다.

33) 대판 2017.5.17, 2014다232296, 2014다232302
34) 2002.3.27, 여원 68240-146

## 3. 육아휴직기간

**관련법령**

**근로기준법 제60조【연차 유급휴가】** ⑥ 제1항 및 제2항을 적용하는 경우 다음 각 호의 어느 하나에 해당하는 기간은 출근한 것으로 본다.

3.「남녀고용평등과 일 · 가정 양립 지원에 관한 법률」 제19조 제1항에 따른 육아휴직으로 휴업한 기간

**남녀고용평등법 제19조【육아휴직】** ① 사업주는 임신 중인 여성 근로자가 모성을 보호하거나 근로자가 만 8세 이하 또는 초등학교 2학년 이하의 자녀(입양한 자녀를 포함한다. 이하 같다)를 양육하기 위하여 휴직(이하 "육아휴직"이라 한다)을 신청하는 경우에 이를 허용하여야 한다. 다만, 대통령령으로 정하는 경우에는 그러하지 아니하다.

② 육아휴직의 기간은 1년 이내로 한다.

기존 근로기준법은 육아휴직기간을 출근으로 본다는 규정이 없었기 때문에 동 기간을 출근으로 보지 않아, 육아휴직 후 복직하더라도 연차휴가 일수가 적게 부여되거나 아예 휴가가 없는 경우도 발생되었다. 이러한 문제점을 보완하고자 2018.5.29부터 개정시행되는 근로기준법은 제60조 제6항에 육아휴직기간을 출근으로 간주한다는 규정을 둠으로써 업무상의 부상 또는 질병으로 휴업한 기간 및 출산전후휴가기간 등과 같이 해당 기간을 출근으로 간주하게 되었다.

### (1) 적용대상

근로기준법 부칙에는 '이 법 시행 후 육아휴직을 신청한 경우부터 적용'한다고 규정되어 있다. 그러나 고용노동부는 남녀고용평등법 시행령에서 휴직개시예정일 30일 전까지 신청하도록 한 조항은 개별 근로자와의 합의가 이루어진 경우 신청서 작성이 필수요건은 아니며, 30일전 신청이 의무사항도 아니므로 신청일 자체를 확인하기 곤란한 경우가 발생될 수 있고, 육아휴직자의 연차휴가를 최대한 보장하기 위한 개정법의 취지를 고려하여, '육아휴직 개시일'이 개정법 시행 이후라면 개정법을 적용하는 것으로 근로자에게 유리하게 해석한다.

즉, 육아휴직 신청일이 아니라 개정법 시행일인 2018.5.29 이후 육아휴직이 시작되면 동 휴직기간은 출근으로 간주되고, 2018.5.28 이전에 육아휴직이 시작되면 기존과 같은 방식으로 연차휴가 부여된다.[35)]

35) 고용노동부, 1년 미만 근로자 등에 대한 연차휴가 보장 확대 관련 개정 근로기준법 설명자료.

### (2) 1년이 넘는 육아휴직기간에 대한 적용방법

개정 근로기준법은 남녀고용평등법 제19조에 따른 법정 육아휴직기간 1년에 대해서만 출근으로 본다고 하고 있다. 만약, 기업이 육아휴직을 1년 넘게 부여하는 경우(공기업 등에서 공무원 규정을 준용하여 최대 3년까지 부여하는 경우 등)에는 1년까지는 출근으로 간주되지만 1년을 초과한 기간에 대해서까지 출근로 간주되는 것은 아니다.

기업이 3년 전부를 출근으로 간주하도록 하는 것은 근로자에게 유리하므로 가능하다. 그러나 이러한 경우가 아니라면 법정 육아휴직 1년을 제외한 나머지 2년은 다음에서 설명할 약정 육아휴직으로 처리하면 된다.

한편, 3년의 육아휴직을 부여하는 경우 출근으로 간주하는 1년을 언제부터 언제까지로 볼 것인지도 문제가 되는데, 고용노동부는 1년이 넘는 기간을 육아휴직으로 사용하고 복직한 경우 취업규칙 등에 동 기간에 대한 처리방식에 대해 특별한 규정이 없다면, 고용보험법 제70조에 따라 육아휴직 급여를 수급한 1년간만 출근으로 간주한다고 해석한다. 고용보험법 제70조는 남녀고용평등법 제19조에 따른 육아휴직을 부여받은 경우 육아휴직급여를 지급하도록 규정하고 있기 때문이다.[36]

### (3) 육아휴직 분할사용에 대한 적용방법

육아휴직을 분할 사용하여 두 번째 육아휴직 개시일이 이 법 시행일(2018. 5. 29) 이후인 경우, 두 번째 육아휴직이 남녀고용평등법 제19조에 따른 육아휴직에 해당하면, 두 번째 육아휴직 기간은 연차휴가일수 산정 시 출근한 것으로 간주하여야 한다.[37]

### (4) 육아기 근로시간 단축

개정 근로기준법은 육아휴직만을 명시하고 있으므로, 육아기 근로시간 단축에

---

2018.5, 6~7쪽

36) 고용노동부, 1년 미만 근로자 등에 대한 연차휴가 보장 확대 관련 개정 근로기준법 설명자료, 2018.5, 7쪽

37) 고용노동부, 1년 미만 근로자 등에 대한 연차휴가 보장 확대 관련 개정 근로기준법 설명자료, 2018.5, 7쪽

따라 단축된 근로시간에 대한 부분까지 모두 출근으로 간주되어 정상 연차가 부여되는 것은 아니며, 이 경우는 다음에서 설명하는 단시간근로자에 관한 규정을 준용하여 단축된 근로시간만큼 연차휴가일수(시간)가 감소되게 된다.

## 4. 예비군훈련기간

**관련법령**

**예비군법 제6조【훈련】** ① 국방부장관은 대통령령으로 정하는 바에 따라 연간 20일의 한도에서 예비군대원을 훈련할 수 있다. 이 경우 국회의원과 대통령령으로 정하는 사람은 훈련하여야 한다. 다만, 법률에 따라 국민이 직접 선거하는 공직 선거기간 중에는 훈련을 하지 아니한다.

**제10조【직장 보장】** 다른 사람을 사용하는 자는 그가 고용한 사람이 예비군대원으로 동원되거나 훈련을 받을 때에는 그 기간을 휴무로 처리하거나 그 동원이나 훈련을 이유로 불리한 처우를 하여서는 아니 된다.

근로시간이 아닌 때에 예비군훈련을 받은 경우에는 임금지급의무가 없지만, 근로시간 내에 예비군훈련을 받은 경우에는 임금을 지급하여야 하며, 연차휴가와 관련한 출근율 산정시 불리한 처우를 할 수 없으므로, 소정근로일수 계산에 포함하여 출근한 것으로 처리하여야 한다.[38)]

## 5. 민방위 대원의 교육훈련

**관련법령**

**민방위기본법 제23조【민방위 대원의 교육훈련】** ① 민방위 대원은 대통령령으로 정하는 바에 따라 연 10일, 총 50시간의 범위에서 민방위에 관한 교육 및 훈련을 받아야 한다. 이 경우 민방위대의 간부 요원과 기술 및 기능 요원(이하 "민방위대요원"이라 한다)에 대하여는 필요에 따라 교육 및 훈련 기간을 연장할 수 있으며, 전지(轉地) 교육훈련을 실시할 수 있다.

**제27조【직장 보장】** 타인을 고용하는 자는 고용하는 자가 민방위 대원으로 동원되거나 교육 또는 훈련을 받은 때에는 그 기간을 휴무로 하거나 이를 이유로 불이익이 되는 처우(處遇)를 하여서는 아니 된다.

근로자가 민방위 대원으로 동원되거나 교육 또는 훈련을 받은 때에는 그 기간을 휴무로 처리하거나 이를 이유로 불이익한 처우를 하지 못하므로, 동 기간도 출근한 것으로 본다.

---

38) 1986.12.30, 근기 01254-20662

## 6. 공민권 행사를 위한 휴무일

관련법령

**근로기준법 제10조【공민권 행사의 보장】** 사용자는 근로자가 근로시간 중에 선거권, 그 밖의 공민권(公民權) 행사 또는 공(公)의 직무를 집행하기 위하여 필요한 시간을 청구하면 거부하지 못한다. 다만, 그 권리 행사나 공(公)의 직무를 수행하는 데에 지장이 없으면 청구한 시간을 변경할 수 있다.
**공직선거법 제6조【선거권 행사의 보장】** ③ 공무원·학생 또는 다른 사람에게 고용된 자가 선거인명부를 열람하거나 투표하기 위하여 필요한 시간은 보장되어야 하며, 이를 휴무 또는 휴업으로 보지 아니한다.

근로기준법 제10조 및 공직선거법 제6조에 따라 지방의회의원 입후보 이후 자신을 위한 적법한 선거운동을 한 기간, 당선 이후 관계 법령에 의해 정기회의나 임시회의에 참석하는 시간 및 기타 상임위원회위원으로 활동하는 시간 등은 공민권 행사 또는 공의 직무에 해당한다. 기타 자료준비를 위한 시간이나 비공식적인 회합시간에 대하여는 법령에 근거가 있거나 사회통념상 공의 직무 집행을 위하여 필요 불가결하다고 인정되는 시간인 경우에는 이를 부여하여야 한다. 사적인 성격이 강하거나 사업장의 소정근로시간외에 수행이 가능하거나 부여치 않아도 공의 직무 집행에 직접적인 지장을 초래치 아니한다고 인정되는 시간은 부여치 않을 수 있다.

공의 직무 집행시간이 1일의 소정근로시간 전체에 걸침으로써 출근치 못한 경우 이 날을 결근처리 할 수는 없으므로 연차휴가산정 등의 출근율 계산에 있어 동 기간을 출근한 것으로 보아야 한다.[39]

## 7. 연차휴가

소정근로일에 연차휴가를 사용한 경우 연차휴가를 사용한 날이나 기간은 소정근로일수 계산에 포함하고 출근한 것으로 처리한다.[40]

---

39) 공의 직무로 인해 장기간 근로를 제공할 수 없는 경우에는 당사자간 합의로 휴직처리토록 하는 것이 바람직하다(1991.6.28, 근기 01254-9404).

40) 2005.7.15, 근로기준과-3815; 2007.10.25, 임금근로시간정책팀-3228 다른 행정해석(2008.8.8, 근로조건지도과-3102; 2012.10.25, 근로개선정책과-5243)에서는 연월차휴가사용일은 근로의무가 면제되어 소정근로일에 해당하지 않게 되므로 연월차휴가사용일을 제외한 나머지 소정근로일만으로 출근율을 산정하면 된다고 한 것도 있다. 출근율에서 양자는 큰 차이가 없어 보인다. 그러나 소정근로일수에 포함하고 출근으로 처리하는 것이 일반적인 해석으로 보인다.

**▶ 연차휴가 외의 사항에 대한 연차휴가사용일의 정상근무 여부 판단**

위 행정해석과 같은 출근율 계산방법은 연차휴가 산정시에만 적용되고, 그 밖에 사항에 대해서는 별도로 정할 수 있다.

1. 근로기준법에서 별도의 정함이 없는 약정수당의 경우 그 지급여부를 결정하기 위한 출근율 산정의 방법을 근로기준법상 정해진 휴일·휴가 등의 산정을 위한 출근율 계산방법과는 다르게 근로계약, 취업규칙, 단체협약 등에서 정한 경우, 그에 따른다고 해도 법위반으로 볼 수 없음(2005.7.15, 근로기준과-3815).
2. 택시회사에서 성과수당을 '월간 1일 평균운송수입금×정상근무인정일의 수'로 책정하여 지급하면서 연차휴가를 사용한 근로자에게는 휴가사용일을 정상근무일로 인정하지 않아 성과수당이 지급되지 않은 사례에서, 대법원은 성과수당은 생계보장적 성격이 있지만 근로의욕 고취를 위한 성과급으로서의 성격도 있고, 휴가사용자보다 휴가사용없이 근로한 근로자에게 더 많은 성과수당을 주는 것이 적법할 뿐만 아니라, 근로기준법은 '유급휴가를 주어야 한다'고만 규정하고 있을 뿐이므로, 연차휴가일에 대하여 정상근무일로 인정하여 기본급을 주는 것으로써 위 법률조항의 요구를 일단 충족하였다고 보았음(대판 2007.4.23, 2005두12992; 서울고판 2007.7.26, 2007누11124, 대법원 확정).

## 8. 생리휴가

**관련법령**

**근로기준법 제73조【생리휴가】** 사용자는 여성 근로자가 청구하면 월 1일의 생리휴가를 주어야 한다.

여성근로자가 생리휴가를 사용한 경우에도 소정근로일수에 포함하여 출근한 것으로 처리한다.

## 9. 배우자 출산휴가

**관련법령**

**남녀고용평등법 제18조의2【배우자 출산휴가】** ① 사업주는 근로자가 배우자의 출산을 이유로 휴가(이하 "배우자 출산휴가"라 한다)를 청구하는 경우에 10일의 휴가를 주어야 한다. 이 경우 사용한 휴가기간은 유급으로 한다.

② 제1항 후단에도 불구하고 출산전후휴가급여등이 지급된 경우에는 그 금액의 한도에서 지급의 책임을 면한다.

③ 배우자 출산휴가는 근로자의 배우자가 출산한 날부터 90일이 지나면 청구할 수 없다.

④ 배우자 출산휴가는 1회에 한정하여 나누어 사용할 수 있다.

⑤ 사업주는 배우자 출산휴가를 이유로 근로자를 해고하거나 그 밖의 불리한 처우를 하여서는 아니 된다.

「연차휴가 등의 부여시 소정근로일수 및 출근여부 판단기준(2007.10.25, 임금근로시간정책팀-3228)」에서는 규정하고 있지 않지만, 배우자출산휴가 역시 소정근로일수에 포함하여 출근한 것으로 처리하여야 한다고 생각한다.

배우자 출산휴가 사용시 주휴수당을 지급해야 하는지에 대해 "배우자 출산휴가는 법령상 또는 그 성질상 출근한 것으로 보아야 하는 날 또는 기간(소정근로일수 계산에는 포함하되 출근한 것으로 봄)이므로 주휴수당을 지급해야 한다"는 고용노동부 해석이 있는데, 이 내용은 연차휴가에도 동일하게 적용되어야 한다고 생각한다.[41)]

## 10. 가족돌봄휴가

**관련법령**

**남녀고용평등법 제22조의2【근로자의 가족 돌봄 등을 위한 지원】** ② 사업주는 근로자가 가족(조부모 또는 손자녀의 경우 근로자 본인 외에도 직계비속 또는 직계존속이 있는 등 대통령령으로 정하는 경우는 제외한다)의 질병, 사고, 노령 또는 자녀의 양육으로 인하여 긴급하게 그 가족을 돌보기 위한 휴가(이하 "가족돌봄휴가"라 한다)를 신청하는 경우 이를 허용하여야 한다. 다만, 근로자가 청구한 시기에 가족돌봄휴가를 주는 것이 정상적인 사업 운영에 중대한 지장을 초래하는 경우에는 근로자와 협의하여 그 시기를 변경할 수 있다.

④ 가족돌봄휴직 및 가족돌봄휴가의 사용기간과 분할횟수 등은 다음 각 호에 따른다.

1. 가족돌봄휴직 기간은 연간 최장 90일로 하며, 이를 나누어 사용할 수 있을 것. 이 경우 나누어 사용하는 1회의 기간은 30일 이상이 되어야 한다.
2. 가족돌봄휴가 기간은 연간 최장 10일[제3호에 따라 가족돌봄휴가 기간이 연장되는 경우 20일(「한부모가족지원법」 제4조제1호의 모 또는 부에 해당하는 근로자의 경우 25일) 이내]로 하며, 일단위로 사용할 수 있을 것. 다만, 가족돌봄휴가 기간은 가족돌봄휴직 기간에 포함된다.
3. 고용노동부장관은 감염병의 확산 등을 원인으로 「재난 및 안전관리 기본법」 제38조에 따른 심각단계의 위기경보가 발령되거나, 이에 준하는 대규모 재난이 발생한 경우로서 근로자에게 가족을 돌보기 위한 특별한 조치가 필요하다고 인정되는 경우 「고용정책 기본법」 제10조에 따른 고용정책심의회의 심의를 거쳐 가족돌봄휴가 기간을 연간 10일(「한부모가족지원법」 제4조제1호에 따른 모 또는 부에 해당하는 근로자의 경우 15일)의 범위에서 연장할 수 있을 것. 이 경우 고용노동부장관은 지체 없이 기간 및 사유 등을 고시하여야 한다.

⑤ 제4항제3호에 따라 연장된 가족돌봄휴가는 다음 각 호의 어느 하나에 해당하는 경우에만 사용할 수 있다.

---

41) 고용노동부, 배우자 출산휴가급여 시행지침, 2019.9, 19쪽.

1. 감염병 확산을 사유로 「재난 및 안전관리 기본법」 제38조에 따른 심각단계의 위기경보가 발령된 경우로서 가족이 위기경보가 발령된 원인이 되는 감염병의 「감염병의 예방 및 관리에 관한 법률」 제2조제13호부터 제15호까지의 감염병환자, 감염병의사환자, 병원체보유자인 경우 또는 같은 법 제2조제15호의2의 감염병의심자 중 유증상자 등으로 분류되어 돌봄이 필요한 경우
2. 자녀가 소속된 「초 · 중등교육법」 제2조의 학교, 「유아교육법」 제2조제2호의 유치원 또는 「영유아보육법」 제2조제3호의 어린이집(이하 이 조에서 "학교등"이라 한다)에 대한 「초 · 중등교육법」 제64조에 따른 휴업명령 또는 휴교처분, 「유아교육법」 제31조에 따른 휴업 또는 휴원 명령이나 「영유아보육법」 제43조의2에 따른 휴원명령으로 자녀의 돌봄이 필요한 경우
3. 자녀가 제1호에 따른 감염병으로 인하여 「감염병의 예방 및 관리에 관한 법률」 제42조제2항제1호에 따른 자가(自家) 격리 대상이 되거나 학교등에서 등교 또는 등원 중지 조치를 받아 돌봄이 필요한 경우
4. 그 밖에 근로자의 가족돌봄에 관하여 고용노동부장관이 정하는 사유에 해당하는 경우

고용노동부는 가족돌봄휴가는 법정휴가로서 그 성질상 출근한 것으로 보아야 하므로 연차휴가 산정 시 소정근로일수와 출근일수에 포함해야 하고, 따라서 사용자는 근로자가 가족돌봄휴가를 포함하여 1년간 80% 이상 출근한 경우에는 계속근로년수에 따른 연차휴가를 부여해야 한다는 입장이다.[42] 즉, 가족돌봄휴가를 사용한 날이 무급이라 하더라도 연차휴가 부여를 위한 출근율 산정시에는 출근한 것으로 처리하여야 한다.

## 11. 외근업무종사기간

외근업무종사자(ex. 가스검침원과 안전점검원)에 대하여 회사가 출근부를 작성 비치하는 등 근태관리를 하고 있지 않아 근로제공일이나 결근여부를 알 수 없어 출근율 산정이 불가능한 경우, 외근업무의 특성상 소정근로일, 시업 및 종업시각, 소정근로시간 등에 관하여 노사가 사전에 특정하지 않은 경우 특별한 사정이 없는 한 연차휴가 산정을 위한 출근율 계산시 출근한 것으로 보아야 한다.[43]

42) 2020.2.12, 여성고용정책과-628
43) 2003.3.13, 근기 68207-287. 동 행정해석은 명시적인 표현은 없으나, 근로기준법 제58조(근로시간 계산의 특례)에 따라 '근로자가 출장이나 그 밖의 사유로 근로시간의 전부 또는 일부를 사업장 밖에서 근로하여 근로시간을 산정하기 어려운 경우에는 소정근로시간을 근로한 것으로 본다'는 조문을 근거로 해석한 것으로 보인다.

## 12. 임신기간 근로시간 단축

관련법령

**근로기준법 제74조【임산부의 보호】** ⑦ 사용자는 임신 후 12주 이내 또는 36주 이후에 있는 여성 근로자가 1일 2시간의 근로시간 단축을 신청하는 경우 이를 허용하여야 한다. 다만, 1일 근로시간이 8시간 미만인 근로자에 대하여는 1일 근로시간이 6시간이 되도록 근로시간 단축을 허용할 수 있다.
⑧ 사용자는 제7항에 따른 근로시간 단축을 이유로 해당 근로자의 임금을 삭감하여서는 아니 된다.

2016.3.25부터(300명 이상인 기업은 2014.9.25부터 적용) 동 제도가 모든 사업장에 적용됨에 따라, 임신 후 12주 이내 또는 36주 이후에 있는 여성 근로자는 하루 2시간의 단축근무가 가능하다. 임신기간 근로시간 단축을 하더라도 출근은 정상적으로 이루어지므로 동 기간 역시 소정근로일수에 포함하고, 출근으로 처리하여야 한다.

## 13. 임신기간 출퇴근시간 변경

관련법령

**근로기준법 제74조【임산부의 보호】** ⑨ 사용자는 임신 중인 여성 근로자가 1일 소정근로시간을 유지하면서 업무의 시작 및 종료 시각의 변경을 신청하는 경우 이를 허용하여야 한다. 다만, 정상적인 사업 운영에 중대한 지장을 초래하는 경우 등 대통령령으로 정하는 경우에는 그러하지 아니하다.

2021.11.19 시행된 임신기간 출퇴근시간 변경제도는 1일 소정근로시간을 유지하면서 출퇴근시간만 변경되는 제도이므로, 소정근로일수의 변경은 수반되지 않는다. 동 제도를 사용한 기간(일수)은 소정근로일수에 포함하고, 실제 출근한 것이므로 출근율에 변화가 없다.

## 14. 가족돌봄 등을 위한 근로시간 단축

관련법령

**남녀고용평등법 제22조의3【가족돌봄 등을 위한 근로시간 단축】** ① 사업주는 근로자가 다음 각 호의 어느 하나에 해당하는 사유로 근로시간의 단축을 신청하는 경우에 이를 허용하여야 한다. 다만, 대체인력 채용이 불가능한 경우, 정상적인 사업 운영에 중대한 지장을 초래하는 경우 등 대통령령으로 정하는 경우에는 그러하지 아니하다.

1. 근로자가 가족의 질병, 사고, 노령으로 인하여 그 가족을 돌보기 위한 경우
2. 근로자 자신의 질병이나 사고로 인한 부상 등의 사유로 자신의 건강을 돌보기 위한 경우
3. 55세 이상의 근로자가 은퇴를 준비하기 위한 경우

4. 근로자의 학업을 위한 경우
② 제1항 단서에 따라 사업주가 근로시간 단축을 허용하지 아니하는 경우에는 해당 근로자에게 그 사유를 서면으로 통보하고 휴직을 사용하게 하거나 그 밖의 조치를 통하여 지원할 수 있는지를 해당 근로자와 협의하여야 한다.
③ 사업주가 제1항에 따라 해당 근로자에게 근로시간 단축을 허용하는 경우 단축 후 근로시간은 주당 15시간 이상이어야 하고 30시간을 넘어서는 아니 된다.
④ 근로시간 단축의 기간은 1년 이내로 한다. 다만, 제1항 제1호부터 제3호까지의 어느 하나에 해당하는 근로자는 합리적 이유가 있는 경우에 추가로 2년의 범위 안에서 근로시간 단축의 기간을 연장할 수 있다.
⑤ 사업주는 근로시간 단축을 이유로 해당 근로자에게 해고나 그 밖의 불리한 처우를 하여서는 아니 된다.
⑥ 사업주는 근로자의 근로시간 단축기간이 끝난 후에 그 근로자를 근로시간 단축 전과 같은 업무 또는 같은 수준의 임금을 지급하는 직무에 복귀시켜야 한다.
⑦ 근로시간 단축의 신청방법 및 절차 등에 필요한 사항은 대통령령으로 정한다.

가족돌봄 등을 이유로 근로시간 단축을 하는 경우에도 근로시간만 단축될 뿐 출근은 하기 때문에 동 기간 역시 출근으로 간주된다. 참고로 이 제도는 300명 이상 및 공공기관의 경우 2020.1.1부터, 30명 이상 300명 미만인 경우 2021.1.1부터, 2022.1.1부터는 30명 미만인 기업에 적용된다.

## 15. 직위해제기간 중 교육훈련을 받은 경우

사용자가 근로자를 직무수행 능력 부족으로 직위해제한 이후 직무수행 능력 향상을 위하여 특정장소에 출근케 하여 교육훈련을 받도록 지시한 경우에는 달리 볼 사정이 없는 한 교육기간을 출근한 것으로 인정하여야 한다.[44]

## 16. 근로시간 면제자(타임오프) 활동기간

노조전임자로 활동한 기간과는 달리, 근로시간 면제자(타임오프)로 활동한 기간은 노동조합법에 따라 근로시간 내에서 근로계약 소정의 업무를 면제받는 대신 근로시간면제 대상 업무를 수행할 수 있도록 지정된 근로자이므로 동 활동기간은 출근으로 간주하여 연차휴가를 부여하면 된다.[45]

44) 2012.3.14, 근로개선정책과-1766
45) 2010.9.17, 노사관계법제과-842

## 17. 부당해고기간(부당정직기간)

뒤에서 설명하겠지만 고용노동부는 '특별한 사유로 근로제공의무가 정지된 날 또는 기간'으로 처리한다. 그러나 2014년 대법원 판결은 부당해고기간 전체를 출근으로 간주하여야 한다고 판결하였다. 부당해고기간이 출근율 산정기간 1년 중 일부를 차지한 경우 뿐만 아니라 수년에 걸친 장기간의 부당해고기간도 모두 출근으로 간주하여 연차휴가를 부여하되, 사용기간이 경과한 경우 모두 연차휴가미사용수당으로 지급하여야 한다.

부당한 정직기간에 대하여서도 판례가 없기는 하지만, 부당해고기간과 동일하게 모두 출근으로 간주하여야 한다고 생각된다.

## 18. 불법직장폐쇄 기간

사용자의 쟁의행위인 직장폐쇄가 불법적으로 이루어진 경우에는 그 책임은 사용자가 부담하게 된다. 즉, 불법 직장폐쇄의 경우에는 사용자의 근로수령의무가 면제된다고 볼 수 없고, 불법 직장폐쇄로 인하여 근로를 제공하지 못한 기간은 출근으로 간주하는 것이 타당하다고 생각한다.

최근 대법원 역시 사용자의 위법한 직장폐쇄로 인하여 근로자가 출근하지 못한 기간을 근로자에 대하여 불리하게 고려할 수는 없으므로 원칙적으로 그 기간은 연간 소정근로일수 및 출근일수에 모두 산입되는 것으로 보는 것이 타당하다고 하였다. 다만 위법한 직장폐쇄 중 근로자가 쟁의행위에 참가하였거나 쟁의행위 중 위법한 직장폐쇄가 이루어진 경우에 만일 위법한 직장폐쇄가 없었어도 해당 근로자가 쟁의행위에 참가하여 근로를 제공하지 않았을 것이 명백하다면, 이러한 쟁의행위가 적법한지 여부를 살펴 적법한 경우에는 그 기간을 연간 소정근로일수에서 제외하고, 위법한 경우에는 연간 소정근로일수에 포함시키되 결근한 것으로 처리하여야 한다.[46]

---

46) 대판 2019.2.14, 2015다66052, 위법한 직장폐쇄가 없었다고 하더라도 쟁의행위에 참가하여 근로를 제공하지 않았을 것임이 명백한지는 쟁의행위에 이른 경위 및 원인, 직장폐쇄 사유와의 관계, 해당 근로자의 쟁의행위에서의 지위 및 역할, 실제 이루어진 쟁의행위에 참가한 근로자의 수 등 제반 사정을 참작하여 신중하게 판단하여야 하고, 그 증명책임은 사용자에게 있다.

# Ⅳ. 결근으로 처리되는 날(기간)

| 결근으로 처리되는 날(기간) | 출근율 계산방법 |
|---|---|
| • 결근(유계/무단결근)<br>• 정당한 정직기간, 강제휴직, 직위해제기간 등<br>• 불법 쟁의행위기간 | 해당 기간을 분모(소정근로일수)에는 포함하되, 분자(출근일수)에서는 제외하여 출근율을 계산함. |

결근으로 처리되는 경우는 크게 2가지 방식으로 연차휴가일수를 산정한다. 먼저, 출근율이 80% 이상인 경우는 정상휴가를 부여한다(사례A). 그러나 출근율이 80% 미만인 경우는 '전년도 개근월수×1일'에 해당하는 휴가를 부여한다(사례B).

[사례A]

| 1년간 소정근로일수를 240일로 가정(다음해 정상휴가일수 20일로 가정) | |
|---|---|
| 정상출근 210일 | 결근 30일 |

⑲ ⑳

| [1단계] 출근율 계산 | [2단계] 휴가일수 계산 | 비 고 |
|---|---|---|
| $\frac{240일 - 30일}{240일} = \frac{210일}{240일} = 87.5\%$ | 정상휴가 20일 | 출근율이 80% 이상이므로 정상휴가 20일 부여 |

[사례B]

| 1년간 소정근로일수를 240일로 가정(다음해 정상휴가일수 20일로 가정) | |
|---|---|
| 정상출근 180일 | 결근 60일 |

⑲ ⑳

| [1단계] 출근율 계산 | [2단계] 휴가일수 계산 |
|---|---|
| $\frac{240일 - 60일}{240일} = \frac{180일}{240일} = 75\%$ | 출근율이 80% 미만이므로 '전년도 개근월수×1일'에 해당하는 휴가일수 부여<br>→ 정상출근기간 180일이 5개월이면 5일을 부여 |

## 1. 결근(유계 / 무단결근)

일반적으로 결근일이란 법령의 범위 내에서 노사 당사자가 근로를 제공하기로 정한 날인 '소정근로일'에 근로자가 임의로 근로를 제공하지 아니한 날을 의미한다.[47] 따라서 소정근로일에 출근을 하지 아니하였으므로, 출근율 산정시 결근일 수 만큼 불이익이 발생하게 된다.

회사의 승인을 받지 않은 무단결근 뿐만 아니라 사용할 수 있는 휴가가 없어서 회사의 승인을 받고 출근하지 못하는 유계결근도 원칙적으로 연차휴가의 출근율 산정에서는 결근으로 처리된다.

## 2. 정직, 강제휴직, 직위해제기간 등

### (1) 헌법재판소의 입장[48]

#### 1) 근로의 권리 침해 여부

헌법재판소는 정직처분을 받은 공무원에 대하여 정직일수를 연차휴가일수에서 공제하도록 규정하고 있는 국가공무원복무규정 제17조 제1항에 대한 헌법소원심판 사건에서 연차휴가는 일정기간 근로의무를 면제함으로써 근로자의 정신적 · 육체적 휴양을 통하여 문화적 생활의 향상을 기하려는데 그 의의가 있으므로 근로의무가 면제된 정직일수를 연가일수에서 공제하였다고 하여 현저히 불합리하다고 보기 어려우며, 정직기간을 연가일수에서 공제할 때 어떠한 비율에 따라 공제할 것인지는 입법자의 재량사항이므로 정직기간의 비율에 따른 일수가 공제되는 일반휴직자와 달리, 공무원으로서 부담하는 의무를 위반하여 징계인 정직처분을 받은 자에 대하여 입법자가 정직일수 만큼의 일수를 연가일수에서 공제하였다고 하여 재량권을 일탈한 것이라고 볼 수 없으므로 청구인의 근로의 권리를 침해하지 않는다고 보았다.

#### 2) 일반 근로자와의 비교

일반 근로자의 경우 "연차휴가권의 구체적 내용에 있어서 입법자는 국가적 노동 상황, 경영계(사용자)의 의견, 국민감정, 인정 대상자의 업무와 지위, 기타 여러 가지 사회적·경제적 여건 등을 함께 고려해야 하므로 연차휴가권을 어느 범위에서 인정하고, 어느 경우에 제한할 것인지, 결근 등으로 인하여 근로가 제공되지 않은 경우 연차휴가일수의 공제 여부, 공제의 방식 등에 대하여는 입법자 또는 입법에 의하여 다시 위임을 받은 행정부 등 해당기관의 재량에 맡겨져 있

---

47) 2004.8.18, 근로기준과-4336; 2004.8.17, 근로기준과-5738
48) 헌법재판소 2008.9.25, 2005헌마586

다고 보아야 하므로, 연차휴가권의 내용이 현저히 불합리하여 헌법상 용인될 수 있는 재량의 범위를 명백히 일탈한 경우에 한하여 헌법에 위반된다고 할 수 있다고 하면서, 일반 근로자들의 경우 정직일수를 연차휴가일수에 공제할 것인지 여부, 정직기간 중 임금이 지급되는지 여부 등 징계와 휴가에 관한 세부적 사항은 각 사업장의 취업규칙이나 단체협약에서 규정할 사항이라고 하였다.

#### 3) 일사부재리 원칙 위반 여부

청구인은 국가공무원복무규정 제17조 제1항이 동일한 징계원인으로 거듭 징계될 수 없다는 의미에서 일사부재리의 원칙에 위반된다고 주장하였으나, 헌법재판소는 동 조항은 정직기간 중에는 직무에 종사하지 않아 연가를 사용한 것과 같다는 점에서 그 기간을 연가일수에서 공제하고 있는 것에 불과하고, 연가일수의 공제가 징계처분과 같은 성질의 처분이라고 볼 수 없다고 하여 일사부재리 원칙에 위반되지 않는다고 보았다.

### (2) 법원 및 고용노동부의 입장(정직기간)

#### 1) 행정해석(2005)

기존 행정해석은 사용자의 징계권의 행사로 정직된 기간은 당초 근무하기로 정하였지만 특별한 사유로 근로제공 의무가 정지된 날 또는 기간에 해당하여 소정근로일수 계산에서 제외된다고 보았다(2005.9.9, 근로기준팀-4). 즉, 정직기간을 결근으로 간주하지 않는다는 입장이었다.

#### 2) 대법원 판결(2008)

대법원은 행정해석(2005)과는 다르게 결근으로 간주하는 것이 가능하다고 보았다. 정직이나 직위해제 등의 징계를 받은 근로자는 징계기간 중 근로자의 신분을 보유하면서도 근로의무가 면제되므로, 사용자는 취업규칙에서 근로자의 정직 또는 직위해제 기간을 소정근로일수에 포함시키되 그 기간 중 근로의무가 면제되었다는 점을 참작하여 연차휴가 부여에 필요한 출근일수에는 포함되지 않는 것으로 규정할 수도 있고, 이러한 취업규칙의 규정이 구 근로기준법 제59조에 반하여 근로자에게 불리한 것이라고 보기는 어렵다고 하였다.[49]

---

49) 대판 2008.10.9, 2008다41666

### 3) 행정해석 변경(2009)

고용노동부는 대법원 판결(2008)에 맞추어 근로자의 귀책사유로 인한 징계기간은 소정근로일수에 포함하여 결근 처리하고, 이를 다투어 확정된 부당징계기간에 한하여 소정근로일수에서 제외하고 나머지 기간에 비례하여 연차휴가를 부여하는 것이 타당하다고 입장을 변경하였다.[50]

### 4) 결론 및 사견

정직처분이 정당한 경우에는 법원과 고용노동부의 해석이 일치하고, 결근으로 간주하면 된다.

그러나 부당정직기간에 대해서는 법원의 사례를 찾지 못하였는데, 고용노동부는 2009년의 위 행정해석에서 '특별한 사유로 근로제공 의무가 정지된 날 또는 기간'으로 보고 있다. 사견으로는 부당해고기간에 대한 대법원 판결과 같이, 부당정직도 사용자의 귀책사유에 해당되므로 그 기간을 출근한 것으로 보는 것이 타당하다고 생각된다.

## 3. 불법 쟁의행위기간

노동조합법에 따라 적법한 쟁의행위는 보호를 받지만, 쟁의행위 목적, 방법, 절차 중 일부가 정당성이 없는 불법 쟁의행위인 경우에는 근로기준법의 보호를 받지 못한다.[51] 따라서 불법 쟁의행위에 참가함에 따라 근로를 제공하지 않은 날이나 기간에 대해서는 결근으로 처리된다.[52]

## 4. 지각 등에 대한 결근 처리 가능 여부

연차휴가 산정을 위한 '1년간 개근'이란 단체협약이나 취업규칙에서 정한 '소

---

50) 연차유급휴가 부여기준 '소정근로일수 및 출근여부' 판단시 정직기간 등 관련 행정해석 변경(2009.9.1, 근로기준과-3296)

51) 1997.12.19, 협력 68140-486

52) 1990.6.16, 근기 01254-198; 1990.7.26, 근기 01254-10522. 구 노동쟁의조정법상 냉각기간을 위반하여 집단적으로 조퇴하거나 월차휴가를 사용한 것은 근로기준법상 월차휴가의 정당한 행사로 볼 수 없으므로 연차휴가 산정시 결근으로 처리하여도 무방하다(1990.3.3, 근기 01254-3153; 1990.3.3, 근기 01254-3154).

정근로일의 만근'을 말하는 것이지 '소정근로일의 근로시간에 대한 만근'을 의미하는 것이 아니므로[53] 근로자가 지각·조퇴·외출 등의 사유로 소정근로일의 근로시간 전부를 근로하지 못하였다 하더라도 소정근로일을 단위로 그날에 출근하여 일부의 근로를 제공하였다면 이를 결근으로 취급할 수 없다.[54]

따라서 어떤 이유로 지각, 조퇴 등이 있다 하더라도 연차휴가일수를 산정함에 있어 이를 결근으로 취급할 수 없고, 지각·조퇴·외출 3회를 결근 1일로 취급하여 연차휴가 발생에 필요한 출근율 산정시 불이익하게 취급하여서는 안된다.[55] 그러나 근로자의 기강확립 등을 위하여 취업규칙이나 단체협약 등으로 일정한 기준을 정하여 상여금 등을 차등 지급하거나, 징계처분 등의 처리기준으로 사용하는 것은 가능하다.[56]

## Ⅴ. 특별한 사유로 근로제공의무가 정지되는 날(기간)

| 특별한 사유로 근로제공의무가 정지되는 날(기간) | 출근율 계산방법 |
|---|---|
| • 사용자의 귀책사유로 인한 휴업기간<br>• 적법한 쟁의행위기간<br>• 가족돌봄휴직기간<br>• 재택대기기간<br>• 업무상 필요에 의한 해외연수기간<br>• 예비군훈련 중 발생한 부상에 대한 치료기간<br>• 노동조합 전임기간<br>• 경조휴가 등 약정휴가<br>• 약정 출산전후휴가<br>• 약정 육아휴직<br>• 기타 개인사유로 인한 휴직<br>• 정년퇴직예정자의 공로연수기간(위로휴가기간)<br>• 부당해고기간(고용노동부)<br>• 병역의무 이행을 위한 휴직기간 | 출근율 계산시 해당 기간을 분자와 분모 모두에서 제외<br>(해당 기간을 제외한 나머지 기간의 출근율 산정) |

53) 1990.3.3, 근기 01254-3153; 1988.1.30, 근기 01254-1453
54) 1984.10.20, 근기 1451-21279; 1982.6.17, 근기 1455-16469
55) 따라서 지각, 조퇴 3회를 결근 1일로 취급하여 연차에 영향을 미치게 하는 취업규칙은 근로기준법에 위배된다(2009.12.23, 근로기준과-5560; 2000.1.22, 근기 68207-157).
56) 1978.8.22, 법무 811-17966; 1983.12.21, 근기 1451-31537

## 1. 출근율 및 휴가일수 계산방법

<table>
<tr><th colspan="3">연간 소정근로일수(a)</th></tr>
<tr><td colspan="2">정상근무기간(b)</td><td rowspan="2">특별한 사유로 근로제공의무가 정지되는 기간(e)</td></tr>
<tr><td>출근기간(c)</td><td>결근기간(d)</td></tr>
</table>

연간 소정근로일수 중 '특별한 사유로 근로제공의무가 정지되는 날(기간)'이 있는 경우 가장 먼저 검토할 내용은 '연간 소정근로일수' 대비 '정상근무기간'의 비율(b/a)이 80% 이상인지 미만인지 여부를 판단하는 것이다. 동 비율이 80% 이상이라면 정상휴가를 부여하고, 그렇지 않다면 정상근무기간에 대한 출근율(2차)을 다시 계산해서 다음 표와 같이 휴가일수를 계산해야 한다.

<table>
<tr><th>출근율<br>(1차)</th><th>$\frac{b}{a} \geq 80\%$</th><th colspan="3">$\frac{b}{a} < 80\%$</th></tr>
<tr><td rowspan="2">휴가<br>일수</td><td rowspan="2">정상 휴가 부여</td><th>출근율<br>(2차)</th><th>$\frac{c}{b} \geq 80\%$</th><th>$\frac{c}{b} < 80\%$</th></tr>
<tr><td>휴가<br>일수</td><td>정상휴가일수 × b/a</td><td>전년도 개근월수 × 1일</td></tr>
</table>

즉, 상황에 따라 출근율을 2번 계산해야 할 수 있다. 1차 출근율은 연간 소정근로일수(a), 즉 1년 전체의 출근율을 산정하는 것이고, 2차 출근율은 정상근무기간(b)의 출근율을 산정한다는 것이다. 2차 출근율에 따른 휴가일수는 2차 출근율이 80% 이상이면 정상근무기간(b)에 비례(b/a)해서 휴가를 부여하고, 80% 미만이면 '전년도 개근월수당 1일'의 휴가를 부여한다.

위의 내용에 맞게 '가족돌봄휴직'을 예로 들어 설명해 보기로 한다.

### (1) 1차 출근율이 80% 이상인 경우

| 1년간 소정근로일수 250일(a)로 가정 (다음해 정상휴가일수 20일로 가정) | |
|---|---|
| 정상근무 210일(b) : 84%(80% 이상) | 가족돌봄휴직 40일(16%) |

⑲ ⑳

1년간 소정근로일수 250일(a) 대비 정상근무기간이 210일(b)이다. 1차 출근율(=b/a)은 84%(=210일/250일)여서 정상연차 발생기준인 80% 이상이므로, 정상휴가 20일을 부여하면 된다.

### (2) 1차 출근율이 80% 미만이지만, 2차 출근율은 80% 이상인 경우

| 1년간 소정근로일수 250일(a)로 가정 (다음해 정상휴가일수 20일로 가정) | |
|---|---|
| 정상출근 190일(b) : 76%(80% 미만) | 가족돌봄휴직 60일(24%) |

⑲ ⑳

1차 출근율(=b/a)은 76%(=190일/250일)여서 정상휴가 발생기준인 80%를 충족하지 못한다. 이 경우 2차 출근율[=(b−d)/b]을 계산해야 하는데, 결근기간(d)이 없는 경우이므로 b/b 또는 c/b로 계산하면, 100%(=190일/190일)이다. 이 때 휴가일수는 '정상휴가일수 × b/a'로 계산하므로, 15.2일(=20일 × 190일/250일)이다.

### (3) 1,2차 출근율이 모두 80% 미만인 경우

<table>
<tr><th colspan="3">1년간 소정근로일수 250일(a)로 가정 (다음해 정상휴가일수 20일로 가정)</th></tr>
<tr><td colspan="2">정상근무기간 190일(b) : 76%(80% 미만)</td><td rowspan="2">가족돌봄휴직 60일(24%)</td></tr>
<tr><td>출근기간 120일(c)</td><td>결근기간 70일(d)</td></tr>
</table>

⑲ ⑳

1차 출근율(=b/a)은 76%(=190일/250일)여서 정상휴가 발생기준인 80%를 충족하지 못한다. 따라서 2차 출근율[=(b−d)/b = c/b]을 계산해 보면, 약 63%[=(190−70)일/190일 = 120일/190일]이다. 2차 출근율이 80% 미만이므로 연차발생의 기본원칙에 따라 '전년도 개근월수당 1일'에 해당하는 연차휴가가 발생하는데, 이 경우에는 '출근기간 120일(c)'에 해당하는 개근월수 만큼의 연차휴가가 발생한다.

**실무상 Tip** **소수점 이하의 휴가에 대한 처리방법**

예) 근무기간에 비례하여 계산한 결과 5.3일의 연차휴가가 발생한 경우(1일 소정근로시간 8시간인 경우)

| 처리방식 | 가능 여부 |
|---|---|
| ① 5.3일, 즉 5일 2시간 24분의 휴가를 부여(0.3일 ×8시간 = 2.4시간) | 가능 |
| ② 5일은 휴가 또는 미사용수당으로 지급, 0.3일은 2.4시간분의 (미사용시) 수당 지급 | 가능 |
| ③ 5.5일 또는 6일로 휴가 또는 미사용수당 지급 | 가능 |
| ④ 5일은 사용 또는 수당 지급 처리하고 0.3일은 미부여 또는 수당 미지급 | 불가능 |

행정해석(2003.2.24, 근기 68207-216)에서는 0.9일 등 1일 미만의 휴가에 대해서는 사용자가 시간 단위 등으로 부여할 의무는 없으나, 미사용시에는 수당으로 지급하여야 한다고 하였으나, 최근에는 시간 단위 연차휴가를 인정하고 있다. 또다른 행정해석(1989.8.7, 근기 01254-11575)은 1일 단위로 휴가를 부여하는 방식을 권장하고 있다.

cf. 단시간근로자의 경우 1시간 미만은 1시간으로 올림처리 하여야 함.

**실무상 Tip** **비례부여의 기준이 되는 연차휴가일수**

| 처리방식 | 가산휴가일수의 위치 |
|---|---|
| A | 정상휴가일수(기본 15일 + 가산휴가) × $\frac{\text{소정근로일수 − 해당기간}}{\text{소정근로일수}}$ |
| B | 기본휴가일수(15일) × $\frac{\text{소정근로일수 − 해당기간}}{\text{소정근로일수}}$ + 가산휴가일수 |

비례하여 연차휴가를 부여할 경우 가산휴가일수가 어디에 위치하느냐에 따라 발생되는 휴가일수가 달라진다. 고용노동부는 "연간 총소정근로일수와 실질 소정근로일수의 비율 적용을 위한 연차휴가일수는 1년간 출근율에 따른 기본연차 뿐만 아니라 근속연수에 따른 가산휴가를 포함하는 것으로 보아야 한다"고 하여 A의 방식을 채택하고 있다(2014.6.13, 근로개선정책과-3370).

## 2. 1차 출근율이 80% 이상인 경우에 비례계산하지 않는 이유

1차 출근율(b/a)이 80% 이상인 경우에도 비례계산을 하여 '정상휴가일수 × b/a' 만큼의 연차휴가를 부여한다면, 결근인 경우와의 형평성 문제가 발생한다. 결근의 경우 정상근무가 80% 이상이면 연차휴가는 정상적으로 발생하게 되는

데, 특별한 사유로 근로제공의무가 정지되는 기간(예를 들어 가족돌봄휴직)에 대하여는 연차휴가가 더 적게 부여되는 불합리한 결과가 발생되기 때문이다.

사례 (1)에서 비례계산하게 되면 16.8일(=20일 × 210일/250일)이 발생하지만, 결근인 경우에는 정상적으로 20일이 부여되기 때문이다. 법적으로 보호받아야 하는 기간임에도 불구하고 결근보다 더 적은 휴가가 부여되는 문제가 발생하기 때문이다.

따라서 판례와 행정해석은 가족돌봄휴직 등 특별한 사유로 근로제공의무가 정지되는 기간을 제외하더라도 1년간 총 소정근로일수의 80% 이상을 출근하였다면 정상휴가를 부여하는 것이 타당하다고 하는 것이다.

| 고용노동부 행정해석 (2018.1.22, 근로기준정책과-550) | 대법원 판결 (대판 2019.2.14, 2015다66052) |
|---|---|
| 우리부 행정지침 총소정근로일수에 가족돌봄휴직기간을 제외한 나머지 소정근로일수의 비율대로 연차유급휴가를 부여하는 규정은 총소정근로일수의 80% 미만 출근하는 경우 적용함이 타당하고, 가족돌봄휴직기간을 제외하더라도 1년간 총소정근로일수의 80% 이상을 출근하였다면 법 제60조 제1항에 따라 15일의 연차휴가를 부여함이 타당하다고 사료됨. | 연간 소정근로일수에서 노조전임기간 등이 차지하는 일수를 제외한 후 나머지 일수(실질 소정근로일수)만을 기준으로 근로자의 출근율을 산정하여 연차휴가 취득 요건의 충족 여부를 판단하게 되는 경우, 연차휴가 제도의 취지, 연차휴가가 가지는 1년간의 근로에 대한 대가로서의 성질, 연간 소정근로일수에서 제외하지 않고 결근으로 처리할 때 인정되는 연차휴가일수와의 불균형 등을 고려하면, 해당 근로자의 출근일수가 연간 소정근로일수의 8할을 밑도는 경우에 한하여, 본래 평상적인 근로관계에서 8할의 출근율을 충족할 경우 산출되었을 연차휴가일수에 대하여 실질 소정근로일수를 연간 소정근로일수로 나눈 비율을 곱하여 산출된 연차휴가일수를 근로자에게 부여함이 합리적이다. |

## 3. 연간 소정근로일수 전체가 해당 기간인 경우

| 1년간 소정근로일수 250일로 가정 (다음해 정상휴가일수 20일로 가정) |
|---|
| 해당 기간(250일) – 적법한 쟁의행위기간 |

⑲ ⑳

근로제공의무가 정지되는 기간(해당 기간)이 연차휴가 출근율 산정기간과 일치하는 경우에는 그 기간 전부가 소정근로일수에서 제외되므로 다음연도에는 연차휴가가 발생하지 않는다. 예를 들어 회계연도 기준으로 연차휴가의 출근율을 산정하는 기업에서 근로자가 1.1~12.31까지 적법한 쟁의행위에 참가한 경우에 다음해의 연차휴가는 발생하지 않는다.

## 4. 특별한 사유로 근로제공의무가 정지되는 날(기간)의 종류

### (1) 사용자의 귀책사유로 인한 휴업기간

사용자의 귀책사유로 인한 휴업기간은 연차휴가 산정을 위한 출근율 계산의 기준이 되는 소정근로일수에서 제외되므로, 사용자의 귀책사유로 인하여 연간 일부를 휴업한 경우에는 1년간의 소정근로일수에서 동 휴업한 기간을 제외한 기간을 총근로일수로 보아 그 출근비율에 따라 연차휴가를 산정하여야 하며,[57] 이를 결근으로 처리해서는 안된다.[58]

**▶ 근로기준법 제46조의 휴업수당 관련 사용자의 귀책사유**

근로기준법 제46조 (휴업수당)에 의한 '사용자의 귀책사유'는 원칙적으로 사용자의 세력범위 안에서 생긴 경영장애로서 자금난, 원자재 부족, 시장불황 등으로 인한 경우를 말하며 천재지변·재난과 같이 사용자에게 책임을 물을 수 없는 불가항력적인 사정으로 사업 계속이 불가능하게 된 경우에는 사용자의 귀책사유로 볼 수 없다(2010.2.16, 근로기준과-802).

**▶ 연차휴가 관련 사용자의 귀책사유로 인한 휴업으로 본 사례**

① 발주물량 저하로 근로자를 현장에 투입할 수 없을 경우 노사간 단체협약에 따라 기본 1회(3개월)에 1회(3개월)를 연장하여 근로자를 '재택대기'시키면서 정액급여의 80%를 지급한 경우(2011.8.23, 근로개선정책과-2672)
② 정규직으로 건설현장에 근무하다가 현장종료에 따라 본사에 대기한 후 새로운 현장이 개설되지 않아 회사의 인사명령에 의하여 1년간 통상임금을 받으면서 회사 또는 집에서 대기한 경우(2000.1.25, 근기 68207-186)

57) 1990.1.16, 임금 32240-673; 2011.8.23, 근로개선정책과-2672 등
58) 1971.1.13, 근기 1455-322; 2013.5.30, 근로개선정책과-3190

### (2) 적법한 쟁의행위기간

**관련법령**

**노동조합법 제2조 【정의】** 6. "쟁의행위"라 함은 파업·태업·직장폐쇄 기타 노동관계 당사자가 그 주장을 관철할 목적으로 행하는 행위와 이에 대항하는 행위로서 업무의 정상적인 운영을 저해하는 행위를 말한다.
**제37조 【쟁의행위의 기본원칙】** ① 쟁의행위는 그 목적·방법 및 절차에 있어서 법령 기타 사회질서에 위반되어서는 아니된다.
② 조합원은 노동조합에 의하여 주도되지 아니한 쟁의행위를 하여서는 아니된다.

#### 1) 노동조합의 적법한 쟁의행위기간

대법원과 고용노동부는 같은 입장을 취하고 있다. 근로자가 정당한 쟁의행위를 하여 현실적으로 근로를 제공하지 아니한 경우, 이는 헌법이나 법률에 의하여 보장된 근로자의 정당한 권리행사이고 그 권리행사에 의하여 쟁의행위기간 동안 근로관계가 정지됨으로써 근로자는 근로의무가 없으며, 쟁의행위를 이유로 근로자를 부당하거나 불리하게 처우하는 것이 법률상 금지되어 있으므로, 근로자가 본래 연간 소정근로일수에 포함되었던 쟁의행위기간 동안 근로를 제공하지 아니하였다 하더라도 이를 두고 근로자가 결근한 것으로 볼 수는 없다. 그런데 다른 한편 그 기간 동안 근로자가 현실적으로 근로를 제공한 바가 없고, 근로기준법, 노동조합법 등 관련 법령에서 그 기간 동안 근로자가 '출근한 것으로 본다'는 규정을 두고 있지도 아니하므로, 이를 두고 근로자가 출근한 것으로 의제할 수도 없다.

따라서 ① 연간 소정근로일수에서 쟁의행위기간이 차지하는 일수를 제외한 나머지 일수를 기준으로 근로자의 출근율을 산정하여 연차휴가 취득 요건의 충족 여부를 판단하되, ② 그 요건이 충족된 경우에는 본래 평상적인 근로관계에서 8할의 출근율을 충족할 경우 산출되었을 연차휴가일수에 대하여'연간 소정근로일수에서 쟁의행위기간이 차지하는 일수를 제외한 나머지 일수'를'연간 소정근로일수'로 나눈 비율을 곱하여 산출된 연차휴가일수를 근로자에게 부여한다.59) 다만, 쟁위행위기간이 월의 전부, 연의 전부에 해당될 때에는 연차휴가를 부여

59) 대판 2013.12.26, 2011다4629, 이 판결은 육아휴직에 대하여도 같은 취지로 판단하였다. 다만 2018년 근로기준법 개정으로 육아휴직이 출근으로 간주됨에 따라 혼동이 발생될 수 있어서 여기서는 쟁의행위에 대한 내용만 정리하였다.

할 의무가 없다.[60)]

### 2) 1일 소정근로시간 중 일부시간을 파업한 경우

소정근로일 1일의 근로시간 전부를 적법하게 파업한 경우라면 출근율 산정시 소정근로일수 계산에서 제외된다.[61)] 그러나 오전·오후에 2~3시간씩 일부시간에 대하여 부분파업을 한 경우에는 결근으로 보지 않는다. 따라서 파업참가시간을 누계하여 8시간 이상일 경우라 하더라도 결근으로 처리할 수 없다.

지각, 조퇴, 외출 등의 사유로 근로일의 소정근로시간수의 전부를 근로하지 못하였더라도 소정근로일을 단위로 그날그날에 출근하여 근로를 제공하였다면 소정근로일수를 개근한 것으로 해석하지만, 비록 조회를 근로시간에 포함한다는 단체협약이 있다 할지라도 이는 조회시간 이후 당연히 이루어지는 작업과의 연장선상에서 의미를 갖는다는 점을 고려할 때, 출근후 5~10분간 형식적으로 조회에 참여하고 즉시 불법파업에 돌입하여 실제 근로제공이 전혀 없었다면, 당해일을 근로하였다고 보지 않는다.[62)]

### 3) 사용자의 적법한 직장폐쇄기간

사용자의 쟁의행위인 직장폐쇄도 동일하게 해석한다.[63)] 대법원 역시 사용자의 적법한 직장폐쇄로 인하여 근로자가 출근하지 못한 기간은 원칙적으로 연차휴가일수 산정을 위한 연간 소정근로일수에서 제외되어야 한다고 본다. 다만, 노동조합의 쟁의행위에 대한 방어수단으로서 사용자의 적법한 직장폐쇄가 이루어진 경우, 이러한 적법한 직장폐쇄 중 근로자가 위법한 쟁의행위에 참가한 기간은 근로자의 귀책으로 근로를 제공하지 않은 기간에 해당하므로, 연간 소정근로일수에 포함시키되 결근한 것으로 처리하여야 한다.[64)]

---

60) 2003.9.24, 근기 68207-1209; 2004.12.13, 근로기준과-6657; 2005.4.29, 근로기준과-2373; 2013.7.30, 근로개선정책과-4449 등
61) 1997.3.4, 근기 68207-270; 2006.7.10, 임금근로시간정책팀-1689
62) 1997.3.5, 근기 68207-297
63) 2002.2.5, 근기 68207-463
64) 대판 2019.2.14, 2015다66052

### (3) 가족돌봄휴직기간

**관련법령**

**남녀고용평등법 제22조의2【근로자의 가족 돌봄 등을 위한 지원】** ① 사업주는 근로자가 조부모, 부모, 배우자, 배우자의 부모, 자녀 또는 손자녀(이하 "가족"이라 한다)의 질병, 사고, 노령으로 인하여 그 가족을 돌보기 위한 휴직(이하 "가족돌봄휴직"이라 한다)을 신청하는 경우 이를 허용하여야 한다. 다만, 대체인력 채용이 불가능한 경우, 정상적인 사업 운영에 중대한 지장을 초래하는 경우, 본인 외에도 조부모의 직계비속 또는 손자녀의 직계존속이 있는 경우 등 대통령령으로 정하는 경우에는 그러하지 아니하다.

③ 제1항 단서에 따라 사업주가 가족돌봄휴직을 허용하지 아니하는 경우에는 해당 근로자에게 그 사유를 서면으로 통보하고, 다음 각 호의 어느 하나에 해당하는 조치를 하도록 노력하여야 한다.

1. 업무를 시작하고 마치는 시간 조정
2. 연장근로의 제한
3. 근로시간의 단축, 탄력적 운영 등 근로시간의 조정
4. 그 밖에 사업장 사정에 맞는 지원조치

④ 가족돌봄휴직 및 가족돌봄휴가의 사용기간과 분할횟수 등은 다음 각 호에 따른다.

1. 가족돌봄휴직 기간은 연간 최장 90일로 하며, 이를 나누어 사용할 수 있을 것. 이 경우 나누어 사용하는 1회의 기간은 30일 이상이 되어야 한다.

출근율은 가족돌봄휴직 기간을 제외한 나머지 소정근로일수의 출근율을 가지고 산정하며, 연차휴가일수는 가족돌봄휴직 기간을 제외한 나머지 소정근로일수와 연간 총소정근로일수의 비율에 따라 산정한다.[65]

### (4) 재택대기기간

징계성 재택대기가 아니라, 단체협약 등으로 발주물량 저하 등의 경우에 본인의 신청에 의해 재택대기를 할 수 있도록 하고 있는 경우에, 재택대기자의 정상 연차휴가는 연간소정근로일수에서 재택대기기간동안의 소정근로일수를 뺀 나머지 소정근로일수의 80% 이상을 출근했을 경우에 한하여 발생하며, 연차휴가일수는 본래 연간소정근로일수의 80% 이상을 출근하였을 때 발생할 수 있는 연차휴가일수에 나머지 소정근로일수만큼 비례하여 부여한다.[66]

65) 고용노동부, 「임신, 출산, 육아기 근로자의 궁금한 77가지」, 2018. 73쪽.
66) 2011.8.23, 근로개선정책과-2672

### (5) 해외연수기간

해외연수기간은 통상적인 근로관계 하에서의 근로제공의무를 취업규칙 등에 의해 면제받는 것이므로 소정근로일은 아니지만, 해외연수가 사용자의 인정하에 이루어졌고, 해외연수 종료 후 바로 업무에 복귀하여 계속적으로 근무가 이루어진 경우라면 이를 연차휴가 부여를 위한 출근율 산정시 결근으로 처리해서는 안되며, 소정근로일에서 제외하고 연차휴가를 산정해야 한다.[67]

### (6) 예비군훈련 중 발생한 부상에 대한 치료기간

예비군훈련이 종료된 이후에 훈련 도중 입게 된 부상의 치료를 위하여 근로를 제공하지 못한 경우, 부상치료기간은 “근로자 또는 사용자가 예측할 수 없는 특별한 사유가 발생하여 근로제공의무가 정지되는 기간”으로 볼 수 있으므로 부상치료기간을 제외한 나머지 소정근로일수에 대한 출근율에 따라 연차휴가를 산정한다.[68]

### (7) 노동조합 전임기간

노조전임기간도 근로계약관계가 유지되고 있는 한 근속년수에는 산입된다.[69] 또한 연차휴가 출근율 산정대상 기간인 1년 중에 근로자가 전임자로 되거나, 현업에 복귀할 경우에는 동 기간을 제외한 나머지 소정근로일수에 대한 출근율에 따라 연차휴가를 부여하면 된다.

대법원 역시 “노조전임기간 동안 현실적으로 근로를 제공하지 않았다고 하더라도 결근한 것으로 볼 수 없고, 노동조합법 등 관련 법령에서 출근한 것으로 간주한다는 규정 역시 두고 있지 않으므로 출근한 것으로 의제할 수도 없다. 결국 근로제공의무가 면제되는 노조전임기간은 연차휴가일수 산정을 위한 연간 소정근로일수에서 제외함이 타당하다. 다만 노조전임기간이 연차휴가 취득 기준이

67) 2001.9.1, 근기 68207-2888. 그러나 단체협약 등에 정해진 기간을 초과하여 근로자 본인의 요청에 따라 사용자가 해외연수기간을 연장시켜 준 경우, 연장된 해외연수기간에 대하여 이를 소정근로일에서 제외되는 통상의 해외연수기간에 포함시킬 것인지 아니면 소정근로일에 포함시켜 휴직(결근)으로 처리할지 여부는 회사의 단체협약, 취업규칙 등에서 정하는 바에 따라 연수기간 연장의 취지 등을 종합적으로 고려하여 판단해야 한다(2002.3.22, 근기 68207-1212).

68) 1999.5.1, 근기 68207-1001

69) 2008.4.24, 퇴직연금복지과-122; 1998.10.23, 근기 68207-2837; 1987.9.3, 노조 01254-14251; 1985.8.6, 노조 01254-14425

되는 연간 총근로일 전부를 차지하고 있는 경우라면, 단체협약 등에서 달리 정하지 않는 한 이러한 노조전임기간에 대하여는 연차휴가에 관한 권리가 발생하지 않는다"고 판단하였다.[70)]

또한 노사간 합의로 1년 또는 1개월 중 일정일은 사업장에 근로를 제공하고 잔여일은 노조업무를 전담토록 한 소위 노조 일부 전임자의 경우(ex. 월 25일의 근무일 중 10일은 근무하고 15일은 노조 전임), 연차휴가는 근로제공의무가 있는 연간소정근로일수에 대한 출근율에 따라 산출된 연차휴가일수에 당해 사업장 총소정근로일수에 대한 노조 일부 전임자의 연간소정근로일수의 비율로 곱하여 산정한다.[71)]

### (8) 경조휴가 등 약정휴가

행정해석은[72)] 경조휴가 등 약정휴가일에 대하여 "단체협약에 의한 근로제공의무가 면제되는 특별휴가를 사용한 날은 소정근로일에 해당하지 아니하므로 그 휴가를 사용한 기간에 속하는 근무일은 소정근로일에서 제외된다"고 하고 있으므로, 약정휴가 사용일은 소정근로일수에서 제외하고, 나머지 소정근로일수의 출근율로 연차휴가를 산정·부여하면 된다.

하지만 많은 기업에서는 경조휴가일수가 적기 때문에 고용노동부와 같은 계산방식이 번거롭고 근로자의 휴가일수도 적어지기 때문에 출근한 것으로 처리하는 것이 실무상의 적용방식인 것으로 보인다.

### (9) 약정 출산전후휴가

법정 출산전휴휴가기간(90일 또는 120일)보다 많은 출산전후휴가를 무급으로 부여하기로 단체협약이 체결된 경우 단체협약에 의한 출산전후휴가기간은 별도의 규정이 없는 한 출근으로 취급하는 법정 출산전후휴가와는 달리 근로계약이 존속하는 상태에서 근로제공의무가 정지되는 기간이므로 소정근로일을 확정함에 있어 이를 제외하여야 한다.

따라서 연차휴가일수는 약정 출산전후휴가기간을 제외한 나머지 소정근로일수에 대한 출근율에 따라 산출된 일수에 해당 기업의 연간 총소정근로일수에 대

---

70) 대판 2019.2.14, 2015다66052

71) 1996.7.10, 근기 68207-923; 2001.4.19, 근기 68207-1262

72) 2002.4.16, 근기 68207-1566

한 출근일수의 비율을 곱하여 산정한다.[73)]

### (10) 약정 육아휴직

2021.8.4 고용노동부는 약정 육아휴직(법정 육아휴직기간 1년을 초과하여, 기업에서 추가로 부여하는 육아휴직)에 대하여 연차휴가 출근율 산정 시 결근으로 처리해서는 안되며, 근로관계의 권리·의무가 정지된 것으로 기간으로 보아 소정근로일수에서 제외하여야 한다는 해석을 하였다.[74)]

### (11) 기타 개인사유로 인한 휴직

① 업무와 무관하게 개인자격으로 해외유학을 가기 위해 휴직을 한 경우 또는 ② "주휴수당 및 연차휴가 산정방법 관련 행정해석 변경 등 지침 시달(임금근로시간과-1736, 2021.8.4)"에 명시된 휴직(약정 육아휴직 또는 업무외 부상질병으로 인한 휴직) 외의 청원휴직 등은 사업장의 근로계약, 취업규칙 또는 단체협약에 근거하거나 사용자의 허락 하에 부여받은 휴직 등에 해당하고, 근로자의 귀책사유로 소정근로일에 근로를 제공하지 못한 경우가 아니라면, 이는 근로제공 의무가 정지되는 기간으로 보아야 한다(2022 고용노동부 인터넷 답변).

근로자의 귀책사유는 징계로 인한 정직, 대기발령, 법령 위반에 따른 형사 구금기간, 불법파업 등을 의미한다고 한다.

### (12) 정년퇴직예정자의 공로연수기간 (위로휴가기간)

#### ① 기존 행정해석

취업규칙 등에 공로연수자에 대하여 정년예정일 전 1년 이내에 있는 1급 및 2급 직원은 당연대상으로, 3급 이하 직원은 본인 희망이나 동의가 있는 경우에 공로연수기간을 부여하며, 공로연수기간은 퇴직예정일전 6개월 이내(필요에 따라 1년 이내)의 기간에 실시토록 되어 있고, 공로연수자는 파견근무로 처리하여 임금을 지급하고 있는 경우, 동 공로연수기간은 통상적인 근로관계하에서의 근로제공의무를 취업규칙 등에 의하여 면제받는 것으로 연차휴가 부여시 소정근로

73) 1996.9.2, 근기 68207-1165
74) 2021.8.4, 임금근로시간과-1736

일수 및 출근여부를 판단함에 있어 그 성격은 특별한 사유로 근로제공의무가 정지되는 날 또는 기간으로 소정근로일수를 계산함에 있어 이를 제외하여야 한다. 따라서 연차휴가 산정은 공로연수기간을 제외한 나머지 소정근로일수에 대한 출근율에 따라 산출된 일수에 당해 사업장의 연간 총소정근로일수에 대한 나머지 소정근로일수비율을 곱하여 산정하여야 하며, 공로연수자의 성격(당연대상자인지 신청대상자인지 여부)과는 관계없이 동일하게 적용된다.[75)]

② 변경된 행정해석

2021년 대법원[76)]과 고용노동부는 정년퇴직예정자가 12.31까지 근로하고, 다음해 1.1자로 퇴직하는 경우 연차휴가를 사용할 권리에 대한 보상으로서의 연차휴가수당을 청구할 수 없다고 해석을 변경하였다.

따라서 출근율 산정은 기존 행정해석과 같이 한다고 하더라도, 정년퇴직예정자에게는 다음해 1.1에 연차휴가가 새로 발생하지 않으므로 연차휴가미사용수당 역시 지급할 의무가 없게 되었다.

### (13) 부당해고와 연차휴가

① 정당한 해고와 부당해고

사용자가 정당하게 해고를 한 경우에는 해고일을 근로관계 종료일로 하여 연차휴가를 정산하면 된다. 그러나 노동위원회나 법원 등에서 부당해고로 판단될 경우 부당해고기간의 처리와 복직한 이후에 연차휴가를 어떻게 부여할 것인지가 문제되는데, 행정해석과 판례의 입장이 다르다.

| 행정해석 | 판 례 |
|---|---|
| 2009.12.1, 근로기준과-5084 및<br>2001.6.19, 근기 68207-1976 등 | 대판 2014.3.13, 2011다95519 |
| 특별한 사유로 근로제공의무가 정지된 날 또는 기간 | 법령상 또는 그 성질상 출근한 것으로 보아야 하는 날 또는 기간 |

75) 2007.5.1, 임금근로시간정책팀-1663. 취업규칙 등에 '위로휴가기간은 근무일수에 산입한다'고 규정한 것은 그 기간을 출근한 것으로 보기보다는 계속근로기간 산정에 포함한다는 의미로 보아야 하므로 동 기간은 특별한 사유로 근로제공의무가 정지되는 기간에 해당한다(2009.5.14, 근로기준과-1388).

76) 대판 2021.10.14, 2021다227100

### ② 고용노동부 행정해석 – 비례 적용

부당해고기간은 근로자가 근로를 제공할 수 있음에도 사용자의 부당한 징계권의 행사로 근로를 제공하지 못한 기간으로 '특별한 사유로 근로제공의무가 정지된 날 또는 기간'에 해당되어 소정근로일수 계산에서 제외하여야 하므로, 부당해고기간을 제외한 나머지 소정근로일수에 대한 출근율에 따라 산출된 일수에 당해 사업장의 연간 총소정근로일수에 대한 출근일수 비율을 곱하여 산정하여야 한다고 하여, 적법한 쟁의행위기간과 동일한 방식을 적용한다.

특히, 부당해고기간이 해당 연도의 전부에 해당될 경우, 사용자는 연차휴가를 부여하지 않아도 된다고 한다.[77] 다만, 근로자는 사용자에 대하여 부당한 해고조치가 없었다면 정상적인 출근에 따라 받을 수 있었던 연차휴가를 받지 못한데 따른 손해배상을 청구할 수 있다고 한다.[78]

### ③ 법원의 판결 및 비교

2014년 대법원[79]은 고용노동부 행정해석과는 다른 입장을 제시하였다. 즉, 사용자가 근로자를 해고하였으나 그 해고에 정당한 이유가 없어 무효인 경우에 근로자는 그 부당해고기간 동안에 정상적으로 일을 계속하였더라면 받을 수 있었던 임금을 모두 지급받을 수 있다.

해고 근로자가 해고기간 동안 근무를 하지는 않았다고 하더라도 해고가 무효인 이상 그동안 사용자와의 근로관계는 계속되고 있는 것이고, 근로자가 해고기간 동안 근무를 하지 못한 것은 근로자를 부당하게 해고한 사용자에게 책임있는 사유로 인한 것이다.

근로자가 부당해고로 인하여 지급받지 못한 임금이 연차휴가수당인 경우에도 해당 근로자의 연간 소정근로일수와 출근일수를 고려하여 근로기준법 제60조 제1항의 요건을 충족하면 연차휴가가 부여되는 것을 전제로 연차휴가수당을 지급하여야 하고, 이를 산정하기 위한 연간 소정근로일수와 출근일수를 계산함에 있어서 사용자의 부당해고로 인하여 근로자가 출근하지 못한 기간을 근로자에

---

77) 2001.6.19, 근기 68207-1976; 2006.5.15, 임금근로시간정책팀-1108; 2009.12.1, 근로기준과-5084
78) 1990.12.31, 근기 01254-10; 1992.1.7, 근기 01254-10
79) 대판 2014.3.13, 2011다95519

대하여 불리하게 고려할 수는 없으므로 그 기간은 연간 소정근로일수 및 출근일수에 모두 산입되는 것으로 보는 것이 타당하며, 설령 부당해고기간이 연간 총 근로일수 전부를 차지하고 있는 경우에도 달리 볼 수는 없다고 하여 부당해고기간은 모두 정상출근한 것으로 보아야 한다는 입장을 제시하였다.

따라서 부당해고기간을 포함한 1년간의 출근율(출근일수 / 소정근로일수)이 80% 이상이므로, 근로자들에게는 근로기준법 제60조 등에 따라 법정 연차휴가 일수가 모두 발생하였으며, 그에 상응하는 연차휴가수당을 지급할 의무가 회사에 있다고 판단하였다.

2014년 대법원 판결 이전에도 하급심에서는 이러한 대법원의 판결과 같은 취지의 판결이 있었다. 서울행정법원[80]은 "연차휴가는 근로자에 대해 휴일 외에도 매년 일정 일수의 휴가를 유급으로 보장하고자 하는 제도임에 비추어 사용자의 귀책사유에 의하여 근로자가 출근하지 못한 기간에 대하여 출근율을 계산함에 있어서 근로자에 대하여 불리하게 고려할 수는 없으므로 사용자의 부당해고로 인하여 근로자가 출근하지 못한 기간은 전체 근로일 및 출근일에 모두 산입되는 것으로 보아야 한다"고 하였다.

또다른 서울행정법원 판결[81] 역시 동일한 취지로 판시하면서 "2008.2.18 해고되었다가 부당해고임이 인정되어 2010.8.6 다시 복직된 경우, 2010년도 연차휴가일을 산정함에 있어 해고 이후부터 복직되기 전까지의 기간을 전체 근로일 및 출근일에 모두 산입하여야 하며, 따라서 2010년에도 연차휴가권이 발생한다"고 판시하였다.

사견으로는 해고가 부당하다는 것은 그 귀책사유가 사용자에게 있으므로 계속근로 등과 관련한 책임은 사용자가 부담하는 것이 타당하다고 생각된다. 이 부분도 추후 고용노동부의 입장 변경이 있을 것으로 예상된다.

---

80) 서울행판 2007.7.26, 2006구합45852(대법원 확정)
81) 서울행판 2012.7.6, 2011구합30182(대법원 확정)

▶ **행정해석 및 판례에 따른 연차휴가일수 비교**

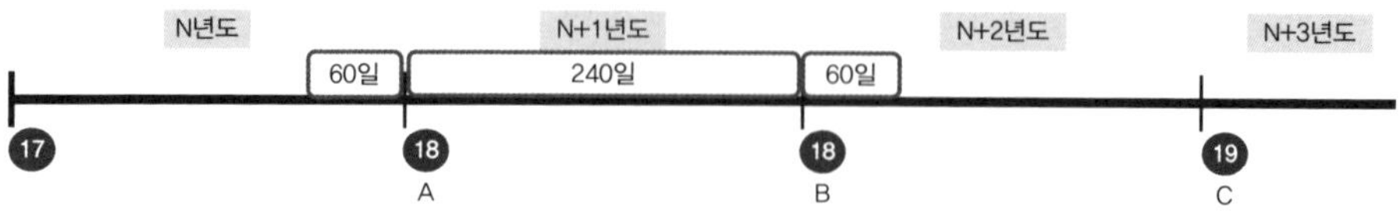


다음과 같은 상황을 가정하고 설명하기로 한다. 매년 소정근로일수가 240일로 가정하며, 80% 이상 출근시 정상휴가가 17일, 18일, 18일, 19일이라고 가정을 한다. 한편 부당해고기간은 위 그림과 같이 3년(N, N+1, N+2년도)에 걸쳐 있는 경우를 전제로 한다. 이 경우 행정해석과 판례에 따른 A, B, C 시점의 휴가일수를 비교해 보기로 한다.

| 구 분 | 행정해석<br>특별한 사유로 근로제공의무가 정지된 날 또는 기간 | 판 례<br>법령상 또는 그 성질상 출근한 것으로 보아야 하는 날 또는 기간 |
|---|---|---|
| A | (1) N년도 출근율: (240–60)/(240–60) = 100%<br>(2) 휴가일수: 18일×(240–60)/240=13.5일 | (1) N년도 출근율: 240/240 = 100%<br>(2) 휴가일수: 정상휴가 18일 |
| B | (1) N+1년도 전체가 부당해고기간<br>(2) 휴가일수: 0일 | (1) N+1년도 전체를 출근으로 간주 :100%<br>(2) 휴가일수: 정상휴가 18일 |
| C | (1) N+2년도 출근율: (240–60)/(240–60) = 100%<br>(2) 휴가일수: 19일×(240–60)/240=14.25일 | (1) N+2년도 출근율: 240/240 = 100%<br>(2) 휴가일수: 정상휴가 19일 |

법원은 부당해고기간 전체를 출근한 것으로 보기 때문에 정상휴가와 동일한 휴가일수가 부여된다. 다만, 부당해고로 인하여 사용할 수 없었던 휴가는 수당으로 지급하게 된다.

반면 고용노동부는 '현실적으로 근로제공을 하였는지 여부'를 중요한 기준으로 보기 때문에 실질적인 근로제공이 없었던 부당해고기간을 '특별한 사유로 근로제공의무가 정지된 날 또는 기간'으로 간주한다. 따라서 근로를 제공한 기간에 비례하여 휴가를 부여하고, 특히 N+1년도에는 근로한 기간이 없었기 때문에 N+2년도에는 휴가가 발생하지 않는다고 본다.

### (14) 병역의무 이행을 위한 휴직기간

**관련법령**

**병역법 제3조【병역의무】** ① 대한민국 국민인 남성은「대한민국헌법」과 이 법에서 정하는 바에 따라 병역의무를 성실히 수행하여야 한다. 여성은 지원에 의하여 현역 및 예비역으로만 복무할 수 있다.
**제74조【복직보장 등】** ① 국가기관, 지방자치단체의 장 또는 고용주는 소속 공무원이나 임직원이 징집 · 소집 또는 지원에 의하여 입영하거나 소집 등에 의한 승선근무예비역, 보충역 또는 대체복무요원 복무(해당 기관 등에서 재직하면서 승선근무예비역 또는 보충역 복무를 하는 사람은 제외한다)를 하게 된 경우에는 휴직하게 하고, 그 복무를 마치면 복직시켜야 한다. 다만, 그 공무원이나 임직원이 복무 중 범죄행위로 인하여 제적 · 전역 또는 소집해제된 경우에는 그러하지 아니하다.

대한민국 남성의 경우 병역법에 따라 병역의무를 이행해야 하며, 고용주는 동법 제74조 제1항 본문에 따라 근로자를 휴직하게 해야 한다. 따라서 근로자가 병역의무를 이행하기 위해 휴직한 기간은 "근로의무가 없는 날"로 연차휴가의 기준이 되는 연간 소정근로일수에서 제외된다.[82)]

## Ⅵ. 소수점 이하 휴가에 대한 처리방법

### 1. 소정근로일수에 비례하는 경우

'특별한 사유로 근로제공의무가 정지되는 날(기간)'에서 이미 설명을 하였지만, 소정근로일수(기간)에 대하여 비례하여 연차휴가를 부여하는 경우에는 소수점 이하의 숫자는 '버림'으로 처리해서는 안된다.

비례계산한 휴가일수가 5.3일이라면 0.3일을 버리고 5일만 부여하는 것은 2.4시간(0.3일×1일 소정근로시간 8시간)의 연차휴가를 미부여한 것이 되거나, 2.4시간분의 연차휴가미사용수당을 지급하지 않은 것이 되기 때문이다.

따라서 ① 반올림을 하여 5.5일(5일과 반차 0.5일)을 부여하는 방법 ② 소수점 이하를 올림 처리하여 6일을 부여하는 방법 ③ 2.4시간에 해당하는 연차휴가를 시간/분 단위로 부여하는 방법 모두 가능한 방식으로, 기업 상황에 맞게 적용하면 된다.

이러한 방식은 회계연도 중간에 입사한 근로자에게 입사일~입사연도 12.31까지 근무한 기간에 비례하여 연차를 부여하는 경우 등에도 동일하게 적용된다.

---

82) 2020.7.24, 법제처 20-0289

## 2. 단시간근로자 또는 근로시간 단축의 경우

**관련법령**

**근로기준법시행령 별표 2(단시간근로자의 근로조건 결정기준 등에 관한 사항)**

4. 휴일·휴가의 적용

나. 사용자는 단시간근로자에게 법 제60조에 따른 연차유급휴가를 주어야 한다. 이 경우 유급휴가는 다음의 방식으로 계산한 시간단위로 하며, 1시간 미만은 1시간으로 본다.

$$\text{통상 근로자의 연차휴가일수} \times \frac{\text{단시간근로자의 소정근로시간}}{\text{통상 근로자의 소정근로시간}} \times 8\text{시간}$$

마. 나목의 경우에 사용자가 지급하여야 하는 임금은 시간급을 기준으로 한다.

단시간근로자 또는 근로시간 단축(육아기/임신기/가족돌봄 등)의 경우에는 위 공식에 따라 시간 단위의 연차가 발생하게 된다. 단, '1. 소정근로일수에 비례하는 경우'와는 달리 '1시간 미만은 1시간으로 본다'고 하고 있으므로 반드시 올림 처리를 해주어야 한다.

예를 들어 위 공식에 따라 계산한 연차휴가 시간이 57.3시간이라면 반드시 58시간으로 부여하여야 한다.

## 3. 가산휴가 계산방법에서의 소수점 이하 버림

**▶ 입사일 기준 연차휴가일수 계산방법**

입사일 기준 연차휴가일수=15+(n−1)/2 (≤25일, 소수점 이하 버림)

※ n=입사일 기준으로 한 만근년수(만 3년 이상의 경우부터 가산휴가가 발생하므로 n이 1 또는 2인 경우에는 그냥 15일로 계산하면 된다)

〈예시〉

① 입사일부터 6년 4개월 근무한 경우
n=6 → 연차휴가일수=15+(6−1)/2=17.5일 → 17일

② 입사일로부터 17년 7개월 근무한 경우
n=17 → 연차휴가일수=15+(17−1)/2=23일 → 23일

③ 입사일로부터 25년 3개월 근무한 경우
n=25 → 연차휴가일수=15+(25−1)/2=27(≤25일) → 25일

| 해당 연차 | 1년간 | 2년차 | 3년차 | 4년차 | 5년차 | 6년차 | 7년차 | 8년차 | 9년차 | 10년차 | 11년차 |
|---|---|---|---|---|---|---|---|---|---|---|---|
| 휴가일수<br>(가산휴가) | 11 | 15 | 15 | 16<br>(+1) | 16<br>(+1) | 17<br>(+2) | 17<br>(+2) | 18<br>(+3) | 18<br>(+3) | 19<br>(+4) | 19<br>(+4) |
| 해당 연차 | 12년차 | 13년차 | 14년차 | 15년차 | 16년차 | 17년차 | 18년차 | 19년차 | 20년차 | 21년차 | 22년차<br>이후 |
| 휴가일수<br>(가산휴가) | 20<br>(+5) | 20<br>(+5) | 21<br>(+6) | 21<br>(+6) | 22<br>(+7) | 22<br>(+7) | 23<br>(+8) | 23<br>(+8) | 24<br>(+9) | 24<br>(+9) | 25일<br>(+10) |

가산휴가 부분의「입사일 기준 연차휴가일수 계산방법」에서 제시된 계산공식에서는 위 1,2에서 설명한 내용과 달리 '소수점 이하 버림'이라고 설명하였다. 이는 연차별 휴가일수가 근로기준법에서 이미 정해져 있고, 이 정해져 있는 휴가일수에 맞는 공식을 도출해 내기 위한 것이다.

즉, 위 1,2의 휴가일수(시간)는 실제 발생되는 휴가일수(시간)이므로 위와 같이 반올림이나 올림 처리 등을 하여야 하지만, 여기서는 15일, 16일, 17일 등으로 '일'단위로 법으로 정해져 있는 휴가일수에 맞는 공식을 도출하기 위해 버림 처리를 한 것이다.

# 제4절 회계연도 기준의 연차휴가 산정

## Ⅰ. 회계연도 기준 연차휴가 관리의 필요성

연차휴가는 근로자 개인에 대하여 적용되는 제도이므로 원칙적으로 근로자의 입사일을 기산점으로 하고 퇴직일을 종료점으로 하는 것이 원칙이다.[83] 그러나 근로자가 몇 명 안되는 경우에는 인사노무담당자가 개별 근로자의 입사일을 기준으로 연차휴가를 관리하는 것이 가능할 것이지만, 그 인원이 많을 경우에는 전산시스템이 완벽히 정비되어 있지 않은 이상 현실적으로 불가능하다. 따라서 연차휴가의 산정 기준일을 전직원들에게 공통적으로 적용함으로써 인사노무관리의 효율성과 편리성을 도모할 수 있다.

### 1. 고용노동부

고용노동부는 오래 전부터 "연차휴가의 기산점은 근로자 개인의 입사일을 기준으로 하는 것이 원칙이나, 사업장의 노무관리 편의를 위하여 단체협약·취업규칙 등에 의해 특정 기준일을 정해 모든 근로자에게 일률적으로 시행할 수 있다"고 한다.[84]

### 2. 대법원

대법원 역시 "사용자가 사업장 내의 모든 근로자에 대한 연차휴가를 일률적으로 시행하기 위하여 단체협약이나 취업규칙으로 연차휴가권 발생의 기준이 되는 시점을 정하고 이를 기준으로 계속근로기간과 출근일수를 산정하더라도, 그 기준일 이전의 1년 이내에 채용된 근로자에 대하여 잔여기간을 출근한 것으로

83) 1987.4.17, 근기 01254-6311

84) 2009.12.31, 근로기준과-5802; 2008.5.29, 근로조건지도과-1755; 2007.9.11, 임금근로시간정책팀-2888 등

보고 1년간 계속근로한 것으로 취급하여 연차휴가를 실시한다면 근로자에 대하여 불리하지 아니한 것으로서 적법하다"는 입장을 취하고 있다.[85)]

## Ⅱ. 회계연도의 의미

연차휴가에서 회계연도란 연차휴가의 출근율을 산정하는 기간을 언제부터 언제까지로 할 것인가에 관한 것이다. 따라서 기업에서 세입과 세출을 구분하기 위하여 설정하는 일정한 기간이라는 원래 의미와는 다르다. 즉, 기업이 결산기간을 1.1~12.31까지로 하더라도 출근율 산정기간을 3.1~다음연도 2.28까지로 정할 수 있는 것이다. 실제로 기업들은 다음과 같이 다양한 회계연도 방식을 운영하고 있는데 몇가지 예를 들어본다.

① 매년 1.1~12.31까지의 출근율에 따라 다음연도 1.1에 연차휴가를 부여하는 경우
② 매년 3.1~다음연도 2.28까지의 출근율에 따라 다음연도 3.1에 연차휴가를 부여하는 경우
③ 매년 7.1~다음연도 6.30까지의 출근율에 따라 다음연도 7.1에 연차휴가를 부여하는 경우
④ 매년 11.1~다음연도 10.31까지의 출근율에 따라 다음연도 11.1에 연차휴가를 부여하는 경우

연차휴가와 관련한 회계연도 기준이란 연차휴가의 출근율 산정하는 1년을 어느 시점부터 할 것인지에 대한 문제로 가장 일반적인 회계연도 시작일자가 매년 1.1이므로 여기에서는 편의상 1.1을 기준으로 설명하기로 한다. 만약 시작일자가 3.1, 7.1, 11.1인 기업들은 이 책에 기재된 1.1을 해당 기업의 시작일자로 바꾸어서 이해하면 될 것으로 보인다.

85) 대판 2000.12.22, 99다10806

## Ⅲ. 회계연도 중 입사자에 대한 비례연차의 발생요건

회계연도를 기준으로 휴가를 계산하는 경우 회계연도 중간에 입사한 근로자에 대하여 연차휴가를 어떻게 부여하여야 하는지가 문제된다. 이에 대하여 행정해석[86]은 회계연도를 기준으로 연차휴가 산정시에는 근로자에게 불이익하지 않아야 하며,"회계연도 중 입사한 근로자에게 불리하지 않게 휴가를 부여하려면, 입사한 지 1년이 되지 않은 근로자의 경우 입사연도에는 그 해의 근속기간에 비례하여 유급휴가를 부여하고 그 후부터는 회계연도를 기준으로 휴가일수를 산정하여 부여하여야 한다"고 하고 있다.

저자는 입사연도의 계속근로기간(근속기간)에 비례하여 부여하는 연차휴가를 '비례연차'라고 이름을 붙였다. 비례연차는 다음과 같이 부여한다.

1. 입사일~입사연도 12.31까지의 출근율이 80% 이상인 경우에 부여한다.
2. 휴가 부여(발생) 시점은 입사 다음해 1.1이다.
3. 출근율은 소정근로일수로 산정한다. 365일로 계산한 출근율이 소정근로일수(법정기준)로 계산한 출근율보다 높으면 인정되지만, 낮다면 소정근로일수(법정기준)로 계산한 출근율을 적용하여야 한다.
4. 소수점이 나오는 경우 버리면 안되며, 올림, 반올림 등으로 처리하거나, 소수점에 해당하는 정확한 시간만큼 연차를 부여한다.

## Ⅳ. 연 혁

### 1. 주 40시간제 시행 전

주 40시간제 시행 전에는 입사일 기준시 1년간 개근시 다음해에 10일의 기본연차가 발생하고, 추가 1년당 가산휴가 1일이 부여되었다. 즉, 입사 후 최초 1년간은 연차휴가가 부여되지 않는 대신 월차휴가가 부여되었다.

회계연도 기준으로 연차휴가를 부여하는 경우 근로자에게 불리하지 않아야 하

---

86) 2009.12.31, 근로기준과-5802; 2008.5.29, 근로조건지도과-1755; 2007.9.11, 임금근로시간정책팀-2888; 2004.12.10, 근로기준과-6641

므로 회계연도 중 입사자에 대해서는 입사 다음연도 1.1에 근속기간에 비례하여 미리 휴가를 부여하였다.

**[예시 – 2003.7.1 입사자]**

| 구 분 | 2003년 (7.1~12.31) | 2004년 | 2005년 | 2006년 |
|---|---|---|---|---|
| 발생일자 | – | 1.1 | 1.1 | 1.1 |
| 발생일수 | 0 | 약 5일 (=10일×182일/365일) | 10일 | 11일 (=10일+가산 1일) |

2003.7.1 입사자의 경우 근로기간이 연차휴가 산정대상기간의 약 절반(2003년 전체 365일 중에 182일)에 해당하므로 2004.1.1에 2003년 근로기간에 비례하여 약 5일의 휴가를 미리 부여하고, 이후 2005.1.1부터 10일의 휴가를 부여하는 등 매년 회계연도인 1.1에 연차휴가를 발생시키는 방식으로 회계연도 기준을 적용하였다.[87)]

## 2. 주 40시간제 시행 후(2017.5.29 이전 입사자)

### (1) 회계연도 기준 연차휴가 산정

주 40시간제 시행 후에는 주 40시간제 시행 전과 동일하게 취급하는 것이 원칙적으로 허용되지 않는다. 그 이유는 주 44시간제 하에서는 1년을 개근한 이후에만 연차휴가가 발생하였으므로 입사연도에는 연차휴가가 발생되지 않았고, 월차휴가만 발생하였기 때문이다. 따라서 주 40시간제 시행 전의 사례에서 입사연도에 연차휴가를 부여하지 않는 것이 가능하였다.

그러나 주 40시간제가 시행되면서 기본휴가가 10일에서 15일로 늘어나는 한편, 월차휴가가 폐지되고, 계속근로년수가 1년 미만인 근로자에 대하여는 1월간 개근시 1일의 연차휴가를 부여하도록 변경되어, 입사연도에도 개근한 월수에 해당하는 월단위 휴가를 부여하여야만 한다.

---

87) 고용노동부, 「주 40시간제 시행지침」, 2005.4, 17~18쪽

**[예시 – 2013.7.1 입사자]**

| 구 분 | 2013년(182일 근무) | | | | | 2014년 | | | | | | 2015년 | 2016년 | 2017년 | 2018년 |
|---|---|---|---|---|---|---|---|---|---|---|---|---|---|---|---|
| 발생일자 | 8.1 | 9.1 | 10.1 | 11.1 | 12.1 | 1.1 | 2.1 | 3.1 | 4.1 | 5.1 | 6.1 | 1.1 | 1.1 | 1.1 | 1.1 |
| 발생일수 | 1 | 1 | 1 | 1 | 1 | 약7.5 (1) | 1 | 1 | 1 | 1 | 1 | 15 (5) | 15 | 16 | 16 |
| 누적일수 | 1 | 2 | 3 | 4 | 5 | 7.5 | 8.5 | 9.5 | 10.5 | 11.5 | 12.5 | 15 | – | – | – |

2013.7.1 입사자의 경우 2013.7.1부터 12.31까지 매월 개근할 경우 8.1 / 9.1 / 10.1 / 11.1 / 12.1 / 2014.1.1에 각 1일씩 총 6일의 연차휴가가 발생된다. 다만, 2014.1.1에 6일의 휴가를 포함하여 미리 7.5일(=15일×182일 / 365일)의 휴가를 부여하되, 사용한 휴가가 있다면 7.5일에서 사용일수를 공제한 잔여 연차만 2014년에 사용할 수 있다.

또한 2014.1.1부터 5.31까지 매월 개근할 경우 2.1 / 3.1 / 4.1 / 5.1 / 6.1에 각 1일씩 총 5일의 연차휴가도 계속 발생한다. 다만, 2015.1.1에 이 5일의 휴가를 포함하여 15일의 연차휴가가 부여하되, 5일의 휴가 중 일부를 사용한 경우 15일에서 사용일수를 공제하고 난 잔여휴가를 2015년에 부여한다. 2016.1.1부터는 정상적인 휴가를 부여하면 된다.[88)]

2015.1.1을 기준으로 본 총 휴가일수는 22.5일(2014.1.1의 7.5일 + 2015.1.1의 15일)이다.

### (2) 퇴직시점의 연차휴가 정산

연차휴가는 근로자의 입사일을 기준으로 지급하는 것이 원칙이고 법적기준이므로 노무관리 편의상 회계연도 기준으로 연차휴가를 부여한 경우에는 퇴직시점에서 보았을 때 입사일 기준보다 총 발생된 연차휴가일수가 불리하지 않아야만 법위반이 되지 않는다.[89)] 따라서 회계연도 중에 입사한 근로자가 퇴직을 하는 경우에는 퇴직시점에서 근로자의 입사일을 기준으로 산정한 총 휴가일수와 비교하여 더 많이 부여한 경우에는 근로자에게 유리하므로 그대로 적용하면 되지만, 미달하는 경우에는 그 미달하는 일수만큼 추가로 연차휴가미사용수당을

88) 고용노동부, 「주 40시간제 시행지침」, 2005.4, 17~18쪽
89) 2007.5.1, 임금근로시간정책팀-1663; 2008.2.5, 임금근로시간정책팀-343

지급하는 등 근로자에게 불이익하지 않도록 하여야 한다.[90] 즉, 근로자에게 유리한 방식을 적용하여야 한다.

하지만, 근로자의 재직중에는 회계연도를 기준으로 하면서도 취업규칙 등에서 "재직중에는 회계연도 기준으로 연차를 부여하되, 퇴직시점에 입사일 기준으로 정산한다"는 별도의 규정을 두게 되면 퇴직시점에 법적 기준과 일치시킬 수 있다.

다만, 회계연도 기준에서 '개별 근로자의 입사일 기준'으로 변경하거나, '퇴직시점에 입사일 기준으로 정산'하도록 취업규칙을 변경하는 것은 회계연도 중에 입사한 일부 근로자에게는 연차휴가일수가 줄어드는 결과가 발생될 수 있으므로 취업규칙 불이익변경 절차를 거쳐야 한다.[91]

**▶ 2013.7.1 입사자의 회계연도/입사일 기준 연차휴가 발생일수 비교**

| 회계연도 기준<br>(매년 1.1 발생) | 입사일 기준(매년 입사일자에 발생) | |
|---|---|---|
| | 2018.5.15 퇴직한 경우<br>(A. 입사일 이전 퇴직) | 2018.8.15 퇴직한 경우<br>(B. 입사일 이후 퇴직) |
| – 2014.1.1 약 7.5일 발생<br>(=15일×182/365)<br>– 2015.1.1 15일 발생<br>– 2016.1.1 15일 발생<br>– 2017.1.1 16일 발생<br>– 2018.1.1 16일 발생<br>– 2018.5.15 / 8.15 퇴사<br>(* 연차는 1.1에 발생하므로 퇴직일에 관계없이 1.1~퇴직일까지의 연차휴가는 미발생) | – 2014.7.1 15일 발생<br>– 2015.7.1 15일 발생<br>– 2016.7.1 16일 발생<br>– 2017.7.1 16일 발생<br>– 2018.5.15 퇴사<br>(* 입사일인 7.1 이전에 퇴직하여 새로운 연차휴가 미발생) | – 2014.7.1 15일 발생<br>– 2015.7.1 15일 발생<br>– 2016.7.1 16일 발생<br>– 2017.7.1 16일 발생<br>– 2018.7.1 17일 발생<br>– 2018.8.15 퇴사<br>(* 입사일인 7.1 이후에 퇴직하여 새로운 연차휴가 17일 발생) |
| 발생일수 총 69.5일 | 발생일수 총 62일 | 발생일수 총 79일 |

회계연도 기준으로 연차휴가를 부여하고 있는 경우, 2013.7.1 입사자에게 발생되는 총 휴가일수는 69.5일이다. 그러나 법적 기준인 입사일 기준의 경우 매년 근로자의 입사일자에 새로운 연차휴가가 발생되므로 입사일 이전 퇴직인지, 입사일 이후 퇴직인지에 따라 위 표와 같이 휴가일수가 달라진다.

---

90) 2007.9.11, 임금근로시간정책팀-2888; 2008.2.28, 임금근로시간정책팀-489; 2011.12.19, 근로개선정책과-5352

91) 2008.2.28, 임금근로시간정책팀-489

입사일 이전에 퇴직한 경우(A)라면 입사일 기준으로 총 62일의 휴가만 발생되면 되지만 실제로 기업이 회계연도 기준으로 관리함에 따라 69.5일의 휴가를 부여하여 7.5일의 휴가를 추가로 부여하였다. 이 경우 원칙적으로 근로자에게 유리하게 해석하여야 하므로 회계연도 방식에 따라 69.5일 모두 인정하여야 한다. 다만, 앞에서 설명한대로 퇴직시에 정산할 수 있도록 취업규칙 등에 명시한 경우에는 7.5일을 공제할 수 있다고 본다.

한편, 입사일 이후에 퇴직한 경우(B)의 경우 총 79일의 휴가가 발생되는 것이 법적 기준이지만, 기업은 회계연도 기준으로 부여하면서 69.5일의 휴가만 부여하였으므로 법위반이 된다. 따라서 퇴직시점에 79일에 미달하는 일수 9.5일(=79일-69.5일)을 연차휴가미사용수당으로 근로자에게 정산하여 지급하여야 한다.[92]

## V. 주 40시간제 시행 후(2017.5.30 이후 입사자) : 현재 방식

### 1. 회계연도 기준 연차휴가 산정

2018년 개정 적용되는 근로기준법은 계속근로기간이 1년 미만인 근로자에게 11일을 추가로 부여한다는 내용이 핵심이다. 이 경우에도 회계연도 기준은 개정 전과 유사한 방식으로 적용할 수 있다. 고용노동부 역시 설명자료에서 연차휴가는 근로자별로 입사일을 기준으로 산정하는 것이 원칙이나, 판례와 행정해석은 노무관리 편의상 노사가 합의할 경우(취업규칙, 단체협약) 회계연도 기준으로 모든 근로자에게 일괄 부여하는 것도 허용되며, 연도 중 입사자의 경우 다음연도에 대하여 발생하는 휴가일수는 전년도 근속기간에 비례하여 산정할 수 있다고 한다.

다만, 2018년 법 개정 이후에는 기존 산정방법에 따라 연차휴가를 부여하면서, 1년차에 1개월 개근시 1일씩 발생한 휴가일수가 별도로 인정되므로, 연도 중 입사한 근로자의 경우 다음 회계연도까지 발생하는 휴가일수는 "① 다음 회계연도에 발생하는 연차휴가일수(15일×근속기간 총일수 / 365) + ② 입사일부터 1년간 1월 개근 시 1일씩 발생한 휴가일수"라고 고용노동부는 설명한다.[93]

92) 동 사례는 행정해석(2009.12.31, 근로기준과-5802)의 내용을 바탕으로 재정리한 것이다.
93) 고용노동부, 1년 미만 근로자 등에 대한 연차휴가 보장 확대 관련 개정 근로기준법 설명자료,

**[예시 - 2017.7.1 입사자]**

| 구 분 | 2017년(182일 근무) | | | | | 2018년 | | | | | | 2019년 | 2020년 | 2021년 | 2022년 |
|---|---|---|---|---|---|---|---|---|---|---|---|---|---|---|---|
| 발생일자 | 8.1 | 9.1 | 10.1 | 11.1 | 12.1 | 1.1 | 2.1 | 3.1 | 4.1 | 5.1 | 6.1 | 1.1 | 1.1 | 1.1 | 1.1 |
| 발생일수 | 1 | 1 | 1 | 1 | 1 | 약7.5 +1 | 1 | 1 | 1 | 1 | 1 | 15 | 15 | 16 | 16 |
| 누적일수 | 1 | 2 | 3 | 4 | 5 | 13.5 | 14.5 | 15.5 | 16.5 | 17.5 | 18.5 | 15 | - | - | - |

2017.7.1 입사자의 경우 2017.7.1부터 12.31까지 매월 개근할 경우 8.1 / 9.1 / 10.1 / 11.1 / 12.1 / 2018.1.1에 각 1일씩 총 6일의 연차휴가가 발생된다. 다만, 근로기준법 제60조 제3항이 삭제되어 2017년 사용분을 2018.1.1에 발생하는 7.5일에서 공제하지 않는다는 점이 앞에서 설명한 2013.7.1 입사자와의 차이점이다. 2018.1.1에는 근무기간에 비례하여 7.5일(=15일×182일 / 365일)의 휴가를 부여하되, 2017년에 발생한 5일의 사용여부와 관계없이 별도로 7.5일이 부여된다.

또한 2018.1.1부터 5.31까지 매월 개근할 경우 2.1 / 3.1 / 4.1 / 5.1 / 6.1에 각 1일씩 총 5일의 연차휴가도 계속 발생한다는 점은 기존과 동일하다. 다만, 2019.1.1에 15일의 연차휴가를 부여하되, 2018년에 발생한 5일(2.1 / 3.1 / 4.1 / 5.1 / 6.1)의 휴가 사용여부에 관계없이 15일을 부여한다는 점도 기존과 다르다.

앞에서 설명한 2013.7.1 입사자의 회계연도 적용방식에서는 2015.1.1을 기준으로 본 총 휴가일수는 22.5일(2014.1.1의 7.5일 + 2015.1.1의 15일)이었다. 그러나 2018년 개정된 근로기준법에 따르면 2019.1.1 기준 총 휴가일수는 33.5일(2017~2018년까지 18.5일 + 2019.1.1의 15일)이다. 그 이유는 개정 근로기준법이 계속근로년수 1년 미만자에게 11일의 연차휴가를 추가로 부여하였기 때문이다.

---

2018.5, 6~7쪽. 365일이 아니라, 소정근로일수로 계산해야 한다.

## 2. 퇴직시점의 연차휴가 정산

2018년 개정 근로기준법 하에서도 정산에 관한 내용은 이전과 동일하다. 즉, 근로자의 퇴직시 입사일을 기준으로 한 연차휴가일수보다 회계연도를 기준으로 한 연차휴가일수가 적으면 부족한 일수만큼 수당으로 보상하여야 한다는 점은 기존과 동일하다.

**▶ 2017.7.1 입사자의 회계연도/입사일 기준 연차휴가 발생일수 비교**

| 회계연도 기준<br>(매년 1.1 발생) | 입사일 기준(매년 입사일자에 발생) | |
|---|---|---|
| | 2022.5.15 퇴직한 경우<br>(A. 입사일 이전 퇴직) | 2022.8.15 퇴직한 경우<br>(B. 입사일 이후 퇴직) |
| – 2017 5일<br>– 2018.1.1 약 7.5일<br>(=15일×182/365)<br>– 2018 6일<br>– 2019.1.1 15일<br>– 2020.1.1 15일<br>– 2021.1.1 16일<br>– 2022.1.1 16일<br>– 2022.5.15 / 8.15 퇴사<br>(* 연차는 1.1에 발생하므로 퇴직일에 관계없이 1.1~퇴직일까지의 연차휴가는 미발생) | ~ 2018.6.30 11일<br>– 2018.7.1 15일<br>– 2019.7.1 15일<br>– 2020.7.1 16일<br>– 2021.7.1 16일<br>– 2022.5.15 퇴사<br>(* 입사일인 7.1 이전에 퇴직하여 새로운 연차휴가 미발생) | ~ 2018.6.30 11일<br>– 2018.7.1 15일<br>– 2019.7.1 15일<br>– 2020.7.1 16일<br>– 2021.7.1 16일<br>– 2022.7.1 17일<br>– 2022.8.15 퇴사<br>(* 입사일인 7.1 이후에 퇴직하여 새로운 연차휴가 17일 발생) |
| 발생일수 총 80.5일 | 발생일수 총 73일 | 발생일수 총 90일 |

* 총 발생일수는 2013. 7. 1 입사자의 경우보다 11일이 더 많음.

회계연도 기준으로 연차휴가 부여시 2017.7.1 입사자에게 발생되는 총 휴가일수는 80.5일이다. 그러나 법적 기준인 입사일 기준의 경우 매년 근로자의 입사일자에 새로운 연차휴가가 발생되므로 입사일 이전 퇴직인지, 입사일 이후 퇴직인지에 따라 위 표와 같이 휴가일수가 달라진다.

입사일 이전에 퇴직한 경우(A)라면 입사일 기준으로 총 73일의 휴가만 부여하면 되지만 기업이 회계연도 기준으로 관리함에 따라 80.5일의 휴가를 부여하여 7.5일의 휴가를 추가로 부여하였다. 이 경우 원칙적으로 근로자에게 유리하게 해석하여야 하므로 회계연도 방식에 따라 80.5일 모두 인정하여야 한다. 다만, 퇴직시에 정산할 수 있도록 취업규칙 등에 규정한 경우에는 7.5일을 수당으로 공제할 수 있다고 본다.

한편, 입사일 이후에 퇴직한 경우(B)의 경우 총 90일의 휴가가 발생되는 것이 법적 기준이지만, 기업은 회계연도 기준으로 부여하면서 90일에 미달되는 80.5일의 휴가만 부여하였으므로 법위반이 된다. 따라서 퇴직시점에 90일에 미달하는 일수 9.5일(=90일-80.5일)에 해당하는 연차휴가미사용수당을 근로자에게 지급하여야 한다.

### 3. 회계연도 방식을 잘못 운용한 사례

사용자는 2013년 중도입사자들에게 2014.1.1을 기준으로 연차휴가를 부여하면서 '계속근로기간이 1년 미만'이라는 이유로 2013년 개근한 1개월당 1일로 계산한 일수 중 전년도 사용한 휴가일수를 뺀 나머지를 부여하는 방식(ex. 2013.1.15 입사자에게는 11개월 개근으로 11개를 부여하되, 2013년에 기사용한 1일을 뺀 10일을 2014.1.1에 부여)이 회계연도 방식으로 적합하다고 주장하다가 근로기준법 위반으로 기소되었다.

법원은 비록 퇴직시 정산이 예정되어 있다고 하더라도 개별 근로자의 입사일을 기준으로 하는 방법보다 연차휴가를 적게 받거나 뒤로 미루어 받는 것이므로 근로자에게 실질적으로 불리하다고 보았다. 즉, 입사일 기준이면 2014.1.15에 15일이 발생하고, 앞에서 살펴본 적법한 회계연도 방식대로라면 약 14.5일(=15 × 351 / 365)을 부여받아야 하기 때문이다.

사용자는 회계연도 방식 중 근속기간 비례방식은 행정해석에 불과한데, 이를 이유로 처벌하는 것은 죄형법정주의에 위반된다고 주장하였으나, 법원은 행정해석 위반을 문제삼는 것이 아니라 사용자의 휴가부여방식이 근로기준법에서 정한 개별 입사일 기준 방식에 어긋나면서 그보다 불리하기 때문에 근로기준법 위반이라고 판단하였다.[94)]

---

94) 의정부지판 2015.8.20, 2015고정1020(확정) 최종적으로 벌금에 대해 선고유예 되었다.

# 제5절 계속근로년수와 퇴직일

## Ⅰ. 계속근로년수의 의미

### 1. 의 미

계속근로기간 또는 계속근로년수는 동일한 사용자와 계속해서 사용종속관계를 유지하면서 근로를 제공하는 것을 말한다.[95] 쉽게 이해하자면 한 회사에서 근로자의 입사일부터 퇴직일까지를 말하는 것이다.

### 2. 연차휴가와 계속근로년수(기간)

(1) 근로기준법 제60조(연차 유급휴가) 제2항에는 "계속하여 근로한 기간이 1년 미만인 근로자"라는 표현이 나오며, 제4항에서는 "3년 이상 계속하여 근로한 근로자"라는 표현과 "계속 근로 연수 매 2년에 대하여 1일을 가산한 유급휴가를 주어야 한다"는 표현이 있다. 즉, 계속근로년수에 따라 A1~A11까지의 월단위 휴가, 기본휴가 15일, 가산휴가 등이 부여되는 것이다.

(2) 근로계약이 반복·갱신되면 계속근로기간으로 인정되어 가산휴가가 발생될 수 있다. 또한 6개월 기간제 근로자가 근로계약을 같은 조건으로 갱신하면 총 1년의 계속근로기간이 되므로 사용촉진도 가능하게 된다.

(3) 동법 제61조(연차유급휴가의 사용촉진)은 계속근로기간이 1년 이상인 근로자와 1년 미만인 근로자의 사용촉진의 방법을 다르게 규정하고 있다.

(4) 마지막으로 계속근로년수(기간) 단절, 즉 퇴직이 발생되고 나서 다시 같은 기업에 재입사를 하게 되면 연차휴가가 A1부터 새로 시작되는지, 아니면 퇴직 전 계속근로기간을 인정하여 연단위 휴가를 부여하는지가 결정되게 된다.

---

95) 2007.11.27, 퇴직급여보장팀-942

# Ⅱ. 퇴직일과 연차휴가 발생 여부

## 1. 퇴직일의 정의

계속근로년수 산정의 종료점은 '근로자의 퇴직일'이며, 퇴직일 당일이 계속근로년수에 포함되는지에 대하여 고용노동부는 다음과 같이 해석한다.

**▶ 퇴직일의 계속근로년수 산입에 관한 해석**

- 근로자의 퇴직은 근로계약의 종료를 의미하는 것으로서 퇴직일은 근로기준법 제34조에 규정한 계속근로년수에 포함되지 아니하는 것이 타당함.
- 근로자가 퇴직 당일 소정근로를 제공한 후 사용자에게 퇴직의 의사표시를 행하여 사용자가 이를 즉시 수리하였더라도 "근로를 제공한 날은 고용종속관계가 유지되는 기간"으로 보아야 하므로 별도의 특약이 없는 한 그 다음날을 퇴직일로 간주함(2006.9.26, 임금근로시간정책팀-2862; 2004.4.4, 근기 68207-1014).

1.1 입사하여 12.31까지 근무하고 퇴직한 근로자의 경우 퇴직일은 다음해 1.1이 된다. 근로자가 1년째 되는 날 근로를 제공하고 당일 퇴직 처리되었다 하더라도 근로자가 근로를 제공한 날은 사용 종속 관계가 유지되는 기간으로 보아야 하므로 별도의 정함이 없는 한 그 다음날을 퇴직일로 보기 때문이다.[96)]

■ 참고 : 하급심 판례(서울중앙지판 2010.4.27, 2009가단421267, 대법원 확정)
12.30까지 근무한 경우 퇴직일은 마지막 근무일의 다음날인 12.31이며, 1년(365일)을 채우지 못하였으므로 다음해 1.1에 새로운 연차휴가가 발생되지 않는다고 본 사례
정년을 만 58세로 하고 정년에 달한 날이 7~12월에 있는 경우에는 12.31에 당연면직 되도록 규정되어 있는 경우 당연면직의 효력은 면직되는 당일 00:00에 발생한다고 보아야 할 것이므로(면직되는 당일 24:00에 효력이 발생된다고 하면 면직되는 당일에도 24:00까지 근무하여야 하는 불합리한 결과가 생긴다), 근로자들의 면직일자는 2006.12.31이 분명하고, 당연면직의 효력은 2006.12.31 00:00에 발생하여 2006.12.31은 근무일자에 해당되지 않는다(비록 근로자들이 연차휴가수당을 1일 부족으로 지급받지 못하는 것은 일응 안타까울 수는 있으나, 원래는 근로자들은 12.31을 기다릴 것 없이 만 58세 도달한 날에 즉시 퇴직하여야 하는 것을 편의상 일괄적으로 12.31에 당연면직 되는 것으로 기준을 정하고 있고, ㅇㅇ공사가 퇴직의 개념을 기간개념으로 정하지 아니하고 당연면직에 의하여 정의하고 있는 이상, 합리적인 이유없이 당연면직 문언의 뜻을 넘어서서 근로자들에게 유리하게 해석할 수는 없다).
따라서 근로자들은 퇴직한 당해연도에 12.30까지만 근로를 하고 12.31자로 퇴직하는 것이므로 퇴직년도에는 연차휴가 사용권이 발생하기 위한 1년간의 근무기간을 다 채우지 못하고 퇴직함에 따라 연차휴가 사용권을 취득하지 못하였으므로 이에 상응하는 연차휴가수당청구권도 발생하지 않는다.

---

96) 2008.5.29, 근로조건지도과-1754

## 2. 연 혁

### (1) 고용노동부(2000)

전년도의 근로제공으로 금년도에 연차휴가가 발생한 근로자가 발생된 휴가를 사용하기 전에 퇴직한 경우 퇴직일까지 실제 휴가를 사용할 수 있는 소정근로일수가 발생된 휴가일수보다 적은 경우 얼마만큼의 수당을 지급해야 하는지에 대하여 「연차유급휴가청구권·수당·근로수당과 관련된 지침(2000.3.10, 근기 68201-695)」은 휴가 발생일로부터 퇴직일까지의 소정근로일수에 해당하는 연차휴가미사용수당만 지급하면 된다고 보았다.

예를 들어 회계연도 기준으로 연차를 부여하는 경우 1.1(휴일)에 15일의 휴가가 발생하고 1.1에 퇴직이 되면 휴가를 사용할 수 있는 소정근로일수가 없기 때문에 15일 모두 수당을 지급하지 않아도 된다고 보았다. 그리고 1.3까지 근무하면서 연차휴가를 사용하지 않고 퇴직을 하면 소정근로일 2일분(1.2 및 1.3)에 해당하는 연차휴가미사용수당만 지급하면 된다고 보았다.

### (2) 대법원(2005)

2005년 대법원은[97] "유급(연차휴가수당)으로 연차휴가를 사용할 권리는 근로자가 1년간 소정의 근로를 마친 대가로 확정적으로 취득하는 것이므로, 근로자가 일단 연차휴가권을 취득한 후에 연차휴가를 사용하기 전에 퇴직 등의 사유로 근로관계가 종료된 경우, 근로관계의 존속을 전제로 하는 연차휴가를 사용할 권리는 소멸한다 할지라도 근로관계의 존속을 전제로 하지 않는 연차휴가수당을 청구할 권리는 그대로 잔존하는 것이어서, 근로자는 근로관계 종료시까지 사용하지 못한 연차휴가일수 전부에 상응하는 연차휴가수당을 사용자에게 청구할 수 있다"고 판단하였다.

따라서 위 사례에서 근로자의 퇴직일에 관계없이 1.1 이후에 퇴직시에는 미사용일수에 해당하는 15일 모두 수당으로 지급하여야 한다고 보았다.

97) 대판 2005.5.27, 2003다48549, 48556

### (3) 고용노동부의 행정해석 변경(2006)

고용노동부는 2005년 대법원 판결의 취지에 따라 행정해석을 변경하였다. 「연차유급휴가청구권·수당·미사용수당과 관련된 지침(2006.9.21, 임금근로시간정책팀-2820)」을 제정한 이후 「연차유급휴가청구권·수당·미사용수당과 관련된 지침(2007.11.5, 임금근로시간정책팀-3295)」으로 수정하여 기업과 근로자에게 안내해 왔다.

이에 따라 퇴직근로자의 경우 퇴직 전년도 출근율에 의하여 퇴직연도에 발생한 연차휴가를 미사용한 상태에서 근로관계가 종료되는 경우, 사용자는 퇴직연도의 휴가사용가능일수에 상관없이 미사용한 연차휴가일수에 대하여 수당을 지급하여야 한다고 해석을 변경하여 2005년 대법원 판결과 같은 기준을 정하였다.

구체적으로는 1년(365일) 계약직이 1년 근무하고 바로 퇴직을 하더라도 전년도 1년 중 80% 이상 출근율 요건을 충족했다면 15일의 연차가 발생한다. 15일의 휴가를 사용할 수는 없지만, 연차휴가미사용수당으로 청구할 수 있다고 해석을 하게 되었다.

이러한 해석을 유지·적용하던 중 2017.11.28 근로기준법이 개정되었다. 1년간 80% 출근 시 발생하는 15일의 연차에서 1년 차에 사용한 휴가일수(최대 11일)를 빼고 2년차 연차를 주도록 했던 근로기준법 제60조 제3항이 삭제된 것이다. 따라서 1년차에 발생하는 11일(A1~A11) 외에 최초 1년간 80% 출근 시 2년차에 15일이 발생하여 총 26일이 발생하고, 미사용한 경우 최대 26일분의 연차휴가미사용수당을 지급하도록 해석하였다. 이렇게 해석하는 것이 2005년 대법원 판결의 취지에 부합하는 것이었기 때문이다.

### (4) 대법원(2021.10)

2021년 10월 대법원은 '(1) 고용노동부(2000)'와 유사한 내용으로 돌아가는 내용의 판결을 하였다. 1년 기간제 근로계약(2017.8.1~2018.7.31)을 체결한 근로자에게는 26일이 아니라 11일의 연차휴가만 부여된다고 판단하였다.

대법원이 제시한 판단근거는 다음과 같다.[98]

① 근로기준법 제60조 제3항이 삭제된 이유는 최초 1년간의 근로에 대한 유

98) 대판 2021.10.14, 2021다227100

급휴가를 사용한 경우 이를 다음 해 유급휴가에서 빼는 규정을 삭제하여 1년차에 최대 11일, 2년차에 15일의 유급휴가를 각각 받을 수 있게 하기 위한 것이다. 이는 최초 1년간 연차휴가를 사용한 경우 그 다음해 연차휴가가 줄어드는 것을 방지하기 위한 것으로, 이를 근거로 1년 동안만 근로를 제공한 근로자에게 제60조 제2항과 제1항이 중첩적으로 적용된다고 볼 수는 없다.

② 연차휴가를 사용할 권리는 전년도 1년간의 근로를 마친 다음 날 발생하므로, 그 전에 퇴직 등으로 근로관계가 종료한 경우에는 연차휴가를 사용할 권리에 대한 보상으로서의 연차휴가수당도 청구할 수 없다. 마지막 근로일인 2018.7.31이 지나면서 근로관계가 종료되었고, 그 다음날인 2018.8.1에는 근로자의 지위에 있지 않으므로, 근로기준법 제60조 제1항이 규정한 연차휴가를 사용할 권리에 대한 보상으로서의 연차휴가수당을 청구할 수 없다.

③ 연차휴가의 최대한도는 가산휴가를 포함하여 25일이 한도이다. 따라서 장기근속 근로자가 최대 25일을 부여받는데, 1년 기간제 근로계약을 체결한 근로자에게 26일(=11+15)을 주는 것은 형평의 원칙에 반한다.

④ 근로기준법 제60조 제1항은 최초 1년간 80% 이상 출근한 근로자가 그 다음 해에도 근로관계를 유지하는 것을 전제로 하여 2년차에 15일의 유급휴가를 주어야 한다는 취지로 해석함이 타당하다. 즉, 근로기준법 제60조 제1항은 1년 기간제 근로계약을 체결하여 1년의 근로계약기간이 만료됨과 동시에 근로계약관계가 더 이상 유지되지 아니하는 근로자에게는 적용되지 않는다.[99]

### (5) 고용노동부의 행정해석 변경(2021.12)

2021년 12월 고용노동부는 '(4) 대법원(2021.10)'판결의 취지에 따라 행정해석을 변경하여 2021.12.16부터 시행하였다. 주요 내용은 다음과 같다.[100]

① 1년간 80%의 출근율로 주어지는 15일의 연차는 그 1년간의 근로를 마친 "다음날" 발생하므로, 계속근로 1년 미만일 때 1개월 개근 시 1일씩 주어지는

99) 원고(사용자)는 근로자 외에 대한민국(결국 고용노동부를 의미)을 상대로 손해배상 청구를 동시에 하였다. 그러나 대법원은 고용노동부의 설명자료 제작 및 반포와 소속 근로감독관들의 계도 등에는 '고의 또는 과실'이 있음을 인정하기에 부족하고, 달리 이를 인정할 증거가 없으므로 피고 대한민국에 대한 손해배상청구는 이유없다고 판단하였다.

100) 2021.12.17, '고용부, 연차유급휴가 행정해석 변경', 고용노동부 보도자료

연차도 그 1개월의 근로를 마친 "다음날" 발생한다.

② 계속근로기간에 관한 문제이기 때문에 계약직 뿐만 아니라 정규직도 동일하게 해석한다. 대법원 판결이 1년 계약직에 관한 내용이었지만 정규직도 1년(365일) 근로한 후 퇴직하면 1년간 80%의 출근율에 따라 주어지는 15일에 대해 수당으로 청구할 수 없고, 다음날인 366일째 근로관계 존속 후 퇴직하면 15일의 연차휴가 전부에 대해 수당으로 청구할 수 있다. 계속근로 1년 미만일 때 1개월 개근시 1일씩 주어지는 연차도 그 1개월의 근로를 마친 다음날 근로관계 존속 후 퇴직해야 퇴직 전월의 개근에 대한 연차휴가미사용수당 청구가 가능하다.

③ 정규직이 마지막 근무하는 해에 1년(365일) 근무하고 정년퇴직하는 경우, 80% 출근율을 충족하더라도 그에 따라 주어지는 15일의 연차와 3년 이상 근속자에게 주어지는 가산 연차 등 최대 25일에 대한 미사용 수당을 모두 청구할 수 없다.

### (6) 이후 대법원 판결

2021년 대법원 판결 이후, 대법원은 1년을 초과하되 2년 이하의 기간 동안 근로를 제공한 근로자에 대하여는 최초 1년 동안의 근로제공에 관하여 근로기준법 제60조 제2항에 따른 11일의 연차휴가가 발생하고, 최초 1년의 근로를 마친 다음 날에 근로기준법 제60조 제1항에 따른 15일의 연차휴가까지 발생함으로써 최대 연차휴가일수는 총 26일이 된다고 판시하고 있다.[101)]

## 3. 실무 사례

이하 내용은 고용노동부의 변경된 행정해석(2021.12.16)에 따라 작성하였다.[102)] 또한 계속근로기간에 관한 문제이기 때문에 계약직 뿐만 아니라 정규직

---

101) 대판 2022.9.7, 2022다245419

102) 대법원 판결(대판 2021.10.14., 2021다227100)의 해석과 관련하여 고용노동부는 1년(365일)만 근무 후 퇴직한 경우에는 15일의 연차가 '발생'도 하지 않고, 수당으로도 청구할 수 없다고 보았다. 그러나 저자는 대법원이 전년도 1년간의 근로를 마친 다음 날 발생한다고 하였으므로 '발생'은 한다고 보고 있으며, '연차휴가를 사용할 권리 혹은 연차휴가수당 청구권'은 366일째 근로관계가 유지되어야만 인정하는 것으로 해석하고 있어서 차이가 있다. 즉, 연차휴가가 '발생'되는지에 대해 대법원 판결의 해석에 대한 이견이 있고, 저자는 '발생'과 '사용 및 수당'에 대해 대법원이 구분을 하고 있다고 생각한다.

도 동일하게 적용한다.

### (1) 계속근로 1년 미만인 경우

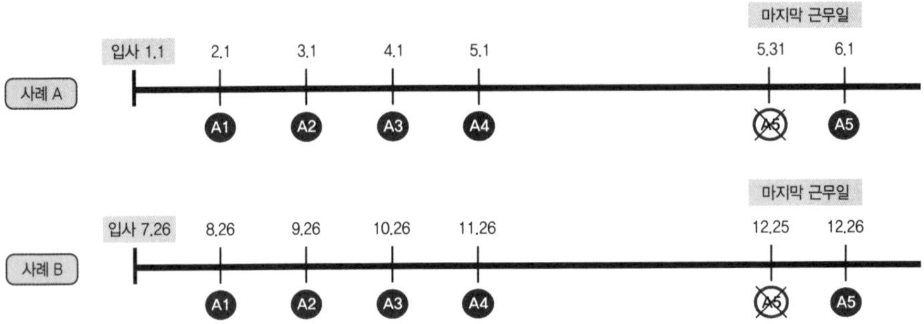


2021.12.16 행정해석 변경 전에는 위 사례 A, B에서 각각 5.31 및 12.25까지 근로하고 퇴직하면 6.1 및 12.26에 A5가 발생하지만, 사용할 수 없으므로 수당으로 지급해야 한다고 해석하였다. 따라서 전체 계속근로년수에 대하여 총 5일의 연차휴가(A1~A5)에 대해 수당으로 받을 수 있었다.

행정해석 변경 후에는 제60조 제2항에 따라 1년 미만인 근로자가 1개월 개근 시마다 발생하는 1일의 연차휴가도 그 1개월의 근로를 마친 다음날 근로관계가 있어야 한다고 본다. 따라서 위 사례 A, B에서 각각 6.1 및 12.26에 근로관계가 존속해야만 A5가 발생된다고 본다. 따라서 각각 5.31 및 12.25까지 근로하고 퇴직하는 경우에는 A5가 발생되지 않는다고 보므로 전체 계속근로년수에 대하여 최대 4일의 연차휴가(A1~A4)에 대해서만 수당으로 받을 수 있게 된다.

### (2) 계속근로 1년 이상인 경우

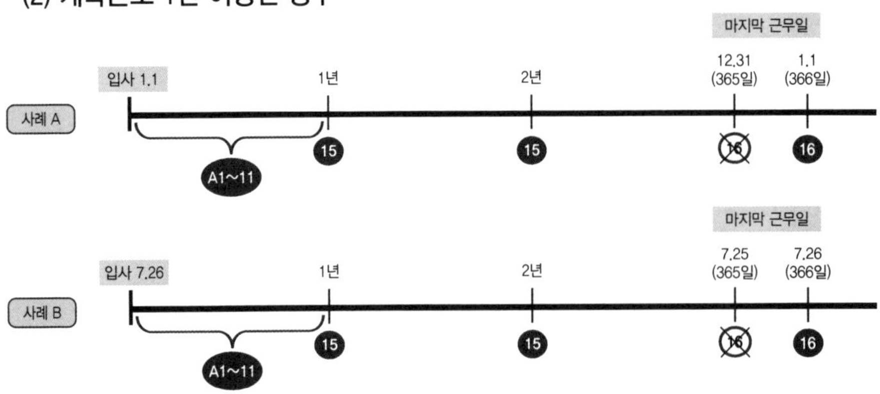

2021.12.16 행정해석 변경 전에는 위 사례 A, B에서 각각 12.31 및 7.25까지 근로하고 퇴직하면 다음해 1.1 및 7.26에 가산휴가를 포함한 16일의 연차가 새로 발생하지만, 사용할 수 없으므로 퇴직하면서 수당으로 지급받게 된다고 해석하였다. 따라서 전체 계속근로년수에 대하여 총 57일의 연차휴가(11일+15일+15일+16일)가 발생하고, 16일은 사용할 수 없으므로 수당으로 받고 퇴직한다고 설명하였다.

그러나 행정해석 변경 후에는 마지막 해의 다음날(위 사례에서 각각 1.1 및 7.26)에 근로관계에 있지 않으므로 마지막 1년간 80% 이상 출근율에 따른 연차휴가 16일은 발생하지 않고, 근로기준법 제60조 제4항에 따른 가산휴가도 발생하지 않는다. 따라서 마지막 해의 근로에 따른 16일(기본휴가 15일+가산휴가 1일) 전체에 대해 미사용수당을 청구할 수 없게 된다. 총 41일의 연차휴가(11일+15일+15일)만 발생한다.

만약, 다음날인 366일째(위 사례에서 각각 1.1 및 7.26)에 근로관계 존속 후 퇴직하면 16일의 연차휴가 전부에 대해 수당으로 청구할 수 있게 되므로 총 57일의 연차휴가(11일+15일+15일+16일)가 발생한다.

### (3) 정년퇴직자의 경우

정년퇴직자의 경우도 '(2) 계속근로 1년 이상인 경우'와 동일한 방식을 적용하면 된다.

2021.12.16 행정해석 변경 전에는 정규직 근로자가 정년퇴직일인 12.31에 근로를 제공한 경우 다음해 1.1에 최대 25일의 연차휴가(기본연차 15일+가산휴가 최대 10일)가 발생하지만, 사용할 수 없으므로 수당으로 지급받고 퇴직을 한다고 보았다.

그러나 행정해석 변경 후에는 최대 25일의 연차에 대해 수당으로 지급받는 것이 불가능해졌다. 마지막 근무하는 해에 1년(365일) 근무하고 퇴직하는 경우, 80% 출근율을 충족하더라도 퇴직과 동시에 발생하는 최대 25일의 연차휴가(기본연차 15일+가산휴가 최대 10일)에 대한 미사용수당을 청구할 수 없다고 행정해석이 변경되었기 때문이다.

> ■ 이슈 판례(대판 2018.6.28, 2016다48297)
> 동 판결은 취업규칙 등에 정년을 만 61세가 되는 해의 12.31로 정하고 있는 경우 12.31에 단체협약에서 정하고 있는 특별유급휴가를 사용하는 경우에도 퇴직일이 다음해 1.1로 미루어지는 것이 아니라 12.31에 근로관계는 당연히 종료되므로 새로운 연차휴가는 발생하지 않는다고 판단하였다.
> 2021.12.16 행정해석 변경 전에는 퇴직일이 다음해 1.1이 되므로 연차휴가 25일이 새로 발생하고 수당으로 지급되어야 하는 것 아니냐에 대한 논란이 있었는데, 행정해석 변경 후에는 25일이 발생되지 않는다고 해석된다.

## Ⅲ. 퇴사 후 재입사한 경우의 기산점

사법의 일반원칙상 근로자의 의사표시에 대하여는 그 이유와 동기를 불문하고 표시된 의사에 따라 법률효과가 발생하는 것이 원칙이지만, 근로자의 의사표시가 민법 제107조, 제108조, 제110조의 규정에 의한 비진의 의사표시, 통정에 의한 허위표시, 사기·강박에 의한 의사표시로 인정되는 경우에는 법률상 무효 또는 취소로서 법률효과는 발생하지 않는다. 따라서 근로자가 퇴직절차를 거쳐 퇴직금을 수령한 후 재입사 형식을 취하였을 경우 당해 근로자의 진의여부, 사용자와의 통정여부, 사용자의 강요여부, 각종 근로조건의 현격한 차이여부 등 사실관계가 종합적으로 검토되어 법률상 무효 또는 취소여부가 판단되어야 할 것이며 연차휴가 산정을 위한 계속근로년수에 대하여도 동일하게 판단하여야 한다.[103]

따라서 근로자가 개인사정에 의하여 자유로운 의사로 퇴직하고 퇴직금을 수령한 후 재입사하였다면 계속근로년수는 단절되고 재입사일로부터 연차휴가가 처음부터 다시 산정된다.[104]

그러나 사업경영 형편상 사직처리하고 그 익일 또는 상당기간을 대기하였다가 재입사시키는 등을 반복적으로 행하는 경우라면 당해 근로자는 동일 사업에 사실상 계속근로하고 있는 것이므로 연차휴가의 산정에 있어서는 이를 통산하여 계속근로로 취급하여야 한다.[105]

근로자가 실제 퇴직의 의사 없이 단지 퇴직금 중간정산을 받을 목적으로 사직서를 제출하였고 사용자도 이를 알고 있으면서 형식상 사직서를 제출받았음이 인정되고, 퇴직금을 수령한 후 새로운 근로계약 체결 없이 사직서 제출 이전과 동일한 직위·업무내용으로 계속근로한 경우라면, 근로자의 퇴직의 의사표시(사직서 제출)는 비진의표시로서 무효라고 볼 수 있으므로, 당해 근로자의 계속근로기간은 최초의 입사일로부터 최종 퇴직일까지로 보아야 한다.[106]

---

103) 1990.4.25, 임금 32240-5921
104) 1987.2.24, 근기 01254-2933; 1988.8.30, 근기 01254-13727 등
105) 1978.9.2, 법무 811-19039
106) 2005.6.1, 근로기준과-2950

## Ⅳ. 정년퇴직과 고령자의 재고용/정년연장

**관련법령**

**고령자고용법 제21조【정년퇴직자의 재고용】** ① 사업주는 정년에 도달한 사람이 그 사업장에 다시 취업하기를 희망할 때 그 직무수행 능력에 맞는 직종에 재고용하도록 노력하여야 한다.
② 사업주는 고령자인 정년퇴직자를 재고용할 때 당사자 간의 합의에 의하여 「근로기준법」 제34조에 따른 퇴직금과 같은 법 제60조에 따른 연차유급(年次有給) 휴가일수 계산을 위한 계속근로기간을 산정할 때 종전의 근로기간을 제외할 수 있으며 임금의 결정을 종전과 달리할 수 있다.

### 1. 정년퇴직과 고령자의 재고용

고령자고용법상의 고령자(55세 이상)가 해당 기업의 취업규칙 등에서 정한 정년에 해당되어 정년퇴직한 경우, 사업주가 해당 근로자를 기간제근로자 등으로 재고용할 때는 당사자 간의 합의로 연차휴가일수 계산시 정년퇴직 전의 근로기간을 제외할 수 있도록 하고 있다.[107] 즉, 재채용된 시점부터 '입사 1년 미만의 근로자'와 같이 새롭게 연차휴가제도가 적용될 수 있다. 다만, 당사자간의 합의로 시행할 수 있도록 하고 있다.

행정해석 역시 "정년퇴직자를 기간의 정함이 있는 근로계약으로 재고용하는 경우 당사자간의 특약이 없다면 근로자의 연차휴가일수 계산을 위한 계속근로년수는 재고용기간만 해당된다"고 해석하고 있다.[108] 그러나 재고용 이후 기간의 정함이 있는 근로계약이 반복·갱신되는 경우에는 재고용기간의 계속근로년수가 인정되어 가산휴가가 발생하게 된다.

### 2. 정년연장형 임금피크제

정년을 55세에서 58세로 3년 연장하되, 연장된 기간 중 임금을 정년 당시의 70% 수준으로 지급하기로 단체협약을 체결한 경우 연차휴가의 산정을 위한 계속근로년수는 퇴직금 중간정산 여부에 관계없이 단절되지 않는다.[109] 단체협약에 따라 정년 자체가 연장된 것이기 때문이다.

---

107) 2007.3.26, 비정규직대책팀-932. 고령자고용법은 기간제법의 특별법적 성격을 가지므로 고령자고용법을 적용받는 범위 내에서는 기간제법의 적용이 배제된다.
108) 2012.2.6, 근로복지과-399; 2001.2.2, 근기 68207-338; 2000.9.29, 근기 68207-2995
109) 2002.6.8, 근기 68207-2163

# Ⅴ. 고용승계된 경우

## 1. 영업양도, 합병, 분사, 조직변경 등

기업이라 함은 노동력을 떠나서는 존재할 수 없는 것으로 그것은 유형·무형의 자본과 노동력의 결합에 의한 동적 조직으로 볼 수 있으며, 따라서 노동관계는 특정의 경영자에 대한 것으로 보기 보다는 기업 그 자체와 결합된 것이라고 볼 수 있으므로, 기업이 존속하며 그 명의가 개인에서 법인으로 되거나 기업의 일부가 독립하여 별개의 법인이 되거나 회사의 조직변경이 있거나 영업의 양도가 있다 하더라도 기업 그 자체가 폐지됨이 없이 동일성을 존속하는 한, 영업양도, 합병,[110] 분사, 조직변경 등이 있는 경우라도 소속 근로자들의 근로관계가 포괄적으로 승계되므로 연차휴가 등에 관한 계속근로년수 산정에 있어서는 영업양도 등의 전후 근로기간을 계속근로로 통산하는 것이 원칙이다.[111] [112]

실질적으로는 피합병회사의 인적·물적 변동 없이 기업합병이 이루어졌음에도 불구하고, 형식적으로 합병회사가 피합병회사의 근로자들을 신규채용하는 형태로 입사를 시켰다고 하더라도 그 실질이 우선하므로, 근로관계도 포괄적으로 승계된다.[113] 그러나 근로자가 자유의사로 퇴직하고 신규법인에서 새로운 근로계

---

110) 2006.5.29, 임금근로시간정책팀-1193. 합병이란 "상법에 따라 두개 이상의 회사가 하나의 회사가 되는 것"을 의미하며, 상법 제235조(합병의 효과)는 "합병후 존속한 회사 또는 합병으로 인하여 설립된 회사는 합병으로 인하여 소멸된 회사의 권리의무를 승계한다"고 규정하고 있다. 따라서 합병을 하는 회사는 합병이 되는 회사가 그 근로자들에 대하여 가지고 있던 권리 의무를 포괄적으로 승계하게 된다.

111) 1980.4.4, 법무 811-8140; 1987.3.31, 근기 01254-14029. 용역계약의 해지 등으로 근로관계가 대행업체에서 원사용자에게로 이전된 경우 근로기준법에서 정하고 있는 제반 근로조건도 승계되는 것이 원칙이므로, 연차휴가일수 등에 관한 근속연수 계산에 있어서 대행업체에서 근로한 기간도 이를 계속근속연수로 통산하여야 한다(1992.11.26, 근기 01254-1911).

112) 대판 2005.6.9, 2002다70822. 대표자와 상호, 영업장소가 변경된 것 외에 거래고객에 대한 영업권, 거래회사에 대한 채권·채무, 사무집기 및 기계장치 등 유형의 고정자산 등이 그 동일성을 유지하면서 일체로서 함께 이전되면서 고용되어 있던 근로자들과의 근로관계도 변동없이 계속 유지되고 있어 사실상 영업양도가 이루어진 것으로 볼 수 있다면, 달리 볼 특별한 사정이 없는 한 근로자들의 고용관계도 그대로 승계된 것으로 볼 수 있으므로 영업양도 전후의 근로기간을 계속근로로 보아야 한다(2004.5.20, 근로기준과-2548).

113) 2006.5.29, 임금근로시간정책팀-1193

약을 체결했다면 신규법인 입사일을 기준으로 새로이 연차휴가를 부여하여야 한다.[114]

## 2. 아파트 위탁관리업체의 변경

아파트 위탁관리업체가 변경되어 새로운 업체가 관리를 담당하였을 경우 근속기간은 새로이 기산하는 것이 원칙이므로 종전 업체 소속으로 근무한 기간에 대한 연차휴가는 새로운 관리업체에 대하여 청구할 수 없는 것이 원칙이나, 종전 관리업체와 새로운 관리업체간에 고용승계 및 종전 근속년수 인정 등에 대한 특별한 약정이 있는 경우에는 그에 따르면 된다.

다만, 아파트 관리에 관하여 입주자대표회의가 근로자의 채용, 임금 등 근로조건의 결정, 업무상의 지휘·감독 등 사실상 노무관리를 행하고 위탁관리업체는 개별 업무에 관하여 입주자대표회의의 지휘를 받아 실행할 뿐인 관계라면 입주자대표회의를 근로기준법상의 사용자로 볼 수 있으므로 관리업체의 변경에도 불구하고 근로자의 계속근로가 인정되어 연차휴가를 청구할 수 있다.[115]

# Ⅵ. 계열사간의 전적의 경우

## 1. 전적의 의미

근로자를 계열회사내 다른 기업으로 적을 옮겨 그 다른 기업의 업무에 종사하게 하는 '전적'은 종래에 근무하던 기업과 근로계약을 합의해지하고 이적하게 될 기업과의 새로운 근로관계를 성립케 하는 것이므로 종래에 근무하던 기업과의 관계에서는 해고가 될 수 있으므로 특별한 사정이 없는 한 근로자의 동의가 있어야만 유효하다.[116]

114) 1980.6.5, 법무 811-13494
115) 2003.6.20, 근기 68207-748
116) 대판 1998.12.11, 98다36924; 대판 2000.12.22, 99다21806; 대판 2003.10.23, 2003다38597; 1994.5.11, 근기 68207-773; 2002.7.29, 근기 68207-2613

## 2. 전적의 경우 계속근로년수 산정

같은 그룹 내의 A사와 B사는 독립하여 법인격을 가지고 있으므로, 근로자가 A사에서 B사로 전적이 이루어지게 되면 종전에 근무하던 A사와의 근로관계는 종료되고 새로 근무하게 된 B사와는 새로운 근로관계가 형성되게 되므로 단체협약, 취업규칙, 근로계약 등 당사자간에 종전기업과의 근로관계를 승계하기로 하는 특약이 있거나 이적하게 될 기업의 취업규칙 등에 종전기업에서의 근속기간을 통산하도록 하는 규정이 있는 등의 특별한 사정이 없는 한 당해 근로자의 종전기업과의 근로관계는 단절되므로 각 회사별로 구분하여 계속근로년수를 계산하여야 한다.[117)]

따라서 A사에서는 실질적인 퇴직이 이루어지므로 퇴직금, 연차휴가 등을 모두 정산하게 되고, B사에서는 '계속근로기간이 1년 미만인 근로자'에 해당되게 되어 연차휴가를 처음부터 다시 산정하게 된다. 그러나 일반적으로 그룹사간의 전적의 경우 대부분 전적 전 회사의 계속근로년수를 승계하는 방식을 취한다.

또한 연차휴가일수 산정과 퇴직금 산정에 있어서의 계속근로년수의 인정은 별개의 문제이므로 연차휴가 산정에서는 그룹 계열사 전체 근무기간을 계속근로기간으로 인정하여 주었다고 하더라도, 퇴직금 산정에 있어서는 계속근로기간으로 인정하지 않을 수 있다.[118)]

## 3. 근로자 자의에 의한 전적이 아닌 경우

근로자가 모회사로부터 자회사로, 다시 자회사로부터 모회사로 전출되는 경우에 근로자가 자의에 의하여 계속근로관계를 단절할 의사로써 모회사 또는 자회사에 사직서를 제출하고 퇴직금을 지급받은 다음 자회사 또는 모회사에 다시 입사하였다면 전자와의 근로관계는 일단 단절된다.

그러나 그것이 근로자의 자의에 의한 것이 아니라 모회사의 경영방침에 의한 일방적인 결정에 따라 퇴직과 재입사의 형식을 거친 것에 불과하다면 이러한 형식을 거쳐서 퇴직금을 지급받았더라도 근로자에게 근로관계를 단절할 의사가

---

117) 대판 2000.12.22, 99다21806; 대판 2003.10.23, 2003다38597; 1980.7.25, 법무 811-18330

118) 대판 1997.9.30, 97다6322; 대판 1992.11.24, 91다31753

있었다고 할 수 없고[119] 따라서 계속근로관계도 단절되지 않는다. 따라서 연차휴가 산정을 위한 계속근로년수 역시 통산된다.

## Ⅶ. 군복무기간

대법원은 구 병역법(1962.10.1, 법률 제1163호) 第76조 제2항은 '군복무기간은 실무에 종사한 기간으로 본다'는 취지의 명문규정이 있었기 때문에 계속근로년수에 포함되었지만, 개정 병역법(1970.12.31, 법률 제2259호) 제69호 제2항, 제3항에서는 '그 승진에 있어 복무기간을 실무의 종사기간으로 하여야 한다'고 개정됨에 따라 판례는 승진 이외의 기간, 즉, 퇴직금 계산에 있어서는 계속근로년수에 포함될 수 없다고 판결하였다.

행정해석 역시 군복무기간은 퇴직금 산정을 위한 계속근로년수에 포함된다는 견해를 보이다가, 위 1993년 판례에 따라 행정해석을 변경[120]함으로써, 판례와 같은 입장을 취하게 되었다.

이러한 판례와 행정해석의 입장에 따라 군복무로 인한 휴직기간은 연차휴가 가산일수 산정을 위한 계속근로년수에서 제외되었다.[121]

**[판례] 대판 1993.1.15, 92다41986**

> 구 병역법(1962.10.1, 법률 제1163호) 제76조 제2항은 군인이 실역복무를 마치고 종전에 근무하던 직장에 복직한 경우에는 실역에 복무한 기간을 실무에 종사한 기간으로 본다고 규정하고 있었는데, 개정된 구 병역법(1970.12.31, 법률 제2259호) 제69조 제2항, 제3항에는 현역 또는 실역에 복무하게 되어 휴직된 자는 복무 후 직장에의 복직을 보장하고, 군복무로 인하여 휴직된 때에는 승진에 있어서는 복무기간을 실무의 종사기간으로 보아야 한다고 규정하고 있으므로, 위 개정된 병역법이 시행된 이후에는 휴직기간을 승진의 경우 이외에 퇴직금의 지급기간에까지 가산할 수는 없다.

119) 대판 1997.3.28, 95다51397
120) 1993.5.31, 근기 01254-1099 (생략) 개정된 병역법이 시행된 이후에는 위 휴직기간을 승진의 경우 이외에 노사간 별단이 약정이 없는 한 퇴직금 산정의 기초가 되는 계속근로년수에 산입하지 않더라도 법위반이라고 할 수 없다.
121) 고용노동부 인터넷 질의(2013.4.2, 1AA-1304-002516)

## Ⅷ. 노조전임기간

취업규칙이나 단체협약 기타로 정하는 바에 의하여 노동조합업무에 전임하는 조합전임 근로자라도 그 적을 보유하고 있는 한 근로계약관계의 단절이 없는 것이므로 당해 기간도 연차휴가 등의 계산에 있어 계속근로로 통산 취급된다.[122)]

## Ⅸ. 퇴직금 중간정산과 계속근로년수

퇴직금 중간정산으로 인한 퇴직금 산정을 위한 계속근로년수는 정산시점부터 새로이 기산되나, 근로년수와 관련 있는 여타 근로조건(승진, 승급, 호봉, 상여, 연차휴가 등)은 변동이 없다.[123)] 따라서 연차휴가 산정을 위한 계속근로년수는 퇴직금 중간정산과 관계없이 입사일부터 기산한다.

## Ⅹ. 부당해고기간의 계속근로년수 포함 여부

근로자가 부당해고 판정으로 복직된 경우, '복직일'이 아닌 '최초 입사일'을 기준으로 연차휴가를 산정하여야 한다.[124)] 계속근로년수란 근로계약이 체결되어 종료된 때까지의 기간을 말하므로 부당해고로 판단되어 원직복직한 경우 그 부당해고기간은 계속근로년수에 포함되어야 한다. 복직일을 기준으로 삼는다는 것은 근로관계가 단절된 후 새롭게 입사한 것으로 보고, 부당해고 이전의 계속근로년수를 인정하지 않겠다는 의미로 해석될 수 있기 때문이다. 부당해고기간

---

122) 1994.3.8, 노조 01254-301; 1964.1.27, 노동부예규4

123) 고용노동부, 퇴직금 중간정산제도 업무처리지침 개정, 2012.9, 15쪽; 2001.11.12, 근기 68207-3892; 1999.11.22, 근기 68207-679 등

124) 2009.1.16, 근로조건지도과-371; 이와 반대되는 행정해석도 있다. 계속근로라 함은 사용종속관계가 단절됨이 없이 계속되는 것을 의미하므로 해고기간을 연차휴가일수 가산을 위한 계속근로년수로 인정한다는 별단의 규정이 없는 한, 해고되었다가 복직된 근로자의 호봉산정에 있어 해고기간을 계속 근무한 것으로 간주한다는 규정만으로 동 해고기간을 연차휴가 가산을 위한 계속근로로 인정할 수는 없다(1991.1.17, 근기 01254-634). 단, 동 행정해석은 정당한 해고인지 부당해고인지 명확하지 않다.

은 근로자가 근로를 제공하지 않은 상태이나 이는 사용자의 부당해고로 인한 것이므로 최초 입사일부터 계속하여 근무한 것으로 보는 것이 타당하다고 생각하며, 이 점에 대해서는 판례와 행정해석이 일치한다.

## XI. 수습/시용기간

수습기간이나 시용기간 역시 계속근로년수에 포함된다. 예를 들어 근로자가 입사하여 3개월의 수습기간이나 시용기간을 가지면서 그 이후에도 계속 근로하는 경우에는 3개월의 기간 동안 A1, A2, A3의 연차휴가가 발생한다.

실제 사례에서도 근로자가 수습기간부터 퇴직일까지 같은 업무로 연속하여 근무한 이상, 수습기간 역시 연차휴가일수를 계산하는 근로기간에 포함하여야 한다고 보았다[2019 부산지방법원(2심), 확정].

# 제6절 기간제근로자의 연차휴가

## Ⅰ. 기간제근로자의 연차휴가

연차휴가는 고용형태에 따라 달리 적용되는 것은 아니므로 기간제근로자의 경우에도 법적 요건에 해당되는 경우에는 월단위 또는 연단위 휴가가 당연히 발생한다.[125] 즉, 앞에서도 설명한 바와 같이'계속근로기간'이 동일하다면 정규직과 동일하게 연차휴가가 적용된다.

### 1. 계약기간 1년 만료와 동시에 근로관계가 종료되는 근로자

2021년 12월 변경된 고용노동부 행정해석[126] 에 따르면 1년(365일)의 계약기간을 정한 기간제 근로자는 11일(A1~A11)의 연차휴가만 발생하며 근로기준법 제60조 제1항에 따른 연단위 휴가 15일은 발생되지 않는다. 따라서 1년의 계약기간 만료시 최대 11일에 대해서만 미사용수당을 지급하면 된다.

### 2. 계약기간이 1년 미만인 근로자

근로계약기간을 6개월 또는 9개월 등 1년 미만으로 정한 기간제근로자도 근로기준법 제60조 제2항의 '계속하여 근로한 기간이 1년 미만인 근로자'에 해당하므로 1개월 개근시 1일의 연차휴가가 발생한다.

다만, 2021년 12월 변경된 행정해석에 따르면 6개월의 기간을 정한 기간제근로자의 경우 총 5일(A1~A5)의 연차휴가만 발생하며, A6은 발생하지 않는다. 따라서 계약기간 만료시 총 5일의 발생된 휴가 중 사용일수를 제외한 나머지 미사용일수에 대해 수당으로 지급하면 된다. 만약, 6개월 1일로 계약기간을 설정하였거나, 회사와의 합의로 1일 정도를 추가로 근로하였다면 A6은 발생한다.

---

125) 2012.5.21, 근로개선정책과-2711
126) 2021.12.17, '고용부, 연차유급휴가 행정해석 변경', 고용노동부 보도자료

### 3. 연차휴가 가산휴가/사용촉진

기간제근로계약이 반복갱신되어 1년의 근로계약기간이 적용되면 A1~A11에 대한 사용촉진도 가능하다. 또한 1년의 근로계약 이후에도 계속근로하는 경우에는 2년차에 발생하는 15일에 대하여 사용촉진이 가능할 수 있다.[127] 만 3년 이상 계속근로한 경우에는 가산휴가도 발생한다.

### 4. 특정시기에 국한하여 매년 동일한 기간제근로계약을 체결한 경우[128]

종묘생산업체의 재배농장에서 특정 종묘의 교배와 생육을 위한 작업이 이루어지는 기간(1년 중 동절기를 제외한 7~10개월)에만 한정하여 동일한 기간제근로자를 매년 반복·사용하는 경우, 이는 일시적이거나 1회성으로 이루어지는 사업이라고 할 수 없을 것이므로 기간제법 제4조 제1항 단서의 제1호(사업의 완료 또는 특정한 업무의 완성에 필요한 기간을 정한 경우)에 따른 예외적인 사업으로 보기는 어렵다. 따라서 당해 근로자에 대한 각각의 사용기간을 합산한 기간이 2년을 초과한 때부터 기간의 정함이 없는 근로계약을 체결한 것으로 보아야 하고, 기간의 정함이 없는 근로자로서 보호받을 수 있는 기간은 해당 작업이 이루어지는 특정기간으로 한정된다.

이 경우 근로계약을 체결하지 아니한 동절기는 동일한 내용의 계속근로를 위한 대기상태로서 일시적으로 근로관계가 중지된 것이므로, 동절기를 제외한 근로계약기간만을 합산하여 1년이 넘으면 퇴직금을 지급하여야 하지만, 연차휴가는 1년간 계속근로를 제공한 것에 대한 휴식의 개념이므로 1년의 기간 중 동절기는 계속근로를 제공하지 아니한 공백기간에 해당되어 결과적으로 1년간 계속근로하였다고 보기 어려우므로 연차휴가는 발생되지 않는다.

### 5. 학교 기간제근로자의 연차휴가

학교 업무에 종사하는 기간제근로자(사무보조원 등 학교회계직원, 영양사, 조리종사원, 과학실험보조원, 특수교육보조원 등)의 경우 방학이라는 특수성 때문에 ① 방학기

---

127) 2005.8.22, 근로기준과-4373
128) 2007.7.18, 비정규직대책팀-2872

간을 포함하여 근로계약을 체결한 경우와 ② 방학기간을 제외하고 반복적으로 근로계약을 체결한 경우에 따라 연차휴가 발생 여부가 결정된다.[129)]

### (1) 방학기간을 제외하고 반복적으로 근로계약을 체결하였을 경우

이러한 경우 반복적으로 근로계약을 체결한 전기간을 계속근로년수로 인정하지만, 퇴직금 산정시 실제 근로제공이 없었던 방학기간은 제외하고 계속근로년수를 산정한다. 다만, 1년 중 일정기간 동안 계속근로를 제공하지 아니한 공백기간(방학기간)이 있으므로 1년간 계속근로로 보기 어려워 연차휴가는 발생하지 않는다.[130)]

### (2) 방학기간을 포함하여 근로계약을 체결하였을 경우

근로계약 당사자간 "방학기간은 계속근로기간에 포함하지 않는다"고 별도로 정하는 것도 가능하지만,[131)] 이러한 특약이 없다면, 실제 근로하지 아니한 방학기간도 퇴직금산정을 위한 계속근로년수에 포함된다.

연차휴가는 1년간을 계속근로한 경우에 발생하므로 1년 중 근로제공이 중단된 기간이 있는 경우 연차휴가를 부여하지 않더라도 근로기준법 위반문제는 발생하지 않는다.[132)]

### (3) 월단위 휴가의 발생여부

위 (1)과 (2) 모두 1년 단위로 부여되는 연차휴가(근로기준법 제60조 제1항)는 발생되지 않을 수 있지만, 월단위 휴가(동법 제60조 제2항)는 발생할 수 있다.[133)]

### (4) 관련 판결

A학교에서는 교육과학기술부의 '초·중등학교 회계직원 계약관리기준'에 따라

---

129) 2000.7.14, 근기 68207-2124

130) 2000.7.4, 근기 68207-2029; 2002.10.16, 근기 68207-3098

131) '방학기간 중 임금제외 또는 방학기간 중에는 근로를 제공하지 않는다'는 특약은 "방학기간은 계속근로기간에 포함하지 않는다"는 특약에 해당하지 않는다(2001.8.29, 근기 68207-2877).

132) 1998.3.31, 근기 68207-608

133) 2007.5.1, 임금근로시간정책팀-1672, 제60조 제2항의 월단위 휴가는 매월 소정근로일수 개근여부에 따라 1일의 휴가가 발생되므로 매년마다 월단위 휴가를 부여하여야 한다.

취업규칙에 다음과 같이 근무유형별로 방학기간 등의 유무에 따라 연차휴가일수를 차등하여 부여할 수 있도록 연차휴가 관련 규정을 정비하고 그에 따라 미사용한 연차휴가일수에 대한 수당을 지급하였으나, 학교회계직원들이 방학기간까지 포함된 소정근로일수 전체를 출근한 것으로 하여 연차휴가미사용수당을 지급해 줄 것을 청구한 사건이다.[134)]

**▶ A학교 학교회계직원 취업규칙상의 연차휴가 관련 조항**

---

**제○조【근무일】** ① 직원의 근무일은 학교장이 정하는 소정의 날로 한다.
② 학교장은 별표 1의 근무유형을 기준으로 하여 근무일을 정하며, 학교 실정에 따라 소정근로일수를 가감하여 정할 수 있다.

**제○조【연차휴가】** ① 직원의 연차유급휴가는 근로기준법이 정한 바에 따른다. 다만, 연봉기준일수에 따라 다음 각호와 같이 부여한다.
1. 300일 이상인 직원: 15일
2. 240일 이상 300일 미만인 직원: 10일
3. 240일 미만인 직원: 연봉기준일수에 비례하여 부여하고 소수점 첫째자리에서 절사
② 학교장은 계속근로년수가 1년 미만인 직원에 대하여는 1개월간 개근시 1일의 유급휴가를 부여한다. 단, 월중 15일 이상 무급일수가 포함되어 있는 경우에는 이를 인정하지 않는다.
④ 연차유급휴가 미사용수당은 최종 연차유급휴가 청구권이 있는 달의 1일분의 통상임금 또는 평균임금을 미사용일수에 곱한 금액으로 지급한다.

**[별표 1] 학교회계직원 근무유형**

| 근무유형 | 근무일 | 연봉 기준일수 | 무급휴일 | 대상직종 (예시) |
|---|---|---|---|---|
| 을 | 학교의 수업일, 여름·겨울방학일 중 각 4일, 방학일 중 학교장이 정한 날 | 275일 | 여름·겨울방학일(방학중 각 4일과 학교장이 정한 날 제외) | 교무보조원<br>전산보조원<br>실험보조원<br>실습보조원 |
| 병 | 학교급식일, 준비일(수업기간 중의 연간 9일), 여름·겨울방학일 중 각 4일 | 245일 | 토요일(수업기간 중의 연간 9일의 급식준비일은 제외)<br>여름·겨울방학일(방학 중 각 4일 제외) | 조리사<br>조리보조원 |

---

수원지법은 방학기간 등 1년 중 장기간 근로제공의무가 면제되는 근로자들의 연차휴가권 성립에 관하여는 근로기준법에서 특별한 규정을 두고 있지 아니하므로 연차휴가제도의 의의, 연차휴가권 성립 요건의 취지 등을 종합적으로 검토하여 합리적인 해석이 필요하다고 하면서, 근로기준법에 1년간 근로일수가

134) 수원지판 2013.3.22, 2011가합26325(서울고등법원 확정)

365일에 현저히 미달하는 경우 사업주가 이를 감안하여 취업규칙으로 연차휴가일수를 단축할 수 있다는 규정은 없으나, ① 연차휴가제도는 장기간의 성실한 근로에 대한 보상으로서 정신적·육체적 휴양 및 문화적 생활을 향유케 하기 위한 제도이며, ② 연차휴가미사용수당은 연차휴가 발생의 기준이 되는 시점 이전의 1년간의 근로에 대한 대가의 성격을 가지는 점, ③ 연차휴가일수 15일은 1년이라는 기간 동안의 계속근로를 전제로 한 것이므로, 1년 중 상당 기간 근로제공의무가 면제되는 근로자들에 대해서는 15일보다 적은 일수의 연차휴가를 부여하는 것이 타당하다고 보이는 점, ④ 연차휴가 산정과 관련하여 근로기준법 제60조 제6항이 '업무상의 부상 또는 질병으로 휴업한 기간', '임신 중의 여성이 출산, 유산 등에 따른 보호휴가로 휴업한 기간'에 한하여 특별히 출근한 것으로 본다는 규정을 두고 있는 점에 비추어, 그 밖에 근로의무가 면제되는 기간은 근로의무가 면제되는 기간만큼 비례적으로 연차휴가권이 발생하지 않는 것으로 해석하는 것이 합리적인 점, ⑤ 근로기준법 제60조 제2항에 따라 계속하여 근로한 기간이 1년 미만인 근로자에 대해서는 15일보다 적은 일수의 연차휴가가 부여되는 점, ⑥ 국가공무원 복무규정에서도 휴직한 경우에는 보통의 연차휴가일수에서 휴직기간에 비례하여 산정한 일수를 공제하도록 규정하고 있는 점(제17조), ⑦ 근로기준법시행령 별표 2 제4항 나호에 의하면, 단시간근로자는 소정근로시간에 비례하여 연차휴가를 줄여 산정하도록 되어 있는바, 근로제공의무가 면제되는 기간이 있어 1년 동안의 근무기간이 통상 근로자들보다 현저히 적은 학교회계직원들의 경우에도 단시간근로자와 마찬가지로 통상근로자들보다 연간 근무기간이 짧은 사정을 고려하여 연차휴가일수를 줄일 수 있다고 보는 것이 합리적인 점 등 여러 사정에 비추어 보면, 1년 중 근로제공의무가 면제되는 기간이 있는 학교회계직원들의 경우에는 그 기간 동안은 연차휴가권이 발생하지 않는다고 봄이 상당하므로, A학교가 학교회계직원들에게 연간 10일의 연차휴가를 부여한 것이 근로기준법에 위반된 것이라고 볼 수 없다고 판시하였다.

# Ⅱ. 근로계약의 반복갱신 및 무기계약직(정규직) 전환

## 1. 기간제근로계약의 반복갱신 등

기간제근로계약이 반복갱신되거나 기간제법에 따라 무기계약직 등으로 전환된 경우에 기간제 근로기간까지 포함하여 계속근로년수를 계산하면 가산휴가가 발생할 수 있게 된다. 이 경우 판례와 행정해석은 '실질적인 계속근로'에 해당하는지 여부에 따라 다르게 판단한다.

즉, 실질적으로 매년 근로계약이 종료되었거나, 기간제 근로자에서 무기계약직으로 전환된 경우 등의 사안에서 근로관계가 완전히 단절되었다고 평가될 수 있는 경우에는 재계약일 또는 무기계약직 전환일로부터 새로이 기산하지만, 형식적으로만 매년 퇴직금 중간정산을 하는 등의 방식으로 퇴사와 입사를 반복해 온 경우에는 계속근로에 해당되어 가산휴가가 발생할 수 있다.[135)]

다만, 이러한 것과 관계없이 취업규칙이나 근로계약 등을 통하여 기존의 기간제근로계약기간을 연차휴가 산정을 위한 계속근로년수로 인정하는 것은 근로자에게 유리하므로 인정된다고 본다.[136)]

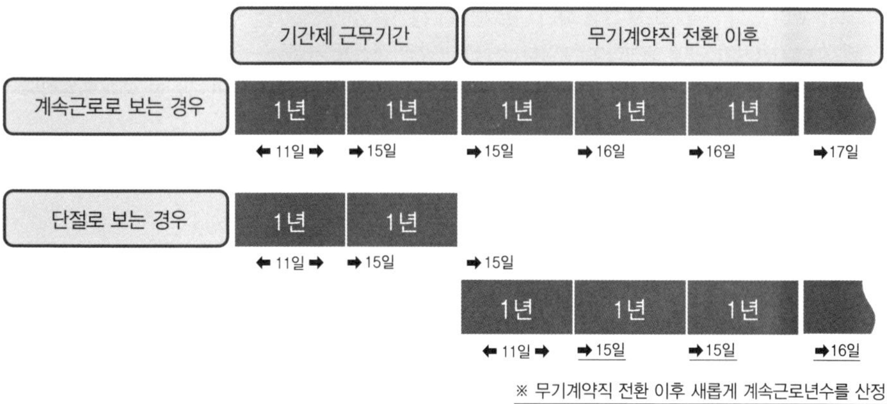


135) 2010.2.16, 근로기준과-802
136) 1984.7.4, 근기 1451-14868

▶ **판례가 계속근로로 보는 경우**

[판례1]
기간을 정한 근로계약서를 작성한 경우에도 예컨대 단기의 근로계약이 장기간에 걸쳐서 반복하여 갱신됨으로써 그 정한 기간이 단지 형식에 불과하게 된 경우 등 계약서의 내용과 근로계약이 이루어지게 된 동기 및 경위, 기간을 정한 목적과 당사자의 진정한 의사, 동종의 근로계약 체결방식에 관한 관행 그리고 근로자보호법규 등을 종합적으로 고려하여 그 기간의 정함이 단지 형식에 불과하다는 사정이 인정되는 경우에는 계약서의 문언에도 불구하고 사실상 기간의 정함이 없는 근로계약을 맺었다고 볼 것이며, 그 경우에 사용자가 정당한 사유 없이 갱신계약의 체결을 거절하는 것은 해고와 마찬가지로 무효이다. 그러나 근로계약기간의 정함이 위와 같이 단지 형식에 불과하다고 볼 만한 특별한 사정이 없다면 근로계약 당사자 사이의 근로관계는 그 기간이 만료함에 따라 사용자의 해고 등 별도의 조처를 기다릴 것 없이 당연히 종료된다(대판 2011.11.10, 2010두7628 등; 2008.8.8, 근로조건지도과-3102 등).

[판례2]
기간을 정하여 근로계약을 체결한 근로자의 경우 그 기간이 만료됨으로써 근로자로서의 신분관계는 당연히 종료되고 근로계약을 갱신하지 못하면 갱신거절의 의사표시가 없어도 그 근로자는 당연 퇴직되는 것이 원칙이다. 그러나 근로계약, 취업규칙, 단체협약 등에서 기간만료에도 불구하고 일정한 요건이 충족되면 당해 근로계약이 갱신된다는 취지의 규정을 두고 있거나, 그러한 규정이 없더라도 근로계약의 내용과 근로계약이 이루어지게 된 동기 및 경위, 계약 갱신의 기준 등 갱신에 관한 요건이나 절차의 설정 여부 및 그 실태, 근로자가 수행하는 업무의 내용 등 당해 근로관계를 둘러싼 여러 사정을 종합하여 볼 때 근로계약 당사자 사이에 일정한 요건이 충족되면 근로계약이 갱신된다는 신뢰관계가 형성되어 있어 근로자에게 그에 따라 근로계약이 갱신될 수 있으리라는 정당한 기대권이 인정되는 경우에는 사용자가 이에 위반하여 부당하게 근로계약의 갱신을 거절하는 것은 부당해고와 마찬가지로 아무런 효력이 없고, 이 경우 기간만료 후의 근로관계는 종전의 근로계약이 갱신된 것과 동일하다(대판 2011.4.14, 2007두1729; 대판 2012.6.14, 2010두8225).

※ 행정해석 역시 유사한 기준에서 계속근로여부를 판단하고 있다.[137)]

## 2. 일용근로자의 계속근로년수[138)]

일용근로자는 1일 단위의 계약으로 채용되고 그 날의 근로종료로써 근로계약도 종료하여 계속 근로관계가 유지되지 않는 자를 의미한다. 따라서 일용근로자

137) 2004.6.7, 근로기준과-2811. 모집공고를 통한 공개채용을 하더라도 그러한 절차가 형식에 불과하여 관행상 전년도에 근무한 근로자들이 대부분 다시 채용되어 재계약 또는 계속고용의 기대가 형성되어 있다면 계속근로가 인정될 수 있다. 공백 기간이 며칠 이상일 경우 계속근로기간으로 볼 수 있는지 여부는 법령으로 정해진 바 없으며, 계속근로기간은 공백기간이 있는 것과 없는 것만으로 판단되는 것은 아니다(2011.2.24, 임금복지과-715).
138) 2007.11.27, 퇴직급여보장팀-942

의 경우 다음 날은 이미 근로계약이 존재하지 않는 것으로, 다음 날의 계약을 새로 체결하지 않는 한, 사용자는 계속하여 고용할 의무가 없다.

그러나 명목상 일용근로자라 하더라도 공사현장 등에 기간의 정함이 없이 채용된 후 통상적인 근로관계가 상당기간 지속되어 특별한 사정이 없는 한 공사 만료시까지의 계속근로가 예정되어 있는 경우에는 공사 만료시까지 고용관계가 계속되는 것으로 볼 수 있으므로, 이러한 경우에는 계속근로년수를 산정하여 월 단위 또는 연단위 휴가를 부여하여야 한다.

# 제7절 소정근로시간이 짧은 경우 (단시간근로자 등)

## Ⅰ. 소정근로시간이 짧은 경우

소정근로시간이 짧은 경우는 ① 단시간근로자 ② 비교대상이 없지만 소정근로시간이 주 40시간보다 짧은 경우 ③ 육아기/임신기/가족돌봄 등을 위한 근로시간 단축을 한 경우가 있다. 3가지 모두 '단시간근로자'의 연차휴가 산정방식을 동일하게 적용하면 된다.

### 1. 단시간근로자

#### (1) 정의

근로기준법 제2조(정의) 제1항 제8호는 단시간근로자에 대하여 "1주 동안의 소정근로시간이 그 사업장에서 같은 종류의 업무에 종사하는 통상근로자의 1주 동안의 소정근로시간에 비하여 짧은 근로자"로 정의하고 있고, 기간제법 제2조에서도 같은 의미로 사용하고 있다.

**▶ '같은 종류의 업무'에 대한 판단기준**

'동종 업무'여부는 당해 업무의 수행방법, 작업의 조건, 업무의 난이도 등을 종합적으로 고려하여 판단해야 하며, 특히 업무의 이질성으로 인해 근로조건이 현저하게 구별되어 규정되는지 여부가 중요함. 예를 들면, 제조업의 경우 생산직·사무직, 판매업의 경우 관리직·영업직, 운수업의 경우 관리직·운전직, 학교의 경우 교원과 행정직 등으로 동종업무를 구분해 볼 수 있을 것임(2002.3.26, 근기 68207-1248; 1997.4.24, 근기 68207-535).

**▶ 통상근로자의 의미**

'통상근로자 여부'는 「소정근로시간 뿐만 아니라 당해 사업장의 고용형태(계약기간), 임금체계 등을 종합적으로 고려해 볼 때 통상적으로 근로할 것이 예정되어 있는 정규직 근로자를 말하는 바, 취업규칙 등에 의해 채용 및 계약기간(정년 등)·임금·호봉·승진 등 중요한 근로조건 대부분이 직접 규율되고 있는 근로자」로 볼 수 있을 것임. 동종업무에 통상근로자가 없는 경우에는 그 업무에 종사하는 가장 일반적인 형태의 근로자를 잠정적으로 통상근로자로 볼 수 있을 것임(2002.3.26, 근기 68207-1248).

## 2. 단시간근로자가 아니지만 소정근로시간이 짧은 경우

단시간근로자의 근로조건은 통상 근로자의 근로시간을 기준으로 산정한 비율에 따라 연차휴가를 산정하는 취지를 감안하여, 비교대상인 통상근로자가 없는 1주 소정근로시간이 40시간 미만인 근로자의 경우에도 단시간근로자의 연차휴가일수 계산방식을 준용한다. 따라서 법정근로시간에 비례하여 연차휴가를 산정한다.[139)]

## 3. 근로시간 단축(육아기/임신기/가족돌봄 등)

근로기준법과 남녀고용평등법에 따라 근로시간 단축이 이루어지는 경우 다음 연도 연차휴가는 앞에서 본 '단시간근로자'와 동일한 방식으로 연차휴가를 계산하면 된다. 다만, 이 경우는 연차휴가가 '일수'가 아니라 '시간' 단위로 발생된다는 점을 유의해야 한다.

### (1) 육아기 근로시간 단축

**관련법령**

**남녀고용평등법 제19조의2【육아기 근로시간 단축】** ① 사업주는 근로자가 만 8세 이하 또는 초등학교 2학년 이하의 자녀를 양육하기 위하여 근로시간의 단축(이하 "육아기 근로시간 단축"이라 한다)을 신청하는 경우에 이를 허용하여야 한다. 다만, 대체인력 채용이 불가능한 경우, 정상적인 사업 운영에 중대한 지장을 초래하는 경우 등 대통령령으로 정하는 경우에는 그러하지 아니하다.
③ 사업주가 제1항에 따라 해당 근로자에게 육아기 근로시간 단축을 허용하는 경우 단축 후 근로시간은 주당 15시간 이상이어야 하고 35시간을 넘어서는 아니 된다.
**제19조의3【육아기 근로시간 단축 중 근로조건 등】** ① 사업주는 제19조의2에 따라 육아기 근로시간 단축을 하고 있는 근로자에 대하여 근로시간에 비례하여 적용하는 경우 외에는 육아기 근로시간 단축을 이유로 그 근로조건을 불리하게 하여서는 아니 된다.

근로자가 육아기 근로시간 단축을 한 경우의 근로조건은 근로시간에 비례하여 적용하여야 하므로, 단시간근로자와 마찬가지로 통상근로자의 연차휴가일수를 단축된 근로시간에 비례하여 계산하면 된다.

한편, 육아휴직기간을 출근으로 보는 것과 마찬가지로 육아기 근로시간 단축에 대해서도 단축한 근로시간을 출근(근로한 것)으로 보아야 한다는 견해가 있

139) 2021.12.3, 임금근로시간과-2754

다. 이에 대해 법제처는 양자는 별개의 제도이고, 육아휴직은 관련 법령에 출근한 것으로 보는 근거규정이 있지만 육아기 근로시간 단축은 이러한 명시적인 규정이 없다는 점에서, 단축한 근로시간을 근로한 것으로 보아 정상휴가를 주어야 한다는 것은 타당하지 않다고 보았다.[140)]

### (2) 임신기간 근로시간 단축

**관련법령**

**근로기준법 제74조【임산부의 보호】** ⑦ 사용자는 임신 후 12주 이내 또는 36주 이후에 있는 여성 근로자가 1일 2시간의 근로시간 단축을 신청하는 경우 이를 허용하여야 한다. 다만, 1일 근로시간이 8시간 미만인 근로자에 대하여는 1일 근로시간이 6시간이 되도록 근로시간 단축을 허용할 수 있다.
⑧ 사용자는 제7항에 따른 근로시간 단축을 이유로 해당 근로자의 임금을 삭감하여서는 아니 된다.

임신 12주 이내 또는 36주 이후에 있는 여성 근로자(1일 소정근로시간이 8시간인 근로자)는 임금삭감없이 하루 2시간 단축근무를 할 수 있는데, 연차휴가 출근율 산정기간 중에 임신기간 근로시간 단축을 실시한 근로자의 경우에도 단시간근로자와 동일하게 처리하면 될 것으로 보인다.

### (3) 가족돌봄 등을 위한 근로시간 단축

**관련법령**

**남녀고용평등법 제22조의3【가족돌봄 등을 위한 근로시간 단축】** ① 사업주는 근로자가 다음 각 호의 어느 하나에 해당하는 사유로 근로시간의 단축을 신청하는 경우에 이를 허용하여야 한다. 다만, 대체인력 채용이 불가능한 경우, 정상적인 사업 운영에 중대한 지장을 초래하는 경우 등 대통령령으로 정하는 경우에는 그러하지 아니하다.
1. 근로자가 가족의 질병, 사고, 노령으로 인하여 그 가족을 돌보기 위한 경우
2. 근로자 자신의 질병이나 사고로 인한 부상 등의 사유로 자신의 건강을 돌보기 위한 경우
3. 55세 이상의 근로자가 은퇴를 준비하기 위한 경우
4. 근로자의 학업을 위한 경우
② 제1항 단서에 따라 사업주가 근로시간 단축을 허용하지 아니하는 경우에는 해당 근로자에게 그 사유를 서면으로 통보하고 휴직을 사용하게 하거나 그 밖의 조치를 통하여 지원할 수 있는지를 해당 근로자와 협의하여야 한다.
③ 사업주가 제1항에 따라 해당 근로자에게 근로시간 단축을 허용하는 경우 단축 후 근로시간은 주당 15시간 이상이어야 하고 30시간을 넘어서는 아니 된다.

140) 2022.5.4, 법제처22-0070

④ 근로시간 단축의 기간은 1년 이내로 한다. 다만, 제1항 제1호부터 제3호까지의 어느 하나에 해당하는 근로자는 합리적 이유가 있는 경우에 추가로 2년의 범위 안에서 근로시간 단축의 기간을 연장할 수 있다.
⑤ 사업주는 근로시간 단축을 이유로 해당 근로자에게 해고나 그 밖의 불리한 처우를 하여서는 아니 된다.
⑥ 사업주는 근로자의 근로시간 단축기간이 끝난 후에 그 근로자를 근로시간 단축 전과 같은 업무 또는 같은 수준의 임금을 지급하는 직무에 복귀시켜야 한다.
⑦ 근로시간 단축의 신청방법 및 절차 등에 필요한 사항은 대통령령으로 정한다.

가족돌봄 등을 이유로 근로시간 단축을 하는 경우에도 근로시간만 단축될 뿐 출근은 하기 때문에 출근으로 처리되지만, 휴가는 단시간 근로자의 계산방식을 적용한다.

## Ⅱ. 4주 평균 15시간 미만인 경우

관련법령

**근로기준법 제18조【단시간근로자의 근로조건】** ① 단시간근로자의 근로조건은 그 사업장의 같은 종류의 업무에 종사하는 통상 근로자의 근로시간을 기준으로 산정한 비율에 따라 결정되어야 한다.
② 제1항에 따라 근로조건을 결정할 때에 기준이 되는 사항이나 그 밖에 필요한 사항은 대통령령으로 정한다.
③ 4주 동안(4주 미만으로 근로하는 경우에는 그 기간)을 평균하여 1주 동안의 소정근로시간이 15시간 미만인 근로자에 대하여는 제55조와 제60조를 적용하지 아니한다.

단시간근로자의 연차휴가 등의 근로조건에 대하여는 그 사업장의 같은 종류의 업무에 종사하는 통상 근로자의 근로시간을 기준으로 산정한 비율에 따라 결정된다. 다만, 4주간을 평균하여 1주간의 소정근로시간이 15시간 미만인 경우에는 연차휴가가 적용되지 않는다.

# Ⅲ. 소정근로일과 소정근로시간에 따른 연차휴가 발생

## 1. 소정근로일

소정근로일수가 변경되면 이는 '출근율' 계산에 영향을 미치게 된다. 예를 들어 육아기 근로시간 단축을 하여 주 40시간에서 주 20시간으로 단축하기로 한 경우, 소정근로일수(출근일수)를 어떻게 정하느냐에 따라 '출근율 계산시 분모'에 영향을 미치게 된다. 몇가지 사례를 들어보자. 단, 소정근로일이 원칙적으로 월~금요일이며 이 중에는 휴일이 없다고 가정, 즉 주 5일 모두 소정근로일이라는 전제이며 1년은 52주로 가정한다. 설명을 위한 것이므로 실제 계산할 때에는 공휴일 등을 제외하여야 한다.

<table>
<tr><th>구분</th><th colspan="7">CASE</th><th>출근율</th></tr>
<tr><td rowspan="3">A</td><td colspan="7">단축전 : 주 40시간/주5일제 근로</td><td rowspan="3">$\frac{\text{출근일수}}{\text{연간 소정근로일수}} = \frac{\text{출근일수}}{\text{260일(=52주 × 5일)}}$</td></tr>
<tr><td>월</td><td>화</td><td>수</td><td>목</td><td>금</td><td>토</td><td>일</td></tr>
<tr><td>8</td><td>8</td><td>8</td><td>8</td><td>8</td><td>-</td><td>휴일</td></tr>
<tr><td rowspan="3">B</td><td colspan="7">주 5일제를 유지하는 경우</td><td rowspan="3">$\frac{\text{출근일수}}{\text{연간 소정근로일수}} = \frac{\text{출근일수}}{\text{260일(=52주 × 5일)}}$</td></tr>
<tr><td>월</td><td>화</td><td>수</td><td>목</td><td>금</td><td>토</td><td>일</td></tr>
<tr><td>4</td><td>4</td><td>4</td><td>4</td><td>4</td><td>-</td><td>휴일</td></tr>
<tr><td rowspan="3">C</td><td colspan="7">소정근로일수를 주 3일로 하는 경우</td><td rowspan="3">$\frac{\text{출근일수}}{\text{연간 소정근로일수}} = \frac{\text{출근일수}}{\text{156일(=52주 × 3일)}}$</td></tr>
<tr><td>월</td><td>화</td><td>수</td><td>목</td><td>금</td><td>토</td><td>일</td></tr>
<tr><td>8</td><td>8</td><td>4</td><td>-</td><td>-</td><td>-</td><td>휴일</td></tr>
<tr><td rowspan="3">D</td><td colspan="7">소정근로일수를 주 6일로 하는 경우</td><td rowspan="3">$\frac{\text{출근일수}}{\text{연간 소정근로일수}} = \frac{\text{출근일수}}{\text{312일(=52주 × 6일)}}$</td></tr>
<tr><td>월</td><td>화</td><td>수</td><td>목</td><td>금</td><td>토</td><td>일</td></tr>
<tr><td>4</td><td>4</td><td>3</td><td>3</td><td>3</td><td>3</td><td>휴일</td></tr>
</table>

## 2. 소정근로시간

소정근로시간이 변경되면 이는 '연차휴가 발생량'에 영향을 미치게 된다. 전년도에 다음과 같이 출근했고, 다음해 정상휴가가 15일이라고 가정해 본다면, 소정근로시간에 따라 휴가가 발생하는 양이 달라짐을 알 수 있다. 다만, 이 경우는 뒤에서 설명하겠지만 '일수'가 아닌 '시간' 단위로 관리를 해야 한다. 강조하지만 똑같은 15일이 아님을 유의해야 한다.

<table>
<tr><th>구분</th><th colspan="7">CASE</th><th>다음해 휴가 발생량</th></tr>
<tr><td rowspan="2">A</td><td>월</td><td>화</td><td>수</td><td>목</td><td>금</td><td>토</td><td>일</td><td rowspan="2">15일 → 8시간짜리 15일 발생(총 120시간 발생)</td></tr>
<tr><td>8</td><td>8</td><td>8</td><td>8</td><td>8</td><td>-</td><td>휴일</td></tr>
<tr><td rowspan="2">B</td><td>월</td><td>화</td><td>수</td><td>목</td><td>금</td><td>토</td><td>일</td><td rowspan="2">15일 → 7시간짜리 15일 발생(총 105시간 발생)</td></tr>
<tr><td>7</td><td>7</td><td>7</td><td>7</td><td>7</td><td>-</td><td>휴일</td></tr>
<tr><td rowspan="2">c</td><td>월</td><td>화</td><td>수</td><td>목</td><td>금</td><td>토</td><td>일</td><td rowspan="2">15일 → 4시간짜리 15일 발생(총 60시간 발생)</td></tr>
<tr><td>4</td><td>4</td><td>4</td><td>4</td><td>4</td><td>-</td><td>휴일</td></tr>
</table>

## 3. 단시간근로자의 소정근로시간

**관련법령**

**근로기준법시행령 별표 2(단시간근로자의 근로조건 결정기준 등에 관한 사항)**

2. 임금의 계산

가. 단시간근로자의 임금산정 단위는 시간급을 원칙으로 하며, 시간급 임금을 일급 통상임금으로 산정할 경우에는 나목에 따른 1일 소정근로시간 수에 시간급 임금을 곱하여 산정한다.

나. 단시간근로자의 1일 소정근로시간 수는 4주 동안의 소정근로시간을 그 기간의 통상 근로자의 총 소정근로일 수로 나눈 시간 수로 한다.

단시간근로자의 1일 소정근로시간수는 4주간의 소정근로시간을 그 기간의 통상근로자의 총소정근로일수로 나누어 산정한다.

한편, 단시간근로자에 대하여 소정근로시간을 '1일 6시간'으로 하여 근로계약을 체결한 후 실제 매일 2시간의 연장근로를 실시한 경우에 연차휴가계산시 '1일 6시간'을 기준으로 하여야 하는지 아니면, '1일 8시간(6시간+연장근로 2시간)'으로 하여야 하는지가 문제된다.

이에 대하여 행정해석[141]은 소정근로시간이란 법정근로시간의 범위 내에서 근로자와 사용자 사이에 정한 근로시간을 의미하므로, 비록 2시간의 연장근로 결과 통상근로자와 같이 1일 8시간을 근무한다고 하더라도, 해당 근로자의 소정근로시간 자체는 6시간이므로 연차휴가 계산시에는 단시간근로자로 보아 계산하여야 한다고 한다.

---

141) 2008.10.9, 근로조건지도과-4378; 2004.11.30, 근로기준과-6465. 단시간근로자가 규칙적으로 연장근로를 하였다 하더라도 주휴수당 계산에 관하여는 연장근로를 제외한 소정근로시간으로 주휴수당을 계산함이 타당하다(2011.11.21, 근로개선정책과-4640).

**▶ 연장근로시간을 소정근로시간에 포함시킨 사례**[142)]

근로계약 체결시 '주당 14시간(7일×2시간) 정상 근무하고, 주당 12시간(6일×2시간, 토요일 제외)의 초과근무를 한다'고 정한 경우

- 근로계약 체결 당시 토요일을 제외한 1일 2시간의 초과근무를 의무적으로 하도록 한 점, 필요에 따라 연장근로를 실시하기로 정하였다고 보기는 어려운 점 등으로 보아 달리 볼 사정이 없는 한 당사자간 근로하기로 미리 정한 근로시간으로 보아서 주 26시간을 소정근로시간으로 하는 근로계약을 체결하였다고 볼 수 있으므로, 연차휴가 및 퇴직금 지급요건 발생시 지급대상 근로자에 해당함.
- 다만, 당사자의 진정한 의사가 토요일을 제외한 1일 2시간에 대해 초과근무를 하기로 정하였다고 볼 수 있거나, 해당 근로자의 근무실태가 매일 4시간(토요일은 2시간)으로 고정되어 있는 것이 아니라 1일 2시간에 대하여는 의무적으로 근로하고 나머지 근로시간은 일시적 필요에 따라 연장근로가 이루어진 경우라면 소정근로시간에서 제외될 수 있음(2009.12.1, 근로기준과-5085).

# Ⅳ. 연차휴가 계산

## 1. 계산공식

**관련법령**

**근로기준법시행령 별표 2(단시간근로자의 근로조건 결정기준 등에 관한 사항)**

4. 휴일·휴가의 적용

나. 사용자는 단시간근로자에게 법 제60조에 따른 연차유급휴가를 주어야 한다. 이 경우 유급휴가는 다음의 방식으로 계산한 시간단위로 하며, 1시간 미만은 1시간으로 본다.

$$\text{통상 근로자의 연차휴가일수} \times \frac{\text{단시간근로자의 소정근로시간}}{\text{통상 근로자의 소정근로시간}} \times 8\text{시간}$$

마. 나목의 경우에 사용자가 지급하여야 하는 임금은 시간급을 기준으로 한다.

**[통상 근로자의 연차휴가일수]**

| 해당 연차 | 1년간 | 2년차 | 3년차 | 4년차 | 5년차 | 6년차 | 7년차 | 8년차 | 9년차 | 10년차 | 11년차 |
|---|---|---|---|---|---|---|---|---|---|---|---|
| 휴가일수<br>(가산휴가) | 11 | 15 | 15 | 16<br>(+1) | 16<br>(+1) | 17<br>(+2) | 17<br>(+2) | 18<br>(+3) | 18<br>(+3) | 19<br>(+4) | 19<br>(+4) |
| **해당 연차** | **12년차** | **13년차** | **14년차** | **15년차** | **16년차** | **17년차** | **18년차** | **19년차** | **20년차** | **21년차** | **22년차 이후** |
| 휴가일수<br>(가산휴가) | 20<br>(+5) | 20<br>(+5) | 21<br>(+6) | 21<br>(+6) | 22<br>(+7) | 22<br>(+7) | 23<br>(+8) | 23<br>(+8) | 24<br>(+9) | 24<br>(+9) | 25일<br>(+10) |

142) 연차휴가 및 주휴일을 부여하지 않으려는 사용자의 편법행위로 보아 연장근로를 소정근로시간에 포함시킨 것으로 판단된다.

위 공식에서 통상 근로자의 연차휴가일수는 앞에서 본 연차별 휴가일수와 동일하다. 즉, 단시간근로자가 3년차라면 통상 근로자의 연차휴가일수는 15일이며, 10년차라면 19일이 된다. 계속근로 1년 미만인 근로자의 월단위 휴가 1일의 경우도 통상 근로자의 연차휴가일수에 1일을 넣어서 계산하면 된다.

단시간근로자에게도 연차휴가가 적용되며 『통상근로자의 연차휴가일수×(단시간근로자의 소정근로시간 / 통상근로자의 소정근로시간)×8시간』의 방식으로 계산하여 시간단위로 산정하며, 이 경우 1시간 미만은 1시간으로 본다. 또한 연차휴가수당 및 미사용수당에 대한 임금지급 기준 역시 시간급을 기준으로 한다.[143]

**▶ 단시간근로자의 연차휴가 산정 및 사용 사례**

[사례 1]
통상근로자의 연차휴가일수 20일, 통상근로자의 소정근로시간 40시간, 단시간근로자가 1일 4시간씩 5일간 근로를 제공하는 경우, 단시간근로자의 연차휴가는 『20일×(20시간/40시간)×8시간=80시간』이 되며, 연차휴가는 1일 단위의 소정근로시간만큼 소정근로일에 부여하여야 하므로 단시간근로자는 1일 4시간에 해당하는 연차휴가 20일을 사용할 수 있음.

[사례 2]
통상근로자의 연차휴가일수 15일, 통상근로자의 소정근로시간 40시간, 단시간근로자가 1일 8시간씩 월·수·금요일만 근무하는 경우, 단시간근로자의 연차휴가는 『15일×(24시간/40시간)×8시간=72시간』이 되며, 연차휴가는 1일 단위의 소정근로시간만큼 소정근로일에 부여하여야 하므로(2002.12.17, 근기 68207-3373) 단시간근로자는 1일 8시간짜리의 연차휴가 9일을 사용할 수 있음(연차휴가는 소정근로일인 월·수·금요일에 사용할 수 있음).

[사례 3]
통상근로자의 연차휴가일수 18일, 통상근로자의 소정근로시간 40시간, 단시간근로자가 1일 5시간씩 월·수·금요일만 근무하는 경우, 단시간근로자의 연차휴가는 『18일×(15시간/40시간)×8시간=54시간』이 된다. 1일 5시간짜리의 연차휴가 10일과 잔여 4시간의 연차휴가가 남게 된다. 4시간은 1일(5시간) 단위로 부여할 수 없으므로 사용자가 근로자에게 유리하게 적용하여 4시간을 연차휴가 1일(5시간)로 간주하여 부여하거나, 4시간분에 해당하는 수당을 지급하면 된다.

## 2. 가산휴가

주 40시간제 사업장에서 통상근로자의 연차휴가일수가 15일이고, 1주간 3시

143) 과거 행정해석(2002.12.17, 근기 68207-3373) 중에는 "단시간근로자의 휴가사용일수가 통상근로자의 휴가일수를 초과하는 경우에는 그 초과된 일수에 해당하는 휴가시간에 대해 휴가를 부여하지 않을 수 있다"고 한 것이 있으나, 이는 특별한 법적 근거는 없어 보인다.

간씩 6일 근무를 하는 경우 연차휴가는 『15일×(18시간 / 40시간)×8시간=54시간』이다. 4년차의 경우 가산휴가 1일이 발생하는데 이 경우 1일의 휴가는 3.6시간에 해당한다. 근로기준법시행령 별표 2에 따라 단시간근로자의 1일 소정근로시간수는 '4주간의 소정근로시간을 그 기간의 통상근로자의 총 소정근로일수로 나눈 시간수'로 산정하므로 『(4주×18시간)÷(4주×5일)=3.6시간』이 된다.

따라서 기본휴가 54시간과 가산휴가 3.6시간을 합한 57.6시간이 해당 근로자의 연차휴가가 되지만, 1시간 미만은 1시간으로 간주하므로 58시간이 법정기준에 충족하는 연차휴가가 된다.[144)]

## 3. 4주 평균 1주 15시간 이상과 미만을 반복하는 경우

근로기준법 제60조 제1항에 따라 1년간 총소정근로일의 80% 이상 출근한 근로자에게 15일의 연차휴가를 주어야 하고, 동법 제18조에 따라 4주를 평균하여 1주 소정근로시간이 15시간 미만인 근로자에 대해서는 연차휴가를 부여하지 않는다. 4주 평균 1주 소정근로시간이 15시간 미만과 이상을 반복하는 경우, 1주 소정근로시간이 15시간 미만인 기간이 포함되어 있더라도 1년 전체의 평균 주 소정근로시간이 주 15시간 이상이고, 총 소정근로일에 대한 출근율이 80% 이상이라면 동법 제60조 제1항에 따라 15일의 연차휴가를 부여하여야 한다. 다만, 주 15시간 이상인 기간이 80% 미만이라면 주 15시간 이상이면서 개근한 기간에 대해서만 비례하여 연차휴가를 산정하여야 한다.[145)]

## 4. 풀타임근무와 단축근무가 혼재된 경우

| 연간 소정근로일수(a) | |
|---|---|
| 풀타임근무기간(b)<br>통상근로자의 소정근로시간(40시간으로 가정) | 단축근무기간(c)<br>(소정근로시간, t) |

---

144) 4년차 통상근로자의 정상연차를 기본연차와 가산연차를 더한 후에 계산하여도 같은 결과가 나타난다. 즉, 『(기본연차 15일+가산휴가 1일)×(18시간/40시간)×8시간=57.6시간』이 된다.

145) 2018.2.5, 근로기준정책과-927; 2017.11.22, 근로기준정책과-7315

풀타임근무와 단축근무가 혼재된 경우에는 다음의 계산방식에 따라 연차휴가를 부여하며, 시간 단위로 산정된다.

| 출근율 | $\frac{b}{a} \geq 80\%$ | $\frac{b}{a} < 80\%$ |
|---|---|---|
| 휴가 일수 | 정상 휴가 부여 | (정상휴가일수 × $\frac{b}{a}$ × 8H) + (정상휴가일수 × $\frac{c}{a}$ × $\frac{t}{40}$ × 8H) |

### (1) 풀타임근무기간이 80% 이상인 경우

<table>
<tr><th colspan="2">연간 소정근로일수</th><td rowspan="3">→</td><td rowspan="3">정상휴가<br>발생/부여</td></tr>
<tr><td>풀타임근무기간</td><td>단축근무기간</td></tr>
<tr><td>80% 이상</td><td>20% 미만</td></tr>
</table>

고용노동부는 전년도에 임신기 근로시간 단축기간을 제외하더라도 근로자의 출근일수가 연간 총 소정근로일수의 80% 이상인 경우에는 근로기준법 제60조 제1항에서 규정한 "1년간 80퍼센트 이상 출근"한 것이 명확하므로 연차휴가를 비례 계산하지 않고 정상휴가를 부여한다고 해석한다.[146)]

정상연차의 발생기준이 80% 이상이기 때문에 풀타임근무기간이 80% 이상이라면 어떤 경우(결근으로 처리되는 기간/특별한 사유로 근로제공의무가 정지되는 기간/단축근무기간)에도 연차휴가는 정상적으로 발생된다는 것이다.

<table>
<tr><th>월</th><td rowspan="2">1</td><td colspan="2">2</td><td rowspan="2">3</td><td rowspan="2">4</td><td rowspan="2">5</td><td rowspan="2">6</td><td colspan="2">7</td><td colspan="2">8</td><td rowspan="2">9</td><td rowspan="2">10</td><td rowspan="2">11</td><td rowspan="2">12</td></tr>
<tr><th>일</th><td>~19</td><td>20</td><td>~23</td><td>24~</td><td>~15</td><td>16~</td></tr>
<tr><th>구분</th><td colspan="2">임신기단축 근무(6h)</td><td colspan="6">풀타임 근무(8h) → 출근</td><td colspan="2">임신기단축 근무(6h)</td><td colspan="5">출산휴가 및 육아휴직→출근</td></tr>
<tr><th>소정근로일수</th><td>20</td><td>13</td><td>7</td><td>22</td><td>20</td><td>21</td><td>21</td><td>15</td><td>6</td><td>10</td><td>12</td><td>19</td><td>19</td><td>22</td><td>20</td></tr>
<tr><th>합계</th><td colspan="2">33일</td><td colspan="6">106일</td><td colspan="2">16일</td><td colspan="5">93일</td></tr>
</table>

146) 2024.1.15, 여성고용정책과-225

전년도에 위와 같이 육아기 근로시간 단축(1일 6시간)을 한 경우로서, 1년간 결근이 없었고, 다음연도 정상휴가가 20일이라고 가정한다.

연간 소정근로일수는 총 248일인데, 이 중 단축근무기간은 49일이다. 따라서 정상근무기간은 80.24%(=199일/248일)이다. 따라서 다음연도 연차휴가는 20일(8시간 짜리) 모두 발생한다.

### (2) 풀타임근무기간이 80% 미만인 경우

| 연간 소정근로일수(a) | |
|---|---|
| 풀타임근무기간(b) | 단축근무기간 |
| 80% 미만 | 20% 이상 |

위와 같이 풀타임근무기간이 80% 미만인 경우에는 또다시 출근율이 80% 이상인 경우와 미만인 경우로 나누어 적용방식을 달리한다.

#### ① 출근율이 80% 이상인 경우

| 1년간 소정근로일수 250일(a)로 가정 (다음해 정상휴가일수 20일로 가정) | |
|---|---|
| 풀타임근무기간(b) 150일 | 단축근무기간(c) 100일<br>소정근로시간(t) 4시간 |

19

20

1년간 소정근로일수 대비 풀타임근무기간의 비율은 60%(=b/a=150/250일)이고, 1년간 출근율이 80% 이상인 경우이다. 앞에서 제시한 계산방식대로 하면 128시간의 연차휴가가 발생한다. 시간 단위로 연차를 관리하면 된다.

| 출근율 | $\frac{b}{a} < 80\%$ |
|---|---|
| 휴가 일수 | (정상휴가일수 $\times \frac{b}{a} \times$ 8H) + (정상휴가일수 $\times \frac{c}{a} \times \frac{t}{40} \times$ 8H) |
| | (20일 $\times \frac{150}{250} \times$ 8H) + (20일 $\times \frac{100}{250} \times \frac{20}{40} \times$ 8H) |

위의 내용을 공식으로 표현하면 다음과 같다.

$$\text{정상 휴가일수} \times \frac{\text{정상근무일수}}{\text{연 소정근로일수}} \times 8H + \text{정상 휴가일수} \times \frac{\text{단축근무일수}}{\text{연 소정근로일수}} \times \frac{\text{단시간근로자의 1주 소정근로시간}}{\text{통상근로자의 1주 소정근로시간}} \times 8H$$

② **출근율이 80% 미만인 경우**

| 1년간 소정근로일수를 240일로 가정 (다음해 정상휴가일수 20일로 가정) | | | | | | | | | | | |
|---|---|---|---|---|---|---|---|---|---|---|---|
| A. 1M ~ 5M (소정근로일수 100일) | | | | | B. 6M ~ 12M (소정근로일수 140일) | | | | | | |
| 1M | 2M | 3M | 4M | 5M | 6M | 7M | 8M | 9M | 10M | 11M | 12M |
| 개근 ○ | 개근 × | 개근 × | 개근 ○ | 개근 ○ | 개근 ○ | 개근 ○ | 개근 × | 개근 × | 개근 × | 개근 ○ | 개근 ○ |
| 소정근로시간 4시간(단축근무) | | | | | 소정근로시간 8시간(정상근무) | | | | | | |

19 20

근로자가 위 1년의 기간 동안 80% 미만으로 출근한 경우에는 1단계로 각각의 기간에 대하여 월단위 휴가를 개근월수당 1일씩 부여한 후, 2단계로 단축근무가 이루어진 A기간에 대하여는 산정된 월단위 휴가일수에 단시간근로자의 연차휴가 계산공식을 적용하여 계산하면 된다. 아래와 같이 계산하면 다음연도에는 44시간의 연차가 발생한다.

**[연차휴가일수 산정]**

| A기간에 대한 연차휴가 산정 | B기간에 대한 연차휴가 산정 |
|---|---|
| 〈1개월 개근시 1일 부여 후 단시간근로자 공식에 따라 시간 단위 부여〉<br>[1단계] 개근월수 3개월(1, 4, 5M)<br>→ 연차휴가일수 3일<br>[2단계] 1단계 휴가일수에 '단시간근로자의 연차휴가일수 산정 공식'으로 연차휴가일수 산정<br>= 3일 × 20시간/40시간 × 8시간 = 12시간 | 〈1개월 개근시 1일 부여〉<br>[1단계] 개근월수 4개월(6, 7, 11, 12M)<br>→ 연차휴가일수 4일 × 8시간<br>→ 32시간 |

# 제8절 특수한 경우의 연차휴가 산정

## Ⅰ. 출근율 산정기간 전체를 근로하지 않은 경우

### 1. 연단위 휴가

| 구분 | | 발생될 수 있는 경우(예시) | 휴가 발생 여부 |
|---|---|---|---|
| A유형 | 법령상 또는 그 성질상 출근한 것으로 보아야 하는 날(기간) | • 업무상 부상 또는 질병으로 휴업한 기간<br>• 육아휴직기간<br>• 근로시간 면제자(타임오프) 활동기간<br>• 부당해고기간(부당정직기간) (대법원 판례)<br>• 불법 직장폐쇄기간 | 정상휴가(기본15일 + 가산휴가) 발생 |
| B유형 | 결근으로 처리되는 날(기간) | • 정당한 정직기간, 강제휴직, 직위해제기간 등<br>• 불법 쟁의행위기간 | 휴가발생 × |
| C유형 | 특별한 사유로 근로제공의무가 정지되는 날(기간) | • 사용자의 귀책사유로 휴업한 기간<br>• 적법한 쟁의행위기간<br>• 재택대기기간<br>• 업무상 필요에 의한 해외연수기간<br>• 예비군훈련 중 발생한 부상에 대한 치료기간<br>• 노동조합 전임기간<br>• 약정육아휴직, 개인 질병휴직 등 약정휴직<br>• 개인 병가 등 약정휴가<br>• 기타 개인사유로 인한 휴직<br>• 부당해고기간(부당정직기간) (고용노동부) | 휴가발생 × |

연차휴가는 원칙적으로 연간 소정근로일수를 80% 이상 출근한 경우에 부여된다. 그러나 출근율 산정 기간 전체(예를 들어 1.1~12.31 또는 7.26~다음해 7.25 등)가 위 표의 A, B, C 유형 중 하나에 해당하는 경우 각 유형에 따라 연차휴가 발생여부가 달라진다.

### (1) A유형

법령상 또는 그 성질상 출근한 것으로 보아야 하는 날(기간)으로 출근을 하지 않았더라도 출근으로 간주하여 정상적으로 연차휴가를 부여하여야 한다. 만약 장기간(예를 들어 업무상 부상으로 3~4년간) 휴업하는 경우 매년 연차휴가는 발생하지만, 휴업으로 사용할 수 없으므로 결국 매년 수당으로 지급되어야 한다. 또는 복직 이후에 사용할 수 있도록 이월시키는 것에 대해 근로자와 합의하여 적용할 수 있다.

### (2) B유형

출근율 산정기간인 1년 전체가 B유형(결근으로 처리되는 날 또는 기간), 예를 들어 정직기간 또는 불법파업기간 등에 해당하는 경우에는 다음해에 연차휴가가 발생하지 않는다. 개근한 월도 없기 때문에 1년간 80% 미만 출근한 근로자에게 발생하는 월 1일의 연차휴가 역시 발생하지 않는다.

### (3) C유형

연차휴가는 연간 소정근로일수를 80% 이상 출근한 근로자에게 누적된 피로를 회복하여 노동력을 재생산할 수 있도록 소정의 휴가를 부여하는 것이다. 따라서 연간 소정근로일수 전체가 특별한 사유로 근로제공의무가 정지되는 날(기간)(C유형)에 해당하여 그 전체를 휴업한 경우에는 다음해에 연차휴가가 발생하지 않는다.[147)]

예를 들어 적법한 쟁의행위기간 등이 연차휴가 출근율 산정기간인 1년 전체에 해당하는 경우에는 다음연도에 연차휴가가 발생하지 않는다. 또한 개근한 월도 없기 때문에 1년간 80% 미만 출근한 근로자에게 발생하는 월 1일의 연차휴가 역시 발생하지 않는다.

---

147) 1994.2.17, 근기 68207-333

## 2. 월단위 휴가

### (1) A유형 : 출근(간주)

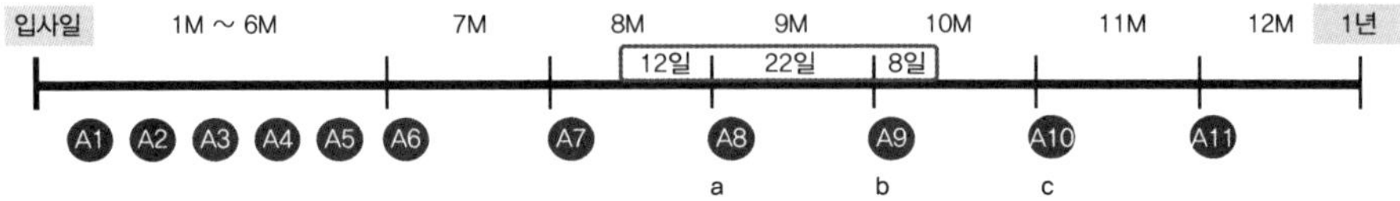


1년간 80% 미만자 및 계속근로년수 1년 미만인 근로자에게 발생하는 월단위 휴가의 경우 A유형이라면 정상적으로 발생된다. 예를 들어 1.1에 입사하여 6.30까지 6개월을 근무하면 A1~A6까지 6일의 연차휴가가 발생한다.

소정근로일수 기준으로 42일간 육아휴직을 사용했다고 가정하면, 근로를 하지 않아도 출근한 것으로 간주해야 한다. 따라서 a, b, c시점에서 A8, A9, A10이 정상적으로 발생되며, A1~A11까지의 휴가 중 미사용한 휴가에 대해서는 입사 다음해 1월 급여일까지 수당으로 지급받거나, 근로자와 기업 간의 합의로 복직 후 이월하여 사용할 수도 있다.

### (2) B유형 : 결근(간주)

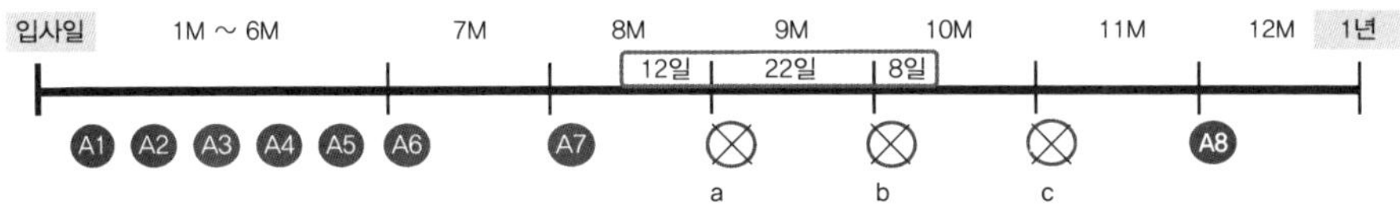


출근으로 간주되는 A유형과 달리 결근으로 간주되는 B유형의 경우, 예를 들어 징계로서 정직기간이 위와 같이 소정근로일수 기준 42일이라고 한다면, 8M, 9M, 10M 등 총 3개월을 개근하지 못하였기 때문에 a, b, c시점에서 A8, A9, A10이 발생되지 않는다 11M을 개근하면 그 때서야 A8이 발생한다.

한편, 계속근로 2년차 이상인 경우로서, 위 그림의 출근율이 80% 미만인 경우라고 가정하면 근로기준법에 따라 올해에는 '전년도 개근월수×1일'의 휴가를 부여해야 한다. 개근한 달이 총 9달(1M~7M, 11M, 12M)이므로 다음해에는 9일의 휴가가 발생한다.

### (3) C유형 : 비례 부여

1개월 전체가 C유형에 해당되는 경우 다음월에는 연차휴가가 발생되지 않는다는 점은 연단위휴가와 동일하다. 그러나 1개월 중 일부 기간만 C유형에 해당하는 경우에 대해서는 고용노동부가 2021.8.4에 기존 행정해석을 변경(폐기)하였다.[148)]

#### ① 변경 전 행정해석(현재는 폐기된 내용)

근로기준법 제60조 제2항에 따른 연차휴가(계속 근로기간 1년 미만 또는 1년간 80% 미만 출근한 경우 1개월 개근시 1일씩)는 1개월간 사용자의 귀책사유로 인한 휴업기간, 적법한 쟁의행위기간 등을 제외한 나머지 소정근로일수를 개근하였다면 1일의 연차휴가를 부여하여야 한다고 보았다.

예를 들어 8M의 월 소정근로일수가 22일이고, 이 중 12일이 사용자의 귀책사유로 인한 휴업기간이라고 가정해 보자. 근로자가 총 22일 중 12일을 제외한 나머지 10일을 개근하였다면 a시점에 1일(8시간)의 연차휴가를 부여해야 하며, 비율을 곱하여 약 3.64시간(=1일 8시간 × 10일/22일)로 부여하는 것은 아니라고 하였다. 그 이유로 연차휴가는 1일 단위로 부여 및 사용하는 것이 원칙이라는 점을 들었다.[149)]

#### ② 변경된 행정해석(2021.8.4)

연차휴가를 '일'단위로 주어야 한다는 명문의 규정이 있는 것이 아니고, 실무상으로도 시간단위 연차사용이 활발하게 이루어지고 있는 것이 현실이다. 쟁의행위 등(C유형)의 법적 성질 및 효과는 근로기준법 제60조 제1항이나 제2항에서 동일하게 평가되어야 하므로 연차휴가 비례적 산정방법에 대한 대법원 판결(2011다4629, 2015다66052 등) 법리는 근로기준법 제60조 제1항 및 제2항 모두 동일하게 적용된다.

고용노동부는 다음 표와 같이 시간단위의 연차휴가가 발생하는 것으로 해석을 변경하였다.

---

148) 2021.8.4, 임금근로시간과-1736(주휴수당 및 연차휴가 산정방법 관련 행정해석 변경 등 지침 시달)

149) 2018.12.28, 근로기준정책과-8676

$$\text{연차휴가일수(시간)} = \text{1일 소정근로시간} \times \frac{\text{월 실질 소정근로일수(월 소정근로일수 − C유형의 소정근로일수)}}{\text{월 소정근로일수}}$$

### ③ 변경 전후 비교

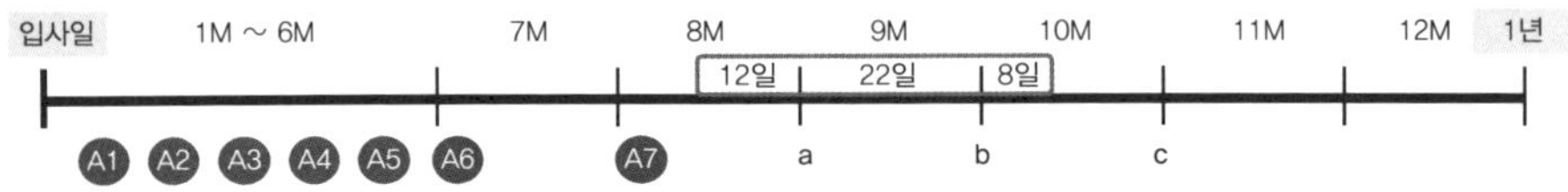


이하에서는 8M~10M까지의 소정근로일수가 모두 22일이라고 가정하고, 1일 소정근로시간이 8시간인 경우를 전제로 하여 설명하기로 한다. 위 그림에서와 같이 총 42일의 소정근로일수에 대해 C유형에 해당하는 가족돌봄휴직을 사용한 경우 행정해석 변경 전후의 a, b, c시점의 연차휴가 발생 및 발생량(시간)을 비교하면 다음과 같다.

| 구 분 | 변경 전 행정해석<br>(현재는 폐기된 내용) | 변경 후 행정해석<br>(현재 적용되는 내용) |
|---|---|---|
| a | 휴가일수 : 1일 8시간(A8 발생)<br>cf. 8M의 월 소정근로일수 22일 중 C유형 12일을 제외한 나머지 10일을 개근하였으므로, 8시간짜리 휴가 1일 발생 | 휴가시간 : 약 3.64시간(A8 발생)<br>cf. 소정근로시간에 비례하여 부여<br>= 1일 8시간 × 10일/22일 |
| b | 휴가일수 : 0일(A9 미발생)<br>cf. 9M의 월 소정근로일수 22일 전부를 근로하지 못하였기 때문 | 왼쪽과 동일 |
| c | 휴가일수 : 1일 8시간(A9 발생)<br>cf. 10M의 월 소정근로일수 22일 C유형 8일을 제외한 나머지 14일을 개근하였으므로, 8시간짜리 휴가 1일 발생(b 시점에서 A9가 발생하지 않아, c에서 A9가 발생함. 최초 1년간 총 10일의 휴가 발생) | 휴가시간 : 약 5.1시간(A9 발생)<br>cf. 소정근로시간에 비례하여 부여<br>= 1일 8시간 × 14일/22일 |

# Ⅱ. 유연근무제와 연차휴가 발생

## 1. 탄력적 근로시간제

**관련법령**

**근로기준법 제51조【3개월 이내의 탄력적 근로시간제】** ① 사용자는 취업규칙(취업규칙에 준하는 것을 포함한다)에서 정하는 바에 따라 2주 이내의 일정한 단위기간을 평균하여 1주 간의 근로시간이 제50조제1항의 근로시간을 초과하지 아니하는 범위에서 특정한 주에 제50조제1항의 근로시간을, 특정한 날에 제50조제2항의 근로시간을 초과하여 근로하게 할 수 있다. 다만, 특정한 주의 근로시간은 48시간을 초과할 수 없다.

② 사용자는 근로자대표와의 서면 합의에 따라 다음 각 호의 사항을 정하면 3개월 이내의 단위기간을 평균하여 1주 간의 근로시간이 제50조제1항의 근로시간을 초과하지 아니하는 범위에서 특정한 주에 제50조제1항의 근로시간을, 특정한 날에 제50조제2항의 근로시간을 초과하여 근로하게 할 수 있다. 다만, 특정한 주의 근로시간은 52시간을, 특정한 날의 근로시간은 12시간을 초과할 수 없다.

1. 대상 근로자의 범위
2. 단위기간(3개월 이내의 일정한 기간으로 정하여야 한다)
3. 단위기간의 근로일과 그 근로일별 근로시간
4. 그 밖에 대통령령으로 정하는 사항

③ 제1항과 제2항은 15세 이상 18세 미만의 근로자와 임신 중인 여성 근로자에 대하여는 적용하지 아니한다.

④ 사용자는 제1항 및 제2항에 따라 근로자를 근로시킬 경우에는 기존의 임금 수준이 낮아지지 아니하도록 임금보전방안(賃金補塡方案)을 강구하여야 한다.

**근로기준법 제51조의2【3개월을 초과하는 탄력적 근로시간제】** ① 사용자는 근로자대표와의 서면 합의에 따라 다음 각 호의 사항을 정하면 3개월을 초과하고 6개월 이내의 단위기간을 평균하여 1주간의 근로시간이 제50조제1항의 근로시간을 초과하지 아니하는 범위에서 특정한 주에 제50조제1항의 근로시간을, 특정한 날에 제50조제2항의 근로시간을 초과하여 근로하게 할 수 있다. 다만, 특정한 주의 근로시간은 52시간을, 특정한 날의 근로시간은 12시간을 초과할 수 없다.

1. 대상 근로자의 범위
2. 단위기간(3개월을 초과하고 6개월 이내의 일정한 기간으로 정하여야 한다)
3. 단위기간의 주별 근로시간
4. 그 밖에 대통령령으로 정하는 사항

② 사용자는 제1항에 따라 근로자를 근로시킬 경우에는 근로일 종료 후 다음 근로일 개시 전까지 근로자에게 연속하여 11시간 이상의 휴식 시간을 주어야 한다. 다만, 천재지변 등 대통령령으로 정하는 불가피한 경우에는 근로자대표와의 서면 합의가 있으면 이에 따른다.

③ 사용자는 제1항제3호에 따른 각 주의 근로일이 시작되기 2주 전까지 근로자에게 해당 주의 근로일별 근로시간을 통보하여야 한다.

④ 사용자는 제1항에 따른 근로자대표와의 서면 합의 당시에는 예측하지 못한 천재지변, 기계 고장, 업무량 급증 등 불가피한 사유가 발생한 때에는 제1항제2호에 따른 단위기간 내에서 평균하여 1주간의 근로시간이 유지되는 범위에서 근로자대표와의 협의를 거쳐 제1항제3호의 사항을 변경할

수 있다. 이 경우 해당 근로자에게 변경된 근로일이 개시되기 전에 변경된 근로일별 근로시간을 통보하여야 한다.
⑤ 사용자는 제1항에 따라 근로자를 근로시킬 경우에는 기존의 임금 수준이 낮아지지 아니하도록 임금항목을 조정 또는 신설하거나 가산임금 지급 등의 임금보전방안(賃金補塡方案)을 마련하여 고용노동부장관에게 신고하여야 한다. 다만, 근로자대표와의 서면합의로 임금보전방안을 마련한 경우에는 그러하지 아니하다.
⑥ 제1항부터 제5항까지의 규정은 15세 이상 18세 미만의 근로자와 임신 중인 여성 근로자에 대해서는 적용하지 아니한다.

### (1) 의 미

특정 근로일, 특정 주의 근로시간을 연장시키는 대신에 다른 근로일, 다른 주의 근로시간을 단축시킴으로써, 일정 기간의 평균 근로시간을 법정근로시간(1주 40시간) 내로 맞추는 근로시간제도이다.

### (2) 출근율 산정과 휴가의 발생

탄력적 근로시간제를 도입하더라도 출근율에 따라 연차휴가를 부여하여야 한다. 주 5일제/주 40시간제 기업에서 소정근로일수를 주 5일로 유지하는 형태라면 출근율 계산에 변화가 없지만, 소정근로일수가 주4일이나 주6일 등으로 변경되는 형태라면 그에 맞게 출근율을 계산하면 된다.

탄력적 근로시간제는 소정근로시간을 1주 평균 최대 40시간으로 유지하는 제도이기 때문에 휴가의 발생량도 원칙적으로 변화가 없다. 즉, '11일 → 15일 → 15일……'과 같이 발생되며, 발생된 1일의 휴가는 최대 8시간이 기준이 된다.

## 2. 선택적 근로시간제

**관련법령**

**근로기준법 제52조【선택적 근로시간제】** ① 사용자는 취업규칙(취업규칙에 준하는 것을 포함한다)에 따라 업무의 시작 및 종료 시각을 근로자의 결정에 맡기기로 한 근로자에 대하여 근로자대표와의 서면 합의에 따라 다음 각 호의 사항을 정하면 1개월(신상품 또는 신기술의 연구개발 업무의 경우에는 3개월로 한다) 이내의 정산기간을 평균하여 1주간의 근로시간이 제50조 제1항의 근로시간을 초과하지 아니하는 범위에서 1주 간에 제50조 제1항의 근로시간을, 1일에 제50조 제2항의 근로시간을 초과하여 근로하게 할 수 있다.

1. 대상 근로자의 범위(15세 이상 18세 미만의 근로자는 제외한다)
2. 정산기간
3. 정산기간의 총 근로시간
4. 반드시 근로하여야 할 시간대를 정하는 경우에는 그 시작 및 종료 시각
5. 근로자가 그의 결정에 따라 근로할 수 있는 시간대를 정하는 경우에는 그 시작 및 종료 시각
6. 그 밖에 대통령령으로 정하는 사항

② 사용자는 제1항에 따라 1개월을 초과하는 정산기간을 정하는 경우에는 다음 각 호의 조치를 하여야 한다.

1. 근로일 종료 후 다음 근로일 시작 전까지 근로자에게 연속하여 11시간 이상의 휴식 시간을 줄 것. 다만, 천재지변 등 대통령령으로 정하는 불가피한 경우에는 근로자대표와의 서면 합의가 있으면 이에 따른다.
2. 매 1개월마다 평균하여 1주간의 근로시간이 제50조 제1항의 근로시간을 초과한 시간에 대해서는 통상임금의 100분의 50 이상을 가산하여 근로자에게 지급할 것. 이 경우 제56조 제1항은 적용하지 아니한다.

**근로기준법 시행령 제29조【선택적 근로시간제에 관한 합의사항 등】** ① 법 제52조 제1항 제6호에서 "그 밖에 대통령령으로 정하는 사항"이란 표준근로시간(유급휴가 등의 계산 기준으로 사용자와 근로자대표가 합의하여 정한 1일의 근로시간을 말한다)을 말한다.

② 법 제52조 제2항 제1호 단서에서 "천재지변 등 대통령령으로 정하는 불가피한 경우"란 다음 각 호의 어느 하나에 해당하는 경우를 말한다.

1. 제28조의2 제2항 제1호 또는 제2호에 해당하는 경우
2. 그 밖에 제1호에 준하는 사유로 법 제52조 제2항 제1호 본문에 따른 휴식 시간을 주는 것이 어렵다고 인정되는 경우

### (1) 의 미

일정기간(1개월 이내 또는 3개월 이내)의 단위로 정해진 총 근로시간 범위 내에서 업무의 시작 및 종료시각, 1일의 근로시간을 근로자가 자율적으로 결정할 수 있는 제도이다.

### (2) 출근율 산정과 휴가의 발생

선택적 근로시간제 역시 출근율에 따라 연차휴가를 부여하면 된다. 주 5일제/주 40시간제의 기업에서 소정근로일수를 주 5일로 유지하는 형태로 제도를 도입한다면 출근율 계산에 변화가 없지만, 소정근로일수가 주4일이나 주6일 등으로 변경되는 형태라면 그에 맞게 출근율을 계산하면 된다.

소정근로일이 정해진 기업에서 선택적 근로시간제를 도입하더라도 소정근로일의 출근 여부까지 근로자의 자율에 맡기는 것을 의미하지는 않는다. 특히, 부

분선택적 근로시간제[150]를 도입하여 의무근로시간대를 설정하였다면 근로자는 그 날에 출근을 하여야 하며 그렇지 않으면 결근으로 처리되어 출근율이 낮아지게 된다.

다만, 취업규칙 또는 근로자대표와의 서면합의시 소정근로일의 출근 여부까지 근로자의 자율적 결정에 맡기는 내용을 규정한 경우에는 소정근로일에 근로자가 출근하지 않더라도 결근으로 처리할 수 없으며, 출근율을 100%로 적용하여야 한다.[151]

한편, 휴가의 발생량은 정산기간(1개월 이내 또는 3개월 이내)을 평균하여 1주 최대 40시간으로 소정근로시간을 유지하는 제도이므로 탄력적 근로시간제와 같은 방식으로 적용하면 되며, 발생된 휴가는 1일 최대 8시간이 된다.

## 3. 사업장 밖 간주근로시간제

**관련법령**

**근로기준법 제58조 【근로시간 계산의 특례】** ① 근로자가 출장이나 그 밖의 사유로 근로시간의 전부 또는 일부를 사업장 밖에서 근로하여 근로시간을 산정하기 어려운 경우에는 소정근로시간을 근로한 것으로 본다. 다만, 그 업무를 수행하기 위하여 통상적으로 소정근로시간을 초과하여 근로할 필요가 있는 경우에는 그 업무의 수행에 통상 필요한 시간을 근로한 것으로 본다.
② 제1항 단서에도 불구하고 그 업무에 관하여 근로자대표와의 서면 합의를 한 경우에는 그 합의에서 정하는 시간을 그 업무의 수행에 통상 필요한 시간으로 본다.

### (1) 의 미

근로자가 출장이나 그 밖의 사유로 근로시간의 전부 또는 일부를 사업장 밖에서 근로하여 근로시간을 실제적으로 산정하기 어려운 경우에 있어서 근로시간을 인정하는 제도이다.

---

150) 고용노동부, 유연근로시간제 가이드, 2019.8, 44쪽
1. 완전선택적 근로시간제 : 정산기간 중 업무의 시작 및 종료시각이 근로자의 자유로운 결정에 맡겨져 있고 사용자가 관여하지 않는 제도
2. 부분선택적 근로시간제 : 일정한 시간대를 정하여 그 시간(의무적 근로시간대)에는 근로자가 사용자로부터 시간적 구속과 구체적인 업무지시를 받고 나머지 시간(선택적 근로시간대)은 근로자가 자유롭게 결정하는 제도

151) 고용노동부, 유연근로시간제 가이드, 2019.8, 56쪽

### (2) 출근율 산정과 휴가의 발생

근로기준법 제58조에 따라 근로시간 계산의 특례를 인정하는 것은 근로시간의 산정에 관한 부분이므로 연차휴가는 통상의 근로자들과 동일하게 적용하면 된다. 이 제도는 근로자가 실제 근로한 시간과 관계없이 ① 소정근로시간, ② 업무수행에 통상적으로 필요한 시간, ③ 근로자대표와 서면합의로 정한 시간 중 어느 하나를 근로시간으로 간주한다.

일반적으로 소정근로시간이 그대로 유지되거나, 소정근로시간 외에 연장근로시간을 추가하는 형태로 운영된다. 따라서 소정근로일수가 유지된다면 출근율 산정방법과 연차휴가의 발생량은 통상의 근로자들과 동일하게 된다.

예를 들어 간주근로시간제를 적용하기로 한 외근업무 종사자의 경우, 외근업무의 특성상 소정근로일, 시업 및 종업시각, 소정근로시간 등에 관하여 노·사가 사전에 특정하지 않은 경우에 특별한 사정이 없는 한 연차휴가 산정을 위한 출근율 계산시 출근한 것으로 본다.[152)]

## 4. 재량근로시간제

**관련법령**

**근로기준법 제58조 【근로시간 계산의 특례】** ③ 업무의 성질에 비추어 업무 수행 방법을 근로자의 재량에 위임할 필요가 있는 업무로서 대통령령으로 정하는 업무는 사용자가 근로자대표와 서면 합의로 정한 시간을 근로한 것으로 본다. 이 경우 그 서면 합의에는 다음 각 호의 사항을 명시하여야 한다.
1. 대상 업무
2. 사용자가 업무의 수행 수단 및 시간 배분 등에 관하여 근로자에게 구체적인 지시를 하지 아니한다는 내용
3. 근로시간의 산정은 그 서면 합의로 정하는 바에 따른다는 내용

④ 제1항과 제3항의 시행에 필요한 사항은 대통령령으로 정한다.

**근로기준법 시행령 제31조 【재량근로의 대상업무】** 법 제58조 제3항 전단에서 "대통령령으로 정하는 업무"란 다음 각 호의 어느 하나에 해당하는 업무를 말한다.
1. 신상품 또는 신기술의 연구개발이나 인문사회과학 또는 자연과학분야의 연구 업무
2. 정보처리시스템의 설계 또는 분석 업무
3. 신문, 방송 또는 출판 사업에서의 기사의 취재, 편성 또는 편집 업무
4. 의복·실내장식·공업제품·광고 등의 디자인 또는 고안 업무
5. 방송 프로그램·영화 등의 제작 사업에서의 프로듀서나 감독 업무

152) 2003.3.13, 근기 68207-287

6. 그 밖에 고용노동부장관이 정하는 업무
**고용노동부 고시 제2019-36호(2019.7.31)**
「근로기준법 시행령」 제31조 제6호에서 '그 밖에 고용노동부장관이 정하는 업무'란 회계 · 법률사건 · 납세 · 법무 · 노무관리 · 특허 · 감정평가 · 금융투자분석 · 투자자산운용 등의 사무에 있어 타인의 위임 · 위촉을 받아 상담 · 조언 · 감정 또는 대행을 하는 업무를 말한다.

### (1) 의 미

업무의 성질에 비추어 업무수행 방법(업무수행 수단 및 시간 배분 등)을 근로자의 재량에 위임할 필요가 있는 업무는 "사용자가 근로자대표와의 서면합의로 정한 시간"을 근로한 것으로 간주하는 제도이다. 근로시간의 배분만 아니라 업무수행 방법까지 근로자의 재량에 맡기고, 실제 근로시간과 관계없이 근로자대표와 서면합의한 시간을 근로시간으로 간주한다.

### (2) 출근율 산정과 휴가의 발생

근로자대표와의 서면합의에서 소정근로일에 출근하기로 정했다면, 연차휴가 산정 등 복무관리를 위한 출·퇴근기록 관리는 가능하므로, 이에 따라 출근율을 산정하면 된다. 그러나 서면합의시 출근 여부까지 근로자의 재량에 맡기기로 하였다면 소정근로일 전체를 출근한 것으로 보아야 하므로, 이에 따라 출근율을 산정하여 연차휴가를 부여하면 된다.[153)]

## 5. 보상휴가제

**관련법령**

**근로기준법 제57조【보상 휴가제】** 사용자는 근로자대표와의 서면 합의에 따라 제51조의3, 제52조 제2항 제2호 및 제56조에 따른 연장근로 · 야간근로 및 휴일근로 등에 대하여 임금을 지급하는 것을 갈음하여 휴가를 줄 수 있다.

보상휴가제는 연장·야간·휴일근로에 대하여 임금을 지급하는 대신 휴가를 부여하는 제도이다. 보상휴가는 소정근로시간 중에 부여하여야 하고, 유급으로 처리된다. 따라서 연차휴가 출근율 산정시 출근으로 간주되므로, 월단위 휴가나 연단위 휴가의 발생에 영향을 미치지 않는다.

153) 고용노동부, 근로시간 제도의 이해(기본설명+Q&A), 2021.8, 40쪽

# 제3장

# 연차휴가의 사용

# 제1절 연차휴가의 사용기간

## Ⅰ. 입사일 기준

### 1. 2020.3.31 전에 발생된 연차휴가

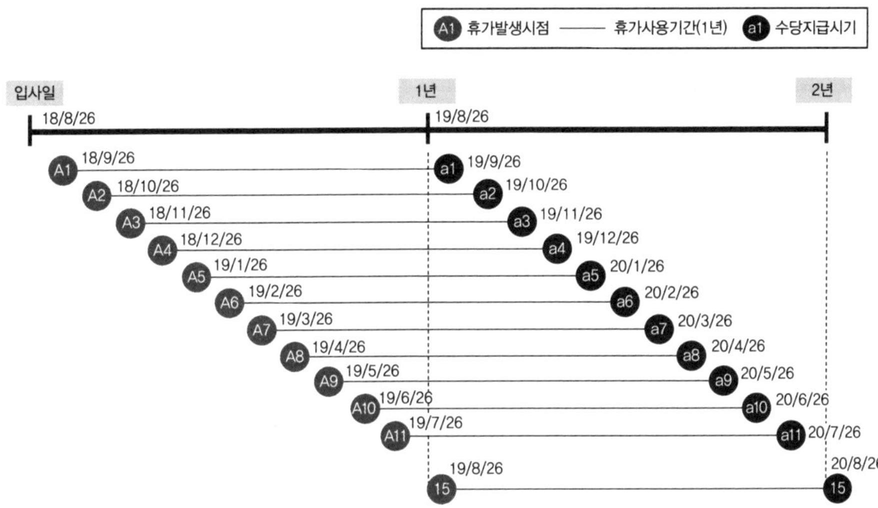


2020.3.31 근로기준법 개정 전에는 휴가의 사용기간에 대하여 "휴가는 1년간 행사하지 아니한 때에는 소멸된다"고 규정하고 있었다. 1년간이라는 의미는 '발생일(발생시점)으로부터 1년'을 의미한다. 따라서 A1~A11까지 월 1일씩 발생된 휴가는 각각의 발생시점으로부터 1년간 사용할 수 있고, 사용기간이 종료되면 수당으로 지급하게 되어 있었다.

2018.9.26에 발생된 휴가(A1)을 예로 들면, 발생일인 2018.9.26로부터 1년간인 2019.9.25까지 사용할 수 있고, 이때까지 사용하지 못하였다면 2019.9.26부터 미사용수당(a1)을 지급받을 수 있었다.

1년 이상 근로한 경우 발생되는 휴가(위 그림에서 2019.8.26에 발생하는 15일) 역시 발생일인 2019.8.26부터 1년간(2019.8.26~2020.8.25) 사용할 수 있고, 미사용한 휴가에 대해서는 2020.8.26 이후 수당으로 지급받을 수 있었다.

## 2. 2020.3.31 이후 발생된 연차휴가

관련법령

**근로기준법 제60조【연차 유급휴가】** ⑦ 제1항·제2항 및 제4항에 따른 휴가는 1년간(계속하여 근로한 기간이 1년 미만인 근로자의 제2항에 따른 유급휴가는 최초 1년의 근로가 끝날 때까지의 기간을 말한다) 행사하지 아니하면 소멸된다. 다만, 사용자의 귀책사유로 사용하지 못한 경우에는 그러하지 아니하다.

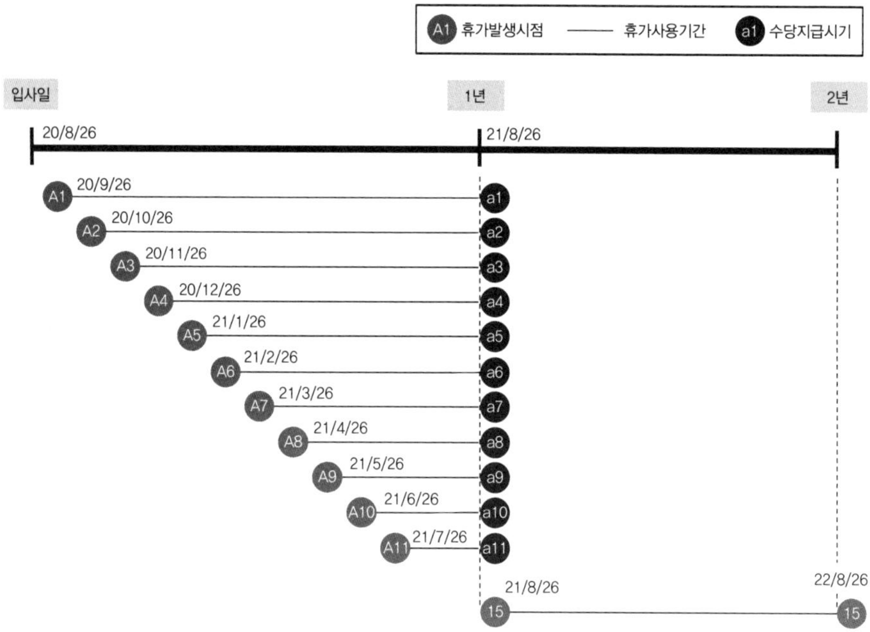


2020.3.31 개정 근로기준법에 따라 계속근로기간이 1년 미만인 근로자에게 발생하는 월단위 휴가(A1~A11)의 사용기간은 기존 '발생일로부터 1년'에서 '입사일로부터 1년'으로 사용기간이 변경되었다. 사용기간이 줄어든 것이다. 연단위 휴가는 개정되지 않고 그대로 발생일로부터 1년간 사용할 수 있다.

위 그림에서 월단위 휴가(A1~A11) 모두 입사일로부터 1년이 되는 2021.8.25까지 사용할 수 있고, 2021.8.26 이후 미사용휴가에 대하여 수당으로 보상받을 수 있다.

# Ⅱ. 회계연도 기준

## 1. 2020.3.31 전에 발생된 연차휴가

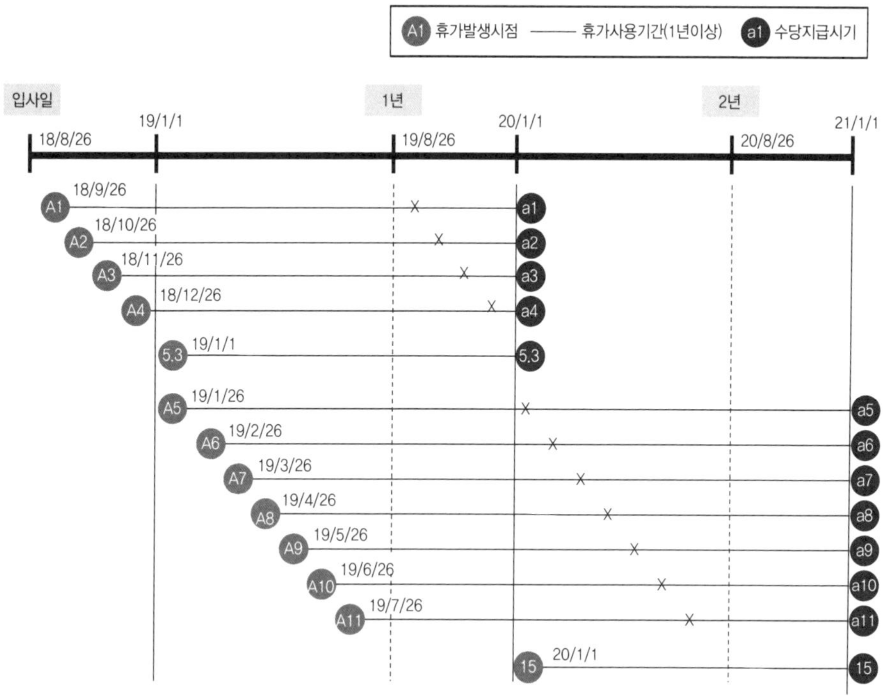


고용노동부는 연차휴가를 회계연도 기준시점(여기서는 매년 1.1)부터 1년 동안 사용하기로 합의(취업규칙, 단체협약 등)한 경우라면, 연도 중 입사자의 경우 입사일부터 월별 개근으로 1일씩 발생한 연차휴가(A1~A11)도 다음 회계연도 개시시점부터 1년간 사용할 수 있는 것으로 보며, 미사용수당은 해당 회계연도 종료일 다음날(임금지급일)에 지급하여야 한다고 한다.[1]

A1을 예로 들어보면, 입사일 기준으로는 발생일로부터 1년간(X표시까지) 사용가능하지만, 회계연도 기준으로 적용하면 휴가 발생연도(2018) 다음 회계연도 종료일인 2019.12.31까지 사용할 수 있고, 그 이후 수당(a1)으로 지급하게 된다.

---

1) 고용노동부, 개정 근로기준법 설명자료(2018.5), 6쪽.

따라서 A1~A4까지 모두 2019.12.31까지 사용할 수 있고 수당 정산도 한꺼번에 할 수 있다.

여기서 유의해야 할 점은 A1~A4의 휴가에 대하여 2019.1.1 즈음에 미사용수당으로 지급하게 되면 법에 정해진 휴가사용기간(발생일로부터 1년)을 단축하는 결과가 되어 근로자의 휴가사용을 제한하는 결과가 되기 때문에 원칙적으로 허용되지 않는다는 것이다. 고용노동부 역시 사용기간이 남은 연차휴가에 대해 당해 회계연도 말일 등 특정 시점에 미사용수당으로 정산하는 것은 근로기준법 제60조 제7항의 취지에 맞지 않으므로 허용되지 않는다고 한다.[2)]

마찬가지로 A5~A11의 휴가도 발생연도(2019)의 다음 회계연도 말일인 2020.12.31까지 사용할 수 있고, 이후 미사용수당(a5~a11)으로 한꺼번에 정산하게 된다. 한편, 근로자가 휴가를 사용한 경우 별도 합의가 없는 이상 먼저 발생한 휴가부터 순차적으로 사용한 것으로 본다.

이렇게 사용기간이 1년보다 많은 이유는 근로기준법에서 '발생일로부터 1년'을 사용할 수 있도록 하고 있기 때문에 이보다 단축하는 것은 휴가사용을 제한하는 것으로 근로기준법 위반으로 해석될 수 있어서 원칙적으로 불가능하지만, 사용기간을 1년보다 더 늘리는 것은 휴가 사용기간이 늘어나고 미사용수당도 빠짐없이 지급되므로 근로자에게 불리하지 않기 때문이다.

회계연도 방식에서 발생하는 비례연차(위 그림에서 2019.1.1에 발생하는 5.3일)는 1.1에 발생하기 때문에 1년간인 12.31까지 사용할 수 있다.

## 2. 2020.3.31 이후 발생된 연차휴가

개정법에 따라 회계연도 방식을 운영하는 경우 다음 A, B, C 방식 중에서 하나의 방식을 정하여 취업규칙 등에 명시하여 적용하면 될 것으로 보인다.

2) 고용노동부, 개정 근로기준법 설명자료(2018.5), 3쪽.

### (1) 개정전 회계연도 방식을 그대로 사용(A방식)

회계연도 방식을 적용하는 대부분의 기업들은 2020.3.31 개정 근로기준법 적용 전에 그림과 같은 방식으로 운영해 왔다(바로 앞의 그림과 비교해보면 X의 표시시점만 다르다). 이 방식을 개정법 이후에 적용하는 것도 가능할 것으로 보인다. 휴가사용기간은 법정기준인 발생일로부터 1년(X표시)보다 더 많이 부여하고 수당도 빠짐없이 지급되기 때문이다.

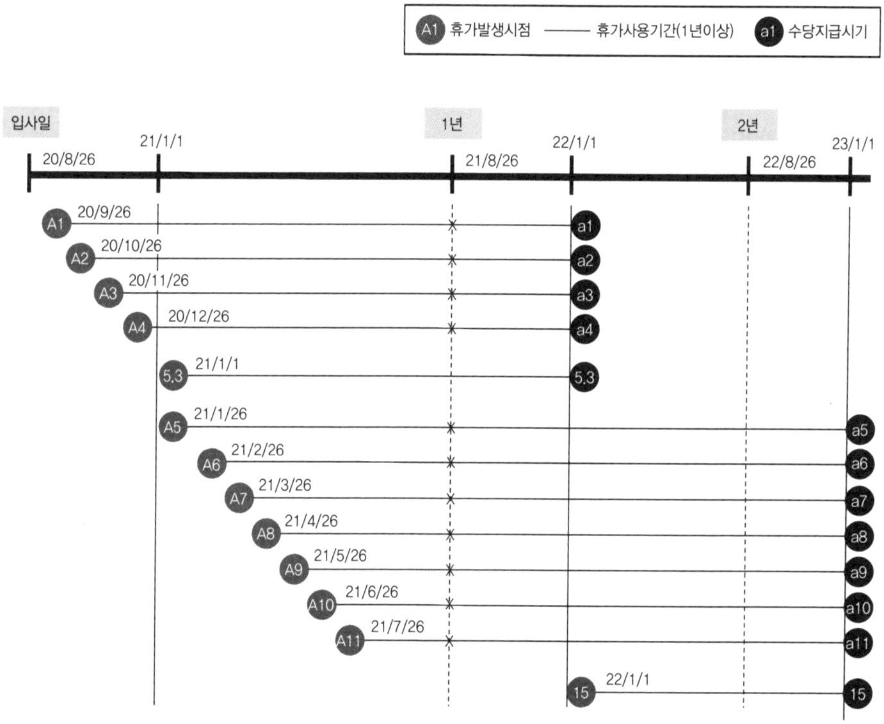

### (2) 입사일로부터 1년까지 사용하는 방식(B방식)

저자가 고용노동부로부터 받은 인터넷 답변(2020.7)에서는 회계연도 방식을 적용하고 있는 경우라 하더라도 월 개근으로 발생하는 11일의 휴가(A1~A11)는 근로기준법대로 입사일로부터 1년인 2021.8.25까지 사용할 수 있다고 한다. 다만, 비례연차 5.3일의 경우 연단위 휴가의 일종이므로 2021.12.31까지 사용할 수 있다고 한다.

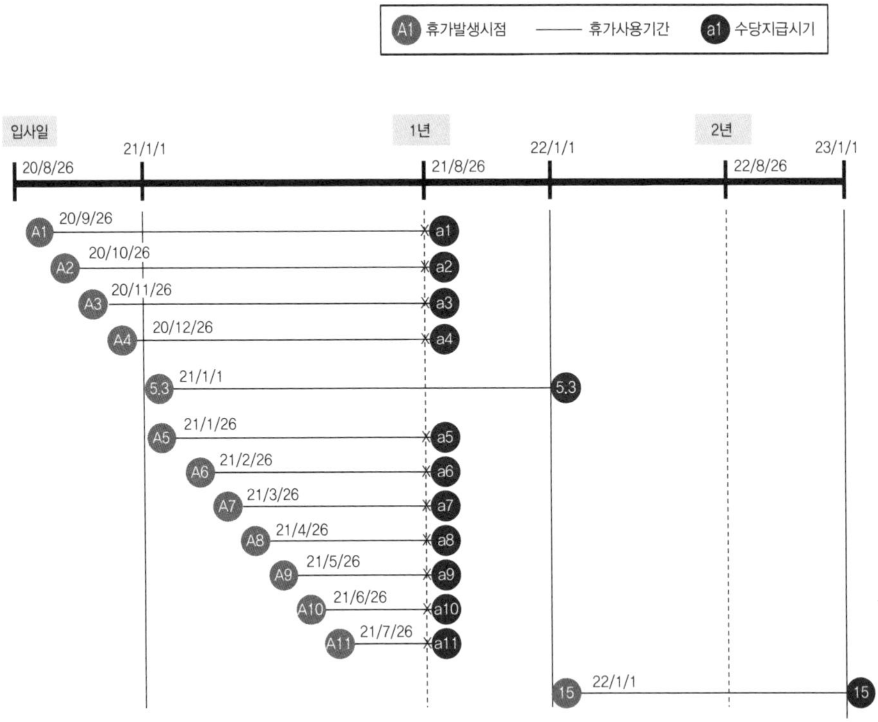

### (3) 입사연도의 다음연도 12.31까지 사용하는 방식(C방식)

아래 그림과 같은 방식이 2020.3.31 개정 근로기준법에 따른 회계연도 적용 방식의 휴가사용기간이라고 명확히 나온 고용노동부 행정해석은 없는 것으로 보인다. 그러나 개정법과 관련한 고용노동부 자료[3]에서 계속근로기간이 1년 미만인 근로자에게 발생하는 연차휴가(A1~A11)를 '입사한 다음연도의 12.31까지' 사용할 수 있도록 취업규칙 등에서 정하는 것이 가능하다고 하고 있으므로 이러한 방식도 가능하다고 생각한다.

또한 개정 근로기준법은 '입사일로부터 1년간'사용할 수 있도록 하고 있는데(그림의 X표시), 이와 같이 운영하면 휴가사용기간이 법정기준보다 늘어나고, 수당도 빠짐없이 지급받을 수 있기 때문이다.

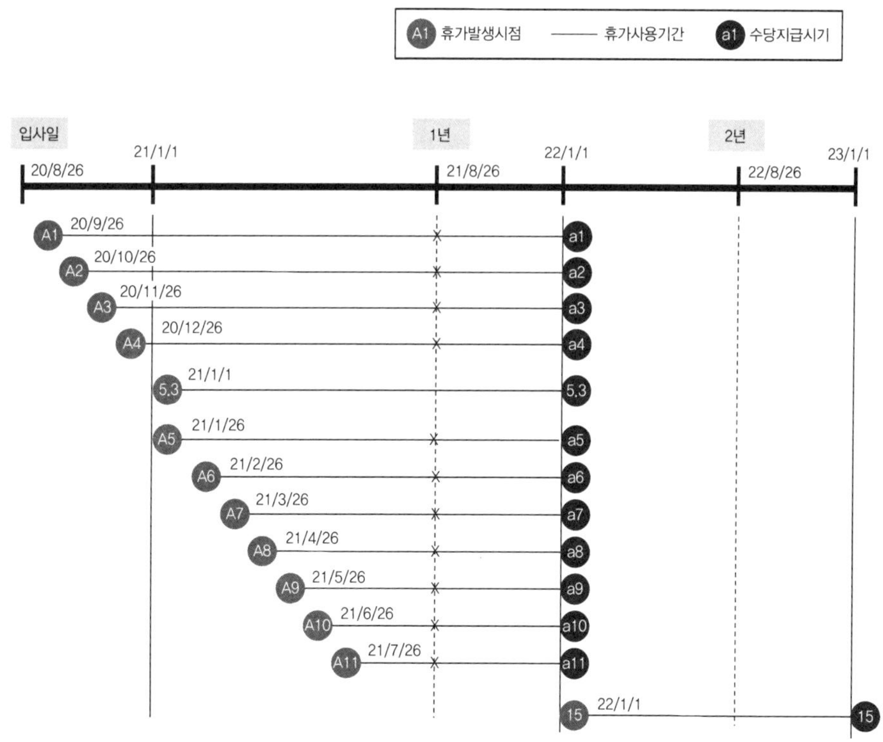


3) 고용노동부, 연차사용촉진제도 관련 주요 Q&A(2020.4), 3쪽

# Ⅲ. 이월 또는 사용기간 연장

## 1. 의의 및 활용

계속근로기간이 1년 미만인 근로자에게 1개월을 개근할 때 발생되는 월단위 휴가(A1~A11)는 입사 1년이 되는 시점까지 사용할 수 있고, 계속근로년수 1년 이상인 근로자에게 발생하는 월단위 및 연단위 휴가는 발생일로부터 1년간 사용한 후 미사용한 휴가일수에 대하여 수당으로 보상하여야 하는 것이 원칙이다. 하지만 이월 또는 사용기간 연장은 수당으로 지급하는 대신 휴가의 사용기간을 법정기준보다 더 많이 부여하는 것을 의미한다. 앞에서 본 회계연도 방식 중 A와 C의 방식이 대표적인 예이다.

① 근로시간 단축의 한 방법으로 근로자에게 장기 휴가(ex. 안식월)를 부여하기 위하여 이월제도를 활용하는 것도 좋은 방법이다. 최근에는 근로시간저축휴가제를 활용하는 기업도 늘어가고 있다. ② 또한 전년도 출근율에 따라 발생된 연차휴가는 올해 1년간 사용할 수 있는데, 올해 1년 전체를 휴업하거나 쟁의행위 등이 이루어지게 되면 실근로일이 하루도 없게 되어 휴가를 전혀 사용하지 못할 뿐만 아니라 올해의 근로제공이 없으므로 다음연도는 휴가가 발생되지 않게 된다. 이 경우 전년도에 발생하였지만 사용하지 못한 휴가를 다음연도에 사용할 수 있도록 이월하면 된다.

## 2. 이월 사용이 가능한지 여부

고용노동부는 "2007년도 개근율에 의해 산정된 휴가를 2008년도에 사용소진키로 하였음에도, 모두 소진하지 못한 경우 2009년 또는 2010년으로 이월하여 사용하도록 함으로서 사실상 어떤 년도는 휴가가 25일을 훨씬 초과할 수도 있는바, 당사자간의 합의만 있으면 그러한 휴가 운용도 가능한지"라는 질의에 대하여 "미사용 연차휴가에 대한 금전보상 대신 이월하여 사용토록 당사자간 합의하는 것은 무방하다"고 하여 이월 사용이 가능하다고 보고 있다.[4] 다만, 근로자의

---

4) 2009.2.20, 근로조건지도과-1047, 그러나 과거 행정해석 중에서는 연차휴가는 당해 연도내에 실시 휴가를 사용케 함으로써 근로자의 휴양과 노동력 재생산을 기하려는데 목적이 있는 것이므로 그 성질상 연도를 이월하여 사용할 수 없는 것이며 당해 연도내에 사용치 못할 경우

동의없이 사용자가 일방적으로 시행하는 것은 근로자의 연차휴가미사용수당 청구권을 제한하므로 허용되지 않으며, 이 경우 임금체불에 해당될 수 있다.[5)]

### 3. 이월 사용의 요건

고용노동부는 이월 사용에 대한 당사자간의 합의가 필수라고 한다. 따라서 이월 사용에 대한 근로자의 동의서를 받거나 취업규칙 등에 명시하여야 하는데, 이 책에 첨부된 서식을 활용하기 바란다. 동의서의 내용에는 언제까지 이월사용이 가능한지, 지정된 시기까지도 휴가를 사용하지 않았을 경우 수당지급 문제(어느 시점의 통상임금으로 지급할 것인지 등) 등에 대하여 명확히 합의하는게 중요하다.

### 4. 이월 후 미사용한 휴가에 대한 수당 지급 문제

이월 사용에 대한 합의가 이루어져서 이월 사용하기로 한 시점까지 휴가를 사용하지 못한 경우 동 휴가는 소멸되는 것이 아니므로 사용자는 여전히 해당 휴가에 해당하는 수당을 지급하여야 한다. 고용노동부는 수당청구권은 휴가사용이 이월된 연차휴가의 휴가청구권이 소멸된 직후의 임금지급일에 발생한다고 한다.[6)]

### 5. 사용기간의 추가 연장

당사자간의 합의로 특정시기까지 연차휴가를 이월사용하기로 하였으나, 사용자가 근로자의 동의없이 일방적으로 그 기한을 추가 연장할 수 있는지에 대하여 행정해석은 "미사용 연차휴가는 다음 해에 연차휴가수당으로 전환되므로 근로자는 휴가사용 대신 연차휴가수당을 청구할 권리가 있고, 이 경우 근로자의 개별적 동의없이 사용자가 일방적으로 휴가사용기간을 연장하는 것은 근로자의 의사에 반해 연차휴가수당의 임금청구권 행사를 금지하는 것으로서 위법하다"

---

에는 소멸한다고 본 것이 있었다(1973.2.28, 기준 1455.9-2698).

5) 2013.7.30, 근로개선정책과-4449

6) 2015.7.13, 근로기준정책과-3079(1년 전체를 육아휴직한 경우의 사례, 단 현행 근로기준법은 육아휴직기간을 출근으로 간주하므로 정상휴가가 발생된다는 점을 유의하여야 함); 1999.11.22, 근기 68207-687(휴업으로 소멸시효가 중단된 경우의 사례)

고 보았다. 따라서 이월된 휴가를 사용하기로 동의한 시기가 경과된 후 근로자가 연차휴가미사용수당을 청구하면 사용자는 지급하여야 한다.[7)]

## 6. 이월 후 미사용한 연차휴가수당의 평균임금 산입 여부

연차휴가를 이월사용하게 되면 특정 연도에는 연차휴가가 통상적으로 발생하는 휴가보다 더 많아질 수도 있다. 예를 들어 퇴직전전년도에 미사용한 휴가 10일을 퇴직전년도로 이월하여 사용함으로써, 퇴직전년도에는 정상연차 20일과 이월연차 10일을 사용할 수 있다. 퇴직전년도에 휴가를 사용하지 않아 퇴직년도에 30일분의 수당을 지급받은 경우 퇴직금 계산을 위한 평균임금 산정시 퇴직전년도 분에 해당하는 20일분의 연차수당에 대해서만 평균임금 산정에 포함하면 되는지, 아니면 이월분까지 포함한 30일분의 연차휴가미사용수당을 평균임금 산정에 포함시켜야 하는지가 문제될 수 있다. 이에 대하여 고용노동부는 퇴직금 산정을 위한 평균임금에는 퇴직 전전년도 출근율에 의하여 퇴직 전년도에 발생한 연차휴가 중 미사용하고 근로한 일수에 대한 연차휴가 미사용수당액의 3 / 12만 포함된다고 한다.[8)] 이에 따르면 위 사례에서는 퇴직전년도 분인 20일분의 연차휴가미사용수당만 포함된다.

> **2023.3.28, 근로기준정책과-1020**
> 2020.7.1 입사한 자의 경우 1년 미만의 근로에 대한 미사용 연차유급휴가일수에 대해서는 2021.7월에 수당을 지급하게 되고, 이 수당은 2021.7월 이후 1년간 퇴직하는 자의 평균임금에 3/12이 포함되며,
> - 2021.7월에 수당으로 지급하지 않고 이월하여 사용하는 것으로 합의한 경우에도 1년 미만의 미사용 연차유급휴가일수에 대한 수당은 2021.7월 이후 1년간 퇴직자의 평균임금에 3/12이 포함되어야 할 것임.
> - 한편, 이월한 연차유급휴가를 이월 유효기간까지도 사용하지 않아서 2022.7월에 수당으로 지급한다고 하더라도 이 수당은 2022.7월 이후의 평균임금 산정에는 포함되지 않을 것임.

7) 2009.2.20, 근로조건지도과-1046. 2009.2월말까지 이월사용하기로 하였으나, 사용자가 이를 다시 2009.12월말까지 추가적으로 연장하려고 한 사례
8) 2009.2.20, 근로조건지도과-1047

## Ⅳ. 사용기간의 단축

근로기준법은 계속근로기간이 1년 미만인 근로자에게 발생하는 월단위 휴가(A1~A11)는 입사일로부터 1년이 되는 시점까지 사용할 수 있도록 하고 있고, 계속근로년수 1년 이상인 근로자에게 발생하는 월단위 및 연단위 휴가는 발생일로부터 1년간 사용할 수 있도록 하고 있다. 이는 근로자의 휴식 보장이라는 취지에 따라 충분한 사용기간을 법으로 강제하고 있는 것이다. 따라서 발생한 연차휴가의 사용기간을 단축하는 것은 허용되지 않는 것이 원칙이다.

예를 들어, ① 연도 중에 입사한 근로자에게 발생한 월단위 휴가에 대하여 입사연도 12.31에 수당으로 지급하고 그 이후에 사용하지 못하도록 하거나, ② 연단위 휴가에 대하여 발생과 동시에 수당으로 지급하고 사용하지 못하도록 하는 것은 원칙적으로 허용되지 않는다. 연차휴가는 사용을 원칙으로 하고 있고, 미사용시 수당으로 지급하는 것이 예외인데, 수당을 지급했다는 이유로 원칙을 부정(사용하지 못하게 하는 것)하는 것은 불가능하기 때문이다.

그러나 수당지급과 휴가사용은 별개이므로, 만약 ①②와 같이 수당으로 선지급한 경우라 하더라도 휴가를 사용할 수 있도록 보장하고, 만약 근로자가 휴가를 사용한 경우에는 선지급한 수당금액에서 사용한 휴가에 해당하는 수당을 정산(차감)하는 방식으로 운용하는 것은 가능하다고 보인다. 이러한 설명은 이미 앞에서 회계연도 기준의 휴가사용기간 부분에서도 설명하였고, 뒤에서 설명할 연차휴가의 사전매수(환가)와 포괄임금제, 사용촉진, 연차휴가미사용수당 등의 내용에서도 중복되어 설명이 될 예정이다.

# 제2절 시기지정권과 시기변경권

## Ⅰ. 연차휴가의 사용시기

관련법령

**근로기준법 제60조【연차 유급휴가】** ⑤ 사용자는 제1항부터 제4항까지의 규정에 따른 휴가를 근로자가 청구한 시기에 주어야 하고, 그 기간에 대하여는 취업규칙 등에서 정하는 통상임금 또는 평균임금을 지급하여야 한다. 다만, 근로자가 청구한 시기에 휴가를 주는 것이 사업 운영에 막대한 지장이 있는 경우에는 그 시기를 변경할 수 있다.

연차휴가는 근로자의 소정근로일에 원칙적으로 1일 소정근로시간 만큼의 휴가를 사용할 수 있다. 근로기준법은 원칙적으로 근로자가 청구한 시기(소정근로일)에 휴가를 부여하도록 함으로써 근로자의 자유로운 휴가사용을 보장하고 있다(근로자의 시기지정권). 다만, 근로자가 청구한 시기에 휴가를 주는 것이 사업운영에 막대한 지장이 있는 경우에는 사용자는 휴가사용시기를 변경할 수 있도록 하고 있다(사용자의 시기변경권).

즉, 근로자가 시기를 지정하여 연차휴가를 청구한 이상 사용자의 적법한 시기변경권 행사를 해제조건으로 그 권리가 구체적으로 실현되는 것이고, 사용자가 휴가를 부여한다고 하는 적극적인 작위가 요구되는 것은 아니다.[9]

9) 대판 2000.11.28, 99도317

▶ **시기지정권과 시기변경권**

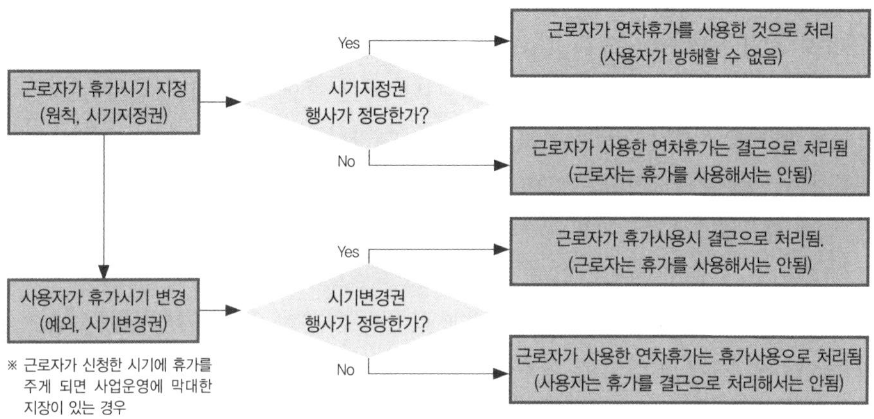


# Ⅱ. 근로자의 시기지정권

## 1. 의의와 방법

연차휴가권이 근로기준법상의 성립요건을 충족하는 경우에 당연히 발생하는 것이라고 하여도 그와 같이 발생한 휴가권을 구체화하려면 근로자가 자신에게 맡겨진 시기지정권을 행사하여 어떤 휴가를 언제부터 언제까지 사용할 것인지에 관하여 특정하는 것을 의미한다.[10]

더욱 쉽게 설명하자면 근로자가 휴가일(기간)을 정해서 사용자에게 휴가신청을 하는 것을 말한다. 시기지정권 행사의 방법(휴가신청방법)에 대해서는 근로기준법에서는 아무런 규정이 없으므로, 기업 내부적으로 단체협약, 취업규칙 등으로 정한 방법에 따라야 한다.

## 2. 정당한 시기지정권 행사 사례

### (1) 휴가사용일 전일에 휴가신청을 한 경우

근로자는 2007년부터 2011년까지 매년 24일 내지 34.5일의 연차휴가를 사

10) 대판 1997.3.25, 96다4930; 대판 1997.3.28, 96누4220

용하였는데, 이는 다른 임직원의 평균 휴가사용일수의 2배에 달한다. 근로자는 2011년도 저성과자 프로그램 시행기간 중인 2011.1.22~2012.1.3까지 27회에 걸쳐 31.5일의 연차휴가, 리프레쉬 휴가 및 대체휴무를 사용하면서, 휴가 전일이나 직전 영업일의 퇴근 시간 직전이나 퇴근 후에 팀장에게 연차휴가 등을 사용하겠다는 이메일을 발송하는 방법으로 휴가사용을 통보하였다.

회사는 근로자가 적법한 절차를 거치지 않고 기습적으로 연차휴가를 사용하였고 그 사용량도 다른 직원의 2배에 달하는 등 회사의 업무에 장애를 초래하는 등 근무태도가 극히 불량하다고 주장하였으나, 법원은 근로자가 청구한 시기에 연차휴가를 사용하는 것은 근로자에게 보장된 정당한 권리행사이므로, 근로자가 휴가일의 직전 영업일에 연차휴가를 신청한 것이 회사의 정당한 시기변경권 행사를 곤란하게 하는 것으로서 올바른 연차휴가청구권의 행사라고 보기 어려운 점을 제외하고는 근로자의 정당한 권리행사에 대하여 근무태도가 불량하다고 비난할 수 없다고 보았다.[11)] [12)]

### (2) 개인사정 및 노동조합 활동을 사유로 하는 결근계를 제출한 경우

#### 1) 사실관계

회사와 근로자들은 연차휴가수당이 포함된 포괄임금제 계약을 체결하였고, 회사는 근로자들에게 연차휴가를 부여한 적이 없고, 연차휴가 신청서 양식이 없으며 결근계 양식만 존재하는데, 근로자들이 결근계(사유: 개인사정 및 노동조합 활동)를 제출하자 회사는 결근을 불허한다는 휴대폰 문자메시지를 보냈는데 근로자들이 출근하지 않자 무단결근으로 처리하였다.

#### 2) 포괄임금제의 경우 연차휴가를 사용할 수 없는지 여부

법원은 포괄임금제 계약이 연차휴가권을 박탈할 수 없으므로 근로자들에게 연차휴가권이 인정된다고 전제하였다(회사 취업규칙에도 '연차수당은 급여에 포함하여 선지급함을 원칙으로 하며 휴가를 사용할 경우 사용일수에 해당하는 금액을 공제할 수 있다'고

11) 서울고판 2014.2.7, 2012나92571(대법원 확정)
12) 연가와 병가를 많이 사용한 것은 위법한 것이 아니고, 법령에 따라 부여된 연가나 병가를 사용한 것을 업무수행능력 등이 떨어진다는 사유로 삼을 수도 없다(서울고판 2011.11.9, 2011누8538, 확정).

하여 휴가사용권을 인정하고 있다). 근로자들이 개인사정 및 노동조합 활동을 사유로 하는 결근계를 제출한 것은 모두 연차휴가에 관한 시기지정권 행사의 의사표시로 해석되고, 회사가 시기변경권을 행사하지 않고 근로자들이 기재한 사유가 결근 허가 사유에 해당하지 않는다는 이유로 근로자들의 연차휴가 신청을 불허한 이상 근로자들은 근로제공 의무가 없으며 무단결근에 해당하지 않는다.

또한 회사는 근로자들이 결근사유에 '연차휴가 사용'이라고 기재하지 않았기 때문에 인정할 수 없다고 항변하였으나, 법원은 결근계의 사유에 기재하는 내용은 어떠한 이유로 결근 혹은 연차휴가를 사용하는지에 관한 구체적 사실을 의미하는 것으로 보이므로 '개인사정 및 노동조합 활동'이라고 한 것이 연차휴가 사용 의사가 아님을 추단케 하는 근거가 된다고 볼 수 없고, 회사가 연차휴가계 양식을 비치해 놓지도 않은 이상 근로자들의 이와 같은 사유 기재를 탓할 수 없다고 판단하였다.

#### 3) 근로자들이 휴가를 특정하지 않았는지 여부

회사는 "연월차휴가신청은 근로자가 월차휴가와 연차휴가를 각 언제부터 언제까지 사용할 것인지를 특정하지 않았기 때문에 적법한 시기지정이 아니므로, 회사의 승인도 없이 출근하지 않은 것은 무단결근이다"는 대법원 판결[13]을 근거로 근로자가 결근계를 제출하면서 어떤 휴가를 언제부터 언제까지 사용할 것인지에 관하여 특정하지 않았으므로 무단결근 처리가 정당하다고 주장하였다. 그러나 법원은 동 판결은 주 44시간제 하에서 월차휴가와 연차휴가로 구분하여 규정한 것을 전제로 한 판단인데, 현재는 연차휴가만 존재하므로 근로자가 시기지정권을 행사하면서 어떤 휴가를 사용할 것인지 특정할 필요는 없다고 하였다. 또한 결근계를 제출하면서 사용일자는 특정을 하였으므로 무단결근이 아니라 정당한 연차휴가 사용이라고 보았다.[14]

### (3) 사용자에게 연차휴가 허가권이 존재하는지 여부

근로자는 2008.4.11에 같은 달 14일자 연차휴가 신청을 하여 부서장(과장과 처장)의 결재를 받았는데, 회사는 이미 결재가 이루어진 동 연차휴가 신청에 대

13) 대판 1997.3.25, 96다4930
14) 서울행판 2013.10.24, 2012구합41455(대법원 확정)

하여 근로자가 2008.4.8부터 직위해제기간 중이라는 이유로 휴가신청을 소급하여 불허하였으나 근로자는 2008.4.14에 출근하지 않았다. 이후 근로자는 고용노동부에 직위해제기간 중에 연차휴가를 신청할 수 있는지 여부를 질의한 결과 '연차휴가는 사업운영상 막대한 지장이 있어 사업주가 시기변경권을 적법하게 행사하는 외에는 허용되며, 직위해제기간 중이라는 이유만으로 연가사용이 불허될 수 없다'는 취지의 답변을 받았다. 또한 근로자는 2008.10.21 오후에 D대학교 단체교섭에 참석하기 위하여 반일연차를 신청하였고 부서장 중 과장의 결재만을 받고 처장의 결재는 받지 않은 상태에서 연차휴가를 사용하였다.

법원은 근로자의 휴가원 제출로 휴가신청 절차가 완료되는 것이므로 근로자가 2008.4.14 및 2008.10.21에 연차휴가를 신청한 후 출근하지 않은 것은 적법하게 연차휴가를 사용한 것이므로 징계사유가 되지 않는다고 보았다. 한편, 회사는 부서장에게 연차휴가에 대한 허가권이 있다는 취지로 주장하였으나, 법원은 근로기준법에 의한 시기변경권 외에 별도로 허가권은 근로기준법에 반하여 사용자에게 허용되지 않는다고 하였다.[15)]

### (4) 휴가사용절차를 위반한 경우도 적법한 시기지정권으로 본 사례

근로자는 2006.3월경 총무과장의 결재를 받은 연차휴가계(사유: 개인용무)을 1일 전에 제출하였고, 2006. 8월경 부서장 및 총무과장의 결재를 받은 연차휴가계(사유: ㅇㅇ노총 지역본부 대표자회의 참석)을 1일 전에 제출하고 연차휴가를 사용하였다. 또한 2006.11.15 오전에 반일연차휴가계(사용일: 2006.11.15 오후)를 제출하자, 사무처장은 연가사용규정(연가사용일 1주일전 부서장 확인 및 학장 결재)을 준수하지 않았음을 이유로 불승인을 하였으나, 근로자가 연차휴가를 사용하자 사용자는 근로자를 징계하였다.

이에 대해 법원은 근로자가 사용시기를 지정하여 연차휴가 사용일의 당일 및 하루 전에 연차휴가신청서를 제출하였음에도 불구하고 사용자가 적법한 시기변경권을 행사하였다고 볼 만한 자료가 없는 점, 사용자의 연차휴가 사용절차규정이 근로자의 연차휴가로 발생하는 업무공백 등 사업운영의 장애를 미연에 방지하

15) 서울고판 2010.9.16, 2010누6139(확정) 및 서울고판 2010.9.16, 2010누7804(확정) 동 사건은 같은 회사의 부당해고 및 부당노동행위 사건이다.

기 위한 것일 뿐 강행규정인 근로기준법에 위반할 수는 없는 점 등에 비추어보면 사용자가 적법한 시기변경권을 행사하지 않은 이상 근로자의 연차휴가 사용은 적법하므로, 이는 근로자에 대한 징계사유가 될 수 없다고 판단하였다.[16] 이 판결은 사용절차를 준수하지 않은 경우 적법한 시기지정권 행사로 보지 않은 다른 판례와 배치된다. 개인적으로는 2006년 3월 및 8월에는 아무런 조치를 취하지 않고 휴가를 허용해 주었다가 11월에는 문제를 삼았기 때문이 아닌가 생각된다.

### (5) 회사 행사일에 휴가를 사용한 경우

근로자는 근무성적평가 등에서 '열등'으로 판정되는 등의 이유로 회사로부터 직권면직 되었는데, 회사가 근로자를 열등으로 판정한 사유 중 하나는 회장 주관으로 실시된 부서 간담회 및 개관 20주년 축하 기념일에 연차휴가를 신청하여 간담회 및 기념일에 참석하지 않았다는 것이었다.

이에 대해 법원은 근로자가 청구한 시기에 휴가를 사용하는 것은 근로기준법상 근로자에게 보장된 근로자의 정당한 권리행사이므로, 근로자의 연차휴가사용이 회사의 운영과 단결 및 질서유지 등을 저해하는 행위라고 볼 수 없다고 판단하였다.[17]

### (6) 휴가의 대리신청이 적법한 경우

취업규칙에는 사전에 휴가사용 승인을 받지 못한 경우에도 당일 정오까지 다른 직원으로 하여금 대신 휴가를 신청할 수 있도록 규정하고 있다.[18] 근로자는 회사 사업운영에 막대한 지장이 없는 한 자유로이 연차휴가를 시기지정하여 사용할 수 있고, 실제로 휴가신청 당일 정오까지 휴가를 대리로 신청하였는데 회사가 이를 모두 승인하였다. 당시 근로자가 연차휴가를 신청한 시기에 휴가를 부여한 것이 회사 사업운영에 막대한 지장을 주었다고 볼 수 없으므로, 취업규칙상의 징계사유(성실의무 위반)에 해당하지 않는다[2009 서울남부지법(대법원 확정)].

---

16) 서울행판 2008.10.2, 2008구합11556(대법원 확정)
17) 서울행판 2016.1.14, 2015구합3409(확정)
18) 직원이 휴가를 받고자 하는 경우에는 사전에 대표의 승인을 받아야 한다. 다만, 긴급한 사유로 인하여 사전 승인을 받지 못한 경우에는 당일 정오까지 다른 직원으로 하여금 이를 대행하게 할 수 있다.

### (7) 기타 사례

① 취업규칙 등에 정해진 휴가신청절차 및 신청서를 통하여 신청을 한 경우

② 취업규칙 등에 별도로 시기지정권 행사방법에 관한 규정이 없는 경우 서면 또는 구두(전화)로 신청을 한 경우(취업규칙에 연차휴가를 신청절차에 관한 규정이 없는 회사에서 근로자가 동료운전사와의 상호 폭행으로 입은 상해 때문에 출근하지 아니하면서 전화상으로 치료기간중 계속 연차휴가를 실시한 것으로 처리하여 달라고 한 경우)[19)]

③ 휴가사용 촉진조치에 의하여 근로자가 휴가사용시기를 정하여 사용자에게 휴가 사용계획서를 제출한 경우[20)]

④ 사용자가 '근로자대표와의 서면합의'없이 일방적으로 연차휴가 대체를 한 경우 이는 원칙적으로 무효이지만, 근로자가 이의를 제기하지 않고 출근하지 않고 쉰 경우[21)]

⑤ 근로자가 연차휴가신청서를 제출하고 결근한 것은 연차휴가의 시기를 지정하여 사용한 것이고, 회사의 사업운영에 심대한 지장이 있다고 볼 증거가 없는 경우(회사의 승인이 없었다고 하더라도 연차휴가를 정당하게 사용한 것임)[22)]

⑥ 2007년분의 연차휴가청구권이 소멸된 상황에서, 근로자가 휴가신청서에 '2007년분'으로 기재한 것을 이유로 사용자가 연차휴가신청을 불허한 경우(휴가신청시 휴가기간을 특정하면 되는 것이므로, 어떤 해의 연차휴가인지 여부는 기재할 필요가 없고, 다른 근로자들도 연차휴가를 신청하면서 몇년도 분인지를 특정하지 않았고, 연차휴가원 양식상으로도 특정을 요구하고 있지 않으므로 근로자의 연차휴가 신청방식은 적법함)[23)]

## 3. 근로자의 잘못된 시기지정권 행사 사례

### (1) 잘못된 휴가신청을 변경승인해야 할 의무가 사용자에게 있는지 여부

근로자는 회사 간부를 부당노동행위로 고소한 사건의 고소인 자격으로 고용노동지청에 출석하겠다며 이를 외출로 처리해 달라고 했으나 소속 팀장은 이를 불

---

19) 대판 1992.4.10, 92누404
20) 2015.10.21, 임금근로시간정책팀-285; 2007.11.13, 임금근로시간정책팀-3353
21) 2008.12.29, 근로조건지도과-2364
22) 서울행판 2004.1.27, 2003구합25611(대법원 확정)
23) 서울행판 2011.7.22, 2010구합29802(대법원 확정)

허하면서 연차휴가로 사용할 것을 지시하였다. 하지만 근로자는 이를 어기고 오전에 고용노동지청에 출석한 이후, 오후에 출근함으로써 무단지각으로 처리되었다. 이후 또다른 사건으로 고용노동지청에 고소인 자격으로 출석하기 위해 공가신청을 하였으나, 소속 팀장은 근로감독관으로부터 '공가사항이 아니다'라는 회신을 받은 후 근로자에게 연차휴가 신청으로 변경할 것을 지시하였으나, 근로자가 이를 거부하고 해당일자에 출근하지 않자, 회사는 이를 무단결근 처리하고 징계처분을 하였다.

무단지각과 관련하여 근로자는 관공서 출석은 관행적으로 외출처리가 되었다고 주장하였으나, 법원은 무단지각과 관련하여 회사 취업규칙에 '결근 또는 지각시 부서장에게 사전신고를 해야 하며, 부득이한 경우에는 지체없이 가능한 방법으로 사후신고를 하여야 한다', '조퇴 또는 외출시 소속부서장의 승인을 받아야 한다', '회사의 승인없이 결근, 조퇴, 지각을 한 경우에는 징계할 수 있다'고 규정되어 있는데, 팀장으로부터 연차휴가 사용을 지시받았음에도 불구하고 이를 거부한 채 오후에 출근한 것은 징계사유에 해당한다고 판단하였다.

또한 무단결근과 관련하여, 근로자는 단지 휴가의 종류를 착오하여 공가대상이 아님에도 공가로 신청을 하였다면, 소속 팀장은 자신의 권한으로 공가가 아닌 연차휴가로 변경승인 처리해야 함에도 불구하고, 무단결근 처리한 것이므로 이는 소속 팀장이 근태처리권한을 남용한 것으로 무단결근에 해당하지 않는다고 주장하였다.

하지만 법원은 근로자의 공가신청은 공가대상이 아닌 개인적인 사유에 기인한 것으로서 그 효력이 발생될 수 없는 것이고, 이 경우 적법한 시기지정권이 있음을 전제로 사용자가 휴가의 종류 내지 시기를 변경하여 승인하여야 할 권한 내지 의무가 있다고 볼 수 없으므로 근로자가 부적법한 공가신청을 한 다음 회사의 승인도 없이 출근하지 않은 것은 무단결근이며 징계사유에 해당한다고 보았다.[24)]

### (2) 부서장의 허가를 받지 않은 연차휴가 사용

근로자는 2회(2.14 및 6.30)에 걸쳐 회사에 휴무신청을 하였으나, 회사가 이를 거부하였는데 근로자는 출근하지 않았다. 취업규칙에는 질병 등의 사유로 결근

---

24) 서울행판 2010.10.28, 2010구합15247(대법원 확정)

할 경우 진단서를 첨부하여 2일 전에 결근계를 제출하도록 되어 있다.

근로자는 회사의 무단결근 처리에 대하여 2회의 휴무신청은 연차휴가에 관한 시기지정권 행사이며, 회사가 시기변경권을 행사하지 않았기 때문에 위 각 결근은 연차휴가를 사용한 것이 되어 무단결근이 아니라고 주장하였다.

법원은 근로자가 3.9부터 8.21까지 결근계(휴무신청서), 연차휴가신청서를 제출하고 16일의 결근(휴무)과 9일의 연차휴가를 사용한 기록이 있는데, 위 2일의 경우에는 연차휴가신청서를 제출하거나 연차휴가를 사용하겠다고 말한 사실이 없는 이상 이를 연차휴가 시기지정권 행사로 볼 수 없다고 보았다. 설령 시기지정권 행사로 보더라도 취업규칙에는 "연차휴가를 얻고자 하는 자는 소속장에게 청하여 허가를 얻어야 한다"고 규정되어 있는데, 근로자가 소속장의 허가를 얻지 못한 이상 여전히 무단결근에 해당한다고 보았다.[25]

### (3) 휴가신청기한을 지키지 않은 경우

취업규칙에 '사원이 연차휴가를 사용하고자 할 경우에는 근무명령서 작성 1개월 전 소속부서의 장으로부터 승인을 얻어야 한다'고 규정하고 있으나, 근로자가 휴가 희망일 일주일 전에 회사에 휴가신청을 하고 출근하지 않은 것은 정해진 연차휴가 신청절차를 거치지 않고 결근한 것으로 취업규칙 위반의 징계사유에 해당한다[2015 인천지법(확정)].

### (4) 휴가의 종류와 시기를 특정하지 않은 경우

근로자가 휴가를 신청하면서 연차휴가와 심신단련휴가 중 어느 휴가를 신청하였는지 및 그 시기를 특정하지 않은 경우, 사용자로부터 허락을 받아야 하는 심신단련휴가는 근로자의 시기지정권이 인정되지 않고, 연차휴가의 경우 그 사용시기를 특정하지 않아 적법한 시기지정으로 인정되지 않으므로 무단결근에 해당한다.[26]

### (5) 배차 완료 후의 휴가신청

택시회사에서 근로자가 회사에 사전통보 없이 연차휴가를 사용하거나, 이미

---

25) 서울행판 2014.3.20, 2013구합55406(대법원 확정)
26) 서울고판 2010.3.18, 2009누20849(대법원 확정)

배차지시가 완료된 이후에 배차시간에 임박하여 연차휴가를 사용하겠다고 회사에 일방적으로 통보하는 것은 적법한 휴가신청이 아니다.[27)]

### (6) 당일 반차 사용과 본채용 거부

근로자는 당일 오전에 구두상으로 부서장에게 오후 반차 사용 가부를 문의한 후 승인을 받았고, 단지 휴가신청서를 오후 반차 사용 직전에 제출하였을 뿐이며, 부서장은 휴가 승인 당시 거부의사를 밝히거나 문제점을 지적하지 않았으므로, 근로자는 이 행위에 아무런 문제가 없다고 주장한다.

그러나 근로자의 주장에 의하더라도 당일 오후 반차 신청에 대한 부서장의 승인을 당일 오전에 받았다는 것으로, 이는 '사원이 연차유급휴가를 사용하고자 할 경우에는 부득이한 사유가 없는 한 적어도 3일 전에 소속부서의 장에게 승인을 얻어야 한다'고 정하는 취업규칙에 위반될 뿐만 아니라, 근로자가 속한 팀 내의 다른 직원들에게 당일 오후 근로자의 부재를 미리 인지하고 대비할 수 있는 충분한 시간을 주지 않고 갑작스레 이루어진 것으로, 회의 준비 등 다른 직원들과의 협업에 지장을 초래할 수 있는 행동에 해당한다. 이는 부서장이 위 오후 반차 휴가 승인 당시 명시적으로 거부의사를 밝히거나 문제점을 지적하지 않았다 하더라도 마찬가지이므로, 본채용 거부의 사유 중의 하나로 삼은 것은 정당하다 [2023 서울고법(확정)].

## 4. 적법하지 않은 시기지정권 행사의 효과

시기지정권을 적법하게 행사하려면 연차휴가를 언제부터 언제까지 사용한다는 의사표시가 명확히 있어야 한다. 그러나 연차휴가를 언제부터 언제까지 사용할 것인지에 관하여 특정되어 있지 않은 경우에는 적법한 시기지정이라고 할 수 없어 그 효력이 발생할 수 없는 것이고, 이러한 부적법한 연차휴가신청에 대해서는 사용자의 승인을 받는 과정에서 적법하게 전환된 경우에는 적법한 시기지정권 행사가 될 수 있을 것이나, 사용자의 승인도 없이 출근하지 않는 경우에는 결근에 해당된다. 또한 적법한 휴가시기 지정이 있음을 전제로 하는 사용자의

27) 서울행판 2004.4.1, 2003구합27860(대법원 확정)

시기변경권 행사도 필요하지 않게 된다.[28)]

## 5. 사용자의 시기지정권 침해 사례

연차휴가는 근로자가 청구한 시기에 주어야 하므로, 사용자가 근로자의 의사에 반하여 강제로 연차휴가를 사용하게 할 수는 없다.[29)] 즉, 근로기준법 제61조에 의한 연차휴가의 사용촉진 및 같은 법 제62조에 따른 유급휴가의 대체가 아닌 한, 특정시기를 지정해 근로자에게 휴가를 사용하도록 강제할 수 없다.[30)]

근로자가 연차휴가에 대하여 시기를 지정하여 그 청구를 하였음에도 불구하고 사용자가 적법한 시기변경권을 행사하지도 아니한 채 근로자의 연차휴가를 방해한 경우 뿐만 아니라 사용자가 근로자의 연차휴가 자체를 인정하지 아니하여 그 시기지정권의 행사를 사전에 방해하는 것이라고 평가할 수 있을 정도에 이르면 근로자가 시기지정권을 행사하지 아니하고 그 청구를 한 경우에도 마찬가지로 시기지정권을 침해한 것으로 본다.[31)]

### (1) 경영위기로 연차사용을 강제한 사례

사무직에 대해서만 연차휴가 사용촉진제도를 시행중인 사업장에서, 경영위기로 생산직에 대하여 구정 연휴 앞뒤로 3일간 개인별 연차를 사용하도록 하려고 한 사례에서 고용노동부는 비록 수요 감소 및 구매 중단 등에 따라 중대한 경영위기에 처한 경우라 하더라도 연차휴가 사용촉진조치를 취하지 않는 이상 사용자가 일방적으로 특정기간에 연차사용을 명할 수는 없다고 해석을 하였다.[32)]

### (2) 의사의 진료중단과 간호사에 대한 강제사용조치

의약분업과 관련하여 의사들이 진료거부 및 휴업을 함에 따라 간호사 등에 대하여 이들의 사전동의 없이 강제휴가를 실시할 수 있을까? 행정해석은 의료기관의 사정으로 의사들의 진료를 돕는 간호사 등이 사실상 업무를 수행할 수 없어

28) 대판 1997.3.25, 96다4930; 대판 1997.3.28, 96누4220
29) 1994.4.28, 근기 68207-729
30) 2014.7.18, 근로개선정책과-4027
31) 대판 2000.11.28, 99도317
32) 2009.1.23, 근로조건지도과-535.

휴가명령 조치를 취한 경우 휴가명령을 받은 근로자가 사용자의 휴가시기 변경권을 인정하고 이에 동의한다는 명백한 의사표시(서면 또는 구두 동의) 또는 근로자 대표와의 서면합의에 의해 유급휴가로 대체한다는 의사표시(반드시 서면)가 없는 한, 사용자는 근로자가 출근하였을 경우 해당 임금을 지급하여야 하며, 출근한 근로자에 대하여 추후 휴업을 명하였다면 휴업기간에 대하여 휴업수당을 지급하되, 다만 출근하지 아니한 근로자에 대하여는 당해 근로자가 유급휴가를 사용한다는 승낙의 의사표시(묵시적 동의)를 한 것으로 해석한다.[33)]

### (3) 해고예고기간 중의 강제사용 조치

**관련법령**

**근로기준법 제26조【해고의 예고】** 사용자는 근로자를 해고(경영상 이유에 의한 해고를 포함한다)하려면 적어도 30일 전에 예고를 하여야 하고, 30일 전에 예고를 하지 아니하였을 때에는 30일분 이상의 통상임금을 지급하여야 한다. 다만, 다음 각 호의 어느 하나에 해당하는 경우에는 그러하지 아니하다.
1. 근로자가 계속 근로한 기간이 3개월 미만인 경우
2. 천재·사변, 그 밖의 부득이한 사유로 사업을 계속하는 것이 불가능한 경우
3. 근로자가 고의로 사업에 막대한 지장을 초래하거나 재산상 손해를 끼친 경우로서 고용노동부령으로 정하는 사유에 해당하는 경우

근로기준법에서 해고의 예고를 규정한 근본취지는 예상치 못한 해고로 인한 근로자의 생계유지보장과 전직준비기간을 부여하는데 그 의의가 있다. 따라서 근로자에게 적치된 연차휴가를 해고예고기간에 강제로 사용토록 하는 것은 허용되지 않지만, 적치된 연차휴가와는 관계없이 별도의 유급휴가를 부여하는 것은 가능하다.[34)]

### (4) 재택대기발령기간에 연차휴가를 소진토록 한 경우

회사의 규정으로 보직 및 직무를 부여하지 않고 근로제공도 하지 못하는 재택대기발령기간에 대하여 의무적으로 연차휴가를 소진토록 하거나 소진한 것으로 간주하는 것은 근로자의 시기지정권 행사를 막는 것이므로 무효이다.[35)]

---

33) 2000.6.28, 근기 68207-1962
34) 1981.11.10, 근기 1455-33660
35) 2004.3.18, 근로기준과-1347

### (5) 토요휴무일에 연차휴가를 소진케 한 경우

과장급 이상의 간부직원에 대해 특별히 연월차를 구분하지 않고 연간 일률적으로 24영업일(24근무일)의 휴가를 부여하면서, 그와는 별도로 토요휴무를 실시하였다. 취업규칙에 '감독자의 동의를 받아 토요일에 근무하지 않을 수 있으나 토요일 휴무는 법에서 요구하는 최저한의 휴가일수를 계산함에 고려된다'고 규정하고 있는 경우, 동 규정은 근로기준법상 보장된 휴가일수를 사용하게 함으로써 사실상 근로자의 휴가사용시기 선택권을 제약하는 결과를 초래하게 되므로 근로기준법에 저촉된다.[36)]

### (6) 업무 대체자를 정하도록 한 경우

연차휴가 사용시 휴가신청자를 대신할 수 있는 대체근무자를 정하여 승인을 득한 후에만 휴가를 사용할 수 있도록 하는 것은 근로자의 연차휴가청구권 행사를 제한하는 것이다.[37)]

### (7) 연차휴가 이용목적의 기재

연차휴가 신청서에 이용목적란이 있는 경우 근로자가 반드시 기재를 하여야 하는지가 문제된다. 연차휴가는 자유로운 이용이 원칙이므로 근로자가 휴가 이용목적을 기재하지 않았다고 하여 연차휴가를 부여하지 않는 것은 허용되지 않는다. 사용자가 그 이용목적을 이유로 근로자에게 연차휴가를 부여하지 않는 것은 연차휴가청구권을 방해하는 것이기 때문이다. 다만, 사용자는 일시에 휴가신청인원이 많은 경우 등에 시기변경권 행사를 위한 참고자료 등으로 활용할 수 있을 것이다.

### (8) 잘못 계산된 휴가일수 사용 공지와 정정 거부

사용자자 회계연도 기준보다 적은 일수의 휴가를 부여하는 내용의 공지를 한 사건에서 법원은 사용자가 법정기준보다 적은 휴가일수만을 공고하였고, 근로자들의 이의제기에도 불구하고 고용노동청을 거쳐 법정에 이르기까지 자신의 계산방식만을 주장하는 이상 자신이 정한 휴가일수 이상의 휴가사용은 청구하

---

36) 1995.5.16, 근기 68207-797
37) 2005.8.12, 근로기준과-4228

여도 받아들이지 않겠다는 의미로 보았다.

근로자들은 사용자가 인정한 일수를 초과하는 휴가를 사용하지 못하게 되므로 사용자의 휴가일수 공고행위는 근로자의 시기지정권 행사를 사전에 방해한 것으로 평가되므로 연차휴가 미부여로 인한 근로기준법 위반죄에 해당한다[2015 의정부지법(확정)].

### (9) 공휴일에 대한 잘못된 연차대체

사용자는 연차휴가를 근로자가 청구한 시기에 주어야 하므로, 근로자들에게는 시기지정권이 인정되고, 사용자가 미리 특정일을 정하여 그 날에 일제히 연차휴가를 쓰도록 하는 것은 시기지정권을 침해하는 것으로 허용되지 않는다.

사용자가 공휴일에 근로자들에게 일제히 연차휴가를 쓰도록 하려면 근로자대표와의 서면합의가 있어야 하는데 이러한 서면합의가 없다면 인정되지 않는다.

근로계약서에 주휴일과 근로자의 날만을 휴일로 하기로 정하였다는 사정만으로는 근로자들이 공휴일에 연차휴가를 사용하는 것으로 시기를 지정하였다고 볼 수도 없다[2017 대전지법(확정)].

참고로 현재는 공휴일에 대해 연차대체를 할 수 없다.

### (10) 배우자 출산휴가에 대한 대체

배우자 출산휴가는 10일의 휴가를 주도록 남녀고용평등법이 정하고 있는 법정휴가이다. 근로자가 배우자 출산을 이유로 휴가를 청구하였으나, 사용자가 이에 대하여 연차휴가를 사용토록 하였다면 남녀고용평등법을 위반한 것이 되므로,[38] 연차휴가와 별도로 배우자 출산휴가를 사용할 수 있도록 하여야 한다.

## Ⅲ. 사용자의 시기변경권

### 1. 의 의

연차휴가는 근로자가 청구한 시기에 부여하는 것이 원칙이나, 예외적으로 그

38) 2013.6.5, 여성고용정책과-982

렇게 하는 것이 사업운영에 막대한 지장이 있는 경우에는 사용자는 휴가사용의 시기를 변경할 수 있다. 다만, 시기변경권은 휴가시기를 조정하는데 그쳐야 하며, 휴가 자체를 부여하지 않는 것은 허용되지 않는다.[39]

## 2. '사업운영에 막대한 지장이 있는 경우'의 의미

### (1) 행정해석

사업운영에 막대한 지장을 준다는 것은 사업의 정상적인 운영을 현저히 저해하거나 중대한 영향을 주는 것으로서 운영실정에 구체적, 개별적으로 판단되어야 한다.[40] 구체적으로는 휴가청구자가 담당하는 업무의 성질, 작업의 바쁜 정도, 대행자의 배치난이도, 같은 시기에 휴가를 청구하는 자의 수 등을 고려하여 판단하되 사회통념상 합리성이 있어야 한다. 따라서 병가, 휴직, 이직 등의 사유로 일시적으로 인원이 부족하거나 휴가청구일이 집중되는 등의 이유로 사업운영에 막대한 지장이 있는 경우라면, 사용자는 적절한 시기변경권을 행사하여 그 부여시기를 조정하면 된다.[41]

### (2) 법 원

서울고등법원[42]도 행정해석과 유사한 판단기준을 보인다. '사업운영에 막대한 지장'이 있는지 여부는 일반적으로 기업의 규모, 연차휴가를 청구한 근로자의 직장에서의 배치, 그 담당하는 작업의 내용, 성질, 대행자 배치의 난이, 시기를 같이하여 연차휴가를 청구하는 근로자의 수 등 제반사정을 고려하여 합리적으로 판단한다.

필수공익사업장의 필수유지업무 근무 근로자의 경우에는, 공익상 필요에 의하여 그 쟁의행위를 제한하고 있는 노동조합법의 제도적 취지에 비추어, 근로자가 쟁의행위에 참가하기 위한 목적으로 연차휴가를 신청하고 그 시기지정권을 행사한 사정이 있다면, 사용자의 시기변경권의 범위는 다소 넓게 인정될 수 있다

39) 2001.6.28, 근기 68207-2062
40) 1968.8.14, 기준 1455.9-7666
41) 2001.6.28, 근기 68207-2062
42) 서울고판 2013.5.31, 2012누28522(대법원 확정)

고 한다.

또한 막대한 지장 여부는 근로자들이 '연차휴가를 청구할 당시'를 기준으로 판단하며, 이를 그대로 승인함으로 인하여 회사의 사업운영에 막대한 지장이 초래될 개연성이 있는 경우에 시기변경권 행사는 정당하게 된다.

서울행정법원은 '사업 운영상의 막대한 지장'이란 규정의 취지상 '휴가로 인한 근로자의 결원에 따라 직접적으로 발생되는 지장'만을 의미하고 '휴가를 이용한 쟁의행위 등 근로자의 별도 행위에 따라 발생되는 지장'은 포함되지 않는다고 한다.[43)]

## 3. 시기변경권의 행사방법

시기변경권의 행사방법에 대해서도 근로기준법에 아무런 규정이 없으므로 취업규칙 등에서 별도로 정하여 운영하여야 한다. 예를 들어, 취업규칙에 "휴가를 받고자 하는 자는 사전에 소속장에게 신청하여 대표이사의 승인을 득하여야 한다"고 규정하고 있는 것은 근로자의 시기지정권을 박탈하기 위한 것이 아니라 사용자에게 유보된 시기변경권의 적절한 행사를 위한 규정에 해당한다.[44)]

사용자가 시기변경권을 행사할 경우 근로자와의 합의가 전제되어야 하므로 사용자가 일방적으로 휴업기간을 지정하여 연차휴가기간으로 하는 것은 허용되지 않는다.[45)]

## 4. 사용자가 변경된 휴가일을 지정하여야 하는지?

사용자가 근로자의 휴가신청을 불승인한 것 자체가 적법한 시기변경권 행사에 해당하는지 아니면 사용자가 다른 휴가일자를 특정하여 그 시기에 사용하도록 하여야 하는지에 대해서는 판례의 입장이 확립되어 있지 않다.

43) 서울행판 2008.6.13, 2008구합2941(대법원 확정)
44) 대판 1992.6.23, 92다7542
45) 1988.1.27, 근기 01254-1301

| | |
|---|---|
| 변경된 휴가일을 지정해야 한다는 판결 | ① 사용자가 휴가신청을 취소하거나 불승인하였을 뿐 변경된 시기를 특정하지 않았기 때문에 시기변경권의 행사로 보기도 어려움(서울행판 2008.6.13, 2008구합2941, 대법원 확정).<br>② 근로자의 휴가신청에 대하여 사실상 불허하면서 변경된 시기를 특정하지도 않았으므로 시기변경권 행사로 보기 어려움(서울행판 2015.10.8, 2015구합63579, 대법원 확정). |
| 불승인 자체로 충분한다는 판결 | ① 취업규칙상의 사전 휴가신청 및 승인 규정에 따른 회사의 불승인 조치는 정당한 시기변경권 행사에 해당함(부산고판 2008.8.20, 2008나6243, 확정; 서울행판 2014.7.17, 2013구합61708, 대법원 확정).<br>② 회사가 근로자와 구체적인 연차휴가일정에 관하여 협의를 하지는 않았지만 행사준비라는 구체적인 사유를 들면서 휴가승인을 하지 않은 경우(서울행판 2015.4.9, 2014구합63732, 대법원 확정).<br>③ 사용자의 시기변경권은 근로기준법 제60조 제5항 단서에 의하여 인정되는 권리이고, 동 규정은 사용자의 시기변경권 행사방법에 관하여 변경시기를 특정하여 행사할 것을 요구하고 있지는 않으므로, '사업운영에 막대한 지장이 있을 것'이라는 요건 외에 '변경된 시기를 특정하여 통보할 것'이라는 요건까지 충족하여야만 사용자가 시기변경권을 적법하게 행사한 것이라고 볼 수는 없음(2018 서울고판, 대법원 확정). |

이렇듯 판례의 입장이 일관되지 않고 있는데, 개인적으로는 사용자가 근로자의 휴가시기를 지정하는 것은 허용되지 않는다고 본다. 사용자는 시기변경권 행사(근로자가 지정한 시기에 사용이 불가능함을 알리는 것) 만으로 족하며, 언제 사용할 것인지는 근로자가 결정해야 한다. 만약, 사용자가 변경된 시기를 지정해야 한다면 오히려 시기지정권이 근로자가 아니라 사용자에게 부여되는 불합리한 결과와 악용가능성이 나타날 수 있기 때문이다.

고용노동부 역시 시기변경권 행사는 근로자와의 합의가 전제되어야 하며 사용자가 일방적으로 휴가기간을 지정하는 것은 부당하다고 한다.[46] 하지만, 판례의 태도를 고려하면 최소한 근로자의 휴가사용가능시기에 대해 협의를 하는 것이 필요하다고 보인다. 이에 대하여는 다음 각각의 사례들에 나타난 사실관계를 살펴보고 판단하기를 바란다.

---

46) 1988.1.27, 근기01254-1301

## 5. 정당한 시기변경권 행사로 판단된 사례

### (1) 버스운송사업

① '사업운영에 막대한 지장이 있다'고 함은 사업의 정상적인 운영을 현저히 저해하거나 중대한 영향을 주는 것을 의미하고, 이는 업무의 번한, 업무의 회복성의 정도, 대체 근로자의 난이, 청구인원, 휴가일수 등을 종합적으로 고려하여 판단하여야 한다. 휴가를 가기 원하는 근로자가 일정시일 전에 시기지정을 하도록 단체협약에서 정하는 것은 근로자의 시기지정권을 실질적으로 침해하지 않는 한 유효한데, 단체협약에는 5일 전에 휴가원을 내도록 하고 있고, 시기변경권 관련 규정도 존재한다.

근로자가 2013.8.12 휴가 1일(2013.8.14)의 연차신청서를 제출하였으나, 회사가 '14일 배차 및 휴무자를 공표하여 (승인이) 어렵다'는 이유로 휴가를 불승인하였으나, 근로자는 2013.8.14 출근하지 않았다. 이에 대해 법원은 회사가 배차 및 휴무자가 이미 공표되었다는 이유로 단체협약에 위반한 연차휴가 신청을 승인하지 않은 것은 정당한 시기변경권의 행사이며, 근로자가 이를 거부하고 출근하지 않은 것은 무단결근에 해당한다고 보았다.[47)]

② 또다른 사례에서도 "불특정다수인을 상대로 정기여객운송사업을 경영하는 운수회사의 경우 정기적이고 계속적인 여객운송계획이 확정되어 있고 정해진 시각에 예정된 차량운행이 순조롭게 이루어져야 하며, 만일 그 운행에 차질이 생길 때에는 운송사업 운영에 막대한 지장을 초래하게 되는 경우"에는 시기변경권 행사가 가능하다고 보았다.[48)]

③ 막대한 지장이란 근로자가 지정한 시기에 휴가를 준다면 그 사업장의 업무능률이나 성과가 평상시보다 현저하게 저하되어 상당한 영업상의 불이익을 가져올 것이 염려되거나 그러한 개연성이 엿보이는 사정이 있는 경우를 말한다. 이를 판단할 때에는 업무량의 증대, 사용자의 대체 근무자 확보 여부, 근로자가 담당하는 업무의 성질, 다른 근로자의 연차휴가 신청 여부 등을 종합적으로 고려하여야 한다. 근로자가 휴가 사용 1일 전 14:00경에 문자로 그 다음날 휴가를

---

47) 대전지판 2014.10.15, 2014구합100862(대법원 확정)
48) 대판 1992.6.23, 92다7542

사용하겠다고 신청한 경우 회사가 대체근로자를 찾을 시간적 여유가 없고, 근로자에게 연차휴가를 부여함으로써 근로자가 승무할 노선이 결행이 될 경우 회사는 단순히 재산상 손해를 입는데서 나아가 행정관청으로부터 과징금 등의 제재를 받을 가능성이 있는 점 등을 종합하면, 회사의 사업운영에 막대한 지장을 초래한 사정이 인정되므로 회사의 휴가 불승인은 적법하다(2018 서울행정법원, 대법원 확정).

### (2) 병원의 3교대 근무

병원의 영상의학과에는 14명의 근로자가 있는데, 10명은 통상근무(주로 09:00~18:00)를 하고, 근로자를 포함한 4명은 3교대 근무(단체협약 및 근무일정표에 따라 3명은 주간 / 오후 / 야간근무를 하고, 1명은 휴무하는 형태)를 하였다. 3교대 근무자들은 통상근무자들이 휴무하는 날(일요일, 국경일 등)이나 야간에도 1명씩 상시 근무하는 24시간 근무체제를 유지하고 있었고, 3교대 근무자들이 근무일정표상 휴무일 이외의 날에 연차휴가를 신청할 경우 부서장이 통상근무자들과 협의하여 그들 중 한 명이 대체근무를 하도록 하여 왔다.

근무일정표는 3개월 전에 공지되는데, 근로자들은 통상근로자들이 쉬는 설 연휴기간(2009.1.25~27)에 야간근무가 예정되어 있었다. 근로자는 설 연휴 3일 중 1일인 2009.1.26에 연차휴가 사용신청을 하였으나, 부서장은 대체근무자를 구하기 어렵다는 이유로 휴가신청을 받아들이지 않았고, 통상근무자 중 1명(D)에게 근로자를 대신하여 근무가 가능한지를 물은 적이 있었다. 한편, 2009.1.20 3교대 근무자들은 부서장의 제안 등에 따라 설연휴기간 2교대 근무로 변형근로를 실시하고자 협의하였으나, 합의에 이르지는 못했다.

근로자는 부서장의 결재 없이 인사과에 연차휴가신청서를 제출하였으나, 인사과장은 부서장의 결재가 없다는 이유로 휴가신청을 반려하였다. 노동조합은 병원에 근로자의 연차휴가 청구사실을 확인하는 문서를 보냈으나, 병원은 노동조합에 "근로자의 연차휴가 신청을 받아들일 수 없고, 연차휴가 시기변경권이 병원에 있으므로 근로자가 신청한 연차휴가일에 출근하지 않을 경우에는 무단결근에 해당한다"고 통보하였다. 노동조합은 다시 병원에 근로자의 연차휴가 신청에 협조하여 줄 것을 요구하는 문서를 병원에 보냈다. 근로자는 연차휴가를 신청한 2009.1.26에 출근하지 않았고, 이에 병원은 비번인 통상근무자 D로 하여금 출근하여 대체근무를 하도록 하여 업무공백을 방지하였다. 병원은 근로자에 대하여 '견책' 처분을 하였다.

이에 대해 법원은 ① 3교대 근무자들이 공휴일이나 연휴기간에 연차휴가를 사용하는 데에 있어 통상근무자들보다 제약이 많은 것은 사실이나, 이는 근무형태가 도입되면서 이미 예정된 것이고, 단체협약에 명시된 사항이며, ② 이 사건 이전에 3교대 근무자들이 휴일에 연차휴가를 신청하였다가 반려된 사례는 없었고, 영상의학과 부서전달사항에 '3교대 근무자는 가능하면 주말에 휴가를 내지 말 것'이라는 기재가 있지만, 바로 다음 항에 '3교대 근무자가 주말 휴가를 받을 시 근무표를 작성하기 15일 전까지 부서장에게 말하면 비번으로 맞춰줄 것'이라고 되어 있는 점 등에 비추어 보면 병원이 평소에 3교대 근무자들에게 부당하게 연차휴가 사용을 제약한 것으로 보이지 않는다. ③ 비록 부서장이 D에게만 대체근무가 가능한지 여부를 문의하기는 하였으나, 2009.1.26은 통상근무자 전원이 근무를 하지 않는 설연휴기간이자, 설연휴 당일이어서 다른 휴무일과는 달리 통상근무자들에게 대체근무나 추가근무를 요구하기는 어려웠을 것으로 보이며, 부서장은 연차휴가 신청 반려 전 부서장으로서 통상근무자들의 개인적인 사정 등을 감안한 것으로 보이며 ④ 또한 부서장은 2교대 근무로 전환하는 변형근로에 대하여 합의가 이루어지면 근로자가 신청한 연차휴가를 사용할 수 있을 것이라고 제안하기도 한 점 등에 비추어보면 D 한명에게만 대체근무 가능 여부를 문의한 것을 두고 병원이 시기변경권을 남용하였다고 볼 수 없고, 부서장이 근로자에게 이와 같은 반려사유를 상세히 설명하지 않았다고 하여 부당하다고 볼 수 없으며, 인사과장이 부서장 결재가 없다는 이유로 근로자의 연차휴가 신청을 반려한 것 역시 부당하지 않다. ⑤ 또한 근로자가 연차휴가를 신청한 당일은 통상근무자 전원이 휴무하는 설 당일 야간이므로 대체근무자가 마련되어 있지 않은 상황에서 근로자가 결근할 경우 응급상황 발생시 병원의 운영에 막대한 지장이 초래될 우려가 있다(영상의학과의 업무는 노동조합법상의 필수유지업무임)는 등의 이유로 정당한 시기변경권 행사로 판단하였다.[49]

---

49) 서울행판 2010.6.10, 2009구합55126(확정)

### (3) 3일전 휴가원을 제출하여 허가를 받도록 하고 있는 경우

2006.12월경 A지점의 고객시설팀장은 '정기순환전보에 따른 직무재배치 계획'에 따라 근로자에 대하여 B중계소 유지보수 직무를 명하였는데, 근로자는 사무분장표에 서명을 거부하고 B중계소가 아닌 A지점으로 출근하였다. 회사는 여러차례 B중계소로의 출근을 촉구하고, 2007.1.2 면담을 통해 B중계소 근무를 거부하는 것은 근무지이탈이므로 이후부터는 결근처리할 예정임을 고지하였다. 근로자는 2007년 1,4,6,7월에는 B중계소에 출근하여 업무를 수행한 적이 없고, 2월에는 4일, 3월에는 4일, 5월에는 8일을 출근하였다. 또한 4~6월 중에 7일은 A지점으로도 출근하지 않았고, 연차휴가 사용에 관하여 허가를 받지 않은 상태에서 11일 동안(2월~6월중) A지점으로도 출근하지 않았다.

근로자는 연차휴가 신청을 주로 인사시스템으로 하였을 뿐, 복무관리지침(4일 이내의 휴가는 3일전, 5일 이상의 휴가는 4일전에 미리 휴가원을 제출하여 허가를 받아야 한다)에서 정한 바에 따라 소속기관의 장에게 적어도 3일 전에 미리 휴가원을 제출하여 허가를 받은 바는 없다.

근로자는 A지점으로 출근한 부분이나 회사가 근로자의 연차휴가 신청을 승인하지 않은 부분은 무단결근이 아니라고 주장하였으나, 법원은 "적법한 출근이란 지정된 근무지로의 출근을 뜻하는 것이므로, 직무지정에 불응하여 자의적으로 선택한 근무지에 출근한 것을 적법한 의미의 출근이라고 보기 어려운 점, 회사의 복무관리지침에 연차휴가를 청구하는 절차에 관한 정함이 있는 이상 연차휴가권을 행사함에 있어 원칙적으로 그러한 절차를 따라야 하는 점, 근로자가 직무지정을 거부하고 상당기간 지정된 근무지로 출근하지 않아 지정된 근무지의 업무에 차질이 발생하고 있었던 상황을 고려할 때 회사의 연차휴가 불승인을 시기변경권 행사로 볼 여지도 있는 점 등을 고려하면 무단결근의 징계사유에 해당한다"고 보았다.[50)]

### (4) 집단 연차사용으로 리조트의 객실정비업무가 완료되지 못한 경우

K리조트와 객실 및 환경 정비 등을 수행하기로 용역계약을 체결한 용역회사가 K리조트의 객실 예약률이 높아 객실 정비의 어려움이 예상된다는 이유로 연

50) 서울행판 2008.9.11, 2008구합14715(대법원 확정)

차휴가를 사용할 수 없다고 통보하였으나, 근로자들이 휴가사용을 강행함에 따라 회사는 근로자들에게 징계처분을 하였다.

리조트의 주된 영업은 고객에게 숙박 등을 제공하는 것이므로 고객이 정해진 시간에 숙박할 수 있도록 객실을 정비하는 것은 상당히 중요하고 만일 객실 정비를 정해진 시간에 완료하지 못하면 고객불평이 접수되고 리조트의 대외이미지가 하락하여 영업에 큰 손실을 입을 수 있는데, 용역회사와 K리조트 간의 용역계약서에 의하면 객실 정비가 정해진 시간에 이루어지지 않을 경우 용역회사가 이로 인한 손해배상책임을 부담하고 5회 이상 고객으로부터 중요한 불평이 접수될 경우 용역계약이 해지될 수 있다고 되어 있다.

따라서 객실 정비를 정해진 시간에 완료하는 것은 용역회사의 사업운영에 있어서 상당히 중요한데, 3일간의 연휴기간으로 인해 대부분의 객실이 예약된 상태였고, 168개의 객실을 사용한 대학생들이 단체로 퇴실하여 객실관리원 외에 다른 근로자들도 객실 및 환경정비에 참여하였음에도 불구하고 23:20경에서야 정비가 완료되었다. 따라서 근로자들은 객실 정비에 상당한 인력과 시간이 소요되리라는 것을 충분히 예상할 수 있었고, 회사가 근로자들에게 객실 예약률이 높아 객실 및 환경 정비의 어려움이 예상된다는 이유로 연차휴가를 사용할 수 없다고 통보하였음에도 불구하고 근로자들이 집회참여를 위하여 단체로 연차휴가를 사용한 것으로 보이며, 이로 인해 근무자가 부족하여 당일 정비되어야 할 261개 중 145개 객실이 정비되지 못하였고, K리조트는 객실 정비가 늦어져서 예약되지 않은 객실을 판매하지 못하였고 고객들이 객실예약을 취소하기도 하였다는 이유로 용역회사에 손해배상금 명목으로 8백만원을 청구한 점 등을 고려하면 용역회사의 사업운영에 막대한 지장이 초래될 개연성이 있었다고 보이므로 회사가 근로자들의 연차휴가 신청을 불허한 것은 정당하다.[51]

### (5) 교육프로그램 참석을 이유로 한 연차휴가 승인 취소

근로자는 2011.2.10. 회사의 정기주주총회(2011.3.11) 참석을 이유로 연차휴가를 신청하였고 팀장은 2.11 이를 승인하였는데, 이후 팀장은 2011.2.14 근로자가 회사의 교육프로그램 참석대상자에 포함되어 있다는 이유로 연차휴가 승

---

51) 서울행판 2014.7.17, 2013구합61708(대법원 확정)

인을 취소하였다. 근로자는 회사가 의도적으로 자신을 교육대상자에 포함시킨 후 휴가승인을 취소하여 자신의 주주권 행사를 방해하였다고 주장하였다.

서울고등법원[52]은 교육프로그램은 정기주주총회와 무관하게 미리 계획되어 있었고, 근로자가 소속된 지사를 포함한 다수 지사의 직원들을 대상으로 특정시기에 실시된 사정 등을 고려하면 근로자의 주장은 이유없다고 판단하였다. 근로자는 서울고등법원이 회사의 연차휴가 시기변경권 행사의 적법성에 대하여 판단을 하지 않았다고 주장하면서 대법원에 상고하였는데, 대법원[53]은 서울고등법원이 구체적·직접적으로 판단하지는 않았지만 전반적인 취지에 비추어보면, 회사의 연차휴가 시기변경권 행사가 위법하다거나, 회사가 근로자의 주주총회 참석을 방해하기 위한 목적으로 시기변경권을 남용하였다고 보기 어렵다는 판단이 포함되어 있다고 보았다.

### (6) 회사의 금지에도 불구하고 연차를 사용하여 회사 행사에 참가한 경우

#### 1) 사실관계

근로자(사무차장)는 2013.10.25.경 사무총장에게 캄보디아에서 열리는 국제회의(2013.11.1~11.3)에 자신이 참여하고 싶다고 하였으나, 사무총장은 근로자에게 사무총장 본인과 다른 직원이 참석할 예정이니 근로자는 영국에서 열리는 다른 행사(2013.11.4~11.7)를 준비하도록 지시하였다. 그러자 근로자는 10.30 회사에 캄보디아 국제회의 참석을 이유로 연차휴가(2013.10.30~11.1) 신청을 하였는데, 회사는 위와 같은 이유로 연차휴가 승인을 하지 않았다. 그럼에도 불구하고 근로자는 10.30 오후에 회사를 나와 11.1까지 출근하지 않았고 개인자격으로 캄보디아 국제회의에 참석하였다.

#### 2) 사용자가 시기변경권을 행사한 것인지

사무총장이 근로자에게 캄보디아 회의에 참석하지 말고 영국 행사를 준비하라고 지시한 점, 근로자가 캄보디아 회의 참석을 이유로 한 연차휴가 신청에 대하여 승인하지 않은 점 등에 비추어 보면, 회사는 근로자에게 영국 행사 준비를 위

52) 서울고판 2014.8.29, 2013나38222
53) 대판 2015.3.12, 2014다65533

하여 캄보디아 참석하지 말 것을 지시하면서 근로자의 연차휴가 신청을 승인하지 않았는바, 회사는 근로자와 구체적인 연차휴가일정에 관하여 협의를 하지는 않았지만 영국 행사 준비라는 구체적인 사유를 들면서 근로자의 연차휴가 신청에 대한 시기변경권을 행사하였다.

### 3) 사업운영에 막대한 지장이 있는지 여부

회사는 영국 행사에서 ○○광역시와 △△시와 함께 도시들을 홍보하고 관광객을 유치하는 사업을 계획하였고, 근로자가 사무차장으로서 이러한 영국 행사를 총괄한 점, 영국 행사는 2013.11.4부터 개최되어 근로자가 연차휴가를 신청한 기간(2013.10.30~11.1) 종료 후 얼마 지나지 않아 개최될 예정이었던 점, 근로자가 연차휴가를 신청한 기간 동안 캄보디아 회의에 참석하면 영국 행사 준비에 지장이 초래될 것이 충분히 예상되었고, 실제로 영국 행사 준비업무를 담당하였던 직원은 근로자와 연락이 잘 되지 않아 홍보물 제작 등에 차질을 빚은 점, 캄보디아 회의는 사무총장과 다른 직원이 참석하기로 하여 굳이 근로자가 지역회의에 참석할 필요가 없었던 점 등에 비추어보면, 근로자가 청구한 시기에 연차휴가를 주는 것이 회사의 사업운영에 막대한 지장이 있는 경우에 해당한다고 서울행정법원은 판단하였다.

따라서 회사가 근로자의 연차휴가 신청에 대하여 시기변경권을 행사하면서 이를 승인하지 않은 것은 적법하므로 근로자가 10.30 오후에 회사를 떠나 11.1까지 출근하지 않은 채 캄보디아 회의에 참석한 것은 근무지이탈 및 무단결근에 해당한다(또한 사무총장이 영국 행사 준비를 위하여 캄보디아 회의에 참석하지 말 것을 지시한 것은 사무국 관리책임자인 사무총장의 권한 범위 내에서 행한 직무에 관한 정당한 지시에 해당한다).[54)]

### 4) 서울고등법원의 판단

근로자는 연차휴가 신청 당시 이미 영국 행사 준비를 거의 다 마친 상태였고 캄보디아 회의에 참석한 기간 중에도 이메일을 통해 담당자에게 업무지시를 하였으며, 그 결과 영국 행사를 성공적으로 마쳤으므로 연차휴가를 사용하는 것이 회사 운영에 막대한 지장이 있는 경우에 해당하지 않는다고 주장하였다. 서울

---

54) 서울행판 2015.4.9, 2014구합63732

고등법원은 결과적으로는 영국 행사가 큰 문제없이 마쳐진 사실이 인정되더라도 이러한 사후적 사정만으로는 당시 회사 입장에서 근로자에게 연차를 주는 것이 회사 사업운영에 막대한 지장이 있는 경우라고 판단함이 상당하다는 인정을 뒤집을 수 없다고 보았다. 오히려 근로자는 본래 영국 행사를 위하여 별도의 홍보물을 새로이 제작, 사용할 예정이었으나 결국 ○○광역시와 △△시에서 기존에 제작하였던 홍보물을 사용한 사실, 근로자는 영국 행사가 개최되기 불과 한 달 전에야 런던 현지로 출장을 가서 급하게 행사장 담당자 미팅, 초청 여행사 섭외 등을 하기 시작하였고, 이에 따라 영국 행사가 개최되기 전까지 모든 준비사항을 꼼꼼히 점검하는 것이 필요하였을 것으로 보인다.

근로자는 무단결근 일수가 3일에 불과하고 캄보디아 회의에 참석하기 위해 연차휴가를 신청한 점을 고려할 때 비위행위가 중하지 않다고 주장하였으나, 서울고등법원은 사무총장이 근로자에게 영국 행사 준비를 위하여 캄보디아 회의에 참석하지 말 것을 지시하고 이를 불이행할 경우 책임을 묻겠다고 명백하게 경고하였음에도 불고하고, 근로자는 이 지시에 불응하여 무단결근을 감행한 점, 따라서 근로자의 비위행위는 상사의 정당한 업무상 지시를 적극적으로 거부한 것으로서 단순한 무단결근과는 그 성질을 달리하는 점, 달리 근로자에게 캄보디아 회의에 참석해야 할 불가피한 사정이 있었다고 보이지 않는 점 등에 비추어 보면 그 비위 정도가 결코 약하지 않다고 판단하였다.[55]

### (7) 연차휴가사용절차를 위반하여 휴가를 사용한 경우

근로자가 인사발령에 불만을 품고, 업무를 인계인수도 하지 않은 채 9일간 심신단련휴가, 이어서 4일간 연차휴가를 사용한 후 다시 연속해서 11일간 휴가신청을 하면서 자신의 도장만을 날인하여 휴가신청서를 내고 출근하지 않았다. 회사는 11일간의 휴가를 무단결근으로 처리하였고, 내용증명을 통해 복귀명령을 내렸다. 또한 근로자가 업무를 인수인계하지 않고 출근하지 않아 정상적인 업무처리가 어렵게 되자 업무공백을 메우기 위하여 본사 직원을 파견받아 근무시켰다.

법원은 취업규칙에 '휴가를 받고자 할 때에는 사전에 그 사유를 신고하여 허가

---

55) 서울고판 2016.3.10, 2015누41373(대법원 확정)

를 받아야 한다'고 규정하고 있는데, 이것은 근로자의 휴가시기지정권을 박탈하기 위한 것이 아니라 단지 사용자에게 유보된 휴가시기변경권의 적절한 행사를 위한 규정이라고 해석되므로 이러한 규정은 근로기준법에 위반되지 않는다고 전제한 다음, 이러한 회사의 불승인 조치를 정당한 연차휴가 시기변경권 행사로 보았으며, 이 경우에도 근로자는 다른 날을 연차휴가로 지정할 수 있으므로 사용자는 대체가능한 날을 제시할 필요는 없다고 판단하였다.[56)]

### (8) 쟁의행위 목적의 연차휴가 사용

#### 1) 연차휴가 사용과 관련한 일반론

연차휴가의 시기지정은 근로자의 자유이므로 근로자들이 집단적, 일방적으로 연차휴가를 청구함으로써 사업의 정상적 운영을 저해하는 경우가 아니라면 원칙적으로 연차휴가는 근로자들이 신청한 시기에 주어야 한다.[57)] 그러나 이러한 행위가 사업의 정상적 운영을 저해하는 경우에는 사용자는 그 시기를 변경할 수 있고, 정당한 시기변경권 행사에도 불구하고 근로자들이 집단적으로 연차휴가를 사용한 경우에는 정당한 휴가권의 행사로 볼 수 없다.[58)]

노동조합이 자신의 주장을 관철시키고, 회사의 정상적인 업무수행을 저해할 의도로 근로자들에게 집단적으로 연차휴가를 사용하게 함으로써 업무의 정상적인 운영을 저해한다면 그 실질은 연차휴가 사용이 아니라 쟁의행위에 해당된다고 보는 것이 판례와 행정해석의 기본적인 입장이기 때문이다.[59)60)] 따라서 적법한 연차휴가의 행사로 보지 않고, 노동조합법 제44조(쟁의행위 기간중의 임금지급 요구의 금지)에 따라 무노동무임금원칙이 적용된다.

---

56) 부산고판 2008.8.20, 2008나6243(확정)

57) 대판 2006.4.27, 2004두12766, 지사장으로서 상사의 지시를 어기고 집회에 참석하기 위한 근로자들의 연차휴가와 조퇴 신청을 승인하였다는 사유만으로 해고처분 한 것은 부당하다.

58) 1994.9.1, 근기 68207-1377; 2010.6.18, 근로기준과-1457

59) 대판 1996.7.30, 96누587; 대판 1997.12.26, 97누8427; 1995.7.18, 협력 68140-221

60) 개인자격으로 전국대의원대회에 참석한 것은 노동조합의 결의나 구체적인 지시에 따라서 이루어지는 노동조합의 조직적인 활동이라든가 혹은 그 성질상 노동조합의 활동에 해당하는 행위 내지 노동조합의 묵시적인 수권 혹은 승인을 받아 이루어지는 행위에 해당한다고는 보기 어려우므로, 사용자의 연차휴가 불승인은 부당노동행위에는 해당하지 않는다(서울행판 2002.7.5, 2002구합6231, 대법원 확정).

최근 대법원 판결도 근로의 제공 없이도 근로자에게 임금을 지급하도록 한 유급휴일의 특별규정이 적용되기 위해서는 평상적인 근로관계, 즉 근로자가 근로를 제공하여 왔고 또한 계속적인 근로제공이 예정되어 있는 상태가 당연히 전제되어 있어야 하므로 근로제공의무 등의 주된 권리·의무가 정지되어 근로자의 임금청구권이 발생하지 아니하는 파업기간 중에는 그 기간 중에 유급휴일이 포함되어 있다 하더라도 그 유급휴일에 대한 임금의 지급을 구할 수 없고, 연차휴가 역시 유급휴일과 마찬가지로 해석한다. 따라서 근로자가 연차휴가를 이용하여 파업에 참여하는 것은 평상적인 근로관계를 전제로 하는 연차휴가권의 행사라고 볼 수 없으므로 파업기간 중에 포함된 연차휴가에 대한 임금청구권 역시 발생하지 않는다고 한다.[61)]

또다른 사례에서도 단체협약에서 사업운영에 지장이 있는 경우에는 연차휴가 시기를 조정할 수 있다고 규정한 취지는 업무의 특수성 및 사회적 중요성을 고려하여 그 업무수행에 지장이 생기는 등의 특별한 사정이 없는 경우에 한해서 근로자들이 휴가일을 자유롭게 선택하여 사용하는 것을 보장하기 위한 것이므로, 연차휴가를 사용하려는 목적이 불법파업활동을 벌이려는 것으로서 업무수행을 저해할 위험이 농후한 경우라서 연가를 허용하지 않은 경우[62)], 노동조합의 파업 및 계속적인 현장투쟁(현장복귀 조합원들에 대한 업무지시거부, 직장 무단 이탈, 작업거부 등을 하도록 하는 투쟁) 등으로 인력이 부족하여 근무조를 변경하고 대체 인력을 투입하는 등 사업 운영이 곤란하던 상황에서 사용자가 근로자의 연차 신청을 반려한 경우[63)] 등도 정당한 시기변경권의 행사라고 보았다.

### 2) 사실관계

노동조합은 사용자에게 통보한 조합간부 44명만 순환파업에 참가하고, 그 명단에 포함된 지명파업 대상자 외 필수유지업무 근무자를 포함한 모든 조합원은 업무를 유지한다고 사용자에게 고지하였다. 근로자 A, B(필수유지업무 근무 근로자)는 동 명단에 포함되지 않았으나, 순환파업에 참가하기로 하고, 대리근무자를 지정하여 연차휴가를 청구하였으나, 사용자는 A, B가 필수유지업무 대상자임을

61) 대판 2010.7.15, 2008다33399
62) 서울행판 2003.3.28, 2002구합36034(서울고등법원 확정)
63) 서울행판 2008.4.24, 2007구합29352(서울고등법원 확정)

이유로 시기변경권을 행사하여, 연차휴가청구를 반려하였다. 하지만 A, B는 대리근무자를 자신들의 업무에 종사하게 한 후, 순환파업에 참가하였고, 사용자는 이를 무단결근으로 처리하고, A, B에 대하여 각각 감봉 1개월 및 견책의 징계처분을 하였다.

### 3) 법원의 판단

**관련법령**

**노동조합법 제71조【공익사업의 범위등】** ② 이 법에서 "필수공익사업"이라 함은 제1항의 공익사업으로서 그 업무의 정지 또는 폐지가 공중의 일상생활을 현저히 위태롭게 하거나 국민경제를 현저히 저해하고 그 업무의 대체가 용이하지 아니한 다음 각호의 사업을 말한다.
1. 철도사업, 도시철도사업 및 항공운수사업
2. 수도사업, 전기사업, 가스사업, 석유정제사업 및 석유공급사업
3. 병원사업 및 혈액공급사업
4. 한국은행사업
5. 통신사업

**제42조의2【필수유지업무에 대한 쟁의행위의 제한】** ① 이 법에서 "필수유지업무"라 함은 제71조 제2항의 규정에 따른 필수공익사업의 업무 중 그 업무가 정지되거나 폐지되는 경우 공중의 생명·건강 또는 신체의 안전이나 공중의 일상생활을 현저히 위태롭게 하는 업무로서 대통령령이 정하는 업무를 말한다.
② 필수유지업무의 정당한 유지·운영을 정지·폐지 또는 방해하는 행위는 쟁의행위로서 이를 행할 수 없다.

**제42조의3【필수유지업무협정】** 노동관계 당사자는 쟁의행위기간 동안 필수유지업무의 정당한 유지·운영을 위하여 필수유지업무의 필요 최소한의 유지·운영 수준, 대상직무 및 필요인원 등을 정한 협정(이하"필수유지업무협정"이라 한다)을 서면으로 체결하여야 한다. 이 경우 필수유지업무협정에는 노동관계 당사자 쌍방이 서명 또는 날인하여야 한다.

서울고등법원은 ① 발전소 가동중단은 전국 전력공급에 큰 차질을 빚을 수 있고, ② 쟁의행위기간 동안 평상시의 100% 수준으로 필수유지업무를 유지해야 하며, A, B를 포함한 교대근무자 전원이 그 운영수준을 정상적으로 유지하기 위한 필요인원에 해당하며, ③ 노동조합이 통보한 파업참여 조합간부 명단에는 A, B가 포함되어 있지 않고, ④ 사용자가 필수유지업무 대상자라는 이유로 연차휴가청구를 반려하고, A, B는 사내전산망 및 부서장 면담을 통하여 반려사실을 확인하였다. ⑤ 연차휴가청구를 반려할 당시 순환파업이 예정되어 있어 발전설비 고장 등에 의해 국민의 생명, 건강, 신체의 안전 등에 위험이 발생하는 것을 방

지하기 위해 철저히 대비해야 하는 매우 긴박한 상황이었고, ⑥ 연차휴가를 청구한 6월 하순경은 전력사용량이 급증하는 시기로, 사용자 입장에서는 발전설비의 안정적 운영을 위한 인력을 최대한 확보할 필요가 있었고, ⑦ 4조 3교대의 업무 성격상 체력소모가 많고 위험성이 따르므로, 적절한 휴식을 취함으로서 근무시간 중에 고도의 집중력을 발휘하는 것이 필요한데, 동료의 연차휴가로 인하여 대리근무자로 지정되어 충분한 휴식을 취하지 못하게 되면 피로한 상태에서 가스터빈을 운전하게 될 가능성이 높아지고, 이는 사용자의 업무에 막대한 지장을 초래할 수 있다는 점을 이유로 들었다. 또한 ⑧ 00지방검찰청에서 노동조합법 제42조의2(필수유지업무에 대한 쟁의행위의 제한) 위반에 대해 불기소처분(필수유지업무의 정지·폐지 또는 방해행위를 한 것으로 보기 어렵고, 또한 그러한 위험에 이르게 하였다고 보기 어렵다)을 받은 것은 대체근무자로 하여금 근무를 하게 하는 등 조치를 취함으로서 결과적으로 필수유지업무의 정지·폐지 행위를 하거나 그러한 위험에 이르게 하지는 않았음에 비추어 죄형법정주의 원칙상 형사책임을 묻기는 어렵다는 것 뿐이므로, 사용자의 시기변경권 행사의 정당성 판단에 영향을 미칠 수는 없다고 보았다. ⑨ 근로자들은 전력성수기인 여름철을 피해서 비수기에 연차휴가를 사용하되, 불가피한 사정이 있는 경우에는 전력성수기에도 연차휴가를 사용한 것으로 보이는데, 다른 근로자 D에 대한 연차휴가 승인은 그 사유가 '배우자 병간호'였던 점에 비추어 보면, 전력성수기임에도 불구하고 불가피한 사유가 있어 연차휴가를 청구한 경우였던 것이므로 이러한 사정만으로 A, B에 대한 시기변경권 행사가 부당하다고는 볼 수 없다고 판시하였다. 대법원 역시 서울고등법원의 판결을 유지하였다.[64)]

## 6. 부당한 시기변경권 행사로 판단된 사례

### (1) 택시운수사업

24대의 택시를 39명의 근로자가 2일 근무 / 1일 휴무방식으로 운영하던 중, 근로자 1명이 과거 방식대로 특정월에 10일의 연차휴가를 청구하자, 사용자가 나머지 38명이 유급휴가를 갖고, 3명의 신임기사가 3일간 교육을 받도록 예정

64) 서울고판 2013.5.31, 2012누28522(대법원 확정)

되어 있다는 이유로 10일 중 3일만 휴가를 승인한 경우 사업경영에 심대한 지장을 주는 것이라고 할 수 없다.[65)]

### (2) 부당한 교육명령 참석을 이유로 한 휴가신청 반려

회사가 내린 교육명령이 부당한 경우에는 교육명령 참석을 이유로 근로자의 휴가신청을 반려한 것 역시 부당하게 된다. 회사는 근로자의 휴가신청이 일단 반려되었으므로 근로자가 다시 휴가를 사용하고자 한다면 다시 날짜를 조정하여 휴가신청을 하였어야 할 것임에도 그러하지 아니하고 그대로 무단결근한 것은 취업규칙 위반이라고 주장하였다.

이에 대해 법원은 사용자는 근로기준법 제60조 제5항에 따라 근로자가 휴가를 신청하면 사업 운영에 막대한 지장이 있는 경우를 제외하고는 근로자가 신청한 시기에 휴가를 주어야 하는데, 근로자가 신청한 휴가로 인하여 사업운영에 막대한 지장이 초래한다는 점을 인정할 만한 특별한 정황을 찾아보기 어려우므로 회사로서는 근로자의 휴가신청에 따라 그대로 휴가를 부여할 의무가 있다고 보았다.

또한 취업규칙에는 "직원이 질병 또는 기타 부득이한 사유로 결근하고자 할 때에는 사전에 소속장에게 신고하여야 하고, 긴급, 불가피한 사유로 사전신고를 하지 못한 경우에는 전화, 전언 기타의 방법으로 조속히 연락을 취하여야 하며, 그러하지 아니한 경우에는 무단결근으로 처리한다"고 정하고 있는데, 회사로서는 이미 근로자로부터 휴가를 사용하겠다는 신청을 받은 상태이므로 이를 허용하지 않겠다는 사정만으로 근로자의 휴가사용을 무단결근으로 볼 수도 없다.[66)]

### (3) 인력부족으로 인한 휴가미부여는 회사의 귀책사유

1) 근로자는 2012.10.17 부인 생일을 이유로 10.28(일)자 연차휴가 신청서를 제출하였는데 회사(버스운송업)는 10.25경 '휴가신청일이 휴일이고, 회사의 재운행 기념일로 휴가 또는 결근신청자가 많다'는 이유로 연차휴가시기 변경을 요청하였다. 10.28자 휴가(결근 및 병가 포함) 신청자는 근로자를 포함하여 17명이고, 회사는 근로자를 포함한 4명에게 시기변경을 요청하였는데 3명은 이를 수용하여

65) 서울고판 1997.1.10, 96구3793(확정)
66) 대전고판 2013.7.30, 2012나7401(확정)

휴가신청이 반려되었고 당일 정상근무를 하였다. 근로자는 10.28(일) 출근하지 않았고, 회사는 다른 근무자를 투입하여 버스운행의 결행발생을 막았다. 이후 회사는 근로자를 노사합의서에 따라 고정기사에서 예비기사로 배치전환 하였다.

이에 대해 법원은 운전기사 부족으로 버스운행에 결행이 발생하는 것은 사업운영에 중대한 지장이 생기는 것이지만, 회사의 시기변경권 행사가 적법하지 않다고 보았다. ① 연차휴가는 통상 예견되는 것이고 평상시에도 늘 행해지는 것이므로 회사로서는 통상적인 근로자의 결원을 예상하여 그 범위 내에서 충분히 대체근무자를 확보할 의무를 부담하는데, 회사는 정부지원금 산정기준에 의할 때 연차휴가일수를 고려하지 않고 청원휴가일수 1일 만을 고려한 상태에서 총 163.84명(2.56명 / 1대×64대)에 미치지 못하는 151명의 운전기사만으로 운수업을 하고 있어 상시 12.84명이 부족한 상태였던 점, ② 휴무신청자 17명 중 휴무승인이 된 13명 가운데 2명은 결근신청자인데 결근이나 청원휴가는 회사가 허가여부를 결정할 수 있음에도 신청을 반려하지 않고 승인한 후 연차휴가 신청자보다 우선하여 대체인력을 배정한 점, ③ 근로자와 같은 날 연차휴가를 신청한 A의 경우 시기변경 가능 여부를 확인하지 않고 휴가를 허가한 점 등을 보면 2012.10.28에 운전기사 부족이 생긴 원인은 회사에 있고, 그러한 원인이 없었더라면 근로자에게 연차휴가를 주더라도 운전기사 부족과 그에 따른 버스운행의 결행이라는 사업운영의 지장이 발생하지 않았을 것으로 보이며, 따라서 근로자에게 연차휴가를 주는 것이 사업운영에 막대한 지장이 있는 경우라고 보기 어렵다. 따라서 회사의 시기변경권 행사가 적법하다고 볼 수 없다.[67)]

2) 또다른 사례에서도 근로자의 연차휴가는 통상 예견되는 것이고 평상시에도 늘 행하여지는 것이므로 회사로서는 통상적인 근로자의 결원을 예상하여 그 범위 내에서 충분히 대체 근무자를 확보할 의무를 부담한다고 보았다.

그런데 회사는 통상 예상되는 결원이 8명 내지 12명임에도 예비기사를 불과 4명 밖에 확보하지 못하고 있어 통상 4명 내지 8명의 작업인원 부족상태가 지속되었음에도 아무런 조치를 취하고 있지 않았던 점에 비추어 5명의 결원이 평소 사업운영에 막대한 지장을 초래할 정도의 규모라고는 보여지지 아니하고, 달리 5명의 결원이 사업장의 정상적인 업무를 마비시킬 우려가 있었다고 볼 증거도 없으

---

67) 대구지판 2014.11.27, 2013가합7633(대구고등법원 확정)

며, 더욱이 회사가 시기변경권을 행사하면서 단체협약 제00조 소정이 본인의 동의를 받은 바도 없으므로, 적법한 시기변경권의 행사에 해당하지 않는다.[68)]

3) 시내버스 운수업은 인가받은 버스노선이 결행될 경우 과징금이 부과되고, 준공영제 노선이 결행될 경우에는 시내버스 수입금공동관리위원회로부터 운송원가 2배의 제재를 받게 되므로, 근로자들이 신청한 기간에 휴가를 부여함으로써 버스노선에 결행이 발생하는 것은 버스여객운송업체의 사업운영에 대한 중대한 지장에 해당한다.

그러나 근로자의 연차휴가는 통상 예견되는 것이고 평상시에도 늘 행하여지는 것이므로 회사로서는 통상적인 근로자의 결원을 예상하여 그 범위 내에서 대체 근로자를 충분히 확보하여야 할 것인데, 회사는 운영버스의 수 및 운행방식에 비하여 근로자들이 연차휴가를 사용할 수 있도록 대체 근로자를 충분히 확보하지 못한 점, 회사가 휴가 부여에 필요한 대체인력을 확보하기 위하여 인가차량의 2.35배를 초과하는 운전기사를 고용하는 것이 불가능하였다고 볼 수 없는 점, 회사가 노선별·조별 단위 휴무 제도를 도입하고, 휴무신청을 제도화하며, 근로자들의 합의에 따른 휴무일 교환 관행을 승인하였다는 사정만으로 근로자들에게 연차휴가를 보장하기 위한 충분한 노력을 하였다고 볼 수 없는 점 등을 종합하면, 위와 같은 사업운영의 지장은 휴가 실시 및 그로 인한 인원 대체 방법을 제대로 강구하지 아니한 회사의 잘못에 의하여 발생한 것으로 보이므로, 이를 이유로 근로자들의 휴가신청을 불허한 행위는 정당한 시기변경권의 행사에 해당한다고 보기 어렵고, 따라서 근로자들이 휴가신청일에 출근하지 아니한 것은 무단결근에 해당하지 않는다.[69)]

### (4) '추후통보'한다고 한 것이 정당한 시기변경권의 행사인지 여부

#### 1) 사실관계

회사(버스운송업)는 노선별 및 조별 단위로 요일별 휴무제를 실시하였고, 그에 따라 소속 근로자들은 월간 4~5일의 휴무가 부여되었다. 회사는 소속 근로자들에게 해당 월의 일수에서 단체협약으로 정한 월간 24일의 근무일과 요일별

---

68) 서울행판 1999.9.17, 99구8731(대법원 확정)
69) 서울행판 2016.8.19, 2015구합73392(확정)

휴무제에 따른 휴무일수를 제외한 나머지 1~3일에 대해서는 무급휴무를 부여하였다.

신청서 양식은 '휴무(결근·연차) 신청서'라는 제목으로 되어 있었는데, 근로자들이 휴무를 신청할 경우 무급휴무가 남아 있는 경우에는 별도로 연차 부분에 O표시를 하지 않지만, 무급휴무일수가 남아 있지 않은 경우에는 별도로 연차 부분에 O표시를 해서 연차휴가로 신청을 하였다. 다만, 근로자들이 별도로 연차 부분에 O표를 하지 않고 무급휴무일수를 초과하여 신청할 경우, 회사는 무급휴무에서 우선 차감을 하고, 나머지 부분을 연차휴가로 처리하였다.

근로자가 2014.7.21 가족휴가를 이유로 '휴무일: 2014.8.11~14'까지로 신청서에 기재하면서 연차부분에 O표시를 하지 않은 채 휴가신청을 하였고, 회사는 다음날 휴가신청에 대한 결과를 '추후통보'라고 기재하여 게시하였다.

회사는 8.7 사내공고를 통하여 동 휴가신청기간 동안 정상적인 승무지시를 하자, 근로자는 '휴가를 적법하게 신청하였고, 휴가불가라는 별도의 통보가 없어서 가족과 휴가계획을 세웠고 숙소까지 예약한 상황이어서 승무지시를 따를 수 없다'는 문서를 회사에 보냈고, 회사는 다시 근로자에게 정상근무를 요청하는 문자메시지를 보냈다. 하지만 동 기간동안 근로자가 출근하지 않았고, 회사는 다른 운전기사들을 투입하여 운행하였고, 인력부족 등으로 버스 1대는 4일 간 운행되지 못하였다. 또한 회사는 8.11 근로자가 신청을 하지 않은 8.15~8.16에 대해 무급휴무 2일(=31일-24일-요일별 휴무 5일)을 승인한다는 내용의 공고를 하였다.

### 2) 근로자의 휴가신청이 시기지정권의 행사에 해당하는지?

근로자는 휴가일수 4일에 대하여 모두 연차휴가를 신청할 수 있는 권리가 있었고, 약 21일전에 시기를 정하여 신청(단체협약에는 5일 전에 제출하도록 하고 있음)하였으므로 적법한 기간 내에 연차휴가를 신청한 것이며, 8.11~14까지 4일을 하나의 휴가로 삼아 신청을 한 것으로 보이고, 다만 8월경 무급휴무일수가 남아 있어서 신청서의 연차 부분에 O표시를 하지 않은 것에 불과하며, 회사 역시 근로자의 휴가신청을 무급휴무와 연차로 구분하여 결과를 통보한 것이 아니라 그 전체를 하나의 연차휴가로 보고 이에 대하여 추후통보를 한 것으로 보이는 점, 근로자가 신청한 4일의 휴가는 8월에 부여되는 무급휴무 2일을 초과하는 것으로서 당연히 연차가 포함되어 있을 수 밖에 없고, 근로자가 휴가신청시 4일을 무급휴무와 연차 부분으로 구분하여 특정하지 않은 이상 하나의 시기지정권을 사용한 것으로 보아야 하며, 양자를 구분하여 시기지정권을 행사하였다고 보기는 어려운 점, 회사가 소속 근로자들이 연차휴가 사용을 특정하지 않고 무급휴무 일수를 초과하는 휴가신청을 하는 경우 우선적으로 무급휴무로 취급을 하고, 나머지 부분을 연차휴가로 취급하고 있다고 하더라도 이는 사후적으로 연차휴가일수만 공제된다는 것에 의미가 있을 뿐이며, 무급휴무와 달리 연차휴가에 대해서는 시기변경권 행사에 제한이 있으므로, 연속 4일을 하나의 휴가로 신청한 근로자의 의사에 비추어 보면 휴가신청의 성격을 판단함에 있어서는 사후적으로 무급휴무로 처리되는 부분이 있다고 하더라도 하나의 연차휴가를 신청한 것으로 볼 필요성이 있는 점 등을 고려하면 근로자의 휴가신청은 모두 연차휴가에 관한 시기지정권 행사의 의사표시에 해당한다.

#### 3) 추후통보가 정당한 시기변경권의 행사인지 여부

회사는 소속 근로자들의 휴가신청에 대하여 불허, 허용, 추후통보로 구분하여 통보하고 있는데, '추후통보'는 추후통보로 통보받은 근로자가 휴가기간 이전에 다시 회사에 동료기사들과 휴무일을 서로 바꾸었다는 등의 사정을 알리면 회사가 근로자에게 그 신청한 휴가기간에 대한 휴가를 허용하나 그렇지 않으면 회사는 근로자에게 별도의 통보를 하지 않고 승무지시를 하고 있는 점을 보면, 추후통보는 사실상 불허와 동일한 의미로 해석된다. 따라서 근로자의 휴가신청에 대하여 사실상 불허한 것이며, 변경된 시기를 특정하지도 않았으므로 시기변경권 행사로 보기 어렵다.

#### 4) 막대한 지장 여부

회사는 근로자가 신청한 휴가기간에 휴가신청자가 많았고, 버스 준공영제 제도상 인건비 한도 제한, 단체협약상 기간제 사용금지, 산업재해와 징계 등으로 인하여 대체인력이 부족하였기 때문에, 근로자에게 휴가를 주는 것이 사업운영에 막대한 지장이 있을 것으로 보아 변경권을 행사하였으므로 시기변경권 행사가 적법하다고 주장하였다.

이에 대해 법원은 운전기사 부족으로 버스운행에 결행이 발생하는 것은 버스여객운송업체의 사업운영에 중대한 지장이 생기는 것이라 할 것이지만, 회사가 주장하는 이유만으로는 시기변경권 행사가 적법하였다고 인정하기 어렵다고 하였다. 근로자의 연차휴가는 통상 예견되는 것이고 평상시에도 늘 행해지는 것이므로 회사로서는 통상적인 근로자의 결원을 예상하여 그 범위 내에서 대체근로자를 충분히 확보하여야 하는데, 회사는 버스의 수 및 운행방식에 비하여 근로자들이 연차휴가를 사용할 수 있도록 대체 근로자를 충분히 확보하지 못한 점, 이에 따라 근로자들이 연차휴가를 사용하는 경우에는 다수가 상시적으로 반려되고 있는 상황이었던 점, 산업재해나 징계로 대체 근로자가 부족하였다고 하더라도, 회사가 그러한 상황에 대하여 아무런 조치를 취한바 없으므로 그와 같은 결원 발생이 평소 사업운영에 막대한 지장을 초래할 정도의 규모라고 보이지는 않고, 버스의 준공영제 제도상 인건비 한도에 제한이 있으며, 단체협약상 기간제 사용금지 규정이 있다고 하더라도 그러한 사정만으로 대체 근로자를 확보하지 못한 사용자의 책임이 정당화된다고 볼 수는 없는 점, 회사는 8.15~16에도 대체근로자가 부족한 상황은 동일하였음에도 불구하고, 근로자에게 휴무를 승인하여 준 점 등에 비추어보면, 근로자가 신청한 휴가기간에 운전기사 부족이 생긴 원인은 회사에 있고, 그러한 원인이 없었다면 근로자에게 연차휴가를 주더라도 운전기사 부족과 그에 따른 버스운행의 결행이라는 사업운영의 지장이 발생하지 않았을 것으로 보인다. 따라서 사업운영에 막대한 지장이 있는 경우라고 보기 어려우므로 회사의 시기변경권 행사가 적법하다고 할 수 없다.[70)]

### (5) 국감투쟁 참여를 목적으로 한 휴가사용

노사간 교섭이 타결되지 않아 노동조합이 총파업을 실시하였는데, 근로자들은 '국정감사에 대한 투쟁계획(국감투쟁)'에 참여할 목적으로 사유를 연차휴가, 가사, 친가방문, 경찰서 출석, 본사방문, 체력단련, 노조업무 관련 등으로 기재하여 연차휴가를 신청한 후 출근하지 않자, 회사는 사전승인없이 국감투쟁 참여를 목적으로 휴가를 사용하였다는 이유로 무단결근으로 처리하고 해당일에 대한 임금을 지급하지 않았다.

연차휴가의 신청은 그것이 다수의 근로자에 의하여 일제히 이루어져 사실상 그 자체로서 부당한 쟁의행위에 해당한다는 등의 특별한 사정이 없는 이상 단순

---

70) 서울행판 2015.10.8, 2015구합63579(대법원 확정)

히 그 실질적인 목적이 표면상의 목적과 다르다는 이유만으로 부당하다고 할 수 없고, 나아가 이러한 법리는 연차휴가뿐만 아니라 근로기준법이나 단체협약에 따라 사용목적에 관하여 특별한 제한 없이 인정되는 다른 휴가의 경우에도 원칙적으로 동일하게 적용된다.

시기변경권의 행사요건인 "사업 운영상의 막대한 지장"이란 규정의 취지상 '휴가로 인한 근로자의 결원에 따라 직접적으로 발생되는 지장'만을 의미하고 '휴가를 이용한 쟁의행위 등 근로자의 별도 행위에 따라 발생되는 지장'은 포함되지 않는다.

회사가 근로자들의 휴가신청에 대하여 승인을 취소하거나 불승인하였을 뿐 변경된 시기를 특정하지 아니한 것으로서 시기변경권의 행사로 보기도 어려울 뿐더러, 위 법리에 비추어 보면 설령 노조간부들이 국감투쟁에 참여함으로써 회사의 사업 운영에 막대한 지장이 있을 것으로 예상되었다고 하더라도 이러한 사유만 가지고 시기변경권의 행사요건을 갖추었다고 볼 수도 없고, 달리 노조간부들에게 휴가를 주는 것이 회사의 사업 운영에 막대한 지장이 있었음을 인정할 만한 자료가 없으므로, 이는 정당한 시기변경권의 행사라고 볼 수 없다.[71)]

### (6) 5월 징검다리 연휴에 신청한 연차휴가

근로자는 2017.4.26 징검다리 연휴기간(2017.5.2 및 5.4)에 연차휴가 사용을 신청하였으나, 회사는 가전제품 수리요청이 급증할 것으로 예상하여 동 기간에 대하여 외근직 수리기사들의 연차휴가 실시를 일정 부분 제한하기로 하고, 근로자의 휴가를 반려하였다. 실제로 근로자 외에도 2017.5.4자 연차휴가 신청이 반려된 외근직 수리기사도 있었다. 그러나 근로자는 양일간 출근하지 않았고, 회사는 무단결근 등을 이유로 정직 24일의 징계처분을 하였다.

서울고등법원은 다음과 같은 이유로 징계사유가 인정되지 않는다고 보았다. ① 단순히 근로자가 연차휴가를 사용함으로써 근로인력이 감소되어 남은 근로자들의 업무량이 상대적으로 많아진다는 일반적 가능성만으로 시기변경권이 인정되지 않는다. 근로자가 연차휴가를 신청한 2일은 업무폭증이 예상되는 극성수기도 아니고, 근로자 이외에 다른 근로자들이 집단으로 연차휴가를 신청하여

71) 서울행판 2008.6.13, 2008구합2941(대법원 확정)

근로인력이 현저하게 감소된 기간도 아니었다. ② 근로자의 연차휴가신청일은 근로자가 외근직 가전제품 수리기사로서 본격적인 업무를 시작하기 전이므로 다른 외근직 가전제품 수리기사들만으로도 업무를 처리하더라도 업무가 평상시보다 현저하게 저하되는 상황은 아닌 점, ③ 회사는 다른 외근직 가전제품 수리기사 2명에 대하여 2017.5.4 연차휴가를 승인하였고, ④ 5월의 징검다리 연휴는 연초부터 예상된 기간이었는데, 만일 근로자의 연차휴가신청일이 포함된 기간 중 평소보다 물량이 현저히 많아질 것이라 예상된다면 회사는 대체인력 확보 등 다른 수단을 마련할 수 있었다. ⑤ 근로기준법 제60조 제5항과 회사의 취업규칙은 근로자에게 연차휴가를 신청하면서 그 사유를 구체적으로 기재하여야 할 것을 요구하고 있지 않고, 근로자는 상당한 기일 이전인 2017.4.26에 연차휴가를 신청하였으나 회사가 승인하지 않은 점 등을 근거로 회사 운영에 막대한 지장이 인정되지 않으므로, 연차휴가 신청을 허가하지 않은 회사의 행위는 정당한 시기변경권 행사로 볼 수 없다고 하였다.[72]

### (7) 교대제 근무하에서의 대체근로자를 확보하지 못한 경우

근로자는 근로기준법 등에 근거하여 연차휴가를 사용할 수 있는 권리가 있기 때문에 근로자의 연차휴가 사용으로 인한 결원의 발생은 통상 예견되는 것이다. 사용자로서는 이러한 근로자의 연차휴가 사용으로 인하여 통상적으로 발생할 수 있는 결원을 예상하여 그 범위 내에서 필요한 대체근로자를 충분히 확보하여야 한다.

특히, 근로자가 항상 같은 요일과 시간대에 근무하지 않는 사업장(교번제라고 하는데, 16일을 주기로 주간, 야간, 비번, 휴무를 혼합하여 근무하는 일종의 교대제와 유사한 형태)의 경우 근로자의 연차휴가 사용권 보장을 위해 대체근로자 확보에 더욱 노력할 필요가 있다. 야간근무자에 대한 연차휴가 승인율이 50%에 불과한데, 이는 회사의 특수한 근무형태인 교번제의 특성을 고려한 대체근로자의 확보를 위해 충분한 노력을 기울였다고 보기 어렵다.

근로자A는 한달 전에 연차휴가를 신청하였다가 이를 취소하고 휴가 사용 5일 전에 다시 연차휴가를 신청하였는데, 이는 휴가 사용일 2일 전까지 신청하도록

---

72) 서울고판 2019.4.4, 2018누57171(대법원 확정)

한 회사의 내부 규정과도 일치하고, 근로자A가 휴가를 신청한 시기 역시 평상시보다 업무의 증가가 예상되는 특별한 시기도 아니었다. 따라서 회사로서는 대체근로자를 확보할 충분한 시간이 있었고, 근로자A가 회사에게 대체근로자 확보를 요구하였음에도 불구하고, 회사는 적극적인 노력을 하지 않은 채, 근로자A에 대해 대체근로자를 구하라고 하거나 일단 출근하라고 요구하였을 뿐이다.

근로자A가 휴가를 사용하자 회사는 '출근지시에 불응하여 무단으로 결근하고, 출근지시에 불응한 것'을 이유로 경고조치를 하였는데, 법원은 부당한 시기변경권 행사로 보아 사용자의 경고처분이 부당하다고 판단하였다(2019 서울행정법원, 확정).

## 7. 시기변경권 행사의 효과/입증책임

사용자가 정당하게 시기변경권을 행사하면 근로자는 청구한 시기 외의 기간(일자)에 연차휴가를 사용하여야 한다. 만약, 사용자의 정당한 시기변경권 행사에도 불구하고 근로자가 일방적으로 연차휴가를 사용한 경우에는 무단결근으로 처리될 수 있다.[73] 그러나 사업운영에 막대한 지장이 없음에도 불구하고 사용자가 시기변경권을 행사한 경우에는 근로자에 대하여 결근처리를 할 수 없다.

사업운영에 막대한 지장이 있다는 점에 대한 입증책임은 사용자에게 있다.[74] 연차휴가 사용은 근로자가 청구한 시기에 주는 것이 원칙이고 예외적으로 사용자에게 시기변경권을 허용한 것이기 때문이다.

## 8. 기타 휴가의 시기변경권 행사 가능 여부

| 휴 가 | 가능 여부 | 관련 근거 |
|---|---|---|
| 연차휴가 | ○ | 근로기준법 제60조 제5항(사업 운영에 막대한 지장이 있는 경우)<br>cf. 근로자와의 협의를 요건으로 규정하고 있지 않음. |
| 난임치료휴가 | ○ | 남녀고용평등법 제18조의3은 근로자가 청구한 시기에 휴가를 주는 것이 정상적인 사업 운영에 중대한 지장을 초래하는 경우에는 근로자와 협의하여 그 시기를 변경할 수 있다고 규정하고 있음. |

73) 1968.8.14, 기준 1455.9-7666
74) 서울고판 2013.5.31, 2012누28522(대법원 확정)

| 휴 가 | 가능 여부 | 관련 근거 |
|---|---|---|
| 가족돌봄휴가 | ○ | 남녀고용평등법 제22조의2 제2항은 근로자가 청구한 시기에 가족돌봄휴가를 주는 것이 정상적인 사업 운영에 중대한 지장을 초래하는 경우에는 근로자와 협의하여 그 시기를 변경할 수 있다고 규정하고 있음. |
| 생리휴가 | X | 근로기준법 제73조의 생리휴가는 여자근로자가 생리가 있는 경우에 모성보호를 위하여 유급휴가(현재는 무급)를 부여토록 한 것으로 휴가권을 변경할 수는 없다(1988.7.19, 근기 01254-10854). |
| 월차휴가 | X | ① 행정해석<br>구 근로기준법(법률 제6507호 2001.8.14)의 월차휴가에 대하여 사용자의 시기변경권이 인정되는지에 대하여는 사용자의 시기변경권이 명시적으로 규정되어 있는 연차휴가와 달리 월차휴가에 대하여는 이를 준용할 만한 법적근거가 없으며, 연차휴가와 월차휴가의 발생요건이 다를 뿐만 아니라, 월차휴가의 사용자의 시기변경권에 대하여는 판례에서도 일관되게 부정하고 있고 사용자의 시기변경권을 인정할 경우 근로자의 권익이 침해될 수 있다는 점을 고려할 때 월차휴가에 대한 사용자의 시기변경권은 인정되지 않는 것으로 해석함이 타당하지만, 근로자가 월차휴가의 사용시기를 지정함에 있어서도 사회통념상 합리적으로 시기지정권 행사를 하여야 한다(2005.11.25, 임금근로시간정책팀-556).<br>② 법원<br>근로기준법상 연·월차휴가의 발생요건은 서로 다르고, 연차휴가는 근로자의 청구가 있는 시기에 주어야 하되, 다만 사업운영에 막대한 지장이 있는 경우에는 사용자가 그 시기를 변경할 수 있지만, 월차휴가는 근로자의 자유의사로 1년간에 한하여 적치하여 사용하거나 분할하여 사용할 수 있는 것으로서 연차휴가와는 달리 사용자에게 그 시기를 변경할 수 있는 권한이 없다(대판 2001.12.28, 2000두7315). |
| 약정휴가 | X | 경조휴가는 근로기준법에서 정한 연·월차 등의 휴가취지와는 달리 노사가 단체협약이나 취업규칙 등으로 경조일의 기념이나 경조사 참여를 보장하기 위해 해당 근로자에게 특정일 또는 특정기간에 유급으로 부여하는 휴가로서 사용자의 휴가시기 변경권 행사가 불가능하고 또한 그 기일이 경과하면 휴가 사용목적이 소멸되어 휴가청구권 또한 상실된다(1994.9.14, 근기 68207-1452). |
| 배우자<br>출산휴가 | X | 남녀고용평등법 제18조의2는 근로자가 배우자의 출산을 이유로 휴가를 청구하면 휴가를 부여하도록 하고 있음. |
| 출산전후휴가<br>유사산 휴가 | X | 요건을 갖춘 근로자가 신청하면 사업주는 허용 제외사유에 해당되지 않는 이상 승낙할 의무가 있으며 별도의 시기변경권은 인정되지 않음(2017.10.30, 여성고용정책과-4044; 2017.8.29, 여성고용정책과-3391) |

# 제3절 연차휴가의 사용방법

## Ⅰ. 연차휴가의 연속 사용

주44시간제 하의 월차휴가에 대해서는 근로기준법에서 근로자의 자유의사로 1년간에 한하여 적치 또는 분할사용이 가능하다고 규정하고 있었다. 연차휴가에 대해서는 적치 또는 분할하여 사용할 수 있다는 규정이 없었지만, 당연히 연차휴가는 분할사용할 수 있다고 해석되었다. 따라서 주 40시간제 시행 이후의 근로기준법 하에서도 계속근로기간이 1년 미만인 근로자에게 부여되는 월단위 휴가는 적치·분할 사용이 가능하며, 연단위 휴가도 한꺼번에 부여되므로 근로자가 필요에 따라 분할 또는 연속하여 사용할 수 있다.

사용자는 근로자가 청구한 시기에 연차휴가를 부여하여야 하므로, 25일의 휴가를 일시에 사용신청하더라도 원칙적으로 이를 보장하여야 한다.[75] 다만, 사용자는 사업운영에 막대한 지장이 있을 경우 그 시기를 변경할 수 있을 뿐이다.

근로자가 1994.12.26까지 근무하고 12.31까지 잔여 연차휴가 5일 사용을 청구하고, 1995년도에 발생하는 연차휴가 16일을 모두 사용한 후 1995.1.17자로 퇴사를 하겠다고 사직서를 제출한 사례에서도 사용자가 이에 대해 정당하게 시기변경권을 행사하지 않았다면, 근로자는 신청한 기간에 적법하게 동 휴가를 사용하고 퇴직할 수 있다.[76] 그러나 사용자가 연차휴가 소진 후 퇴직하도록 강요하는 것은 그것이 사용촉진에 해당되지 않는 이상 근로자의 시기지정권을 침해할 수 있다.

---

75) 2010.3.23, 근로기준과-337
76) 1995.1.16, 근기 68207-94

## Ⅱ. 연차휴가의 사용 단위와 사용량

### 1. '1일 → 시간' 단위 사용

고용노동부는 근로자의 청구에 의한 휴가 사용의 일 개념은 원칙적으로 '일하기로 정한 단위 근무일'을 의미하므로, 원칙적으로'일' 단위로 부여해야 하나, 당사자간의 합의에 의해 '일'의 일부를 분할하거나 단위근무일의 한나절(반일)을 휴가로 할 수 있도록 정하는 것은 법위반이라 할 수 없다고 하여, 연차휴가를 반일 단위로 사용하는 '반차 제도'를 예전부터 인정해 오고 있었다.[77)]

그러나 최근에는 좀 더 유연한 입장을 보이고 있다. 즉, 연차휴가를 '일'단위로 주어야 한다는 명문의 규정이 있는 것이 아니고, 실무상으로도 시간 단위 연차 사용이 활발하게 이루어지고 있는 것이 현실이라고 하면서[78)] 반차(반일휴가) 보다 더 적은 시간 단위 연차 사용을 인정하고 있다.

일반적으로 15일의 연차휴가는 120시간(=15일×8시간)이 발생한 것이다. 따라서 시간 단위로 사용하게 되면 발생된 '120시간의 연차휴가 - 사용시간 = 미사용시간'이 되며, 미사용시간에 대해 통상임금(시급)을 곱하여 미사용수당을 지급하면 된다. 발생/사용/수당의 기준을 '일'단위가 아니라 '시간'단위로 통일하여 관리하면 되는 것이다.

참고로 일부 기업에서는 '분'단위 휴가사용도 인정하고 있다. HR부서의 연차휴가 관리가 복잡해지겠지만, 전산 시스템 등만 잘 갖추어져 있다면 이러한 방식도 가능하며, 실제로 적용하고 있는 기업의 연차사용에 대한 만족도가 매우 높게 나타났다. 마찬가지로 발생/사용/수당 모두를 분 단위로 전환하여 계산하면 된다.

### 2. 사용량 : 소정근로일에 소정근로시간 만큼 사용

연차휴가의 '발생'은 소정근로일과 소정근로시간의 개념에서부터 출발한다. 소정근로일수를 기준으로 출근율을 산정하고, 소정근로시간을 기준으로 휴가의 발생량(일 또는 시간)이 결정된다.

---

77) 2017.4.7, 근로기준정책과-2431; 2003.7.23, 근기 68207-934; 1996.12.19, 근기 68207-1666
78) 2021.8.4, 임금근로시간과-1736(주휴수당 및 연차휴가 산정방법 관련 행정해석 변경 등 지침 시달)

연차휴가의 '사용' 역시 소정근로일과 소정근로시간을 기준으로 한다. 즉 연차휴가를 사용할 수 있는 날은 소정근로일이며, 사용하는 양은 1일의 소정근로시간 수 만큼 사용하는 것이다. 대부분의 근로자들은 소정근로일이 월~금요일이며, 1일 소정근로시간이 8시간이므로 연차휴가의 사용은 소정근로일인 월~금요일 중에 사용가능하며, 휴가를 사용한 경우 1일 8시간을 사용한 것으로 본다. 물론 시간 단위로 하여 1시간 단위, 2시간 단위로 사용하는 것도 가능하다.

그러나 월/수/금요일에만 출근하고, 출근시 1일 5시간을 근로한다고 가정해보자. 이 경우 소정근로일은 월/수/금요일이므로 연차휴가는 월/수/금요일에만 사용할 수 있고, 화/목/토요일에는 사용할 수 없다. 또한 월요일에 1일의 연차휴가를 사용한 경우 8시간이 아닌 소정근로시간 5시간만 연차를 사용한 것이 된다.

일반적으로 O일의 연차가 발생하여 O일을 사용하였고 O일분의 미사용수당을 지급하였다고 이야기하지만, 구체적으로 들어가보면 O시간의 연차가 발생하여 O시간을 사용하였고 O시간분의 미사용수당을 지급하였다고 하는 것이 정확하다.

1일의 소정근로시간이 무조건 8시간이라고 전제하기 때문에 어렵게 느끼는 경우가 많은데, 단시간근로자 등의 경우는 소정근로일과 소정근로시간이 다르기 때문에 일률적으로 연차휴가 1일은 8시간이라고 단정해서는 안된다.

또한 1일 8시간 및 1주 40시간을 근로하는 경우에도 연차휴가미사용수당을 계산하는 공식을 생각해보면, '통상임금(시급)×연차휴가미사용일수×8시간'으로 계산한다는 것을 알 수 있다. 즉, 미사용수당은 '일'단위가 아니라 '시간(연차휴가미사용일수×8시간)' 단위로 지급한다는 것이다. '1일 = 8시간'이라는 고정관념을 버리는 것이 필요하다.

앞에서 설명하였던 '정상출근 + 근로시간 단축'의 경우 및 C유형에 대한 월단위 휴가의 경우 연차휴가가 '시간'단위로 발생된다는 점을 상기해 보면 쉽게 이해가 될 것이다.

## 3. 반일휴가(반차)

### (1) 반일휴가의 인정 여부

휴가 사용의 최소단위를 1일 단위로 할 것인지, 반일(0.5일) 단위로 할 것인지, 1시간 단위로 할 것이지, 10분 단위로 할 것인지 여부는 기업이 근로자들과 협의하여 취업규칙 등에 정하면 된다.

만약, 기업이 1일 단위로만 휴가를 사용할 수 있도록 하였다면 근로자는 반일휴가는 사용할 수 없고 1일 단위로만 휴가 사용이 가능하다. 생산현장 등과 같이 생산공정에 1일 소정근로시간의 근무가 반드시 필요한 경우에는 예외적으로 이를 허용하지 않을 수도 있다. 반대로 4시간 단위 사용이 가능하도록 취업규칙 등에서 정했다면 근로자들의 휴가 사용의 최소 단위는 4시간이며, 1시간이나 2시간 등의 연차휴가 사용은 할 수 없게 된다.

### (2) 근로시간 단축 또는 단시간근로자의 반일휴가

반일휴가(4시간)를 인정하고 있는 기업에서, 근로자가 근로시간 단축(임신기/육아기/가족돌봄 등) 또는 단시간근로자로서 1일 4시간만 근로하는 경우 반일휴가는 2시간(일명 '반반차')을 부여해야 하는가에 대해 질문을 받기도 한다.

이 부분은 기업의 휴가 사용 최소단위를 어떻게 설정하느냐에 대한 문제로 귀결된다. 기업의 휴가 사용 최소단위가 4시간(반일) 단위라면 근로시간 단축 또는 단시간근로자에게는 2시간 단위의 반반차는 인정되지 않는다. 그러나 1시간 단위의 휴가사용을 허용하였다면 1시간, 2시간, 3시간 등의 연차휴가도 사용할 수 있게 된다.

### (3) 반일휴가와 휴게시간

근로기준법 제54조(휴게) 제1항은 '사용자는 근로시간이 4시간인 경우에는 30분 이상, 8시간인 경우에는 1시간 이상의 휴게시간을 근로시간 도중에 주어야 한다'고 하고 있고, 위반한 경우 2년 이하의 징역 또는 2천만원 이하의 벌금에 처해질 수 있다(근로기준법 제110조).

그렇다면 4시간 단위로 사용하는 반일휴가의 경우 휴게시간 30분을 부여해야 하는지가 문제된다. 2021년 고용노동부 인터넷 질의회시의 내용은 다음과 같다.

연차휴가는 1일의 단위로 부여하는 것이 원칙이나 노사 당사자가 반일 또는 시간단위로 부여하기로 하였다면 근로시간에 대하여 부여하는 것이 타당하므로, 1일 8시간 근무에 대해서 반차 사용이란 근로시간 4시간을 면제받는 것이므로 휴게시간을 제외한 실근로시간 4시간을 면제받는 것이다.

따라서 09:00~18:00 근무시간 중 휴게시간을 제외한 8시간 근무에 대하여 반차사용은 4시간 면제로 회사의 단체협약, 취업규칙 상 오전, 오후 반차 사용시 휴게시간을 조정하는 근무시간대를 합의하여야 한다.

근로기준법상 1일 8시간 근무하면 업무시간 도중에 1시간을 부여하도록 규정되어 있고, 4시간 근무시 업무시간 도중에 30분을 부여하도록 규정되어 있는 것을 감안하여 노사가 법률에 규정된 시간을 감안하여 반차사용시 휴게시간을 조정하여야 한다.

예를 들면 ① 오전에 반차를 사용하고 오후에 복귀하는 경우 반차는 09:00~13:30에 사용하고, 오후 근무는 13:30~18:00로 4.5시간으로 설정하고 중간에 0.5시간의 휴게를 부여함으로써 근로시간 4시간을 설정하여야 한다. ② 오후 반차인 경우에는 반대로 09:00~13:30까지 근무시간을 설정하여 근로시간 4시간 + 휴게시간 0.5시간으로 정하여야 하며, 오후 반차는 13:30~18:00에 사용하게 하는 등의 방식을 사용하여야 한다. 또한 이러한 내용을 취업규칙 등에 명시하여 근로자들에게 적용하는 것이 필요하다.

**▶ 반일휴가제 운용 관련 취업규칙 내용(예시)**

1. 연차휴가는 1일 단위로 사용함을 원칙으로 하며, 직원이 희망하는 경우 오전(09:00~13:30), 오후(13:30~18:00)로 나누어 반일(0.5일) 단위로 사용할 수 있다.
2. 휴가사용의 최소단위는 반일(0.5일/4시간)이며, 그 미만으로는 사용할 수 없다.
3. 반일휴가 2회 사용은 연차휴가 1일을 사용한 것으로 본다. 연차휴가미사용수당도 반일(0.5일) 단위로 정산한다.
4. 반일휴가는 휴가 사용 1일전까지 소속 부서장에게 휴가신청서를 제출하여 결재를 받은 후에만 사용할 수 있다. 단, 본인, 배우자, 직계존비속의 사고, 질병 등 예기치 못한 사유가 발생한 경우에는 다음과 같이 신청하여 사용할 수 있다.
   (1) 당일 오후 반일휴가 사용: 당일 오전중 휴가신청서 제출 및 결재
   (2) 기타 시기의 반일휴가: 소속 부서장에게 유선상으로 승인을 받은 후, 추후 출근하여 휴가신청서를 제출하고 사후결재
5. 지각, 조퇴, 외출 등과 반일휴가는 사후대체하지 못한다.
6. 소속 부서장은 직원의 반일휴가 신청이 있을 경우, 원칙적으로 이를 허용하되, 업무에 막대한 지장이 있을 경우에는 그 시기를 변경할 수 있다.

현행 근로기준법상 위와 같은 해석은 불가피해 보이지만, 최근 국민권익위원회에서 이러한 문제점을 개선하기 위한 검토에 착수하였으므로, 추후 개정되는 근

로기준법의 상황에 따라 기업에서 대응해야 할 것으로 보인다.

■ 근로시간 4시간인 근로자 일 끝나면 휴게 없이 바로 퇴근해야(국민권익위원회 보도자료, 2022.1.4)
4시간 근로하는 단시간 근로자는 4시간 근로 후 휴게 없이 바로 퇴근할 수 있게 될 전망이다.
국민권익위원회(이하 국민권익위)는 근로시간이 4시간이면 30분 이상 휴게를 해야 해 근로자가 원치 않아도 사업장에 4시간 30분을 머물러야 하는 현행 제도의 개선을 추진할 예정이다.
이에 국민권익위는 ▲ 4시간 근로의 경우 노동강도가 세지 않은 분야에서는 사용자와 근로자 합의로 휴게시간을 선택하는 방안 ▲ 정부기관 청소근로자는 노사 합의로 계속근로 4시간 내에 휴게시간을 부여하는 방안 ▲ 청사관리 규정에 청소근로자 휴게실 면적을 규정해 청사 설계 시부터 반영하도록 하는 방안 등에 대해 제도개선을 검토하고 있다.
■ 한편, 윤석열 정부는 시간제, 반차 등으로 하루 4시간만 근무하는데, 휴게 규정으로 인해 바로 퇴근하지 못하고 30분을 더 머물러야 하는 불편을 초래하므로, 1일 근로시간이 4시간인 경우에는 근로자가 사용자에게 30분 휴게 면제를 신청하면 퇴근할 수 있는 절차를 신설하여 근로자의 선택권을 확대할 계획이다("근로시간 제도 패러다임의 대전환" 근로시간 제도 개편방안, 2023.3.6).

## Ⅲ. 연차휴가의 사전매수(환가)와 포괄임금제

### 1. 연차휴가의 사전매수(환가)

근로자는 전년도의 출근율에 따라 당해연도 1년 동안 실제로 연차휴가를 청구하여 사용할 수 있는 권리가 있다. 이렇듯 1년 동안 휴가를 청구·사용할 수 있는 권리가 있음에도 불구하고, 그 휴가의 사용기간이 경과하기 전에 사용자가 미리 미사용 휴가분에 대체하여 수당을 지급함으로써, 근로자가 휴가사용을 하지 못하게 하는 것을 '사전매수' 또는 '환가'라고 한다.

판례는 "연차휴가권이 유효하게 존속하는 동안의 연차휴가의 환가는 주44시간제 하의 근로기준법에 따라 연차휴가일수 20일을 초과하는 부분이 아닌 한 근로기준법에 반하여 허용될 수는 없다"고 하였다.[79] 행정해석 역시 연차휴가를 부여하지 않고 사용자가 일방적으로 수당으로 대체지급하는 것은 근로기준법에 위반된다고 한다.[80] 연차휴가미사용수당을 연차휴가 청구권이 발생한 시기에

79) 대판 1995.6.29, 94다18553; 대판 1995.6.30, 94다54559
80) 1997.9.4, 근기 68207-1182; 1994.2.1, 근기 68207-238; 1989.11.7, 임금 32240-1592. 그러나 실시하지 아니한 연차휴가일수에 대하여는 노·사 당사자의 합의에 의해 어떠한 명칭의 수당으로든지 대체지급할 수 있으나, 정근수당이 연차휴가에 대한 대체수당인지의 여부는 정근수당의 지급 배경, 대상, 연차휴가 실시방법 등을 구체적으로 조사하여 판단하여

미리 지급하는 것은 이후 임금인상 등으로 연차휴가청구권이 소멸된 날의 다음 날을 기준으로 산정한 수당과 차액이 발생하거나 근로자의 휴가청구권이 제한될 우려 등이 있기에 근로기준법에 정한 기준보다 상회하는 것으로 보기는 어렵다.[81] 연차휴가는 근로자의 피로를 회복시켜 노동력의 건전한 유지와 사생활을 영위토록 기회를 부여하는데 그 근본목적이 있는 것인 바, 연차휴가 발생 즉시 사용자가 일방적으로 수당으로 대체지급하는 것은 사실상 휴가사용을 금지하는 것이기 때문이다.[82]

월단위 휴가도 마찬가지이다. 계속근로기간이 1년 미만인 근로자의 선택에 따라 매월 급여지급시 근무일수 1일을 추가하여 수당으로 지급하고 휴가를 부여하지 않는 것은 근로자의 휴가청구권을 제한하는 결과를 초래하므로 근로기준법에 위반된다.[83]

## 2. 포괄임금제의 의의

포괄임금제는 법령에 근거한 것이 아니라 판례와 행정해석에 의해 인정되어 온 것으로 "사용자는 근로계약을 체결함에 있어서 근로자에 대하여 기본임금을 결정하고 이를 기초로 제수당을 가산하여 지급함이 원칙이라 할 것이나 근로시간, 근로형태와 업무의 성질 등을 참작하여 계산의 편의와 직원의 근무의욕을 고취하는 뜻에서 기본임금을 미리 산정하지 아니한 채 제수당을 합한 금액을 월 급여액이나 일당임금으로 정하거나 매월 일정액을 제수당으로 지급하는 내용의 임금지급계약"을 의미한다. 이는 근로기준법이 정한 기준에 미치지 못하는 근로조건을 포함하는 등 근로자에게 불이익하지 않고, 제반 사정에 비추어 정당하다고 인정될 때에는 무효라고 볼 수 없다.[84]

지급된 금액이 실제 근로에 대한 근로기준법에 따라 계산한 금액보다 근로자에게 불이익이 없는 한 사용자는 별도의 연장·야간·휴일근로 수당을 지급하지

야 할 것이다(1993.5.27, 근기 01254-1085).

81) 2014.6.13, 근로개선정책과-3360

82) 1984.4.6, 근기 1451-9020

83) 2009.4.16, 근로조건지도과-2244

84) 대판 2012.3.29, 2010다91046 등; 2012.5.14, 근로개선정책과-2617; 2010.12.16, 근로기준과-2734 등

않아도 된다.[85] 그러나 포괄임금에 포함된 정액의 법정수당이 근로기준법이 정한 기준에 따라 산정된 법정수당에 미달하는 때에는 그에 해당하는 포괄임금제에 의한 임금지급계약은 근로기준법 제15조 등에 따라 근로기준법의 강행성과 보충성에 의하여 근로자에게 불이익하여 무효가 되며, 사용자는 근로자에게 그 미달되는 법정수당을 지급하여야 한다.[86]

▶ **포괄임금제 관련 판결**

포괄임금제에 관한 약정이 성립하였다 하더라도, 감시·단속적 근로 등과 같이 근로시간의 산정이 어려운 경우가 아니라면 근로기준법상의 근로시간에 관한 규정을 그대로 적용할 수 없다고 볼 만한 특별한 사정이 없는 한 근로기준법상의 근로시간에 따른 임금지급의 원칙이 적용되어야 할 것이므로, 이러한 경우에도 근로시간 수에 상관없이 일정액을 법정수당으로 지급하는 내용의 포괄임금제방식의 임금 지급계약을 체결하는 것은 그것이 근로기준법이 정한 근로시간에 관한 규제를 위반하는 이상 허용될 수 없다(대판 2010.5.13, 2008다6052; 광주지판 2012.8.17, 2011가단79866, 대법원 확정).

## 3. 연차수당을 포함한 포괄임금제의 효력

### (1) 판례와 행정해석의 입장

대법원은 "연차휴가미사용수당은 근로기준법에 따라 일정 기간을 근로하였을 때 비로소 발생하는 것이라 할지라도 당사자 사이에 미리 그러한 소정기간의 근로를 전제로 하여 연차휴가미사용수당을 일당임금이나 매월 일정액에 포함하여 지급하는 것이 불가능한 것이 아니며, 포괄임금제란 각종 수당의 지급방법에 관한 것으로서 근로자의 연차휴가권의 행사 여부와는 관계가 없으므로 포괄임금제가 근로자의 연차휴가권을 박탈하는 것이라고 할 수 없다"고 함으로써 연차수당도 포괄임금제 형태로 지급이 가능하다고 한다.[87]

행정해석 역시 판례와 같은 입장을 취하면서도 그 전제조건으로서 "미리 연차휴가미사용수당을 지급하였다고 하더라도, 근로자가 연차휴가를 사용할 수 있도록 허용하는 경우에만 인정되며, 이를 허용하지 않을 경우에는 연차휴가사용

85) 1993.9.16, 임금 68207-586
86) 대판 2010.5.13, 2008다6052
87) 대판 1998.3.24, 96다24699; 대판 2023.11.30, 2019다29778

권을 제한하는 것이 되어 인정될 수 없다"고 한다.[88) 89)]

따라서 근로계약 체결시 포괄임금제를 실시하기로 한 사실이 없음에도 불구하고, 근로자가 연차휴가 사용을 청구하자, "우리 회사는 연차가 없다. 또는 연차수당을 봉급에 미리 지급하였기 때문에 연차는 없다"라며 사용자가 일방적으로 포괄임금제를 주장하면서 연차휴가를 부여하지 않거나 수당으로 지급하지 않는 것은 근로기준법에 위반된다.[90)]

### (2) 일급제와 포괄임금제

일급 근로자를 사용하면서 1일 임금 내에 연차휴가수당, 휴일근로수당 등이 포함된 금액으로 정하여 지급하는 근로계약을 체결한 경우, 일당은 근본적으로 하루의 근로에 대한 대가로 발생할 수 있는 내역만을 포함하여 지급할 수 있는 것으로서 연차휴가수당을 포함하여 지급할 수 없으므로 근로기준법에 위반된다.[91)] 따라서 비록 일당속에 연차휴가수당을 포함하여 지급하는 근로계약을 체결하였다 하더라도 근로자에게 연차휴가수당을 미지급한 것이므로 실제 휴가를 사용하지 않고 근로를 제공한 것에 대한 연차휴가미사용수당을 추가로 지급하여야 한다.[92)]

---

88) 2004.10.19, 근로기준과-7485; 2011.7.4, 근로개선정책과-2022; 2010.12.16, 근로기준과-2734

89) 월차휴가에 대해서는 대부분의 행정해석(2004.10.19, 근로기준과-7485; 2011.7.4, 근로개선정책과-2022; 2010.12.16, 근로기준과-2734 등)이 포괄임금제 형태를 인정하고 있으나, 다른 행정해석(근로기준과-1663, 2004.4.6)에서는 "근로기준법 제57조 및 동법시행령 제27조에 따르면 사용자는 1월간 소정근로일수를 개근한 자에게 1일의 유급휴가를 주도록 규정하고 있고, 동 휴가는 근로자의 자유의사로 1년간에 한하여 분할하거나 적치하여 사용할 수 있다고 규정하고 있는 바, 월차휴가를 부여하지 않고 미사용 휴가에 대한 수당을 임금에 미리 포함하여 지급하는 것은 근로기준법의 취지에 위배된다"고 하고 있다.

90) 2007.9.28, 임금근로시간정책팀-3012

91) 2000.6.16, 근기 68207-1844; 일용근로자에게 월 단위로 급여를 지급하면서 매월 연차휴가 발생일 다음 달에 월급에 포함하여 연차휴가미사용수당을 지급하는 것은 근로기준법에 위반된다(근로기준과-506, 2010.1.28). 일용근로자의 월차휴가근로수당은 그 성격상 미리 임금에 포함하여 근로계약을 체결하는 경우 근로기준법에 위반된다. 다만, 주휴수당의 포함여부는 당사자간의 계약에 의거 포함이 가능하다(2000.6.2, 근기 68207-1696).

92) 2004.6.23, 근로기준과-3118

### (3) 연차휴가미사용수당을 포함한 포괄임금제에 관한 판결의 변화

최근에는 연장·야간·휴일근로수당의 포함여부에 관한 최근 대법원 판결과 같은 맥락에서, 연차휴가미사용수당의 경우에도 실근로시간의 측정이 어려운 경우에 한하여 제한적으로만 인정하는 판결이 나타나고 있다.

즉, 포괄임금제도가 인정되는 취지는 실근로시간의 측정이 어려운 근로형태이거나 계산의 편의 등 필요성이 있는 경우 당사자의 계약을 존중하려는 데 그 목적이 있는 것이나, 근로자들의 연차휴가일수를 측정하는 것이 어렵지 않고 그에 따른 수당을 계산하는 것 역시 어렵지 않으며, 근로기준법상 휴일이나 휴가는 임금을 지급하는 것이 그 목적이 아니라 실질적으로 휴식을 향유할 수 있게 함에 그 목적이 있는 것임에도 불구하고, 사전에 휴가를 박탈하고 대신 수당의 형식으로 포괄임금제에 포함하는 것은 휴가를 보장하려는 법 취지에도 벗어난 것이라 할 것이어서, 연차휴가수당의 경우 포괄임금제도의 목적 범위 이내에서 허용될 수 있는 근로조건으로 보기 어려우므로, 포괄임금제 근로계약은 연차휴가수당의 포함 여부에 관하여 무효라고 보았다.[93] [94]

### (4) 무효의 범위

근로자들의 근로시간을 산정하기 어렵다고 볼 수 없는 사건에서 근로자들과 회사 사이에 연차수당까지 월급에 포함하여 지급하기로 하는 포괄임금 약정이 성립하였다고 볼 것이라면, 포괄임금 약정에서 연차수당을 포함한 부분 전부를 무효로 보아서는 아니 되고 월급에 포함되어 지급된 연차수당액이 근로기준법이 정한 기준에 따라 산정된 정당한 연차수당액에 미달한 부분에 한하여 포괄임금 약정이 근로자에게 불이익하여 무효라고 판단되어야 한다.[95]

---

93) 수원지판 2008.1.11, 2007나17199(대법원 확정)

94) 용역계약에 의한 용역대금의 한도 내에서 임금 등을 해결하고 나머지로써 이익을 취하는 사용자의 영업 특성 때문에 포괄임금계약을 체결한 것이므로 이러한 사용자의 편의는 성과주의적 임금제도인 포괄임금계약의 본래의 취지에도 맞지 않고, 포괄임금계약을 유효하다고 볼 경우 연차휴가근로수당에 대한 사전매수가 될 우려가 있고, 수당에 대한 법률상의 지급의무의 회피를 용인하여 결과적으로 근로기준법에 정한 규정을 잠탈하게 되므로 연차휴가수당을 포함한 포괄임금약정은 무효이다(대전지판 2007.4.26, 2005가단42764, 대법원 확정).

95) 대판 2023.11.30, 2019다29778

# Ⅳ. 연차휴가의 가불(선부여)

## 1. 인정여부

'연단위 휴가'는 1년간의 출근율에 따라 다음 해에 발생·사용할 수 있는 것이 원칙이고, 계속근로기간 1년 미만인 근로자에게 발생하는 '월단위 휴가' 역시 1개월간의 개근에 따라 다음 달부터 발생·사용할 수 있는 것이 원칙이다. 즉, 연차휴가는 '先 근로 後 휴가사용'이 원칙인데, 그 반대의 경우가 인정될 수 있느냐에 대한 문제가 발생할 수 있다.

행정해석은 특정한 사유로 근로자가 연단위 또는 월단위 휴가를 모두 사용하고 더 이상 사용할 수 있는 휴가가 없을 경우에 근로계약 당사자가 또는 노사간의 합의로 향후 계속근로를 전제로 하여 발생할 연차휴가를 미리 당겨 사용하는 것은 원칙적으로 근로자의 피로를 회복시켜 노동력의 유지배양을 목적으로 하는 휴가제도의 취지에 부합하지는 않지만, 근로자의 요구와 편의를 위해서 연차휴가를 미리 가불형식으로도 부여할 수 있다고 하여 그 유효성을 인정하고 있다.[96)]

또한 일부 국회의원들이 발의하는 근로기준법 개정안에 따라 근로시간저축휴가제가 도입된다면 전통적인 '先 근로 後 휴가사용'의 원칙 대신 '先 휴가사용 後 근로'의 방식이 가능할 수 있게 될 것이다.

## 2. 사후정산과 근로자의 동의

당사자간의 합의로 연차휴가를 선사용(가불)한 이후, 근로자가 연차휴가 발생에 필요한 출근율을 채우지 못한 경우 또는 연차휴가 발생 전에 퇴직 등을 한 경우에는 사용자 입장에서는 초과 부여된 연차휴가에 대한 임금을 정산(환수)하여야 한다.

원칙적으로 근로기준법 제43조에 따라 임금은 근로자에게 전액 지급되어야 하나, 계산의 착오 등으로 휴가가 초과부여된 것이므로 사용자는 초과지급된 연차휴가일수에 해당하는 수당을 근로자가 퇴직 등에 따라 받을 임금 및 퇴직금

---

96) 1980.10.23, 법무 811-27576

등에서 공제할 수 있다. 단, 이 경우에는 "그 행사의 시기가 초과 지급된 시기와 임금의 정산, 조정의 실질을 잃지 않을 만큼 합리적으로 밀접되어 있고 금액과 방법이 미리 예고되는 등 근로자의 경제생활의 안정을 해할 염려가 없는 경우나 근로자가 퇴직한 후에 그 재직 중 지급되지 아니한 임금이나 퇴직금을 청구하는 경우에는 초과지급된 임금의 반환청구권을 자동채권으로 하여 상계하는 것이 가능하다"는 것이 판례[97]의 입장이므로 초과지급된 연차휴가일수에 해당하는 수당을 자동채권으로 하여 상계할 수 있다고 본다.

고용노동부는 이러한 경우 초과 지급된 수당이 상당한 액수인 경우 해당 근로자의 경제생활의 안정을 해할 염려가 없도록 적정한 기간동안 분할하여 상계처리를 하도록 하고 있다.[98]

실무적으로는 연차휴가 선사용(가불)과 관련하여 선사용할 수 있는 연차휴가일수를 합리적으로 정하고, 비록 판례와 행정해석이 상계가 가능하다고는 하고 있지만, 임금 전액불 원칙 위반 문제가 발생될 수 있으므로 연차휴가 선사용 및 임금 공제 등에 대해 근로자의 동의를 받아 놓는 것이 필요할 것이다.

### 3. 선부여방식 폐지가 불이익변경인지 여부

관행적으로 연차휴가를 미리 선부여하여 사용하도록 하다가, 근로기준법에 부합되게 선부여 방식을 폐지하는 것이 불이익변경인지에 관하여 고용노동부는 다음과 같이 해석한다.

연차휴가 선부여방식이 근로기준법상 연차휴가 부여요건보다 유리한 것인지 등에 관하여 단체협약이나 취업규칙 등 제반사정을 고려하여 판단하여야 하며, 원칙적으로 선부여 휴가방식을 법정 연차휴가 부여요건에 부합되게 변경하더라도 휴가사용시기만 조정될 뿐 전체 휴가일수에 영향이 없다면 이를 불이익 변경으로 보기는 어려울 것으로 본다.[99]

97) 대판 1995.12.21, 94다26721; 대판 1995.6.29, 94다18553 등
98) 2008.3.10, 근로조건지도과-155
99) 2005.11.12, 임금근로시간정책팀-511

## 4. 연차 초과 사용에 대한 노무관리

앞에서 설명한대로 근로자는 자신에게 발생된 휴가일수(시간)만 사용할 수 있는 것이 원칙이다. 그런데 일부 기업에서는 다음달이나 다음연도에 발생할 연차휴가를 미리 사용할 수 있도록 하는 소위 마이너스 연차(가불, 선부여)를 운영하고 있는 곳이 있다.

그런데 지나치게 많은 마이너스 연차를 부여하여 마이너스 연차가 100일 이상 발생하는 경우도 있는 것으로 보인다. 또 어떤 기업은 마이너스 연차를 허용하지 않으면 퇴직하겠다는 근로자들로 인해 어쩔 수 없이 운영하고 있는 곳도 있다.

이러한 여러 가지 문제를 고려할 때 다음 내용을 고려하여 노무관리를 하는 것이 좋다고 생각된다.

(1) 원칙적으로 마이너스 연차는 허용되지 않는다. 연차휴가는 발생된 일수(시간)만 사용가능하다. 부득이한 경우 근로자가 출근하지 못하면 회사의 허락을 받고 결근하는 '유계결근'으로 처리한다. 유계결근도 결근이므로 무급이며, 출근율 등에 영향을 미치지만, 회사가 유급처리하거나, 출근으로 간주해 주는 것은 가능하다.

(2) 부득이 마이너스 연차를 운영하는 경우에는 다음달 또는 다음연도에 발생할 휴가 중 미리 사용할 수 있는 휴가의 한도를 취업규칙 등으로 설정하는 것이 바람직하다. 예를 들어, 올해 발생된 15일의 연차를 모두 사용한 경우, 추가로 휴가가 필요하다면 다음연도에 발생할 휴가 15일 중 1/2 범위에서만 사용할 수 있도록 하고, 이를 초과하는 부분은 (1)과 같이 유계결근으로 처리하는 것이다. 다음연도 연차 15일을 모두 가불로 사용할 수 있게 하면 그 다음해에도, 또 그 다음해에도 계속 같은 문제가 되풀이하고 결국 마이너스 연차 100일 이상이 되는 이상한 결과가 초래될 수 있기 때문이다.

(3) 마이너스 연차를 부여하는 경우에는 다음달 또는 다음연도의 출근율을 채워서 마이너스 연차의 발생을 충족시켜야 하는데, 그 이전에 퇴직할 수 있으므로 '2. 사후정산과 근로자의 동의'에서 설명한대로 급여공제에 대한 동의(가급적 서면으로)를 받아놓는 것이 좋다. 명시적인 동의가 없이 마이너스 연차를 부여하면 나중에 근로자와 분쟁이 발생될 수 있기 때문이다.

## V. 연차휴가의 반납

연차휴가는 근로기준법 제60조에 따라 일정한 요건을 충족한 근로자에게 대해서는 반드시 부여되어야 하는 강행규정이다. 따라서 기업의 경영악화 등의 경우에도 노사간의 합의나 개별 근로자의 동의로 연차휴가를 반납한다는 것은 불가능하며, 이 경우 반납은 근로자가 자발적으로 연차휴가를 사용하지 않겠다는 것을 의미하는 것뿐이다. 반납에 관한 합의가 있다고 하더라도 실제 휴가를 사용하지 않고 출근하여 정상적으로 근무를 하였다면 근무일수만큼의 연차휴가미사용수당을 지급하여야 한다. 다만, 휴가 자체는 반납이 되지 않더라도 연차휴가미사용수당의 경우에는 반납이 가능하며, 이에 대해서는 별도로 설명하기로 한다.

## Ⅵ. 특수한 경우의 연차휴가 사용

### 1. 24시간 격일제 근로자

24시간씩 1일 근무후 1일 휴무(비번일)하는 형태인 격일제 근로자의 경우에는 "근무일의 근무를 전제로 다음날(비번일)에 휴무가 발생하므로 1근무일과 다음날 비번일을 함께 휴무하였다면 2일의 휴가를 사용한 것"으로 본다. 따라서 근무일에 연차휴가 1일을 사용한 경우 실제 2일의 연차휴가를 사용한 것으로 된다. 그러나 근로자가 1일의 연차휴가를 사용한 것으로 처리해 줄 것을 요구한 때에는 사용자는 비번일인 다음날에 근무일의 근로시간의 절반에 해당하는 반일근로(24시간 근무의 절반인 12시간)를 시킬 수 있다.[100) 101)] 격일제 근무자의 통

---

100) 2001.9.26, 근기 68207-3288. 같은 법리로 1근무일의 결근은 2일 결근한 것으로 처리해도 무방하며, 위와 같이 처리함에 있어서 당사자간 특약이 필요한 것은 아니다. 또한 동 행정해석은 기존에 이와 반대되는 해석, 즉 "격일제 근로형태하에서 노사 당사자간에 별도의 특약이 없는 한, 근무일에 월차휴가를 사용하고 휴무일인 다음날 휴무하였다 하더라도 월차휴가 사용일 이외의 소정근로일을 개근하였다면 당해월은 소정근로일을 개근하였다고 봄이 타당함"이라고 하여 1일만 연차휴가를 사용한 것으로 보던 행정해석(2000.9.16, 근기 68207-2830; 2000.8.11, 근기 68207-2410)을 폐지하였다.

101) 같은 취지의 행정해석으로는 2005.6.1, 근로기준과-2951; 2003.9.22, 근기 68207-

상 하루의 소정임금은 근무일의 절반에 해당하는 근로시간의 소정임금으로 하므로, 24시간 격일제 근로자의 경우 12시간의 임금이 이에 해당한다.[102] 다만, 24시간 격일제 근무에 대하여 근로계약을 체결한 이상 근무일 다음의 휴무일은 전일의 근무를 전제로 주어진다는 점, 휴무일에는 타 근로자의 근무가 예정되어 있는 점 등을 고려할 때 근로자의 휴무일 반일근무 신청에 대하여 사용자가 반드시 수용해야 하는 의무가 발생한다고 볼 수는 없다. 따라서 근로자가 1일의 연차휴가를 신청하면서 휴무일에 근로제공 의사를 피력하였다고 하여 근로자의 휴무일 근무신청(12시간)에 대해 유급 처리하여야 할 의무가 있는 것은 아니다.[103]

연차휴가는 '일' 단위로 부여하여야 하나, 근로시간대가 역일상 2일에 걸쳐 있는 경우(ex. 06:00~익일 06:00) 등 부득이한 경우에는 '연속하는 24시간' 이상으로 부여하는 것도 가능하다. 따라서 1일 24시간 근무하는 격일제 근로자에게 12시간의 휴가만을 부여하는 것은 원칙적으로 휴가를 부여한 것으로 볼 수 없다.[104]

한편, 비번일을 약정휴일로 정할지 여부는 당사자 간에 결정할 문제이나, 특별히 정하지 않은 경우에는 약정휴일로 볼 수 없으며, 휴가날짜를 특정하지 않고 기간으로 정한 경우에는 동 비번일을 특별히 유급휴일로 정하지 않았다면 연차휴가 일수에 포함된다.[105]

## 2. 2일 근무/1일 휴무 형태의 근로자

연차휴가는 근로자가 청구하는 시기에 주어야 하므로 근로자가 휴가사용을 청구한 날에 한하여 휴가를 사용한 것으로 보아야 하므로 2일 근무 / 1일 휴무 형태의 교대제 근로인 경우 휴가사용일을 특정한 경우에는 그 특정한 날에 대

1204; 2001.9.24, 근기 68207-3271; 1999.2.5, 근기 68207-313

102) 2014.4.22, 근로개선정책과-2445; 2007.11.13, 임금근로시간정책팀-3356; 2006.12.27, 임금근로시간정책팀-3961

103) 2012.9.7, 근로개선정책과-4504

104) 2001.9.26, 근기 68207-3272. 동 해석은 월차휴가에 관한 것이나, 연차휴가에도 동일하게 적용된다고 생각한다.

105) 2001.7.27, 근기 68207-2405

해서만 휴가로 처리해야 하며 비번일까지 포함하여 휴가를 사용한 것으로 처리하여서는 안된다. 결근도 마찬가지로 해석된다. 따라서 격일제 근로자에게 적용되는 행정해석(2001.9.26, 근기 68207-3288 등)은 격일제 근로자의 경우에만 적용된다.[106)]

### 3. 직장폐쇄 중의 연차휴가 사용

직장폐쇄의 대상인 파업참가자(조합원)의 연차휴가와 관련하여 적법한 직장폐쇄기간 중에는 사용자의 노무수령거부가 합법적으로 인정되므로 근로기준법상 휴가의 문제는 발생하지 않는다.[107)]

## Ⅶ. 휴가의 사용순서와 휴일의 포함 여부

### 1. 휴가의 사용순서 – 선입선출 vs 후입선출

1년 미만 근로자의 연차휴가(최대 11일, A1~A11) 중 나중에 발생한 연차휴가를 먼저 사용한 것으로 처리할 수 있는지에 대하여, 고용노동부는 선입선출에 따라 먼저 발생한 휴가를 사용하는 것으로 처리하는 것이 원칙이라고 한다.

그러나 근로자의 신청(청구)이나 동의가 있으면 나중에 발생한 연차휴가를 먼저 사용한 것으로 처리할 수 있다고 한다. 이러한 근로자의 신청에 대하여 사용자가 반드시 이를 수용(승인)하여야 하는 것은 아니며, 사용자가 이를 거부하면 먼저 발생한 휴가부터 사용한 것으로 처리된다.

사용자가 근로자의 신청(청구)을 수용(승인)하거나 단체협약·취업규칙 등 노사 합의로 어느 휴가를 먼저 사용할지에 대해서도 근로자에게 선택할 수 있도록 규정한 경우라면 나중에 발생한 연차휴가를 먼저 사용한 것으로 처리할 수 있다고 한다.

1년 미만 연차휴가를 최초 1년의 근로기간 동안 사용하게 함으로써 근로자가 적극적으로 연차휴가를 사용하도록 유도하여 연차휴가 제도가 임금보전의 수단으로 이용되는 상황을 개선하고 근로자의 휴식권을 보다 강화하기 위한 개정 근

106) 2002.10.7, 근기 68207-3014
107) 1994.11.10, 근기 68040-1769

로기준법의 입법 취지를 고려한 것이라고 고용노동부는 설명하고 있다.[108)]

## 2. 연차휴가와 약정휴가의 사용순서

주44시간제 하에서 연차휴가와 월차휴가의 사용순서는 근로자가 자유롭게 선택할 수 있었다.[109)] 약정휴가와 연차휴가의 사용순서는 다음 사례와 같이 취업규칙 등으로 정할 수 있다.

**[사례1]**

Q. 직급·근속년수에 따라 1년에 5~10일의 건강휴가를 연차휴가와는 별도로 부여하고 있고, 사용시기에 대해서는 별도의 제한이 없음. 그러나 근로자들이 건강휴가만을 사용하고 연차휴가는 연차휴가미사용수당으로 보상받으려고 하는 문제가 있어서, 연차휴가를 먼저 소진한 이후에만 건강휴가를 사용할 수 있도록 변경하려고 하는바, 이것이 취업규칙 불이익변경에 해당하는지?

A. 사용시기에 관하여 별도의 제한을 두고 있지 않던 약정휴가(건강휴가)를 연차휴가를 소진한 이후에만 사용토록 하는 것은 결과적으로 근로자의 자유로운 약정휴가 사용을 제약하는 것으로, 취업규칙 불이익변경에 해당됨. 따라서 근로기준법 제94조의 동의절차를 거쳐야 함(2009.3.25, 근로조건지도과-1774).

☞ 이 경우 연차휴가사용촉진제도를 이용하는 것이 바람직할 것임.

**[사례2]**

병가는 근로기준법에 규정되어 있지 않으므로 병가 사용에 대해서는 단체협약 및 취업규칙 등에 규정되어 있는 경우 그에 따라 처리하면 되며, 근로자가 업무외 질병 등으로 병가 사용시 연차휴가를 먼저 사용하도록 하는 것은 노사 약정에 따른 것으로 법위반으로 단정하기는 어려움.
다만, 근로자 신청없이 다음해 발생할 연차휴가를 병가 사용시 의무적으로 선사용하도록 하는 것은 연차휴가 발생 여부가 불확정적이고 근로자의 정신적·육체적 휴양기회 제공 등을 위한 연차휴가의 취지에 반할 수 있으며 향후 발생할 연차휴가의 시기지정권을 침해할 우려가 있는 점 등을 고려해 볼 때 근로기준법 위반의 소지가 있다고 사료됨(2014.7.18, 근로개선정책과-4027).

## 3. 약정휴가와 연차휴가의 연속 사용

단체협약에 규정된 병가(60일)를 모두 사용한 직원이 연속하여 연차휴가(23일)를 사용할 수 있는지 여부와 관련하여 행정해석은 "사용자는 근로자의 청구가

108) 고용노동부, 1년 미만 연차휴가 사용촉진 관련 주요 Q&A, 2020.5
109) 2002.10.17, 근기 68207-3014

있는 시기에 연차휴가를 부여하여야 하며, 예외적으로 근로자가 청구한 시기에 연차휴가를 주는 것이 사업운영에 막대한 지장이 있는 경우에는 그 시기를 변경할 수 있으므로 근로자가 병가에 이어 연속하여 연차휴가를 사용하겠다고 청구한 경우에도 사용자가 정당한 시기변경권을 행사하지 않는다면 근로자는 연속해서 연차휴가를 사용할 수 있다"고 본다.[110)]

## 4. 연차휴가기간 중의 휴일

연차휴가 사용기간 중에 휴일(법정, 약정)이 있는 경우 휴일도 연차휴가 사용일수에 포함되는지에 관한 문제이다. 근로기준법상 연차휴가는 소정근로일에 부여하는 것이므로, 연차휴가 사용기간 중에 근로제공의무가 없는 법정휴일과 약정휴일이 있는 경우에는 동 휴일수는 연차휴가 사용일수에서 제외된다.[111)]

그러나 행정해석은 "유급휴가기간중의 주휴일 또는 공휴일을 휴가일수에 포함할 것인가는 그 휴일이 유급휴일인 경우에는 휴가일수에서 제외하고 무급휴일인 경우에는 포함하여 휴가일수를 계산하는 것이 타당할 것이다"고 하고 있다.[112)] 사견으로는 휴일이라면 유급/무급에 상관없이 연차휴가일수에 포함되어서는 안된다고 생각한다.

한편, 약정휴가에 관해서는 근로기준법에 아무런 규정이 없으므로, 경조휴가 등 약정휴가가 법정/약정휴일과 겹치는 경우 휴일과 휴가를 각각 별도로 부여할지 여부 등도 별도로 정하여 실시할 수 있다.[113)]

---

110) 2010.3.23, 근로기준과-337
111) 2008.12.17, 근로조건지도과-2127; 1987.2.7, 근기 01254-1926. 그러나 근로기준법에 의한 출산전후휴가는 역월상의 일시를 의미하므로, 출산전후휴가기간 중에 끼여있는 법정휴일 또는 약정휴일은 출산전후휴가기간에 포함된다. 다만, 노사당사자간 특약에 의하여 법정휴일 또는 약정휴일을 제외한다고 정하였다면 그에 따르면 된다(2000.8.10, 근기 68207-2385).
112) 1988.3.8, 근기 01254-3483
113) 2004.3.11, 근로기준과-1238

## Ⅷ. 지각 등에 대한 연차휴가 사용 처리(사후대체)

지각·조퇴 및 외출 등과 연차휴가는 별개이므로 근로자가 지각 등을 한 경우에 사용자가 이를 연차휴가를 사용한 것으로 처리해야 할 법적 의무는 없으나, 사용자가 근로자의 신청을 받아들여 이를 연차휴가를 사용한 것으로 처리하는 것은 가능하다고 본다.

지각·조퇴 및 외출로 인한 누계시간을 결근으로 취급하는 것은 연차휴가 산정에 불리하게 영향을 주는 것으로 허용되지 않지만, 단체협약 또는 취업규칙 등에서 "질병이나 부상 외의 사유로 인한 지각·조퇴 및 외출은 누계 8시간을 연차 1일로 계산한다"는 규정을 두는 것은 당해 사업장 근로자의 인사·복무관리 차원에서의 노사간 특약으로 볼 수 있으며, 해당 근로자가 부여받을 수 있는 연차 일수에서 공제하는 것이므로 근로기준법에 위반된다고 볼 수 없다.[114)]

이는 기업 질서유지 차원에서 정하는 사항으로 기업의 사정에 따라 달리 정할 수 있는 사항이기 때문일 뿐만 아니라, 근로자 입장에서도 지각, 조퇴, 외출 등으로 인해 징계처분이나 상여금 등에서 불이익을 받는 것 보다는 자신의 연차휴가를 사용한 것으로 처리하는 것이 유리할 수 있기 때문이다.[115)]

## Ⅸ. 유연근무제와 연차휴가

### 1. 탄력적 근로시간제

휴가를 사용하는 경우 1일 소정근로시간이 4시간, 9시간, 12시간 등으로 소정근로일별로 소정근로시간이 다르기 때문에 휴가의 사용량을 정하는 것이 문제가 된다.

---

114) 2000.1.22, 근기 68207-157

115) 임산부는 생리현상이 없으므로 생리휴가를 사용할 수 없지만, 임신초기에 이를 잘 구분할 수 없어서 생리휴가를 사용한 경우 기 지급된 유급임금은 반환조치를 할 수 있지만, 당사자와 협의를 거쳐 연차휴가로 대체토록 하는 것도 원만한 노사관계형성에 도움이 된다고 본사례가 있다(1999.6.16, 여원 68207-163). 그러나 현재는 태아검진시간을 활용하면 될 것이다.

이에 대해 고용노동부는 탄력적 근로시간제 도입을 위한 근로자대표와의 서면합의 또는 취업규칙에 1일 연차휴가 사용시간에 관한 기준을 정하는 것이 바람직하다고 한다.[116] 다만, 1일 기준을 정하지 않은 경우에는 근로계약서에 의한 1일 소정근로시간을 사용한 것으로 본다고 한다(2018 고용노동부 인터넷 답변내용).

저자의 생각에는, 발생한 휴가도 시간 단위로 전환하고, 휴가사용도 시간 단위로 하도록 하는 방식, 즉 단시간근로자와 유사한 형태로 운영하는 것이 가장 합리적이라고 생각한다. 이를 위해서는 제도 도입시 취업규칙이나 근로자대표와의 서면합의에 이러한 내용이 포함되어야 한다.

탄력적 근로시간제 도입으로 교대근무자의 1일 근무시간이 12시간으로 변경되고 연차휴가도 1.5일을 차감하기로 정한 경우 배우자 출산휴가도 1.5일을 차감할 수 있는지에 대한 질의에서, 고용노동부는 배우자 출산휴가는 일 단위로 부여하는 것이 원칙이나 노사간의 합의로 시간 단위로 부여할 수 있으며, 탄력적 근로시간제 시행시 노사 합의 또는 취업규칙 등을 통해 1일 배우자 출산휴가 사용시간을 휴가를 사용한 근로일의 근로시간만큼 차감하는 것으로 정하였다면 이에 따라 배우자 출산휴가를 부여·관리할 수 있다고 한다. 예를 들어, 1일 8시간을 기준으로 배우자 출산휴가 10일(총 80시간)을 부여하고 근로시간이 10시간인 근로일과 근로시간이 8시간인 근로일 1일에 배우자 출산휴가를 사용한 경우 총 18시간(2.25일)의 배우자 출산휴가를 사용한 것으로 차감할 수 있다.[117]

## 2. 선택적 근로시간제

근로기준법 제52조 제1항 제6호는 근로자대표와의 서면합의에 '표준근로시간(유급휴가 등의 계산 기준으로 사용자와 근로자대표가 합의하여 정한 1일의 근로시간)'을 정하여 동 제도의 적용대상이 되는 근로자 전체에 일률적으로 적용되는 특정의 근로시간을 설정하도록 하고 있다.

그 취지는 선택적 근로시간제를 실시할 경우 각 근로일별 근로시간이나 각 주별 근로시간이 근로자별로 달라질 수 있으므로 표준이 되는 1일 근로시간을 정하여 연차휴가수당 계산의 기준으로 활용하기 위한 것이다. 따라서 사전에 근로

116) 고용노동부, 유연근로시간제 가이드, 2019.8, 37쪽
117) 2020.7.2, 여성고용정책과-2633

자가 근로하기로 신청한 시간을 표준근로시간으로 정할 수 있게 하면 근로기준법의 취지에 부합하지 않으므로, 선택적 근로시간제 적용 대상근로자 전체에 일률적으로 적용되는 특정의 근로시간을 표준근로시간으로 정하여야 한다.[118)]

예를 들어, 근로자대표와의 서면합의로 표준근로시간을 1일 8시간으로 정하였고, 근로자가 사전에 신청한 시간이 월~금요일까지 각각 4, 8, 12, 6, 10시간이라면 월~금요일 중 어느 날에 연차휴가를 사용하던지 간에 표준근로시간인 1일 8시간의 연차휴가를 사용한 것으로 처리한다. 근로자가 근로시간이 많은 날(앞의 예에서 수요일 12시간)에만 연차휴가를 사용하려고 할 경우에도 원칙적으로 근로자가 신청한 날에 부여를 하여야 하며, 예외적으로 사업운영에 막대한 지장이 있다면 사용자는 시기변경권을 행사하여야 한다.[119)]

연차휴가미사용수당 역시 표준근로시간을 기준으로 지급한다.[120)] 예를 들어, 월·화·수요일 각 8시간, 목요일 12시간, 금요일 4시간으로 요일별 근로시간이 다르게 운영되는 경우 연차휴가수당 산정을 위한 1일 근로시간을 8시간으로 정했다면 8시간을 기준으로 산정하면 된다.[121)]

선택적 근로시간제로 요일별 근로시간을 특정할 수 없는 경우에도 연차휴가수당 산정은 표준근로시간을 기준으로 지급한다.[122)]

### 3. 사업장 밖 간주근로시간제

주 5일제/주 40시간제 기업에서 소정근로일과 소정근로시간이 유지되는 형태로 간주근로시간제가 적용되면 휴가 사용은 통상의 근로자들과 동일하게 1일의 휴가 사용량은 8시간으로 처리하면 된다. 연차휴가는 소정근로일에 소정근로시간만큼 사용하는 것이며, 연장근로시간은 연차휴가의 발생 및 사용과 관련이 없다.

---

118) 2011.4.8, 근로개선정책과-703
119) 고용노동부, 궁금함이 쏙쏙 풀리는 유연근무제 Q&A, 2017.12, 32쪽
120) 고용노동부, 유연근로시간제 가이드, 2018.6, 48쪽, 56쪽 및 61쪽
121) 고용노동부, 궁금함이 쏙쏙 풀리는 유연근무제 Q&A, 2017.12, 31쪽
122) 고용노동부, 유연근로시간제 가이드, 2019.8, 57쪽

## 4. 재량근로시간제

주 5일제/주 40시간제 기업에서 소정근로일과 소정근로시간이 유지되는 형태로 재량근로시간제가 적용되면 휴가 사용은 통상의 근로자들과 동일하게 적용하면 된다.

## 5. 유연근무제와 연차 사용 불승인

공무원A는 월~금요일은 부산에서 근무하다가 주말에는 경기도의 자택으로 올라와 가족과 생활하기 위하여, 매주 금요일의 출퇴근 시간을 09:00~18:00에서 07:00~16:00으로 변경하는 유연근무제를 사용하고 있었다. A는 11:00경 당일(금요일) 14:00에 연가를 사용하겠다고 B과장에게 이야기 하였으나 B과장은 유연근무가 신청되어 있는데 추가로 조퇴하는 것은 문제가 될 수 있다고 하면서 연가 신청에 대해 승인 또는 불가의 명확한 답변을 하지 않았다.

A는 11:20에 전자결재시스템을 이용하여 '조퇴(연가) 14:00-16:00'으로 기안하여 신청을 하였고 G계장은 11:22 바로 결재를 하였으나, 최종 결재권자의 출장으로 조퇴(연가) 개시시간인 14:00 이전까지 결재가 되지 않았다. A는 최종 결재권자의 결재사실을 확인하지 못하고 14:00 무렵 퇴근하였다. 이후 담당 과장과 최종 결재권자는 당일 14:27에 결재를 반려하였고, 담당 과장은 A에게 전화하여 유연근무와 연가는 동시에 사용할 수 없다면서 사무실 복귀를 지시하였으나, A는 열차를 타고 귀가하던 중이어서 복귀에 응하지 않았다.

이후 A는 근무지 이탈 등(이외에 다른 징계사유도 있음)을 이유로 정직 1월의 징계처분을 받자 행정소송을 제기하였다.

법원은 공무원의 연가는 근로기준법상의 연차휴가에 대응하는 휴가라고 전제한 다음, 공무원은 자유롭게 연가를 사용할 수 있다고 보았다. 또한 행정기관의 장은 '공무 수행에 특별한 지장이 없으면'연가를 승인하여야 하며, 이는 근로기준법의 '사업 운영에 막대한 지장이 있는 경우'에 해당하므로 행정기관이 이에 대한 입증책임이 있다고 하였다.

결국 유연근무와 연가를 연계하여 사용하는 것을 금지하는 규정이 없을 뿐만 아니라, 유연근무를 신청하였다는 이유로 자유롭게 연가를 사용할 수 있는 권리가 침해되어서는 안된다고 하면서 징계사유인 근무지 이탈로 볼 수 없다고 보았다(2019 부산지방법원, 확정).

비록 공무원의 연가에 대한 판결이지만, 근로기준법의 연차휴가에도 동일하게 적용될 것으로 보인다.

## X. 단시간 근로자 및 근로시간 단축 근무자의 연차휴가 사용

근로기준법상 연차휴가는 단시간근로자인지 여부와 관련없이 특정한 사유로 인하여 시기변경을 하지 않는 한 소정근로일 중 근로자가 요청하는 날에 부여하여야 하므로, 단시간근로자에게 소정근로일이 아닌 날에 연차휴가를 사용하도록 하는 내용의 취업규칙은 근로기준법에 위반된다.[123)]

한편 연차휴가는 1일 단위의 소정근로시간만큼 소정근로일에 사용할 수 있다. 단시간근로자가 1일 8시간씩 월·수·금요일만 근무하는 경우 1일 소정근로시간은 8시간, 소정근로일은 월·수·금요일이다. 따라서 이 경우 단시간근로자는 소정근로일인 월·수·금요일에만 연차휴가를 사용할 수 있고, 1일 사용시 8시간을 사용한 것이 된다. 또다른 예로 토·일요일에만 8시간씩 근무하는 경우 토·일요일에만 연차휴가를 사용할 수 있고, 1일의 휴가를 사용하면 8시간을 사용한 것이 된다.

만약, 시간단위로 연차휴가를 부여하였다면 부여한 시간만 사용한 것으로 처리한다. 임신기 근로시간 단축기간에 연차휴가를 1일 단위로 부여한 경우 1일 6시간 사용으로 산정하며, 연차휴가를 시간단위로 부여(3시간)한 경우에는 부여한 시간(3시간)만 사용한 것으로 산정해야 한다(단, 임금은 단축된 근로시간 이전의 근로시간에 해당하는 금액을 지급한다).[124)]

---

123) 1997.4.24, 근기 68207-535
124) 2018.12.12, 여성고용정책과-5185

# 제4절 연차휴가사용촉진제도

## Ⅰ. 의의 및 도입배경

### 1. 의 의

연차휴가사용촉진제도는 사용자가 근로기준법에서 정한 절차에 따라 근로자에게 휴가사용을 적극적으로 권유하였음에도 불구하고 근로자가 휴가를 사용하지 아니한 경우에는 그 미사용휴가일수에 대하여 금전으로 보상할 의무를 면제시켜주는 것을 말한다.

### 2. 도입배경

연차휴가가 발생하였으나 1년간 이를 미사용한 경우에는 근로자의 휴가청구권이 소멸하게 된다. 이 경우 미사용 휴가일수에 대하여 금전(수당)으로 보상해야 한다는 근로기준법상의 명문규정이 없기 때문에 연차휴가와 관련한 근로자의 권리는 모두 소멸되는 것이 원칙이다.

그러나 대법원 판례[125]와 행정해석[126]은 일관되게 "근로자가 휴가를 사용하지 않아 휴가청구권이 소멸된 이후에도 연차휴가미사용수당청구권은 남는다"고 한다.[127] 즉, 연차휴가미사용수당을 지급해야 한다는 법조항이 없음에도 불구하고 판례와 행정해석에 의하여 인정되어 왔던 것이다. 주 40시간제 시행 이전에는 사용촉진 조항이 없었기 때문에 연차휴가의 일부를 의무적으로 사용키로 노사협의회에서 합의하거나 부서별로 휴가사용을 독려하는 등 적극적으로 권장하였음에도 불구하고 근로자가 실제 휴가를 사용하지 않고 근로하였다면 여전히 수

125) 대판 1991.6.28, 90다카14758 등
126) 1997.9.4, 근기 68207-1182; 2004.2.19, 근로기준과-883
127) 대판 1995.6.29, 선고 94다18553

당으로 지급하여야만 했었다.[128] 따라서 '근로자의 자의로 사용하지 않은 휴가는 보상하지 않는다'는 규정을 정하였다 하더라도 이는 무효로 보았다.[129]

원래 연차휴가제도는 근로자에게 일정기간 근로의무를 면제함으로써 정신적·육체적 휴양의 기회를 제공하고 문화적 생활의 향상을 기하려하는 데에 그 의의가 있으며,[130] 충분한 휴식을 통해 원활한 근로제공이 가능하도록 하기 위한 제도로서 원칙적으로 휴가를 사용하는 것이 우선이고 부득이게 휴가를 사용하지 못하는 경우에만 수당으로 보상을 받아야 한다.

그러나 우리나라는 휴가사용률이 매우 낮고, 휴식이라는 본래의 취지보다는 일종의 급여로 인식되고 있다는 문제점이 있다. 따라서 실제 휴가사용률을 제고하기 위하여 사용자가 근로자에게 적극적으로 휴가 사용을 권유하였음에도 불구하고, 근로자가 휴가를 사용하지 않는 경우 사용자에게 미사용연차일수에 대한 수당보상의무를 면제시키도록 하였다. 다만, 사용자가 이를 악용하는 것을 방지하기 위하여 엄격한 절차를 도입하였는데, 2004.7.1 주 40시간제와 함께 근로기준법에 명시되었다.[131]

### 3. 사용촉진제도가 강행규정에 해당하는지 여부

고용노동부는 "사용자가 연차휴가의 사용을 촉진하기 위한 조치를 하였음에도 근로자가 휴가를 사용하지 아니하는 경우 미사용휴가에 대한 보상의무를 면제하고 있는 바, 사용자가 동 조치를 반드시 실시해야 할 의무가 있는 것은 아니다"고 하고 있다.[132] 즉, 사용촉진제도를 도입할지 여부는 사용자에게 부과되는 강제사항이 아니므로, 사용자가 연차휴가를 사용촉진하지 않고 수당으로 지급하는 것은 가능하다.

---

128) 2004.2.19, 근로기준과-883; 2002.4.24, 근기 68207-1760. 예외적으로 "근로자가 사용자의 수차에 걸친 적극적 권고에도 불구하고 특별한 사유없이 휴가시기를 지정하지 않는다면 사용자가 휴가의 취지가 손색되지 않는 범위내에서(예컨대 상당기간전에 예고하는 등) 사용자가 일정한 기간을 지정하여 휴가를 사용토록 하고 그 기간에 대하여 근로자의 노무제공의 수령을 거부하더라도 법 위반의 문제는 발생하지 않는다"고 해석한 경우도 있었다(1997.9.4, 근기 68207-1195).

129) 1994.4.27, 근기 68207-709

130) 대판 2008.10.9, 2008다41666

131) 고용노동부, 「주 40시간제 시행지침」, 2005.4, 22~23쪽

132) 2007.6.28, 임금근로시간정책팀-2239; 2004.1.7, 근로기준과-161

# Ⅱ. 계속근로 1년 미만인 근로자에 대한 사용촉진

## 1. 입사일 기준

### (1) A1~A9 등 9일에 대한 사용촉진

**관련법령**

**근로기준법 제61조【연차 유급휴가의 사용 촉진】** ② 사용자가 계속하여 근로한 기간이 1년 미만인 근로자의 제60조 제2항에 따른 유급휴가의 사용을 촉진하기 위하여 다음 각 호의 조치를 하였음에도 불구하고 근로자가 휴가를 사용하지 아니하여 제60조 제7항 본문에 따라 소멸된 경우에는 사용자는 그 사용하지 아니한 휴가에 대하여 보상할 의무가 없고, 같은 항 단서에 따른 사용자의 귀책사유에 해당하지 아니하는 것으로 본다.

1. 최초 1년의 근로기간이 끝나기 3개월 전을 기준으로 10일 이내에 사용자가 근로자별로 사용하지 아니한 휴가 일수를 알려주고, 근로자가 그 사용 시기를 정하여 사용자에게 통보하도록 서면으로 촉구할 것. (생략)
2. 제1호에 따른 촉구에도 불구하고 근로자가 촉구를 받은 때부터 10일 이내에 사용하지 아니한 휴가의 전부 또는 일부의 사용 시기를 정하여 사용자에게 통보하지 아니하면 최초 1년의 근로기간이 끝나기 1개월 전까지 사용자가 사용하지 아니한 휴가의 사용 시기를 정하여 근로자에게 서면으로 통보할 것. (생략)

2020.3.31 개정된 근로기준법은 최초 9일(A1~A9) 및 이후 발생되는 2일(A10, A11)을 구분하여 각각 촉진하도록 규정하고 있다. A1~A9에 대한 관련 법조문을 그림으로 표현하면 다음과 같다.

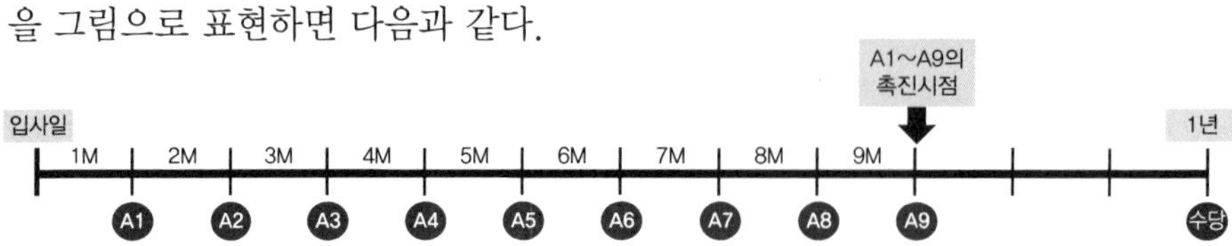


**[사례 – 1.1 입사자]**

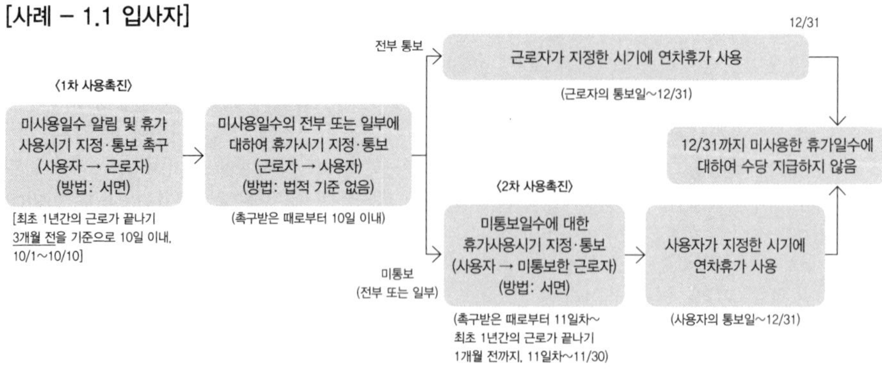

## (2) A10, A11 등 2일에 대한 사용촉진

**관련법령**

**근로기준법 제61조【연차 유급휴가의 사용 촉진】** ② 사용자가 계속하여 근로한 기간이 1년 미만인 근로자의 제60조 제2항에 따른 유급휴가의 사용을 촉진하기 위하여 다음 각 호의 조치를 하였음에도 불구하고 근로자가 휴가를 사용하지 아니하여 제60조 제7항 본문에 따라 소멸된 경우에는 사용자는 그 사용하지 아니한 휴가에 대하여 보상할 의무가 없고, 같은 항 단서에 따른 사용자의 귀책사유에 해당하지 아니하는 것으로 본다.

1. 최초 1년의 근로기간이 끝나기 3개월 전을 기준으로 10일 이내에 사용자가 근로자별로 사용하지 아니한 휴가 일수를 알려주고, 근로자가 그 사용 시기를 정하여 사용자에게 통보하도록 서면으로 촉구할 것. 다만, 사용자가 서면 촉구한 후 발생한 휴가에 대해서는 최초 1년의 근로기간이 끝나기 1개월 전을 기준으로 5일 이내에 촉구하여야 한다.
2. 제1호에 따른 촉구에도 불구하고 근로자가 촉구를 받은 때부터 10일 이내에 사용하지 아니한 휴가의 전부 또는 일부의 사용 시기를 정하여 사용자에게 통보하지 아니하면 최초 1년의 근로기간이 끝나기 1개월 전까지 사용자가 사용하지 아니한 휴가의 사용 시기를 정하여 근로자에게 서면으로 통보할 것. 다만, 제1호 단서에 따라 촉구한 휴가에 대해서는 최초 1년의 근로기간이 끝나기 10일 전까지 서면으로 통보하여야 한다.

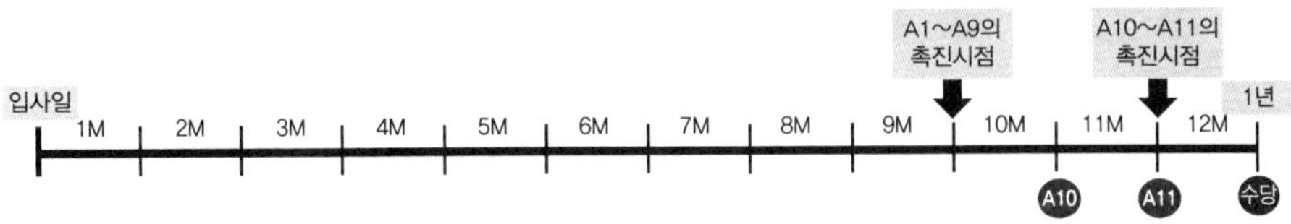


**[사례 – 1.1 입사자]**

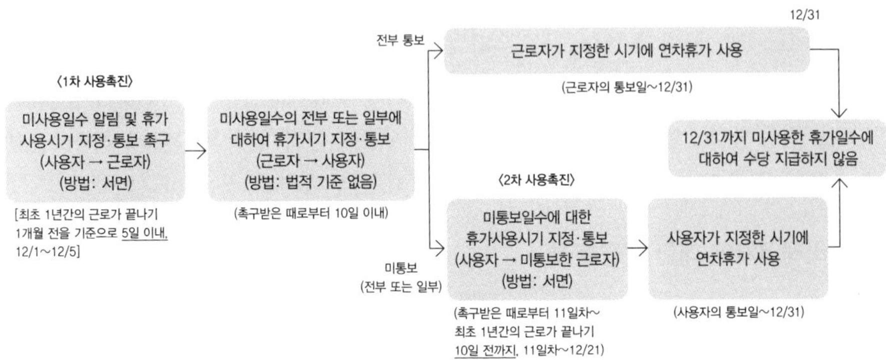

### (3) 9일에 대한 촉진없이 2일만 촉진할 수 있는지 여부

근로기준법 제61조 제2항은 1년 미만 연차휴가에 대한 사용촉진을 규정하면서 먼저 발생한 연차휴가(A1~A9)와 나중에 발생한 연차휴가(A10, A11)의 사용촉진 시기를 구분하고 있다. 이는 1년 미만 연차휴가의 발생시기(개근한 달의 다음날)를 고려하여 사용촉진 시기를 구분한 것으로, 먼저 발생한 연차휴가(9일)에 대해 사용촉진을 실시하여야만 나중에 발생한 연차휴가(2일)에 대해서도 사용촉진을 할 수 있다는 의미가 아니다.

따라서 먼저 발생한 연차휴가(9일)에 대해 사용촉진을 실시하지 않았다 하더라도 나중에 발생한 연차휴가(2일)에 대해 사용촉진을 할 수 있다.[133)]

## 2. 회계연도 기준

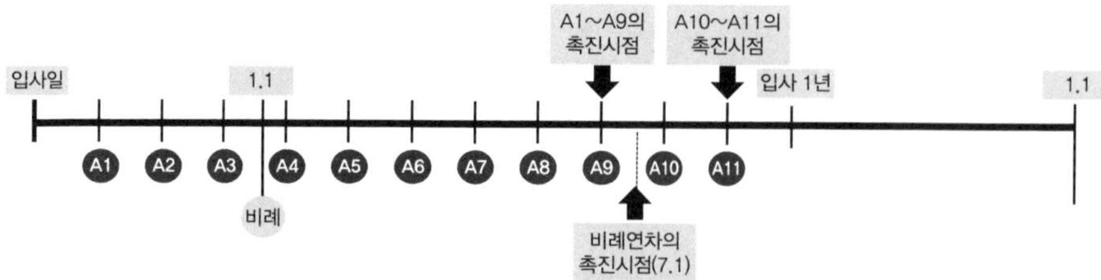


### (1) A1~A11 등 11일에 대한 사용촉진

회계연도 기준으로 운영하는 경우라 하더라도 사용촉진은 개정 근로기준법(2020.3.31 시행)에 따라 '입사일로부터 1년'이 되는 시점을 기준으로 촉진하여야 하므로, A1~A9에 대한 사용촉진은 앞에서 살펴본 '1. 입사일 기준'과 동일한 방식을 적용한다. 회계연도 기준 적용으로 사용기간이 연장되었다고 하여 연장된 사용기간 종료시점을 기준으로 사용촉진이 이루어지는 것은 아니다.[134)]

### (2) 비례연차에 대한 사용촉진

회계연도 기준으로 연차휴가를 부여하는 경우 연도 중 입사자에게 2년차에 부여하는 연차휴가는 1년 이상 근로자의 연차(15일)를 1년차의 근속기간(입사일

---

133) 고용노동부, 1년 미만 연차휴가 사용촉진 관련 주요 Q&A, 2020.5
134) 2020.5.17, 국민신문고 답변내용(담당부서: 고용노동부 노동정책실 근로감독정책단 임금근로시간과)

~12.31)에 비례하여 부여한 것으로, 근로기준법 제60조 제1항에 따라 발생하는 1년 이상 근로자의 연차휴가에 해당하므로, 같은 법 제61조 제1항에 따른 사용촉진이 가능하다. 즉, 연단위 휴가와 동일하게 12.31일을 기준으로 6개월 전인 7.1에 사용촉진을 하여야 한다.[135)]

### (3) 휴가의 사용기간

고용노동부는 연차사용촉진에 따른 효과는 보상의무가 소멸되는 것이지, 연차휴가 자체가 소멸되는 것으로는 볼 수 없고, 노사간 연차수당을 지급하는 대신 이월하여 사용토록 하거나, 사용기간을 연장하는 합의도 유효하므로 사용자의 연차사용촉진에 따라 해당 연차휴가에 대한 보상의무는 최초 1년의 근로기간이 끝난 후에 소멸되나, 노사합의에 따른 사용기간까지는 여전히 사용이 가능하다고 한다. 그 이유는 합의된 사용기간까지 사용할 수 없다고 한다면 사용자의 연차사용촉진에 따라 소멸시기를 연장한 노사합의가 무효가 되는 결과가 발생하기 때문이라고 한다.[136)]

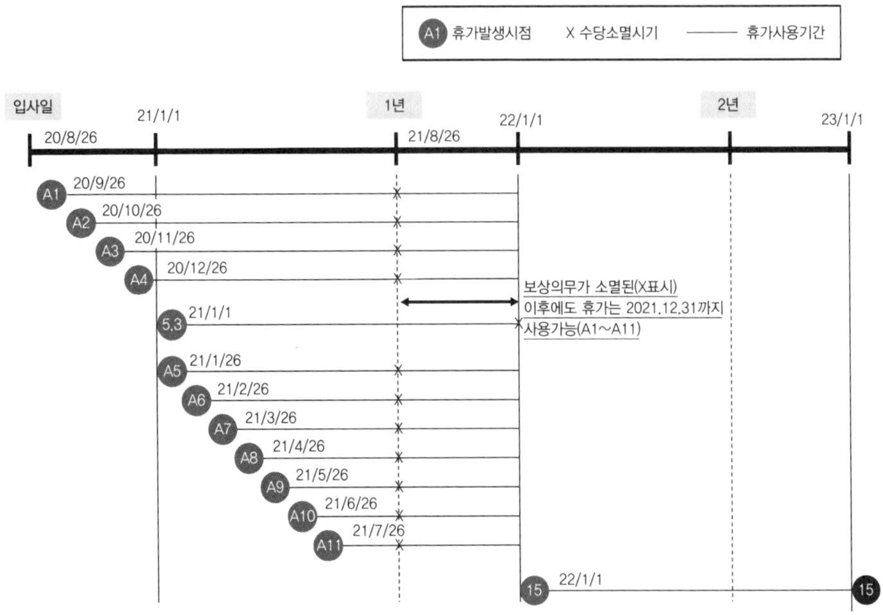


135) 고용노동부, 연차사용촉진제도 관련 주요 Q&A(2020.4), 6쪽.
136) 고용노동부, 연차사용촉진제도 관련 주요 Q&A(2020.4), 4쪽.

고용노동부 자료에서 A1~A11의 휴가를 입사연도의 다음연도 12.31까지 사용할 수 있도록 이월(사용기간 연장)한 경우라도 촉진은 '입사일로부터 1년'이 되는 시점을 기준으로 하여 입사 1년이 되는 시점에 사용자는 A1~A11에 대한 수당지급의무는 없어지지만, 2021.12.31까지 사용은 할 수 있도록 하여야 한다고 하고 있다.

# Ⅲ. 계속근로 1년 이상인 근로자에 대한 사용촉진

## 1. 사용촉진 프로세스

관련법령

**근로기준법 제61조【연차유급휴가의 사용 촉진】** ① 사용자가 제60조제1항·제2항 및 제4항에 따른 유급휴가(계속하여 근로한 기간이 1년 미만인 근로자의 제60조 제2항에 따른 유급휴가는 제외한다)의 사용을 촉진하기 위하여 다음 각 호의 조치를 하였음에도 불구하고 근로자가 휴가를 사용하지 아니하여 제60조 제7항 본문에 따라 소멸된 경우에는 사용자는 그 사용하지 아니한 휴가에 대하여 보상할 의무가 없고, 제60조 제7항 단서에 따른 사용자의 귀책사유에 해당하지 아니하는 것으로 본다.

1. 제60조 제7항 본문에 따른 기간이 끝나기 6개월 전을 기준으로 10일 이내에 사용자가 근로자별로 사용하지 아니한 휴가 일수를 알려주고, 근로자가 그 사용 시기를 정하여 사용자에게 통보하도록 서면으로 촉구할 것
2. 제1호에 따른 촉구에도 불구하고 근로자가 촉구를 받은 때부터 10일 이내에 사용하지 아니한 휴가의 전부 또는 일부의 사용 시기를 정하여 사용자에게 통보하지 아니하면 제60조 제7항 본문에 따른 기간이 끝나기 2개월 전까지 사용자가 사용하지 아니한 휴가의 사용 시기를 정하여 근로자에게 서면으로 통보할 것

근로기준법 제61조(연차유급휴가의 사용촉진) 제1항에 따라 연차휴가 사용촉진 프로세스를 도식화하면 다음 그림과 같다.

▶ **연차휴가 사용촉진절차(회계연도 기준)**

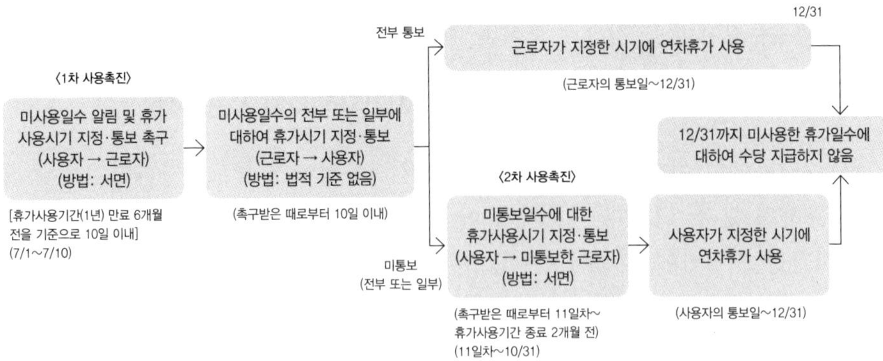


## (1) 미사용일수 고지 및 시기지정 요구(1차 사용촉진)

사용자는 근로자 개인별로 연차휴가사용기간이 끝나기 6개월[137] 전인 7.1부터 10일 이내에 근로자 개인별로 미사용 휴가일수를 알려주고, 근로자가 사용시기를 지정하여 다시 사용자에게 통보하도록 서면으로 촉구하여야 한다. 위 그림에서는 7.1~7.10 사이로 표시하였으나, 사용자의 촉구시기에 따라 근로자의 시기지정 기간도 달라지게 된다.

## (2) 근로자의 시기지정 및 회사 통보

사용자의 촉구를 받은 근로자는 촉구를 받은 때로부터 10일 이내에 미사용휴가의 전부 또는 일부의 사용시기를 정하여 사용자에게 통보하여야 한다. 근로자가 사용자에게 통보한 경우 근로자가 지정한 시기에 연차휴가를 사용하겠다는 의

137) 사용촉진제도가 처음 도입되었을 때에는 3개월로 되어 있었는데, 2012. 8. 2부터 6개월로 변경되었다(변경내용에 따르면 6개월 전은 2012.7.1이지만 법시행시점이 2012.8.2여서 실제 적용은 2013년부터 가능). 3개월로 되어 있을 때에는 근로자가 연차휴가의 시기를 선택할 수 있는 범위가 협소하고 연말에 휴가가 집중되는 문제가 발생되어 연차휴가 활용을 저해하였는데, 이를 6개월로 변경함에 따라 사용자가 사용촉진조치를 취할 수 있는 시점이 앞당겨져 근로자가 연차휴가를 사용할 수 있는 범위가 넓어지게 되어 휴가사용이 원활하게 되었다(고용노동부 공고 제2010-108호, 2010.11.18; 고용노동부 홈페이지 민원마당-상담사례-질의응답사례 중 "취업규칙 변경 및 2012년 연차사용촉진 시점 관련, 2012.5.18").

사표시로 볼 수 있으므로 연차휴가를 청구한 것으로 본다.[138] 근로자의 통보방법에 대하여 아무런 규정이 없지만, 법적 분쟁을 최소화하기 위하여 가급적 서면으로 받아두는 것이 좋을 것으로 보이며, 이 책에 첨부된 서식을 활용하기 바란다.

#### (3) 근로자의 사용시기 미통보시 사용자의 시기지정 (2차 사용촉진)

근로자가 10일 이내에 사용시기를 정하여 사용자에게 통보하였다면 2차 촉진은 필요하지 않다. 그러나 근로자가 이 기간 내에 연차휴가의 전부 또는 일부의 사용시기를 지정하여 사용자에게 통보하지 않은 경우, 사용자는 휴가사용기간 종료 2개월 전인 10.31 전까지 미통보한 근로자의 휴가사용시기를 지정하여 근로자에게 서면으로 통보하여야 한다.

한편, 근로자가 남은 연차휴가 중 일부에 대하여만 사용시기를 정하여 사용자에게 통보하였다면, 나머지 연차휴가에 대하여는 사용시기를 정하여 통보하지 않은 것이 된다. 따라서 근로자가 사용시기를 정하지 않은 나머지 연차휴가에 대하여 2차 촉진을 해야 이에 대한 금전보상의무가 면제된다.[139]

#### (4) 근로자의 연차휴가 사용

근로자가 스스로 사용시기를 정한 경우에는 해당 날짜에 연차휴가를 사용하면 된다. 근로자가 사용시기를 지정하지 않아 사용자가 지정한 경우에도 근로자는 지정된 날짜에 연차휴가를 사용하여야 한다.

한편, 2012.8.2부터 시행된 근로기준법에 따라 사용자가 일찍 사용촉구를 할수록 근로자가 여유롭게 연차휴가를 사용할 수 있고, 사용자도 근로자의 휴가가 겹치는 것을 최소하거나, 업무량이나 생산량 등을 고려하여 합리적으로 근로자들의 휴가사용시기를 조절할 수 있게 된다.

### 2. 사용촉진의 방법

#### (1) 원칙 – 서면을 통한 촉구

근로기준법 제61조는 사용자가 근로자에게 사용촉진을 하는 경우 반드시 '서

---

138) 2007.11.13, 임금근로시간정책팀-3353
139) 고용노동부, 개정 근로기준법 설명자료(2020.3.30), 15쪽.

면'을 통해서 하도록 규정하고 있고, 이 내용은 엄격히 준수되어야 한다. 법정 요건인 서면에 의하지 않고 구두 등을 통하여 촉진이 이루어진 경우에는 적법한 사용촉진으로 인정되지 않으므로 근로자의 미사용휴가에 대하여 여전히 수당으로 지급하여야 한다.[140)]

사용자로 하여금 '서면'으로 촉구 또는 통보하도록 규정한 것은 휴가사용촉진 조치가 명확하게 이행되도록 하여 근로자의 권리보호를 보다 충실하게 하고 불명확한 조치로 인한 당사자간의 분쟁을 방지하려는 취지이기 때문이다.[141)]

**[관련 사례]**

【질 의】

○ A사의 경우에는 근로자 수가 많아 휴가 중 출근한 직원을 찾아서 책상 위에 일일이 노무수령 거부 통지서로 놓기도 어렵고, 컴퓨터 네트워크로 노무수령 거부의사 표시하는 것도 기술적으로 바로 실시하기 어려운 상황임. 이메일을 이용하여 사용자가 노무수령거부의사를 해당 근로자에게 통지하는 방법도 적법한 노무수령 거부의사 방법이 될 수 있는지 여부

【회 시】

○ 근로기준법 제61조제2호에 따라 연차유급휴가의 사용촉진 조치는 서면으로 통보하도록 규정되어 있는데, 이는 불명확한 조치로 인한 당사자간의 분쟁을 방지하려는 취지로 볼 수 있음.
  - 사용촉진 조치 후 해당 휴가일에 근로자가 출근한 경우 노무수령 거부의사 표시 또한 근로자가 인지할 수 있는 정도여야 할 것임.

○ 귀 질의 내용만으로는 구체적인 사실관계가 명확하지 아니하여 정확한 답변을 드리기 어려우나, 이메일의 경우 해당근로자가 동 법 제61조 제2호의 휴가 사용 시기 통보기한(10일) 이내에 반드시 열람한다는 보장이 없고, 열람했다 하더라도 메일내용을 정확하게 인지했는지 확인할 수 없어 근로자가 인지할 수 있는 정도의 의사표시 수준이라고 보기 어려울 것으로 사료됨(2012.8.22, 근로개선정책과-4271).

**▶ '서면촉구'에 해당되지 않는다고 본 사례**

① '회사 내 E-mail을 활용하여 통보'하거나 '근로자별 미사용 휴가일수를 게재한 공문을 사내 게시판에 게재'하는 것은 그러한 방법이 근로자 개인별로 '서면' 촉구 또는 통보하는 것에 비하여 명확하다고 볼 수 없는 경우(2004.7.27, 근로기준과-3836)

② 사내 전산망의 이메일에 의해 통보하는 것은 개별 근로자가 메일을 미확인하는 등의 이유로 근로자 개인별로 '서면'촉구 또는 통보하는 것에 비해 도달 여부의 확인 등이 불명확한 경우(2013.11.1, 근로개선정책과-6488)

---

140) 2005.10.5, 임금근로시간정책팀-163

141) 2004.7.27, 근로기준과-3836

### (2) 예외 – 전자문서, 이메일을 통한 방식

고용노동부는 '서면'이란 원칙적으로 '종이로 된 문서'를 의미하며, 예외적으로 전자문서로서 연차휴가사용촉진이 가능하기 위해서는 회사가 전자결재체계를 완비하여 전자문서로 모든 업무의 기안, 결재, 시행과정이 이루어져 근로자 개인별로 명확하게 촉구 또는 통보되는 경우에 한하여 서면 촉구 또는 통보로 인정될 수 있다고 한다.[142] 즉, 직원수가 많아서 일일이 종이로 된 문서를 사용하기 어려운 경우에는 위의 전자문서의 요건을 갖추어 시행하는 것이 예외적으로 가능하다고 할 것이다.

2020.3.30 발표된 고용노동부의 설명자료[143]에 따르면, 불명확한 조치로 인한 당사자 간의 분쟁을 방지하고자 서면으로 촉진하도록 규정하고 있으므로 서면으로 통보해야 유효한 사용촉진이 된다고 한다. 다만, 이메일(e-mail)에 의한 통보는 근로자가 이를 수신하여 내용을 알고 있다면, 유효한 통보로 볼 수 있다고 하면서 대법원 판결(대판 2015.9.10, 2015두41401)을 근거로 제시하고 있는데, 앞에서 설명한 고용노동부의 기존 행정해석과는 다른 것으로 보인다. 즉, 이메일에 의한 통보가 가능한 것처럼 오해를 불러 일으킬 수 있다.

이 대법원 판결은 해고의 서면통지에 관한 것으로 해고된 근로자가 대리인에게 해고의 서면통지를 하도록 요구하자, 사용자가 이메일을 대리인에게 발송한 다음 대리인에게 전화를 걸어 수신여부를 확인한 사례이다. 즉, 매우 예외적인 판결이므로 주의를 요한다. 개인적으로는 서면으로 통보해야 촉진으로 인정될 수 있다고 생각한다.

### (3) 전자문서에 대한 고용노동부의 입장

2021.11.19 임금명세서 교부가 의무화 되면서 근로기준법에서는 임금명세서를 서면(전자문서 포함)으로 교부하도록 규정하였다. 고용노동부는 전자문서에 대해 전자문서법 제2조 제1호에 따라 '정보처리시스템에 의하여 전자적 형태로 작성·변환되거나 송신·수신 또는 저장된 정보'라고 하면서, '전자우편(이메일)'은

142) 2010.11.16, 근로기준과-1983
143) 고용노동부, 개정 근로기준법 설명자료(2020.3.30), 12쪽.

컴퓨터를 이용한 정보처리시스템에 의해 전자적 형태로 작성, 송·수신, 저장된 정보를 의미하므로 가장 일반적인 형태의 전자문서에 해당한다고 하였다. 또한 휴대전화 문자메시지(SMS, MMS)는 연산처리를 하는 정보처리장치에 의해 생성된 디지털 메시지로 작성, 송·수신, 저장된 정보를 의미하므로 이 역시 '전자문서'에 해당한다고 한다.[144)]

이메일이 전자문서라면 사용촉진도 이메일로 가능한 것이 아닌지에 대한 인터넷 질의회신에서 고용노동부는 정확한 답변을 하지 않고 기존 행정해석(2013.11.1, 근로개선정책과-6488)을 인용하면서 '도달 여부의 확인 등이 불명확한 경우에는 인정되기 어렵다'는 회신을 하였다.

개인적으로는 고용노동부는 이메일이 전자문서인지 여부 보다는 사용촉진이 근로자에게 도달(수신)되어 그 내용을 알고 있는지 여부로 판단을 하는 것 같다는 생각이 든다.

#### (4) 사내 공고방식의 사용촉진

근로기준법은 근로자별로 사용촉구를 하도록 하고 있으므로, 사용촉진 조치는 근로자 개인별로 해야 인정된다. 따라서 사내공고 방식은 개별 근로자별 통보가 아니므로, 유효한 통보로 볼 수 없게 된다.[145)]

## Ⅳ. 사용촉진과 도달주의

### 1. 문제의 소재

근로기준법 제61조에는 '10일 이내, 2개월 전까지, 5일 이내, 10일 전까지'라는 표현이 나오는데, 상대방에게 발송(발신)한 시점인지, 도달한 시점인지도 명확히 할 필요가 있다.

---

144) 고용노동부, 2021.11.19 시행 개정「근로기준법」설명자료, 2021.11, 6쪽.
145) 고용노동부, 개정 근로기준법 설명자료(2020.3.30), 13쪽.

## 2. 민법의 기본원칙과 판례

> **관련법령**
>
> **민법 제111조【의사표시의 효력발생시기】** ① 상대방이 있는 의사표시는 상대방에게 도달한 때에 그 효력이 생긴다.

의사표시의 효력발생시기와 관련하여 발신주의와 도달주의 중, 민법은 도달주의를 원칙으로 하고 있다. 따라서 사용촉진과 관련하여 사용자가 근로자에게 또는 근로자가 사용자에게 통보 등을 하는 것은 발신(발송)한 시점이 아니라 도달한 시점이 위 기간 내여야 한다.

실제 사례에서 회계연도 기준(1.1~12.31)을 적용하는 기업에서, 사용자가 1차 촉진을 6.8에 하였으나, 근로자들은 회사에 휴가 사용시기를 지정·통보하지 않았다. 그래서 사용자는 2차 촉진조치로 '미사용 연차휴가사용시기 지정통보서'를 10.28에 우편으로 발송하였고, 근로자에게는 11.1에 도달하였다.

이에 대해 법원은 2차 촉진은 연차휴가 사용기간이 끝나기 2개월 전(10.31)까지 근로자에게 도달되어야 하는데, 11.1에 도달하였으므로 적법한 사용촉진이 이루어지지 않았다고 판단하였다(2018 인천지방법원, 확정).

다만, 이 사건에서는 7.1~7.10 사이에 이루어져야 하는 사용자의 1차 촉진 통보가 6.8에 진행된 것이 적법한지에 대한 노사당사자의 주장과 법원의 판단은 없었다.

# Ⅴ. 사용촉진의 효과와 사례

## 1. 절차를 준수한 사용촉진

### (1) 효 과

사용자가 근로자의 연차휴가에 대하여 법정절차를 준수하여 사용촉진을 하였음에도 불구하고 근로자가 휴가를 사용하지 않아 소멸된 경우에는 사용자는 미사용휴가에 대하여 금전으로 보상할 의무가 없고, 이 경우 사용자의 귀책사유도 없는 것으로 보게 되므로, 연차휴가 소멸시효가 연장되지 않고 완성된다.

### (2) 사 례

#### 1) 근로자가 지위의 특성상 휴가를 사용할 수 없다고 주장한 사례

미사용 연차휴가일수가 2009년 19일, 2010년 15일, 2011년 16일, 2012년 20일인 사실이 인정되나, 회사가 2012.4경 근로자에게 미사용 연차수당 및 퇴직위로금 20,000,000원을 지급한 점, 회사가 2006년경부터 근로기준법에 따라 연차휴가 사용촉진을 위하여 근로자에게 연차휴가사용계획서 제출을 공지하고 미사용 연차휴가 사용시기를 지정통보함으로써 근로자의 미사용 연차휴가에 대한 보상의무를 면하였다면 회사가 근로자에게 지급할 연차휴가수당은 존재하지 않는다. 이에 대하여 근로자는 지점장이라는 지위의 특성상 연차를 사용할 수 없어 자신은 사용촉진의 대상자가 될 수 없다는 주장은 받아들여지지 않았다[2014 서울중앙지법(확정)].

#### 2) 일부 증거 누락의 경우에도 사용촉진으로 인정한 사례

회사가 2008년부터 2010년까지 사용촉진절차를 통해 근로자들에게 사용을 촉진하였음에도 불구하고, 근로자들이 연차휴가를 사용하지 않았다. 비록 일부 연도의 사용촉진자료가 누락되기는 하였지만, 회사가 자료수집에 현실적으로 어려움을 겪었을 것으로 보일 뿐만 아니라, 근로자 역시 사용촉진절차의 형식적인 준수 여부에 대해서는 다투지 않은 채 업무 등으로 연차휴가를 제대로 사용할 수 없는 상황이었다는 주장(서류상으로 사용촉진의 외형만 갖추었을 뿐, 근로자들이 연차휴가를 실질적으로 사용할 수 있기 위한 여건을 조성하지 않았다는 주장)만 한 경우에는 미사용 연차휴가에 대하여 수당으로 보상하지 않아도 된다[2015 서울고법(확정)].

## 2. 절차를 위반한 사용촉진

### (1) 효 과

사용촉진절차는 사용자에게 금전보상의무를 면제해주는 한편, 근로자에게는 미사용휴가수당을 받지 못하게 되는 결과가 나타나므로 동 절차는 엄격히 지켜져야 한다. 따라서 앞에서 설명한 사용촉진절차는 모두 지켜져야 하며 이를 위반하게 되면 미사용휴가에 대한 보상의무가 면제되지 않는다.

### (2) 사 례

#### 1) 법정절차 미준수

회사가 근로자들에게 공지한 '휴가 실시 안내'의 내용을 보면 ① 휴가안내가 '근로자별'로 이루어진 통지로 볼 수 없는 점, ② 휴가안내에는 '휴가 사용가능기간 및 사용방법'에 관한 내용만 있고, 근로자별 미사용 연차휴가일수에 관한 내용이 포함되어 있지 않은 점, ③ 회사가 근로자들에게 휴가안내의 공지로부터 2주 내외의 기간 이후에 일괄적으로 휴가계획서를 제출하도록 요구한 점 등에 비추어 보면, 적법한 연차휴가의 사용촉진에 해당한다고 보기 어렵다[2016 서울고법(대법원 확정)].

#### 2) 법정절차 미준수 및 노무수령 거부가 불명확한 경우

회사가 근로자들에게 연차사용일수와 잔여일수를 기재한 연차사용현황을 배포하고 잔여일수의 사용예정일을 기재하여 확인 후 제출하도록 한 사실은 인정되나, 다른 한편 ① 근로기준법에 규정된 사용촉진 조치를 취하고 ② 근로자가 휴가일에 출근하였을 때 사용자가 노무수령 거부의사를 명확하게 표시하고 근로자에 대하여 업무지시 등을 하지 않을 경우에 한하여 연차수당의 지급의무를 면할 수 있는데, 회사가 한 통보는 근로기준법에서 정한 절차에 의하지도 않았고, 단지 소극적으로 잔여 연차의 사용계획을 제출하도록 한 것에 불과할 뿐만 아니라 회사가 노무수령 거부의사를 명확하게 표시하였다고 볼만한 사정도 없으므로, 회사는 근로자들에게 연차수당을 지급하여야 한다[2014 광주고법(확정)].

#### 3) 사용자의 2차 통보가 없었던 경우

회사가 매년 9.27경 모든 근로자들에게 잔여 연차휴가일수를 알리고 그 사용일을 정하여 알려줄 것을 통보한 사실은 인정된다. 그러나 근로자들이 그로부터 10일 이내에 잔여 휴가의 전부 또는 일부의 사용시기를 정하여 회사에 통보하지 않았고, 이에 따라 회사가 잔여 휴가의 사용시기를 정하여 근로자들에게 서면으로 통보하고, 정해진 휴가일에 출근한 근로자들에게 노무수령 거부의사를 명확하게 표시하였다는 점을 인정하기 어렵고 이를 인정할 증거가 없다면, 회사는 근로자들에게 여전히 연차수당을 지급하여야 한다[2015 광주지법(확정)].

#### 4) 근로자 1명이 누락된 사례

대학은 전직원에 대하여 ① 매년 12.10 '전산시스템에 접속하여 휴가사용계획을 입력하라'는 취지의 공문을 보냈고, ② 매년 12.29 '잔여 연차휴가에 대한 사용계획을 입력하지 않은 직원들에게 잔여 휴가에 대한 사용 일정을 임의로 작성하여 해당 부서장에게 서면으로 송부할 예정이니 개인별로 일정을 반드시 확인하고 잔여 휴가를 사용하라'는 취지의 공문을 보낸 사실이 인정되지만, 대학이 임의로 지정한 근로자별 사용 일정표에는 근로자A에 대한 기재가 없는 사실을 알 수 있으므로, 대학이 전 직원들을 상대로 위와 같은 공문을 보낸 것만으로는 근로자A에 대하여 적법한 사용촉진을 하였다고 보기 어렵다.

이에 대해 대학은 근로자가 부서장으로서 촉구 공문에 결재함으로써 그 내용을 숙지하였으므로 사용촉진이 이루어졌다고 주장하였으나, 법원은 근로자가 부서장이라는 이유만으로 결재를 고지 및 사용촉구에 갈음할 수는 없다고 보았다.

한편, 대학은 방학기간 중 단축근무를 함으로써 연차휴가 수당을 지급하지 않기로 하는 노동관행 또는 노사합의가 있었다는 취지로 항변하였으나, 법원은 이러한 관행 또는 합의를 인정할 만한 증거가 없고 오히려 노동조합이 단체교섭에서 미지급된 연차휴가수당 지급을 요구한 사실이 있으므로 대학의 항변을 받아들이지 않았다[2015 서울동부지법(확정)].

## Ⅵ. 휴가지정일에 출근한 근로자에 대한 노무수령 거부

사용자가 근로기준법이 정한 절차에 따라 해당 근로자에게 연차휴가 사용시기를 지정하여 휴가를 사용하도록 통보하였음에도 불구하고, 해당 근로자가 연차휴가 지정일에 출근하여 계속 근로를 하고자 하는 경우 수당지급 문제 등과 관련하여 사용자와 근로자간에 충돌이 예상된다.

사용자가 근로기준법 제61조에 따른 일련의 연차휴가 사용촉진조치를 정상적으로 이행하였음에도 근로자가 해당 휴가일에 출근한 경우, 사용자는 노무수령 거부의사를 명확히 표시해야 하며, 명확한 노무수령 거부의사에도 불구하고 근

로자가 근로를 제공한 경우에는 사용자에게 연차휴가미사용수당의 지급의무가 면제된다.[146)]

그러나 사용자가 노무수령 거부의사를 명확히 표시하지 않았거나 근로자에 대하여 업무지시 등을 하여 근로자가 근로를 제공한 경우에는 휴가일 근로를 승낙한 것으로 보아야 하므로 연차휴가미사용수당을 지급해야 한다.[147)]

## 1. 노무수령 거부의사 유무에 대한 입증책임

고용노동부는 사용자가 근로자에게 노무수령 거부의사를 표시했는지에 대한 입증에 대하여 "근로기준법은 입증책임에 대해 직접 규정하고 있지 않으므로 ① 업무수행 및 근태관리에 대한 지시 및 통제, ② 노무수령 거부의사 방법의 명확성, ③ 출근사유가 업무수행과 긴밀한 관련성이 있는지 등 구체적인 사실관계를 종합적으로 고려하여 명확한 노무수령 거부의사가 있었는지를 판단하여야 한다"고 하고 있다.[148)]

## 2. 노무수령 거부의사 표시의 방법

원칙적으로 노무수령 거부의사 표시의 방법에 관하여는 근로기준법에 아무런 규정이 없으므로, 사용자가 연차휴가일에 출근한 근로자에 대하여 휴가일이니 근무를 하여서는 안되며, 즉시 귀가할 것을 통지하면 되며, 구두 또는 문서 등의 방법이 모두 가능할 것으로 생각된다. 그러나 이는 추후 노무수령 거부의사 표시 유무에 대해 당사자간의 분쟁이 발생할 수 있고, 근로제공으로 인정되게 되면 사용자는 연차휴가미사용수당을 지급하여야 하는 등의 문제가 발생할 수 있다. 따라서 이 부분은 당사자간에 서로 명확히 할 필요가 있다.

연차휴가의 사용촉진조치는 서면으로 통보하도록 규정되어 있는데, 이는 불명확한 조치로 인한 당사자간의 분쟁을 방지하려는 취지이므로, 사용촉진 조치 후 해당 휴가일에 근로자가 출근한 경우 노무수령 거부의사 표시 또한 근로자가 인

146) 2010.3.22, 근로기준과-351
147) 고용노동부, 「주 40시간제 시행지침」, 2005.4, 25쪽; 2005.10.21, 임금근로시간정책팀-285; 2007.11.13, 임금근로시간정책팀-3353
148) 2010.3.22, 근로기준과-351

지할 수 있는 정도여야 한다[149]

고용노동부는 "연차휴가일에 해당 근로자의 책상위에 '노무수령 거부의사 통지서'를 올려놓거나, 컴퓨터를 켜면 '노무수령 거부의사 통지' 화면이 나타나도록 하여 해당 근로자가 사용자의 노무수령 거부의사를 인지할 수 있는 정도라면 달리 볼 사정이 없는 한 노무수령 거부의사를 표시한 것으로 볼 수 있다"고 한다.[150] 또한 노무수령 거부 및 귀가 통지서 등을 근로자에게 교부하고 수령증을 받는 것도 가능할 것이다.

## 3. 노무수령 거부권을 행사할 관리자가 없는 경우

노무수령거부권을 행사할 관리자가 없는 상황에서 근로자가 연차휴가 사용계획서를 제출하고도 휴가사용시기에 출근한 경우에 연차휴가미사용수당을 지급하여야 하는지에 대하여, 행정해석은 "① 사용자가 근로자의 업무수행 및 근태관리에 대하여 구체적으로 지시 및 통제를 하는지 여부, ② 지시 및 통제가 가능하다면 노무수령 거부의사를 명확히 하고, 그럼에도 불구하고 근로제공을 하였는지 여부, ③ 지시 및 통제가 불가능하다면 출근사유가 업무수행과 긴밀한 관련성이 있는지 여부 등 구체적인 사실관계를 종합적으로 고려하여 판단하여야 한다"고 보고 있다.[151]

## 4. 사용촉진을 방해한 근로자에 대한 징계

### (1) 사실관계

회사는 근로기준법 제61조에 규정된 연차휴가 사용촉진제도를 전 직원에게 확대 시행하기로 함에 따라 근로자에게 연차휴가 사용계획서를 제출하도록 하였으나, 근로자가 이를 제출하지 않아, 회사가 미사용 휴가의 사용시기를 지정하여 통보하였다. 팀장은 첫 휴가 사용일 1일 전에 휴가 사용에 앞서 근태계를 제출하라는 지시를 수차례 하였으나, 근로자는 연차휴가 사용촉진제도는 단체

---

149) 2012.8.22, 근로개선정책과-4271
150) 2010.3.22, 근로기준과-351
151) 2009.12.23, 근로기준과-5562

협약 제00조[152]에 정한 규정에 못 미치는 것으로 단체협약에 반하여 따를 수 없다는 노동조합의 지침에 따라 불응하였다.[153]

### (2) 근태계 미제출이 징계사유인지 여부

법원은 회사가 근로자를 상대로 연차휴가 사용을 지시한 것은 근로기준법에 따라 이루어진 것으로 단체협약에 따라 연월차휴가제도가 존속한다는 사정과는 별개로 시행될 수 있다고 보았다(하지만, 2015년 대법원은 근로기준법과는 별개로 단체협약 등에 사용촉진에 관한 근거규정이 필요하다고 보았다). 따라서 노동조합 지침에 따라 근태계 제출을 거부한 것은 단체협약의 관련 규정에 의하여 정당화될 수 없으므로 징계사유에 해당한다고 보았다.

### (3) 출근저지하는 경비근무자를 방해한 것이 징계사유인지 여부

연차휴가 사용촉진제도에 따라 휴가사용시기 지정자인 A가 출근하려 하자, 경비근무자가 A에 대하여 근로제공 거부 공고 내용을 고지하면서 출근을 저지하자, 근로자가 경비근무자를 밀치고 A를 데리고 회사로 들어갔다. 이에 대해 법원은 근무시간 외에 사내에 들어오려는 A를 제지하는 것은 경비근무자의 정당한 업무에 속하므로 이를 방해한 근로자의 행위는 징계사유에 해당한다고 판단하였다.

## 5. 휴가지정일에 출장 등을 간 경우

사용자가 사용촉진조치를 하였음에도 근로자가 휴가를 사용하지 아니하여 연차휴가가 소멸된 경우에는 사용자는 그 사용하지 아니한 휴가에 대하여 보상할 의무가 없다. 다만, 위와 같은 휴가 미사용은 근로자의 자발적인 의사에 따른 것

---

152) 단체협약 제00조(연월차 휴가의 사용)

1. 연월차 휴가는 조합원의 청구가 있을 때 허가하며 적치한 휴가를 사용하지 아니한 자는 그 일수에 대하여 통상임금의 150%를 수당으로 지급한다. 단, 휴가사용청구 시 업무에 지장을 초래할 경우에 회사는 그 사용시기를 당사자와 협의 조정할 수 있다.
2. 적치된 연차가 있는 자로서 부득이하게 근태계를 제출하지 못하였을 경우 당일 근태처리 전까지 통보시 연차로 대체한다.

153) 서울고판 2013.1.17, 2012누19375(대법원 확정)

이어야 한다. 근로자가 지정된 휴가일에 출근하여 근로를 제공한 경우 사용자가 휴가일에 근로한다는 사정을 인식하고도 노무의 수령을 거부한다는 의사를 명확하게 표시하지 아니하거나 근로자에 대하여 업무 지시를 하였다면 특별한 사정이 없는 한 근로자가 자발적인 의사에 따라 휴가를 사용하지 않은 것으로 볼 수 없어 사용자는 근로자가 이러한 근로의 제공으로 인해 사용하지 아니한 휴가에 대하여 여전히 보상할 의무를 부담한다.

회계연도 기준(매년 1.1~12.31)으로 사용촉진을 하는 회사가 7.6 근로자에게 잔여 연차가 21일임을 알려주면서 휴가사용시기를 정하여 통보할 것을 서면으로 요청하자 근로자는 21일 중 11일에 대하여만 휴가사용시기를 지정하여 회사에 제출하였다. 회사는 잔여 10일에 대하여 2차 촉진조치를 하지 않았다. 한편, 근로자는 11.24 회사에 20일의 연차휴가 사용시기가 지정된 연차휴가사용(변경)계획서를 제출하였고 회사가 결재하였는데, 이는 근로자가 처음 제출한 11일 중 1일만 사용하였고, 나머지 10일은 정상출근하여 근로를 제공하였고, 회사도 근로자의 노무수령을 별다른 이의없이 수령한 것으로 법원은 판단하였다.

근로자가 연차휴가사용(변경)계획서를 제출하였고, 회사가 이를 결재하기는 하였으나, 당시 근로자는 11.30부터 미국 출장이 예정되어 있었고, 회사 업무를 수행하기 위해 실제로 휴가지정일에 미국 출장을 다녀왔던 점, 근로자는 다른 휴가지정일에도 정상적으로 출근하여 근로를 제공하였고, 회사도 별다른 이의없이 근로자의 노무제공을 수령한 것으로 보이는 점 등에 비추어 볼 때 위 연차휴가사용(변경)계획서는 연차휴가수당의 지급을 면하기 위해 형식적으로 작성된 것에 불과하다고 보았다.

미사용 연차휴가 중 10일에 대하여는 회사가 근로기준법에서 정한 조치를 제대로 이행하였다고 볼 수 없고, 나머지 지정된 날짜에 대하여 휴가를 사용하지 않은 것이 근로자의 자발적인 의사에 따른 것이었다고도 볼 수 없어 미사용 연차휴가에 대한 보상의무가 면제되기 위한 요건을 충족하였다고 인정하기 어렵다. 따라서 회사는 근로자에게 연차휴가수당을 지급할 의무가 있다.[154]

154) 대판 2020.2.27, 2019다279283

## Ⅶ. 사용촉진의 대상이 되는 휴가

### 1. 1년간 80% 미만 출근한 근로자의 연차휴가

2020.3.31 이전의 근로기준법 제61조는 사용촉진이 가능한 연차휴가에 대하여 동법 제60조 제1항 및 제4항에 대해서만 사용촉진이 가능하도록 규정하고 있었다. 즉 기본연차 15일(제1항)과 가산휴가(제4항)에 대해서만 촉진이 가능하도록 하고 있었고, 제2항(계속근로년수 1년 미만인 근로자 및 1년간 80% 미만 출근자에게 1개월 개근시 발생하는 1일의 유급휴가)에 따른 연차휴가는 촉진을 하지 못하고, 근로자가 미사용한 경우 수당으로 지급하도록 규정하고 있었다. 그러나 2020.3.31 근로기준법 개정으로 동법 제60조 제2항의 휴가가 추가됨에 따라 현재는 사용촉진이 가능하다.

촉진방법은 'Ⅲ. 계속근로 1년 이상인 근로자에 대한 사용촉진'과 동일하다.

### 2. 주 40시간제 시행 이후 발생하는 연차휴가

휴가사용촉진조치는 주 40시간제 시행에 따른 개정 근로기준법에서 새로이 도입된 제도이기 때문에 사용촉진의 대상은 개정법 시행 이후 새로이 발생하는 연차휴가부터 적용되고, 종전법에 의해 발생한 연차휴가 또는 월차휴가에 대해서는 휴가사용촉진조치를 적용할 수 없다.[155)]

### 3. 주44시간제 하의 월차휴가

단체협약으로 주44시간제에서의 연·월차휴가를 규정하고 있다면 이는 주44시간제에서의 연·월차휴가가 주 40시간제에 의한 연차휴가보다 상위의 근로조건을 정한 것으로서 근로자에게 유리하므로 유효하다.

그러나 2004.7.1부터 주 40시간제를 시행하면서 연월차제도를 개정 근로기준법에 따르지 않고 주44시간제 하에서의 연월차제도를 그대로 유지하기로 노사가 합의한 경우에는 구법의 연·월차휴가제도를 폐지·조정하여 개정법의 연차휴가제도로 통합한 취지를 고려할 때, 그 단체협약상의 연·월차휴가는 모두 주

---

155) 고용노동부, 「주 40시간제 시행지침」, 2005.4, 23쪽

40시간제에 의한 연차휴가로 볼 수 있고 따라서 단체협약상의 연·월차휴가는 모두 휴가사용촉진조치의 대상이 될 수 있다.[156)]

### 4. 가산휴가

근로기준법 제61조는 가산휴가와 관련된 근로기준법 제60조 제4항도 사용촉진조치의 대상으로 규정하고 있으므로, 가산휴가 역시 사용촉진을 할 수 있다.

### 5. 관행적으로 미리 선부여한 연차휴가

전년도 출근율에 따라 당해 연도에 발생한 휴가에 대하여 당해 연도에 사용촉진이 가능하나, 근로기준법상 연차휴가 발생요건과는 관계없이 관행적으로 연차휴가를 미리 선부여 하는 형태로 운영해 오고 있는 경우에는 동법 제60조 제1항 및 제4항의 연차휴가 부여의 요건을 충족한 연차휴가로 볼 수 없으므로 휴가사용촉진 대상이 될 수 없다.[157)]

예를 들어, 2017.1.1~12.31까지 근무하여 2018.1.1 발생한 연차휴가는 원칙적으로 2018.7.1부터 사용촉진절차를 시작할 수 있다. 그러나 사업장의 관행상 2017.1.1~12.31까지의 출근율에 따른 휴가를 2018.1.1이 아닌 2017.1.1에 미리 사용할 수 있도록 선부여하는 형태로 운영하고 있는 경우 이는 정상적으로 연차휴가를 부여한 것이 아니므로 2017.7.1부터 사용촉진절차를 시작할 수 없고, 사용촉진을 하더라도 연차휴가 미사용수당의 지급의무가 면제되지 않는다.

### 6. 이월된 연차휴가

연차휴가는 1년간 사용가능하고 1년이 지난 시점에서 수당으로 지급하는 것이 원칙이다. 다만, 이를 근로자와의 합의 등으로 특정시점까지 이월하여 사용하게 하는 경우 이월된 연차휴가는 사용촉진할 수 없다고 생각한다. 정상적으로 발생·부여된 연차휴가만 사용촉진이 가능하기 때문이다. 그리고 이월을 하는

---

156) 서울고판 2013.1.17, 2012누19375(대법원 확정); 2004.9.23, 근로기준과-5129; 2008.1.18, 임금근로시간정책팀-185
157) 2005.11.12, 임금근로시간정책팀-511

이유는 휴가사용기간을 늘려 근로자가 자유롭게 사용할 수 있도록 하기 위함인데, 이월 후 다시 촉진한다는 것은 그 취지와도 맞지 않는다고 생각한다.

한편, 회계연도 방식을 사용하고 있는 회사가 휴가사용기간을 다음해 2월까지 이월한 사례에서 고용노동부는 이월한 사유가 사용자의 귀책사유에 해당되지 않는 경우에는 원칙적으로 연차휴가청구권이 발생하여 1년이 되는 날을 기준으로 6개월 전에 사용촉진을 해야 한다고 한다.[158)]

즉, 원칙적인 휴가사용기간이 1.1~12.31까지인 경우 휴가사용기간을 다음연도 2.28까지 이월한다고 하더라도 2.28을 기준으로 촉진을 할 수 있는 것이 아니라 12.31을 기준으로 촉진해야 하며, 다만 수당지급의무는 12.31에 소멸되지만 사용은 다음연도 2.28까지 가능하다. 이는 A1~A11에 대해 회계연도 방식을 적용하여 사용기간을 이월하더라도 촉진은 근로기준법에 따라 입사일로부터 1년이 되는 시점을 기준으로 하되, 사용기간은 이월된 기간까지 보장해주어야 한다는 것과 같은 원리이다.

## 7. 기간제근로자에 대한 사용촉진

### (1) 1년 미만인 기간제근로자(A1~A11)

근로기준법 제61조 제2항은 최초 1년의 근로기간이 끝나는 날, 즉 입사 1년이 되는 날을 기준으로 사용촉진을 하도록 하고 있고, 최초 1년의 근로기간이 끝날 때까지 연차휴가를 사용하지 않으면 보상의무가 소멸된다고 규정하고 있다. 따라서 1년간의 근로가 예정되어 있지 않은 계약기간 1년 미만의 기간제 근로자에게는 A1~A11의 휴가에 대한 사용촉진이 적용된다고 보기 어렵다.

그러나 1년 미만 근로계약을 체결하였다 하더라도, 근로계약 갱신 또는 계약기간 연장 등으로 근로관계의 단절 없이 1년 이상의 계속근로가 되는 경우에는 A1~A11의 휴가에 대하여 사용촉진이 가능하다.[159)]

### (2) 2년 미만인 기간제근로자의 연단위 휴가

1년 11개월의 계약기간을 정한 계약직 근로자는 최초 1년의 근무기간에 대해 15

158) 2013.9.6, 근로개선정책과-5225
159) 고용노동부, 연차사용촉진제도 관련 주요 Q&A(2020.4), 2쪽.

일의 연차휴가가 발생했으나, 이후 11개월의 계약기간이 남아있는 상태에서 연차휴가 사용촉진이 가능한지와, 이와 유사하게 2년 미만의 근로계약기간(ex. 1년 5개월, 1년 9개월 등)을 정한 근로자들은 모두 연차휴가 사용촉진 대상이 될 수 없는지에 대한 질의회신에서, 고용노동부는 "기간제근로자의 근로계약기간이 2년 미만인 경우에도 사용자가 연차휴가 사용촉진조치의 일환으로 연차휴가 시기지정 촉구 및 휴가사용을 촉구해 휴가 지정일에 근로자가 연차휴가를 소진할 수 있는 경우라면 동법에 의한 연차휴가 사용촉진 조치가 이루어진 것으로 볼 수 있다"고 한다.[160)]

## Ⅷ. 사용촉진을 위해 취업규칙 등에 규정이 있어야 하는지 여부

근로기준법상의 사용촉진제도를 각 기업이 내부적으로 시행하기 위하여 별도로 취업규칙 등에 사용촉진에 관한 내용을 규정하여야만 시행할 수 있는지에 대하여 고용노동부와 법원의 입장이 다르다.

### 1. 고용노동부의 행정해석

고용노동부는 근로기준법 제61조에 의한 휴가사용촉진조치는 사용자가 노사간의 합의없이 임의로 행할 수 있는 것이므로, 단체협약으로 사용자의 일방적인 휴가사용촉진조치를 금지하거나 노사간의 합의 또는 협의를 전제로 하는 규정 등이 있는 경우에는 그에 따라야 할 것이지만 그러한 규정 등이 없는 경우에는 사용자는 근로기준법 제61조에 의거 임의로 휴가사용 촉진조치를 할 수 있다고 해석을 하고 있다.[161)] 따라서 연차휴가의 사용촉진을 위해서는 취업규칙 등을 개정하여 별도의 사용촉진과 관련된 규정을 두지 않더라도 시행이 가능하다고 본다.

고용노동부는 연차휴가의 사용방법 및 효과는 근로기준법 제60조에서 정하고 있어 별도 기재할 필요가 없으나, 근로자에게 주지시키는 차원에서 기재하는 것이 바람직하며, 동법 제61조에 따른 연차휴가사용촉진제도도 취업규칙에서 명확히 하는 것이 바람직하다고 하여 이를 임의적 기재사항으로 보고 있다.[162)]

---

160) 2014.9.2, 근로개선정책과-4885
161) 2007.11.13, 임금근로시간정책팀-3353; 2004.10.12, 근로기준과-5454
162) 고용노동부, 표준취업규칙, 2019.10, 27쪽

## 2. 법원의 입장

법원은 ㅇㅇ사 사건에서 1심은 고용노동부의 입장과 같이 단체협약 등에 근거가 없더라도 사용촉진이 가능하다고 보았지만, 2심 및 대법원[163]은 이와 달리 관련 근거규정이 없는 경우에는 근로기준법의 시행만으로 당연히 기업에 적용되는 것은 아니라고 판단하였다.

즉 ① 주 40시간제 도입시 연월차휴가일수 조정, 선택적 보상휴가제 도입 등 노사의 입장을 균형있게 반영하였으므로, 사용촉진제도 자체만을 보았을 때에는 근로자에게 유리하다고만 볼 수 없고, 단체교섭 과정에서 노동조합의 거부로 연차휴가 사용촉진 제도를 도입하지 못한 사실이 있고, ② 촉진제도를 도입하더라도 사용자에게 사용촉진조치를 취할 의무도 없으며, ③ 주 40시간제 시행 당시 근로기준법 부칙에서 빠른 시간 내에 단체협약 등에 개정내용을 반영하도록 노력의무를 부과하고 있다는 점 등을 고려하면 근로기준법 개정·시행으로 인하여 동법과 다른 종전의 단체협약이나 취업규칙의 내용이 자동적으로 변경된다거나, 개정내용이 반영되지 않는 경우에도 당연히 적용된다고 해석할 수는 없다. ④ 또한 주 40시간제 시행 이후 체결된 단체협약에서 사용촉진제도를 규정하지 않았다고 하여 그것이 근로기준법이 정하는 기준에 미치지 못하는 근로조건을 정한 것으로 무효가 되는 것은 아니다.

고용노동부와 법원의 해석 차이는 정리가 필요하다고 생각한다.

## 3. 행정해석과 판결의 비교

| 구 분 | 행정해석(고용노동부) | 판결(대법원) |
|---|---|---|
| 사용촉진이 기업의 의무사항인지 | 의무사항 아님 | 의무사항 아님 |
| 취업규칙 등에 명시해야 촉진가능한지 | 취업규칙 등에 없어도 근로기준법 제61조를 근거로 촉진 가능 | 취업규칙 등에 명시되지 않은 경우 촉진 불가 |
| 촉진제도 도입이 불이익변경인지 | 개정 근로기준법의 내용을 반영하는 것이므로 불이익변경으로 보기 어려움 | 촉진제도 자체만을 보았을 때 근로자에게 유리하다고만 볼 수 없음 |

163) 대판 2015.10.29, 2012다71138

## Ⅸ. 사용촉진금지에 관한 노사합의의 효력

단체협약으로 사용자의 일방적인 휴가사용촉진조치를 금지하거나 노사간의 합의 또는 협의를 전제로 하는 규정 등이 있는 경우에는 그에 따라야 한다고 행정해석은 보고 있다.[164)]

즉 사용촉진제도는 강행규정이 아니므로, 휴가사용보다 금전보상이 유리하다는 판단하에 사용자는 근로자가 원하지 않은 휴가사용 촉진조치를 할 수 없다는 취지의 "사용자는 조합원이 원치 않은 유급휴가를 강요할 수 없다"라는 연차휴가 사용강요금지와 미사용휴가에 대한 금전보상을 규정한 단체협약을 체결하는 것도 유효하다. 이러한 규정이 있는 경우에도 사용자는 연차휴가 사용촉진조치를 할 수 있지만, 이는 일종의 휴가사용 '권장' 내지 '권고'에 해당될 뿐이므로 근로자가 휴가를 사용하지 않더라도 단체협약에 따라 연차휴가미사용수당을 지급하여야 한다.[165)]

## Ⅹ. 관련 문제

### 1. 직종(사무직/생산직), 부서별로 촉진을 다르게 할 수 있는지?

휴가사용촉진조치는 동일한 사업 또는 사업장 내의 모든 근로자를 대상으로 실시함이 바람직하나 직종 또는 근로형태 등을 감안하여 특정집단의 근로자에 대해서는 휴가사용촉진조치의 적용을 제외할 수 있다. 또한 그러한 조치가 남녀의 성별, 국적, 신앙 또는 사회적 신분을 이유로 근로조건에 대한 차별적 처우를 금지하고 있는 근로기준법 제5조(균등처우) 위반에 해당된다고 보기도 어려울

---

164) 2004.10.12, 근로기준과-5454; 2007.11.13, 임금근로시간정책팀-3353

165) 2003.10.30, 근기 68207-1408; 2007.6.28, 임금근로시간정책팀-2239. 따라서 이러한 규정은 노동조합법 제92조(벌칙) 제2호 나목 위반에 해당하지 않으며, 단체협약 시정명령 대상도 되지 않는다.

☞ 노동조합법 제92조(벌칙) 다음 각호의 1에 해당하는 자는 1천만원 이하의 벌금에 처한다.

2. 제31조제1항의 규정에 의하여 체결된 단체협약의 내용중 다음 각목의 1에 해당하는 사항을 위반한 자

나. 근로 및 휴게시간, 휴일, 휴가에 관한 사항

것이다. 예를 들어, 교대근무자(3조 3교대, 2조 2교대)와 비교대근무자로 구분되는 경우 근무형태의 특성을 고려하여 비교대근무자들에게만 사용촉진제도를 적용시키는 것도 가능하다.[166)]

## 2. 연차휴가일수의 일부만을 촉진할 수 있는지?

**관련법령**

**근로기준법 제61조【연차유급휴가의 사용촉진】** ① (생략)

2. 제1호에 따른 촉구에도 불구하고 근로자가 촉구를 받은 때부터 10일 이내에 사용하지 아니한 휴가의 전부 또는 일부의 사용 시기를 정하여 사용자에게 통보하지 아니하면 제60조 제7항 본문에 따른 기간이 끝나기 2개월 전까지 사용자가 사용하지 아니한 휴가의 사용 시기를 정하여 근로자에게 서면으로 통보할 것

② (생략)

2. 제1호에 따른 촉구에도 불구하고 근로자가 촉구를 받은 때부터 10일 이내에 사용하지 아니한 휴가의 전부 또는 일부의 사용 시기를 정하여 사용자에게 통보하지 아니하면 최초 1년의 근로기간이 끝나기 1개월 전까지 사용자가 사용하지 아니한 휴가의 사용 시기를 정하여 근로자에게 서면으로 통보할 것. 다만, 제1호 단서에 따라 촉구한 휴가에 대해서는 최초 1년의 근로기간이 끝나기 10일 전까지 서면으로 통보하여야 한다.

근로자별로 미사용한 연차휴가일수 중 일부에 대해서만 사용촉진을 할 수 있다.[167)] 예를 들어 미사용일수가 20일인 경우, 사용자가 10일에 대해서만 사용촉진을 한 경우 동 10일에 대해서는 추후 수당으로 보상할 의무가 없지만, 사용촉진을 하지 않은 나머지 10일에 대해서는 수당으로 보상하여야 한다.

마찬가지로 노사간의 합의로 전직원 또는 특정 근로자 집단에 대하여 근로자들의 휴식보장을 위하여 최소 10일에 대해서만 사용촉진을 하고, 나머지 휴가일수는 근로자들이 자율적으로 사용하도록 하는 것이 가능하다. 이 경우 사용자는 10일에 대해서는 수당으로 보상하지 않아도 되지만, 나머지 휴가는 근로자들의 사용 여부에 따라 수당 지급 여부가 결정된다.

근로기준법 제61조 제2호 역시 휴가의 '전부 또는 일부'의 사용시기를 사용자에게 통보할 수 있도록 하고 있다. 사용자의 연차휴가 사용촉구(서면)에 대하여, 근로자가 연차휴가 중 일부에 대해서만 사용시기를 지정하여 통보하고 통보한 일

166) 2004.1.26, 근로기준과-407

167) 고용노동부 인터넷 질의(1AA-1302-031292, 2013.2.8)

수는 모두 사용한 경우 사용자가 나머지 휴가에 대해서 사용촉진절차를 지키지 않았다면 미사용휴가에 대해서는 수당으로 지급하여야 한다(ex.15일의 휴가 중 5일에 대해서만 근로자가 시기를 지정하여 통보한 경우, 사용자가 아무런 조치를 취하지 않았고 근로자도 휴가를 사용하지 않았다면 잔여 10일에 대해서는 수당으로 지급하여야 한다).[168)]

### 3. 중도퇴직자에 대한 사용촉진

회계연도 기준에 따라 7.1부터 연차휴가에 대한 사용촉진조치를 할 수 있으나, ① 근로자가 6.30 이전에 퇴직한 경우, ② 사용촉진조치를 하였으나 근로자가 휴가 지정일 이전에 퇴직한 경우(ex. 휴가사용촉진조치 시기에는 근무중이었고 9~10월 사이에 연차휴가 사용시기를 지정하였으나 8월에 퇴직한 경우)에는 정상적인 사용촉진조치가 이루어지지 못하였으므로 미사용 휴가에 대해서는 수당으로 지급되어야 한다.[169)] 또한 사용촉진조치를 하였으나, 일부 휴가만 지정된 일자에 사용하고 퇴직한 경우에도 미사용 휴가는 수당으로 지급되어야 한다.

### 4. 정년퇴직자에 대한 연차휴가 사용촉진

회계연도 단위로 연차휴가를 산정·부여하는 기업에서 매년 6.30 또는 12.31을 정년퇴직일로 하고 있는 경우, 12.31자 정년퇴직 예정자에 대하여 연차휴가 사용촉진을 할 수 있다. 뿐만 아니라 6.30 정년퇴직하는 근로자에 대해서도 6개월 전인 1.1부터 근로기준법이 정한 절차에 따라 휴가사용촉진조치를 할 수 있다고 고용노동부는 해석하고 있다.[170)]

### 5. 사용촉진시기를 앞당길 수 있는지

미사용휴가에 대한 보상의무를 면하려면 근로기준법에 따라 회계연도 기준시

168) 2009.1.5, 근로조건지도과-44
169) 2012.4.25, 근로개선정책과-2379; 2007.9.11, 임금근로시간정책팀-2888; 2005.10.10, 임금근로시간정책팀-194; 고용노동부, 개정 근로기준법 설명자료(2020.3.30), 15쪽.
170) 2007.5.1, 임금근로시간정책팀-1663. 사용촉진시점이 휴가사용기간 만료 3개월 전이었던 경우의 사례로서, 2007.6.30 정년퇴직예정인 근로자에 대하여 3개월 전인 2007.4.1부터 촉진이 가능하다고 본 사례였다(회계연도 기준 사업장).

매년 7.1을 기준으로 관련 절차를 거쳐야 한다. 다만, 그 이전이라도 사용자는 근로자들의 연차휴가 사용을 촉진할 수 있지만(예를 들어 1.1부터 휴가사용시기 지정을 요구하는 경우), 근로자의 휴가사용시기가 조기에 확정되어, 근로자의 개인 사정 등이 발생하여 휴가를 변경하여야 할 필요가 있어도 시기를 변경할 수 없어 근로자의 휴가 사용에 중대한 제약이 될 수 있다.

따라서 사용자가 근로자의 휴가사용을 촉진하기 위해 휴가계획을 연초부터 미리 제출받는 것은 가능하지만, 이는 근로기준법에 의한 휴가사용촉진조치는 아니기 때문에 그에 따른 법적 효과(금전보상의무 면제)는 없다.[171] 따라서 금전보상의무를 면하려면 법정기준에 따라 7.1부터 다시 사용촉진절차를 거쳐야 한다.

그러나 사용자가 근로자에게 연차휴가 사용계획을 받아 휴가 사용을 적극 권고하는 것은 휴가 제도의 본래 취지를 살리는 것으로 연차휴가 사용에 대한 근로자의 기본권을 침해하는 것으로 보기 어렵다.[172]

## 6. 사용촉진조치와 휴가사용시기의 변경

사용자의 휴가사용촉진조치에 따라 근로자가 휴가사용시기를 지정하거나 근로자가 지정하지 않아 사용자가 사용시기를 지정한 경우, 근로자는 원칙적으로 지정된 시기에 휴가를 사용하여야 하며, 이를 변경할 수 없으나, 사용자가 승인한 경우에는 예외적으로 변경이 가능하다.

사용자 역시 근로자가 지정된 시기에 휴가를 사용할 수 있도록 하여야 하나, 사업운영에 막대한 지장이 있는 경우에는 시기변경권을 행사할 수 있다.[173]

## 7. 휴직자에 대한 사용촉진

사용자가 근로자에게 미사용휴가의 사용시기를 지정하여 통보하는 경우, 사용자가 지정한 휴가일에 근로자가 휴직이나 기타 사유로 노무제공의무가 면제되거나 정지되어 연차휴가를 사용할 수 없는 경우라면 정상적인 사용촉진조치가

171) 고용노동부, 「주 40시간제 시행지침」, 2005.4, 24쪽 및 동 지침의 "개정 근로기준법 문답풀이" 3쪽
172) 2008.9.3, 근로조건지도과-3559
173) 고용노동부, 「주 40시간제 시행지침」, 2005.4, 24~25쪽

이루어지지 못한 것으로서 연차휴가수당 보상의무가 면제되지 않는다. 다만, 연차휴가는 1년간 행사하지 아니한 경우 소멸되므로, 미사용연차에 대하여 복직 이후에 이월하여 사용할 수 있도록 할 것인지 여부는 단체협약 등에 별도의 규정이 있는 경우에 한하여 가능하다.[174)]

## 8. 파업참가자에 대한 사용촉진

회계연도 기준(매년 4.1~다음해 3.31)으로 2011.4.1~2012.3.31 까지 80% 이상 근무한 근로자에게 2012.4.1부터 연차휴가사용청구권이 발생하게 되는데, 근로자들이 2012.4.1~4.22까지만 근무하고 4.23부터 파업에 돌입하여 1년 이상 장기파업을 실시함에 따라, 회사가 파업참여근로자들에게 6개월 전(2012.10)을 기준으로 연차휴가사용촉진제를 시행한다는 것은 현실적으로 불가능한 상황이며, 파업참여근로자들 역시 2012.4.1~4.22이라는 짧은 기간 동안에 연차휴가를 사용할 수도 없는 상황이었다.

이러한 경우 연차휴가미사용수당을 지급하여야 하는지에 대해 고용노동부는 다음과 같은 해석을 내렸다. "근로자가 적법한 쟁의행위로 인해 연차휴가를 1년간 행사하지 못한 경우에는 연차휴가청구권은 소멸되나, 연차휴가수당을 청구할 권리는 그대로 잔존하는 것이므로 사용하지 못한 연차휴가일수에 상응하는 연차휴가미사용수당을 지급해야 한다. 아울러 휴가청구권이 소멸될 미사용 휴가에 대해 금전보상 대신 이월해서 사용하도록 당사자간의 합의는 가능하다 할 것이나, 근로자의 의사에 반해 사용자가 일방적으로 강제할 수는 없다"고 함으로써 현실적으로 사용촉진은 불가능하며 연차휴가미사용수당으로 지급해야 한다는 입장을 보였다.[175)]

174) 2008.4.24, 근로조건지도과-1058
175) 2013.7.30, 근로개선정책과-4449

# 제5절 연차휴가의 대체제도

## Ⅰ. 의의 및 도입취지

**관련법령**

**근로기준법 제62조【유급휴가의 대체】** 사용자는 근로자대표와의 서면 합의에 따라 제60조에 따른 연차유급휴가일을 갈음하여 특정한 근로일에 근로자를 휴무시킬 수 있다.

근로기준법 제6차 개정(1996.12.31)에서 도입된 연차휴가의 대체제도는 개별 근로자의 청구나 동의가 없더라도 근로자대표와의 서면합의를 통해 특정한 근로일을 쉬도록 하고, 그 쉰 일수만큼 연차휴가를 사용한 것으로 처리하는 것을 말한다.[176]

① 휴일과 휴일 사이에 근무일이 있어 연속하여 쉬지 못하는 경우에 동 근무일을 연차휴가로 사용하게 하거나, ② 설날이나 추석 등의 연휴일수가 짧은 경우 등에 연휴 앞뒤로 몇일을 더 쉬게하고 이를 연차휴가로 처리하거나, ③ 취업규칙 등에 별도의 하계휴가 규정이 없는 경우에 연차휴가를 하계휴가로 사용하게 할 수 있다. 특히, ④ 생산량 감소나 기계 고장 등으로 업무량이 감소한 경우에는 근로자대표와의 합의를 통하여 연차휴가를 사용케 하여 휴무를 부여할 수도 있다.

176) 2002.4.4, 근기 68207-1432

# Ⅱ. 근로자대표

## 1. 근로자대표의 의의 및 취지

**관련법령**

**근로기준법 제24조【경영상 이유에 의한 해고의 제한】** ③ 사용자는 제2항에 따른 해고를 피하기 위한 방법과 해고의 기준 등에 관하여 그 사업 또는 사업장에 근로자의 과반수로 조직된 노동조합이 있는 경우에는 그 노동조합(근로자의 과반수로 조직된 노동조합이 없는 경우에는 근로자의 과반수를 대표하는 자를 말한다. 이하 "근로자대표"라 한다)에 해고를 하려는 날의 50일 전까지 통보하고 성실하게 협의하여야 한다.

'근로자대표'란 당해 사업(장)에 근로자의 과반수로 조직된 노동조합이 있는 경우에는 그 노동조합을 의미하며, 그러한 노동조합이 없는 경우에는 '근로자의 과반수를 대표하는 자'가 근로자대표가 된다.[177)]

근로기준법이 개별 근로자가 아닌 근로자대표와의 서면합의를 요구하는 것은 근로자 개별합의를 할 경우 군중심리 등에 의해 자율적인 의사에 반하여 합의할 가능성이 높은 반면, 근로자대표를 선출하여 합의할 경우 다른 근로자들의 의사를 존중해 좀 더 신중한 결정을 내릴 가능성이 높다는 점을 고려하여 반드시 근로자대표의 서면합의로만 연차휴가를 대체하도록 한 것이다. 따라서 회사가 근로자 개인 또는 부서별 대표들(근로자들에 의해 선출된 대표자가 아니라, 회사가 임의 지정한 부서장 등)과 연차휴가 대체합의를 하였더라도 이를 '근로자대표와의 서면합의'를 통한 대체합의라고 볼 수 없다[2013 대전지법(대법원 확정)].

실제 사례에서 회사가 주 40시간제를 도입하면서 유급휴일 외의 휴일을 사용할 경우 이를 연차휴가로 대체한다는 등의 내용이 포함된 '노사협의사항'이라는 문서를 작성하였고, 회사는 유급휴일 외의 휴일을 회사 전체의 휴무일로 운영하면서 노사협의사항에 따라 그날을 직원들의 연차휴가 사용일로 처리하였다. 하

177) 근로자대표의 정의에 대해서는 개별 법령(근로자퇴직급여보장법, 파견법, 고령자고용법, 산업안전보건법 등)에서 유사하게 규정하고 있다. 다만, 근로자퇴직급여보장법 제4조(퇴직급여제도의 설정) 제3항은 "사용자가 퇴직급여제도를 설정하거나 설정된 퇴직급여제도를 다른 종류의 퇴직급여제도로 변경하려는 경우에는 근로자의 과반수가 가입한 노동조합이 있는 경우에는 그 노동조합, 근로자의 과반수가 가입한 노동조합이 없는 경우에는 근로자 과반수(이하 "근로자대표"라 한다)의 동의를 받아야 한다"고 규정하고 있어, 근로기준법상 취업규칙 변경에 관한 동의/의견청취 주체와 동일하게 규정되어 있다.

지만 법원은 연차휴가 대체는 근로자대표와의 서면합의에 따라서만 가능하고, 서면합의에는 휴무시킬 수 있는 조건과 날짜를 명백히 정하여야 하는데, 노사협의사항에 근로자대표로 인쇄되어 있는 자가 근로자대표로서의 자격을 갖는다거나 연차휴가 대체에 관하여 회사와 근로자대표와의 사이에 서면합의가 있었다고 인정하기에는 부족하다고 판단하였다.

회사는 근로자대표로 볼 수 없다고 하더라고 회사에 근무하는 근로자 대다수는 물론이고, 소송을 제기한 근로자도 그에 동의하였으므로 연차대체가 유효하게 성립하였다고 주장하였지만, 법원은 '근로자대표와의 서면합의'를 요건으로 하고 있는 이상 회사의 주장을 받아들일 수 없다고 하였다[2013 서울고법(대법원 확정)].

## 2. 선정방식

### (1) 선정단위

고용노동부는 기존 설명자료에서는 일관되게 근로자대표의 선정 단위는 원칙적으로 '사업 또는 사업장' 단위이기 때문에, 특정부서/지역/지점 만을 대상으로 제도 도입을 하는 경우에도 '전체 직원 과반수'를 대표하는 근로자대표를 선출하여야 한다고 하였다.[178)]

그러나 최근 행정해석을 변경하여, 사업 또는 사업장 단위로 선정하는 것을 원칙으로 하되, 예외적으로 특정 근로자 집단에만 적용되는 사항을 도입·변경하는 경우에는 적용(또는 적용 가능)을 받는 근로자 단위로 '부분 대표' 선정이 가능하다고 하였다.[179)]

따라서 사무직 만을 대상으로 연차대체제도를 도입한다면, 전체 근로자(사무직, 기능직 등)가 아니라 사무직 근로자만을 대상으로 하여 근로자대표를 선출하는 것이 가능하다.

---

178) 근로기준과-5062, 2004.7.26.
179) 2021.5.27, 근로기준정책과-1554

### (2) 재적근로자의 범위

근로자대표 선출시 모집단이 되는 재적근로자의 범위는 근로기준법 제2조(정의) 제1항 제1호의 근로자를 의미하나, 동조 동항 제2호의 '그 밖에 근로자에 관한 사항에 대하여 사업주를 위하여 행위하는 자'는 제외된다.

그 이유는 설령 근로자대표의 선출 이후 그가 행사하는 결과에 따른 수혜를 받는다고 하더라도 그 도입여부를 결정하는 과정에서는 사업주 또는 사업경영 담당자를 위하여 행위하는 자로 판단되기 때문이다.[180]

소위 '사용자성을 가진 자'는 사업주 또는 사업 경영 담당자로부터 그 권한을 위임받아 자신의 책임 아래 근로자를 채용하거나 해고 등 인사처분을 할 수 있고, 직무상 근로자의 업무를 지휘·감독하며 근로시간이나 임금 등 근로조건에 관한 사항을 결정하고 집행할 수 있는 자로서, 직급이나 명칭을 가지고 일률적으로 판단할 수는 없고 실질적으로 권한과 책임이 부여되었는지 여부에 따라 판단하여야 한다.

이 경우 과반수는 제도 도입 당시 근로자 수를 기준으로 한다.

### (3) 역할에 대한 주지

사용자는 근로자대표가 행사하게 될 권한의 내용을 전체 근로자들에게 주지시킨 후 근로자들이 자율적으로 근로자대표를 선출할 수 있도록 하여야 한다. 근로자대표가 어떤 역할을 하는지, 어떤 제도를 도입하는지 등에 대해 근로자들에게 명시적으로 알려주지 않고 '근로기준법상 근로조건 등에 관하여'라고 광범위하고 모호하게 근로자대표를 선출한 경우에는 근로자대표로 인정되지 않으므로, 반드시 역할 등을 명확히 하여야 한다.

연차휴가 대체에 관한 근로자대표를 선출하는 경우에는 연차휴가 대체에 대하해 사용자와 합의한다는 점을 주지시킨 상태에서 선출을 하여야만 적법한 근로자대표로 인정된다.

### (4) 사용자의 개입금지 및 민주적 방식에 의한 선출

사용자가 근로자대표 선출에 개입하는 방식(ex. 사용자가 특정인을 지명하고

---

180) 근기 68207-630, 1997.5.13.

그에 대한 근로자들의 동의를 받는 방식 등)은 금지되며, 근로자 과반수의 의사가 반영된 투표·거수 등 민주적 방식에 의하여 선출하여야 한다.

후보 출마 등에 사용자의 간섭이 배제되어야 하고, 근로자들에게 자유로운 의사표현이 보장되어야 한다. 민주적 방식에 대하여 고용노동부는 근로자의 직접·비밀·무기명 투표에 의한 선출방식이 바람직하다고 한다.[181] 개인적으로는 근로자 과반수 의사가 반영된다면 서명부에 연명으로 서명하는 방식도 가능하다고 본다.

### (5) 당선기준과 임기

고용노동부는 당선기준에 대해 근로기준법에 별도로 정해진 것이 없으므로 반드시 근로자 과반수의 찬성을 얻을 필요도 없으나 최소한 근로자들의 집단적 의사결정방식은 거쳐야 한다고 본다.[182] 그러나 개인적으로는 근로자 과반수의 찬성이 있어야 한다고 생각한다.

임기 역시 근로기준법에 정해진 내용이 없으므로, 근로자들이 근로자대표를 선출할 때 그 임기를 정하는 것이 바람직하다고 생각한다.

## 3. 근로자대표의 인원 및 대표권 행사방법

근로기준법에 별다른 규정이 없으므로 근로자대표는 반드시 1명이 될 필요는 없으며, 직급, 직종, 부문 등을 대표할 수 있도록 여러명을 선출하는 것도 가능하다. 다만, 근로자대표가 여러명일 경우에는 대표권을 행사하는 별도의 방법을 미리 마련하여야 하며(가령 근로자대표 중에서 또다시 대표자 1명을 선임하여 협의 및 서면합의권한을 위임하는 방법), 이러한 방법을 정하지 않은 경우에는 여러명의 근로자대표 전원이 서면합의 등에 참여하여야 한다.[183] 따라서 사용자가 일방적으로 일부 근로자대표와 서면합의를 하는 경우에는 법적 효력이 발생하지 않을 것이다.

---

181) 고용노동부, 근로시간 제도의 이해(기본설명+Q&A), 2021.8, 23쪽
182) 근기 68207-1584, 2003.12.9.
183) 1997.5.13, 근기 68207-630; 1999.1.13, 근기 68207-94

## 4. 노사협의회 근로자위원이 근로자대표가 될 수 있는지 여부

### (1) 과반수노조가 있는 경우

과반수노조가 있는 경우 근로기준법은 '노동조합'을 근로자대표로 보고 있고, 근로자참여법 제6조(협의회의 구성)는 '노동조합의 대표자와 그 노동조합이 위촉하는 자(3명 이상 10명 이내)'를 근로자위원으로 규정하고 있어 이러한 경우에는 노사협의회 근로자위원이 근로자대표가 될 수 있을 것으로 생각된다.

### (2) 과반수노조가 없는 경우

과반수노조가 없는 경우(노동조합이 없거나, 노동조합에 가입한 근로자 수가 과반수가 되지 않는 경우)에는 근로자참여법상의 근로자위원을 근로기준법상의 근로자대표로 볼 수 있는지가 문제된다.

근로기준법은'근로자의 과반수를 대표하는 자'를 근로자대표로 규정하고 있으나, 근로자참여법시행령 제3조(근로자위원의 선출)는 근로자 10명 이상의 추천을 받은 후보자들에 대하여 근로자 전체의 직접·비밀·무기명투표로 근로자위원을 선출하도록 하고 있기 때문이다(예외적으로 위원선거인을 통한 직접·비밀·무기명투표로도 근로자위원을 선출할 수 있다).

① 판례와 노동위원회는 이를 긍정하고 있지만,[184] 정리해고에 관한 내용이 대부분이고 근로시간 특히 연차휴가 대체와 관련한 판결이나 판정은 존재하지 않는 것으로 보인다.

② 고용노동부 행정해석은 긍정하는 것과 부정하는 것이 모두 존재하고 있다.

| A. 근로자대표로 볼 수 있다는 행정해석 | B. 근로자대표로 볼 수 없다는 해석 |
|---|---|
| 유연근로시간제를 도입하고자 하는 사업 또는 사업장 단위에 근로자참여법에 의한 노사협의회가 설치되어 있으면, 그 근로자위원을 근로자대표로 볼 수 있음(근로기준팀-8048, 2007.11.29). | 근로자참여법에 따른 노사협의회 근로자위원이 근로시간제도에 대한 대표권을 행사하는 것에 대하여 전체근로자 과반수 의사를 대표하는 자로 선정된 경우가 아니라면 근로자대표로 볼 수 없을 것임(근로기준정책과-2872, 2015.7.1). |

184) 대판 2004.10.15, 2001두1154, 2001두1161, 2001두1178; 중노위 2000.1.27, 판정 99부해639; 중노위 2009.8.6. 판정 2009부해487; 2003.12.9, 근기 68207-1584; 2001.1.9, 근기 68207-92.

그러나 최근에는 다음과 같은 조건 하에서만 인정하는 것으로 입장을 변경한 것으로 보인다(다만, 공식적인 변경이라는 발표는 없는 것으로 보인다).[185]

즉, 노사협의회 근로자위원의 경우, 선출 당시 근로기준법상 근로자대표 권한의 전부 또는 일부가 부여된다는 것이 구체적으로 명시되고 이를 근로자들에게 주지한 경우에는 근로기준법상 근로자대표의 권한이 인정된다.

이미 선출된 노사협의회 근로자위원에 대해 근로자대표의 권한을 부여하고자 한다면, 근로자대표의 권한범위가 주지되고, 사용자의 의도대로 대표를 선출할 목적의 부당한 간섭이나 개입이 배제된 상태에서, 근로자위원에 대한 근로자대표 권한 부여에 관하여 근로자 과반수의 동의를 받는 절차를 거쳐야 한다.

사견으로도 노사협의회와 근로자대표의 역할, 선출방법, 근거 법령 등이 모두 다르기 때문에 근로기준법과 근로자참여법의 선출조건을 공통적으로 충족할 수 있는 경우에만 노사협의회 근로자위원이 근로기준법상의 근로자대표가 될 수 있다고 생각한다.

## 5. 근로자대표제도 개선에 관한 노사정 합의

경제사회노동위원회 산하 노사관계제도·관행개선위원회는 2020.10.16「근로자대표제도 개선에 관한 노사정 합의문」을 노·사·정, 공익위원 전원일치로 의결하였다. ① 근로기준법 등에 있는 근로자대표의 민주적 선출방식과 절차, 권한과 의무를 명확하게 제시하였다고, ② 사업장내 근로자 이해대변기능 강화를 위하여 근로자대표의 임기와 활동 보장을 명시하였다.

다만, 실제 적용되려면 근로기준법의 개정이 이루어져야 한다.

### (1) 근로자대표의 선출

① 과반수 노동조합이 있는 경우 과반수 노동조합이 근로자대표의 지위를 가진다.

② 과반수 노동조합이 없고「근로자참여 및 협력증진에 관한 법률」에 따른 노사협의회가 있는 경우 근로자위원은 법률에 명시한 직접·비밀·무기명 투표에 의하여 선출한다. 이 경우 노사협의회 근로자 위원으로 구성된 '근로

185) 고용노동부, 근로시간 제도의 이해(기본설명+Q&A), 2021.8, 23쪽

자위원 회의'가 근로기준법상 근로자 대표의 지위를 가지는 것으로 하고, 근로자위원 회의 의결은 재적위원의 과반수 의결을 원칙으로 한다.

③ 노사협의회가 없는 경우 근로자대표는 근로자의 직접·비밀·무기명 투표에 의하여 선출한다.

④ 근로자대표 선출 과정에 대한 사용자의 개입이나 방해를 금지한다.

#### (2) 근로자대표의 임기

① 근로자대표의 임기는 3년으로 한다.

② 노사의 합의가 있는 경우 3년의 한도 내에서 자율적으로 정할 수 있다.

#### (3) 근로자대표의 지위와 활동

① 근로자대표는 고용형태, 성별 등 근로자의 다양한 이해관계를 합리적으로 반영할 수 있도록 근로자들의 의견을 들어야 한다.

② 근로자대표는 활동에 필요한 자료를 사용자에게 요구할 수 있고, 사용자는 정당한 사유가 있는 경우를 제외하고 성실히 이에 따라야 한다.

③ 근로자대표는 서면합의의 체결 또는 이행과 관련한 근로자의 고충 해결을 위하여 근로자 또는 사용자와의 협의를 사용자에게 요구할 수 있고, 사용자는 정당한 사유가 있는 경우를 제외하고 성실히 이에 따라야 한다.

④ 근로자대표의 정당한 활동에 소요되는 시간은 근로한 것으로 본다.

⑤ 사용자의 근로자대표에 대한 불이익 취급과 활동에 대한 개입 방해를 금지한다.

⑥ 근로자대표는 활동과 관련하여 알게 된 비밀을 누설하여서는 아니된다.

### 6. 파견근로자들의 근로자대표

근로기준법 제59조(근로시간 및 휴게시간의 특례)에서 특정 사업에 대하여 사용자가 근로자대표와 서면합의를 한 경우에는 1주 12시간을 초과하여 연장근로를 하게 하거나 휴게시간을 변경할 수 있도록 하고 있다.

이 경우에는 사용사업주와 서면합의를 하면 되며, 특례규정의 적용대상이 파견근로자에게만 한정되는 경우에는 해당 근로자의 이해관계를 대변할 수 있도록 그 파견근로자의 과반수가 노동조합원이면 노동조합, 그렇지 아니하면 그 파견근로자의 과반수를 대표하는 자와 서면합의를 하도록 해석한 행정해석을 연차휴가 대체에서도 준용할 수 있다고 생각한다.[186]

## Ⅲ. '특정한 근로일'의 의미

### 1. 원 칙

사용자는 근로자대표와의 서면합의에 의하여 연차휴가일을 갈음하여 특정한 근로일에 근로자를 휴무시킬 수 있는데, 이 때의 특정근로일이란 '근로의무가 있는 소정근로일 중의 특정일'을 의미하므로 특정일에 휴무를 시킬 수 있기 위해서는 먼저 그 휴무를 시키는 날들이 단체협약이나 취업규칙 등에 따라 휴일이나 휴가로 정해진 날이 아니어야 하며, 근로일이 아닌 날에 휴무케 한 경우에는 연차휴가를 대체사용한 것으로 볼 수 없고, 만약 미사용휴가가 있는 경우에는 추후에 수당으로 지급하여야 한다.[187]

### 2. 휴일을 대체할 수 있는지 여부

#### (1) 원 칙

법정휴일 및 약정휴일 모두 연차휴가를 대체할 수 없다.[188] 즉, 일요일이 주휴일이라면 소정근로일이 아니므로 연차휴가를 대체할 수 없으며, 토요일의 경우 취업규칙·단체협약 등에서 휴일로 정한 경우에는 소정근로일이 아니므로 연차휴가를 대체할 수 없다.[189] 노사가 합의하여 12.2~26까지 일괄적으로 연차휴가를 사용하여 쉬기로 하였고, 그 기간 중에 사업장의 약정휴일이 포함되어 있다

---

186) 차별개선과-1644, 2008.9.12.

187) 연차유급휴가청구권·수당·미사용수당과 관련된 지침(2007.11.5, 임금근로시간정책팀-3295); 2006.8.25, 임금근로시간정책팀-2425; 2003.12.23, 근기 68207-1642. 등

188) 2008.12.17, 근로조건지도과-2127

189) 2010.5.20, 근로기준과-1141. 주44시간제 하에서 토요일(4시간)은 소정근로일이므로, 업무량 감소 등에 따라 휴무를 실시하고 있는 경우라면 연차휴가를 대체할 수 있다(2002.2.27, 근기 68207-812).

면 약정휴일은 제외하고 연차사용 사용일수를 계산한다.[190)]

대법원 역시 근로기준법상 휴일은 근로의무가 없는 날이므로 소정근로일이 아니며, 근로기준법 제62조는 연차휴가일을 갈음하여 '특정한 근로일'에 근로자를 휴무시킬 수 있다고 규정하고 있는데, 대체휴가일을 근로일로 한정한 이러한 규정 내용과 취지 및 휴일의 의의 등을 고려하면, 휴일을 대체휴가일로 정할 수는 없다고 하고 있다.[191)]

### (2) 무급휴일

무급휴일에 대해서는 ① 무급휴일도 연차휴가일수에 포함된다는 행정해석[192)]과 ② 원칙적으로 포함되지 않지만 근로자의 동의를 얻으면 무급휴일을 유급인 연차휴가로 대체할 수 있다는 행정해석[193)]이 있었다.

고용노동부는 근로자의 동의를 얻어 '무급'을 '유급'으로 대체함으로써 별도의 임금이 지급될 수 있다면 이러한 경우에는 근로자에게 불이익하다고 볼 수 없다고 해석하여 무급휴일에 대해 연차휴가로 대체할 수 있다고 해석을 하고 있는 것으로 생각된다. 하지만 '휴일'은 근로제공의무가 있는 소정근로일이 아니므로 유급이던 무급이던 간에 휴일을 연차휴가로 대체하는 것은 논리상 성립할 수 없다고 생각한다.

이 문제는 고용노동부가 '특정한 근로일'이라 함은 근로의무가 있는 소정근로일 중 특정일을 의미하므로, 연차휴가를 근로제공의무가 없는 휴무일이나(유·무급) 휴일과 대체하는 것은 불가하다고 행정해석을 변경함으로써 논란은 사라졌다.[194)] 유급, 무급을 불문하고 휴일에는 연차휴가를 사용하거나 대체할 수 없다.

### (3) 공휴일 및 대체공휴일에 대한 연차대체 불가

2018년 근로기준법 개정 이전에는 공휴일 및 대체공휴일은 법정휴일이 아닌 약정휴일이었다. 따라서 중소기업에서는 공휴일 및 대체공휴일을 휴일로 운영

---

190) 2008.12.17, 근로조건지도과-2127
191) 대판 2019.10.18, 2018다239110
192) 1979.5.29, 법무 811-12807; 1988.3.8, 근기 01254-3483
193) 1980.2.18, 법무 811-3919
194) 2023. 1. 25. 임금근로시간과-179. 기존 행정해석(1980.2.18, 법무 811-3919)은 폐지하였다.

하지 않고, 소정근로일로 운영하면서, 연차 대체를 통해 근로자들에게 휴식을 부여하는 경우가 많았다. 즉, 휴일이 아니라 휴가(연차)로 쉰 것이었다.

그러나 공공기관 및 상시근로자수 300명 이상인 기업은 2020년부터, 30~299명인 기업은 2021년부터, 5~29명인 기업은 2022년부터 단계적으로 공휴일 및 대체공휴일이 법정휴일로 의무화되었다. 2022.1.1부터는 공휴일 및 대체공휴일은 소정근로일이 아니라 휴일이 된다.

따라서 휴일에는 연차 사용이 불가능하므로, 공휴일 및 대체공휴일에 대한 연차휴가 대체는 불가능하다. 즉 근로자들은 휴가(연차)가 아니라 휴일로 쉬게 되는 것이다.

**[변경 전후 비교(ex. 2023년 10월)]**

| 일 | 월 | 화 | 수 | 목 | 금 | 토 |
|---|---|---|---|---|---|---|
| 1 | 2 | 3<br>(개천절) | 4 | 5 | 6 | 7 |
| 8 | 9<br>(한글날) | 10 | 11 | 12 | 13 | 14 |
| 15 | 16 | 17 | 18 | 19 | 20 | 21 |
| 22 | 23 | 24 | 25 | 26 | 27 | 28 |
| 29 | 30 | 31 | | | | |

[적용기준 예시]
- 주 5일 및 주 40시간제
- 토요일 – 휴무일
- 일요일 – 주휴일
- 월 기본급 300만원 (월급제)
- 입사일자 : 2023.5.1

| 구 분 | | 공휴일/대체공휴일의<br>법정휴일 적용 전 | 공휴일/대체공휴일의<br>법정휴일 적용 후 |
|---|---|---|---|
| 월 기본급 | | 300만원 | 300만원 |
| 3일, 9일 | OO근로 | 소정근로(정상근무) | 휴일근로 |
| | 월급 외 임금 | 3일과 9일에 근로시<br>기본급외에 추가 임금 없음 | 3일과 9일에 근로시<br>기본급 외에 휴일수당 지급 |
| 3일, 9일에 연차 사용 또는<br>연차 대체 가능 여부 | | 소정근로일이므로<br>연차사용 및 연차대체 가능 | 휴일이므로<br>연차사용 및 연차대체 불가능 |
| 11.1 연차휴가(A6)<br>발생조건 | | 1개월(10.1~31)의 소정근로일수<br>22일을 개근해야 A6발생 | 1개월(10.1~31)의 소정근로일수<br>20일을 개근해야 A6발생 |

### 3. 주 40시간제 하의 토요일을 연차휴가로 대체가능한지 여부

단체협약 또는 취업규칙 등으로 토요일을 휴일로 정하지 않은 이상, 주 40시간제 하에서의 토요일은 원칙적으로 '무급휴무일'에 해당한다. 따라서 주 40시간제를 적용하는 사업장에서 매주 월~금요일까지 1일 8시간씩 주 40시간으로 정한 경우 토요일은 무급휴무일로서 소정근로일의 근로에는 해당되지 않으므로 연차휴가로 대체할 수 없다. 연차휴가와 대체하기로 한 합의가 주44시간제 하에서 토요일 4시간을 소정근로로 취급하던 당시의 것인지 여부에 관계없이 이러한 합의는 효력이 인정될 수 없다.[195] [196]

그러나 주 40시간제를 월~금요일까지 1일 7시간씩 35시간과 토요일 5시간을 근로하는 방식으로 시행하는 경우에는 토요일은 소정근로일에 해당하므로 이 경우에는 연차휴가로 대체가 가능할 것이다.

**▶ 주44시간제에서 토요자율근무제를 실시하는 경우 월차휴가 대체문제**

주44시간제 하에서 토요일(소정근로일, 4시간 근무)에 원하는 근로자에 한하여 자율적으로 월차휴가를 사용함으로써 토요일에 휴무토록 하는 것은 근로자의 청구에 의한 월차휴가의 사용에 해당될 뿐, 근로기준법에 따른 월차휴가대체제도에 따른 것은 아님(월차휴가의 대체제도는 개별 근로자의 청구나 동의에 관계없이 노사 서면합의로 사용자가 일방적으로 유급휴가일에 갈음하여 휴무일을 지정·대체할 수 있다는 것임).

따라서 토요일은 여전히 소정근로일이므로 토요일 자율근무제에 동의하지 않은 근로자는 토요일에 근무를 해야 하며, 근무하지 않은 경우에는 결근으로 처리함(2002.4.4, 근기 68207-1432).

### 4. 복격일제 근무시 휴무일의 연차휴가 대체 문제

「2일 근무(유급) / 1일 휴무(무급)」 형태의 근무체제 하에서 근로자대표와의 서면합의로 무급휴무일을 유급으로 처리하면서 연차휴가로 대체하기로 한 경우, 사용자는 대체된 휴가일수 만큼 다시 휴가를 부여하거나 연차휴가미사용수당을

---

195) 2005.1.7, 근기 68207-100. 월차휴가를 대체하기로 한 사례였음.

196) 고용노동부의 개인별 연차휴가 캘린더 사용요령(2007.12) 중 사례3(A, B)은 토요휴무일을 유급으로 처리하지 않고, 연차휴가로 사용할 수 있도록 약정한 기업의 사례를 들어, 주 40시간제 하에서 토요일에도 연차휴가를 사용할 수 있는 것으로 보고 있다. 원칙적으로 무급이지만 유급으로 처리함으로서 근로자에게 유리하므로 이를 인정하고 있는 듯하다.

지급할 필요가 없다.[197)]

개인적으로는 휴무일에 대한 연차 대체는 성립할 수 없다고 생각한다.

## 5. 단속적 근로자의 대기시간을 연차휴가로 대체할 수 있는지 여부

통근버스 기사들이 출근버스 운행 후 계속 대기하다가 퇴근버스를 운행하면서, 대기시간에는 대기실 등 사내에서 휴식이나 수면을 취하였으나, 기사들의 요구로 대기시간을 사적으로 자유롭게 외출할 수 있도록 해주고, 대신 연차휴가를 사용한 것으로 해달라는 요구로 인해 이들의 동의서를 받은 경우 적법한 연차휴가 대체가 이루어진 것인지에 대하여 고용노동부는 "연차휴가는 근로제공의 의무를 면제하는 것이며, 원칙적으로 '일'단위로 부여해야 하나 당사자간 합의로 '일'의 일부를 분할하여 부여할 수도 있지만, 단속적 근로에 종사하는 근로자가 출·퇴근 버스운행시간 도중에 대기하는 시간을 연차휴가를 사용한 것으로 하는 것은 당사자간 합의가 있다 하더라도 연차휴가를 부여한 것으로 보기 어렵다"고 한다.[198)]

## 6. 하계휴가의 대체

하계휴가를 별도의 약정휴가로 부여할 것인지, 연차휴가로 대체할 것인지, 양자를 혼합하여 사용하게 할 것인지에 대해서는 노사간 자율적으로 결정하면 된다.[199)]

또한 하계휴가를 연차휴가로 대체하는 경우에는 근로자대표와의 서면합의로 세부내용을 명확히 하는 것이 바람직하다.

## 7. 사후 대체의 인정 여부

회사는 근로자들에게 자기계발과 재충전을 통한 개인역량 강화를 위하여 '역량강화데이'를 부여하였는데, 근로자들이 연차휴가미사용수당을 청구하자, 역량강화데이가 연차휴가를 대체한 것이라고 주장(주장1)하는 한편, 만약 연차 대체

---

197) 2002.8.5, 근기 68207-2649
198) 2003.7.23, 근기 68207-934
199) 1987.4.27, 근기 01254-6717; 1987.5.15, 근기 01254-7863

가 인정되지 않는 경우면 역량강화데이에 해당되는 날에 근로자들이 근로를 하지 않은 것이므로 근로자들이 그 날의 급여를 부당이득한 것이므로 연차휴가미사용수당과 상계되어야 한다고 주장(주장2)하였다.

주장1에 대해 법원은 역량강화데이는 연차휴가와 동일하지 않으며, 연차 대체로도 볼 수 없다고 판단하였다. 또한 주장2에 대해서도 역량강화데이를 무급으로 하기로 하는 약정이 있다고 볼 증거가 없으므로(즉, 유급으로 처리되었으므로) 여전히 연차휴가미사용수당을 지급해야 한다고 판단하였다[2018 서울중앙지방법원(2심), 확정].

### 8. 시간 단위 연차대체

고용노동부는 1일 단위로 연차휴가를 대체하는 것이 근로기준법의 취지에 부합하기 때문에, 시간 단위 대체는 근로자에게 정신적·육체적 휴양의 기회 부여 및 사회·문화적 생활의 향상 등을 기대하기 어렵고, 일정 기간 또는 특정 시기에 물량 감소 등의 이유로 업무량이 줄어드는 경우에 사용자가 휴업수당 지급 회피 등 이를 악용할 우려가 있다는 이유로 연차 대체 대신 사용촉진제도나 유연근로시간제를 활용하는 것이 바람직하다고 하고 있다.

그러나 '시간 단위 연차 사용'이 활발한 것이 현실이고, 이를 고용노동부도 인정하고 있는 상황에서 시간 단위 연차 대체가 불가능하다고 볼 이유는 없다고 생각한다. 또한 사용자의 악용 우려는 근로자대표가 견제 역할을 제대로 수행하면 될 것으로 보인다.[200)]

## Ⅳ. 서면합의

### 1. 서면합의의 방식

근로자대표와의 서면합의는 법정 유효요건이므로 단지 근로기준법 제62조 규정만을 근거로 사용자가 근로자대표와의 서면합의 없이 특정한 근로일을 연차

200) 2021.12.11, 임금근로시간과-2819

휴가로 대체할 수는 없다.[201] 원칙적으로 단체협약과 동일한 형태로 서면합의가 이루어져야 당사자간의 진정성과 명확성을 담보하기 쉬우므로, 서면합의도 근로자대표와 사용자의 서명 또는 날인이 된 문서로 작성되어야 한다.

### (1) 취업규칙을 통한 연차 대체 불가

대법원은 연차휴가 대체가 적법하려면 반드시 근로기준법에 규정된 근로자대표와의 서면합의가 필요하다고 하는 입장을 일관되게 유지하고 있다.[202]

그러나 고용노동부의 해석은 취업규칙으로 도입이 가능하다는 해석과 불가능하다는 해석이 모두 존재하였는데, 2019년 고용노동부는 불가능하다고 입장을 정리하였다.

고용노동부는 연차휴가 대체에 있어 근로자대표와의 서면합의는 법정요건이므로, 취업규칙 변경 시 사용자측의 개입이나 간섭이 배제된 상태에서 전 직원의 자유로운 의사에 기한 서면 동의를 받는 등 근로기준법 제94조에 따른 적법한 취업규칙 변경 절차를 거쳐 연차휴가 대체를 취업규칙에 규정하였다고 하더라도 근로자대표와 서면합의가 없다면 적법한 연차휴가 대체로 볼 수 없다고 한다.[203]

사견으로도 근로기준법에 명시된 대로 근로자대표와의 서면합의가 필요하며 취업규칙으로의 도입은 불가능하다고 생각한다.

### (2) 근로계약을 통한 도입이 가능한지 여부

① 고용노동부는 취업규칙을 통한 연차휴가 대체는 불가능하다고 행정해석을 정리하였다. 그러나 저자는 근로계약을 통한 도입이 가능한지에 대해서는 아직까지 고용노동부의 공식적인 내용을 확인하지 못하였다.

고용노동부의 행정해석은 가능하다는 해석과 불가능하다는 해석이 모두 존재하는데, 서면합의 제도의 취지는 개별 근로자의 청구나 동의가 없더라도 사용자와 근로자대표와의 서면합의를 통해 연차휴가를 대체하도록 하는 집단적 성질을 가진 제도이므로 원칙적으로 개별 근로자와의 근로계약을 통해 실시하는 것은 허용되지 않는다고 생각한다.

---

201) 2012.1.31, 근로개선정책과-996
202) 대판 2011.7.14. 2011다23149
203) 2019.7.9, 임금근로시간과-687. 이 행정해석과 상반되는 기존의 행정해석은 폐지함.

② 법원 역시 근로계약을 통한 연차휴가 대체는 인정하지 않고 있다. 근로계약서에는'연차휴가는 재택기간, 동절기 공사중지기간, 하계휴가기간, 연중무급휴기간 등으로 대체하며 기간내 미사용 휴가는 이월사용 또는 수당으로 요구하지 않는다'고 기재되어 있다. 근로계약을 통한 연차대체 합의는 근로기준법 제62조가 정한 방법에 의하지 아니하고, 동법 제60조에서 정한 근로자의 연차휴가 시기지정권을 박탈하는 것으로 무효라고 보고, 연차휴가미사용수당을 지급하여야 한다고 판단하였다(2018 서울중앙지방법원, 확정).

| 가능하다는 행정해석 | 불가능하다는 행정해석 |
|---|---|
| 근로자는 연차휴가를 청구하여 사용하고자 하는 특정 근로일에 휴가를 사용할 수 있는 바, 개별 근로자의 계약 체결시 특정 근로일에 휴무를 원하는 근로자에 한하여 자율적으로 연차휴가를 사용토록 근로계약을 체결하는 것은 가능하다 할 것임.<br>다만, 근로기준법 제60조의 취지가 개별 근로자의 청구나 동의 없이 근로자대표와의 서면합의에 의해 사용자가 일방적으로 유급휴가를 대체하는 집단적 성질을 가진 제도이므로 개별 근로자의 청구에 의한 휴가 사용과는 달리 보아야 하고, 특히, 근로계약의 내용으로 국경일과 신정, 구정, 하계휴가, 추석, 그 외 서면합의한 날 등 너무 많은 일수를 연차휴가일로 사용토록 하는 것은 연차휴가제의 입법취지에 반할 뿐만 아니라 근로자의 의사와 상관없이 근로계약 체결이 강요되어 정작 근로자가 필요한 날에 연차휴가를 사용할 수 없게 되는 결과를 초래할 우려가 상당하므로 바람직하지 않다고 사료됨(2006.8.25, 임금근로시간정책팀-2425). | 연차휴가는 근로자가 청구한 시기에 주어야 하나, 개별 근로자의 의사와 관계없이 근로자집단에 대하여 근로일 중 특정일에 연차휴가를 사용하는 것으로 보기 위해서는 근로계약서에 그에 관하여 규정하여 실시할 것이 아니라 「근로기준법」 제62조에 따라 연차휴가 대체제도를 활용하여야 하며, 이를 위해서는 근로자대표와의 서면합의가 있어야 할 것임(2015.6.23, 근로기준정책과-2694). |

## 2. 서면합의의 내용

### (1) 원 칙

서면합의의 내용에는 특정되는 대체일, 휴가의 사용방법, 서면합의의 유효기간 등을 명시하는 것이 바람직하다. 특히, 대체일에 대해 서면합의로 명확히 하는 것이 당사자간의 분쟁을 최소화할 수 있다. 법원 역시 서면합의에는 휴무시킬 수 있는 조건과 날짜를 명백히 정하여야 한다고 보고 있다[2013 서울고법(대법원 확정)].

### (2) 사용자가 대체일을 지정할 수 있는지 여부

사용자가 근로자대표와의 서면합의에 의하여 연차휴가를 대체할 경우에는 원칙적으로 대체할 근로일이 특정되어야 한다. 따라서 노사간의 합의로 대체일을 명시하는 것이 바람직하나, 행정해석은 예외적으로 근로자 과반수로 조직된 노동조합이 있는 경우, 그 노동조합과 단체협약으로 대체할 근로일을 특정할 권한을 사용자에게 명시적으로 인정한 경우에는 사용자가 그 단체협약의 규정에 의거 근로자대표와의 별도의 서면합의 없이 휴가일을 대체할 근로일을 지정할 수도 있다고 한다.

그러나 단순히 단체협약으로 '연차휴가일에 갈음하여 특정 근로일을 휴무일로 한다'고 규정한 것은 사용자에게 유급휴가를 대체할 근로일을 지정할 수 있는 권한을 부여한 것으로 보기는 어렵고, 이는 추후 별도의 서면합의로 연차휴가의 대체가 가능하다는 근거규정에 불과하므로, 실제 사용자가 연차휴가를 대체하려면 특정근로일 지정을 위하여 별도의 서면합의가 필요하다.[204)]

이러한 부분은 원칙에 대한 예외사항이므로 엄격히 해석되어야 한다고 생각되며, 따라서 단순히 근로기준법 조문을 그대로 인용하는 방식으로 단체협약에 명시하는 것만으로는 허용되지 않는다고 해석되며 '대체할 근로일을 특정할 권한을 사용자에게 부여한다'는 취지의 문언이 단체협약에 명시되어야 한다고 생각한다.

## 3. 서면합의 방식 및 내용 위반의 효과

서면합의는 유효요건이므로 서면합의 없이 실시된 연차휴가 대체는 무효이고, 그로 인하여 근로자에게 미사용 휴가가 있는 경우 사용자는 근로자에게 연차휴가미사용수당을 지급하여야 한다.[205)]

근로자대표가 없다는 이유로 개별 근로자의 동의를 받고(주44시간제 하에서) 연월차휴가를 토요일 휴무로 대체한 것 역시 근로자대표와의 서면합의 없이 연월차휴가 대체가 이루어진 것으로서 무효이다.[206)]

204) 2011.9.19, 근로개선정책과-3099; 2004.10.12, 근로기준과-5454
205) 2003.12.23, 근기 68207-1642
206) 대판 2011.7.14, 2011다23149

또한 근로자대표와의 서면합의를 연차휴가 대체의 요건으로 정한 근로기준법의 취지에 비추어 보면, 비록 주 40시간제 시행에 따른 토요일 휴무제가 시행되기 전에 격주 또는 매주 토요일 근무를 휴무하고 방학 중 일부기간에 단축업무를 하였다는 등의 사정만을 내세우면서 연차휴가가 소진되었으므로 연차휴가미사용수당을 지급할 의무도 없다고 주장하는 것은 허용되지 않는다.[207)]

사용자가 '근로자대표와의 서면합의'없이 일방적으로 연차휴가 대체를 한 경우 이는 원칙적으로 무효이지만, 근로자가 이에 대하여 이의를 제기하지 않고 출근하지 않고 쉰 경우라면 근로자의 청구에 의한 연차휴가의 사용으로 볼 수도 있다.[208)]

한편, 서면합의를 한 이후 사용자가 그 합의를 위반한 경우에 대해 근로기준법은 아무런 규정이 없지만, 서면합의로 지정된 날에 근로자가 출근하지 않은 것을 이유로 결근처리할 수는 없다고 본다.

### 4. 서면합의 유효기간 중 근로자대표가 퇴사한 경우

적법하게 선출된 근로자대표와 연차휴가 대체합의를 하였고, 합의기간이 2020.1.1~12.31이었는데, 근로자대표가 합의한 기간 도중 퇴사한 경우라도, '근로자대표가 퇴사할 시 근로자대표의 자격으로 사업장과 합의한 내용에 대해 효력이 없다'는 등의 별도 규정이 없다면 근로자대표로서 합의한 연차휴가대체합의는 유효한 것으로 보아야 한다.[209)]

### 5. 연차휴가 없는 근로자의 처우

연차휴가 대체일에 연차휴가가 없는 근로자가 근로를 제공하지 못한 경우, 예정된 연차휴가 대체일을 대비하여 사용자가 근로자의 연차휴가 관리 등을 할 수 있었다면, 이는 사용자의 귀책사유에 해당하므로 휴업수당을 지급하여야 한다.

한편, 더 이상 사용할 수 있는 휴가가 없을 경우에는 노사간의 합의로 향후 계속근로를 전제로 하여 발생할 연차휴가를 미리 당겨 사용하는 '가불 또는 선부

---

207) 대판 2009.1.30, 2007도10873
208) 2008.12.29, 근로조건지도과-2364
209) 2021.8.31, 근로기준정책과-2660

여'를 활용하는 것도 가능하다.[210)]

### 6. 모든 근로자를 대상으로 동일한 날짜에 적용해야 하는지 여부

연차휴가 대체 시 반드시 모든 근로자를 대상으로 해야만 하는 것은 아니고, 직종, 근무형태, 인력공백으로 인한 사업장의 업무부담 등을 고려하여 일부 근로자만을 대상으로 근로자별로 날짜를 달리하여 대체하는 것도 가능하다.[211)]

## Ⅴ. 연차휴가 대체의 효과

### 1. 효 과

적법한 연차휴가 대체가 이루어지면, 근로자들은 특정된 근로일에 연차휴가를 사용한 것이 되므로 사용자는 대체된 휴가일수 만큼 다시 휴가를 부여하거나 연차휴가미사용수당을 지급할 필요가 없다.

### 2. 반대하는 근로자들에 대한 적용여부

동 제도는 근로자들이 선출한 근로자대표가 사용자와 서면합의를 통해 모든 내용을 결정할 수 있도록 하는 제도이기 때문에 합법적으로 선출된 근로자대표가 사용자와 서면합의를 한 이상 이에 반대하는 근로자들에게도 연차휴가대체 제도는 적용된다.

---

210) 2022.11.7, 임금근로시간과-168
211) 2022.9.14, 임금근로시간과-1910

# 제4장

# 연차휴가와 임금 등

# 제1절 연차휴가수당과 관련한 쟁점

## Ⅰ. 관련 용어 정리

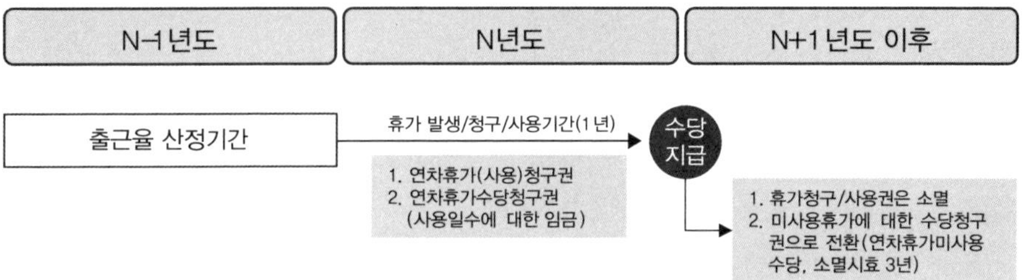


### 1. 연차휴가청구권

**관련법령**

**근로기준법 제60조【연차 유급휴가】** ⑦ 제1항·제2항 및 제4항에 따른 휴가는 1년간(계속하여 근로한 기간이 1년 미만인 근로자의 제2항에 따른 유급휴가는 최초 1년의 근로가 끝날 때까지의 기간을 말한다) 행사하지 아니하면 소멸된다. 다만, 사용자의 귀책사유로 사용하지 못한 경우에는 그러하지 아니하다.

연단위 휴가의 경우 전년도(N-1년도) 출근율에 따라 금년도(N년도)에 연차휴가를 신청하여 사용할 수 있는 권리인 '연차휴가청구권'이 발생한다. 휴가는 '유급'이므로 근로자가 휴가를 사용하더라도 월급제 하에서 급여의 감소는 없으며, 휴가는 금년도(N년도, 1년) 이내에 사용하여야 하며, 1년이 지나게 되면 휴가를 사용할 수 있는 연차휴가청구권 자체는 소멸한다.

그러나 사용하지 못한 휴가가 있더라도 휴가사용 자체는 할 수는 없지만, 다음연도(N+1년) 이후에는 N년도 미사용 연차휴가일수에 해당하는 수당(연차휴가미사용수당)을 청구할 수 있다. 다만, 근로자가 N년도에 휴가를 모두 사용하였거나 사용자가 N년도에 적법한 사용촉진절차를 거친 경우에는 연차휴가 청구 및 연차휴가미사용수당을 청구할 수 있는 권리는 모두 소멸된다.

## 2. 연차휴가수당청구권

**관련법령**

**근로기준법 제60조【연차 유급휴가】** ⑤ 사용자는 제1항부터 제4항까지의 규정에 따른 휴가를 근로자가 청구한 시기에 주어야 하고, 그 기간에 대하여는 취업규칙 등에서 정하는 통상임금 또는 평균임금을 지급하여야 한다. 다만, 근로자가 청구한 시기에 휴가를 주는 것이 사업 운영에 막대한 지장이 있는 경우에는 그 시기를 변경할 수 있다.

**제49조【임금의 시효】** 이 법에 따른 임금채권은 3년간 행사하지 아니하면 시효로 소멸한다.

연단위 휴가에 대한 연차휴가수당청구권은 근로자가 전년도(N-1년도) 출근율의 결과로 발생한 연차휴가를 금년도(N년도)에 사용할 경우 그 사용한 일수에 대하여 사용자에게 유급(통상임금 또는 평균임금)으로 처리해 줄 것을 요구할 수 있는 권리이다. 계속근로기간이 1년 미만인 근로자가 1개월의 개근으로 발생한 연차휴가를 사용한 경우에도 동 청구권이 발생한다.

한편, '청구권'이라는 명칭 때문에 이를 적극적인 권리로 이해하여 별도의 수당을 사용자에게 청구할 수 있다고 오인할 수 있으나, 월급제 하에서는 근로자가 휴가를 사용한 경우 별도의 추가수당을 요구할 수 있는 적극적인 개념이 아니라, 휴가를 사용한 경우 휴가사용일수에 해당하는 급여의 감소없이 유급으로 처리한다는 소극적인 개념에 가깝다. 즉, 특정 월의 소정근로일 중 2일을 연차휴가로 사용한 경우 그 달의 급여가 전액 지급되면 연차휴가수당은 지급된 것으로 본다.[1] 따라서 휴가를 사용한 경우나 사용하지 않은 경우나 그 달의 급여가 전액 지급된다는 점에서 동일하다.

이와 같이 지급되는 연차휴가수당은 임금에 해당하므로, 근로기준법 제49조에 따라 N+1년부터 3년이 경과하면 시효로 소멸하게 된다.

---

1) 주 40시간제가 시행되면서 생리휴가가 유급에서 무급으로 변경되었다. 시행 전에는 생리휴가를 사용하더라도 유급이었기 때문에 급여의 감소가 없었지만, 시행 후에는 무급으로 되어 1일분의 통상임금을 감액하게 되었다는 점을 생각하면 이를 이해하기 쉬울 것이다.

## 3. 연차휴가미사용수당청구권

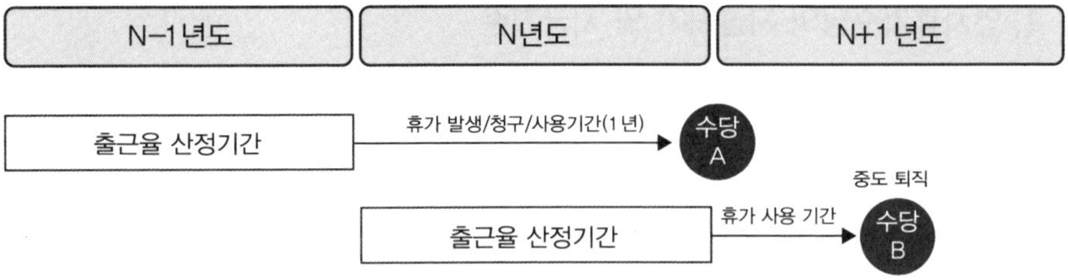


연차휴가를 사용하지 않아 이를 수당으로 청구할 수 있는 '연차휴가미사용수당청구권'은 크게 3가지 형태로 나타난다. 첫째, 재직중인 근로자에게 발생한 월단위 휴가 및 연단위 휴가를 정해진 기간까지 사용하지 않은 경우 그 미사용 휴가일수에 해당하는 연차휴가미사용수당을 사용자에 대하여 청구할 수 있는 권리이다. 위 그림의 수당A는 N-1년도의 출근율에 따라 N년도에 발생한 연단위 휴가를 N년도 1년간 전부 또는 일부를 사용하지 않은 경우를 예로 든 것으로서 연차휴가청구권이 소멸된 시점(N+1년도)에 수당청구권이 발생한다.

둘째, 근로자가 일단 휴가청구권을 취득한 이후에 휴가를 사용하기 전에 퇴직 등으로 근로관계가 종료되는 경우, 근로관계의 존속을 전제로 하는 휴가청구권 자체는 소멸하지만, 근로관계의 존속을 전제로 하지 않는 연차휴가미사용수당청구권은 소멸하지 않으므로 근로자는 미사용휴가일수 전부에 대하여 수당으로 청구할 수 있다(위 그림의 수당B에 해당).[2] 즉, 휴가를 사용하지 않고 퇴직하는 경우 미사용분에 대해서는 수당으로 지급받을 수 있게 된다.

셋째, 근로자가 입사 이후 1년 미만 근무하고 퇴직하는 경우, 개근월수에 따라 발생한 월단위 휴가를 사용하지 않았다면, 그 미사용 휴가일수에 대해서도 사용자에게 수당으로 청구할 수 있다.

---

2) 대판 2005.5.27, 2003다48549, 48556

# Ⅱ. 수당의 지급시기 및 지급기준

## 1. 연차휴가수당의 지급시기 및 지급기준

**관련법령**

**근로기준법 제60조【연차유급휴가】** ⑤ 사용자는 제1항부터 제4항까지의 규정에 따른 휴가를 근로자가 청구한 시기에 주어야 하고, 그 기간에 대하여는 취업규칙 등에서 정하는 통상임금 또는 평균임금을 지급하여야 한다. 다만, 근로자가 청구한 시기에 휴가를 주는 것이 사업 운영에 막대한 지장이 있는 경우에는 그 시기를 변경할 수 있다.

**근로기준법시행령 제33조【휴가수당의 지급일】** 법 제60조 제5항에 따라 지급하여야 하는 임금은 유급휴가를 주기 전이나 준 직후의 임금지급일에 지급하여야 한다.

## 2. 지급기준

### (1) 연차휴가수당

근로기준법 제60조는 휴가기간에 대하여 취업규칙 등에서 정한 기준에 따라 통상임금 또는 평균임금을 기준으로 하여, 연차휴가를 주기 전이나 준 직후의 임금지급일에 지급하도록 규정하고 있다. 일반적으로 통상임금의 금액이 평균임금의 금액보다 낮기 때문에 통상임금으로 지급되는 것이 일반적이다.

대법원 역시 휴가기간에 근로자가 근로를 제공하지 않더라도 근로를 제공한 것으로 보아 지급되어야 하는 연차휴가수당은 취업규칙 등에서 산정기준을 정하지 않았다면, 그 성질상 통상임금을 기초로 하여 산정하여야 한다고 판단하였다.[3]

시급제나 일급제의 근로자가 연차휴가를 사용한 경우 그 휴가일에 대하여 통상임금으로 계산한 금액이 추가로 지급되어야 한다. 그러나 월급제의 경우 휴가를 사용하더라도 그 달의 월급금액을 감액없이 지급하는 방식으로 유급처리(수당 지급)하고 있다. 따라서 월급제의 경우 현실적으로 통상임금이나 평균임금과는 다른 금액으로 지급하고 있다.

---

3) 대판 2019.10.18, 2018다239110 그러나 원심(서울고등법원)은 회사 취업규칙 등에 연차휴가수당 산정과 관련하여 특별한 정함이 없으므로 근로자들이 평균임금 또는 통상임금 중 어느 하나를 선택하여 그에 따라 산정한 연차휴가수당을 구할 수 있다고 판단하고, 근로자들이 평균임금을 기초로 연차휴가수당을 산정하고, 이렇게 산정된 연차휴가수당을 평균임금에 포함시켜 퇴직금을 산정하도록 하였는데, 대법원을 이를 인정하지 않았다.

### (2) 연차휴가미사용수당

대법원은 근로자가 연차휴가에 관한 권리를 취득한 후 1년 이내에 연차휴가를 사용하지 아니하거나 1년이 지나기 전에 퇴직하는 등의 사유로 인하여 더 이상 연차휴가를 사용하지 못하게 될 경우 미사용 연차휴가일수에 상응하는 임금인 연차휴가미사용수당을 청구할 수 있는데 이러한 연차휴가미사용수당 역시 취업규칙 등에 다른 정함이 없다면 통상임금을 기초로 하여 산정하는 것이 타당하다고 보았다.[4] 실무상으로도 평균임금보다는 금액이 낮은 통상임금으로 지급하는 것이 일반적이다.

## 3. 계속근로 1년 미만인 기간에 대한 연차휴가

### (1) 입사일 기준시의 원칙적인 기준

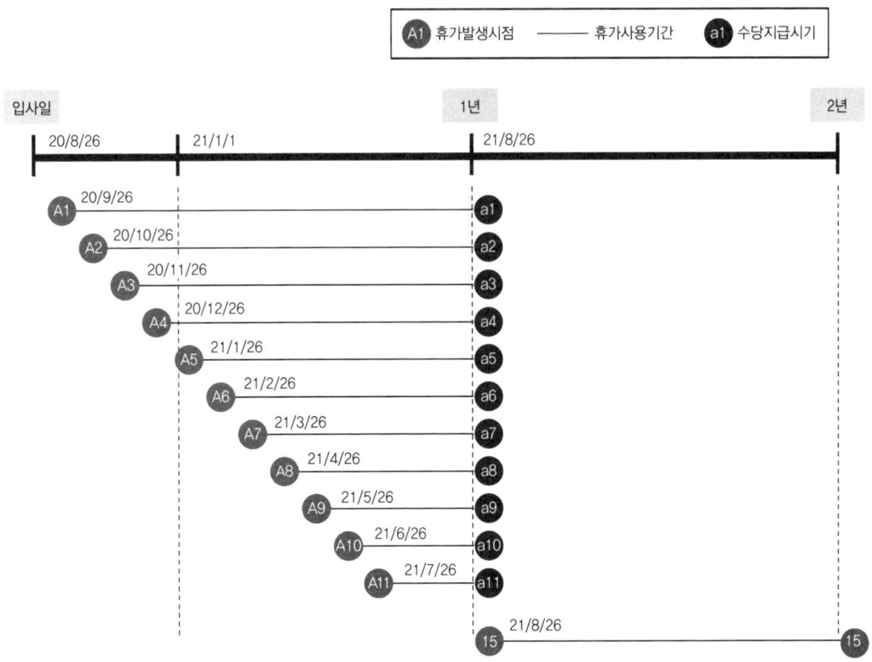


4) 대판 2019.10.18, 2018다239110

2020.3.31 개정 근로기준법에 따라 A1~A11의 휴가는 입사일로부터 1년이 되는 날까지 사용할 수 있다. A1은 2020.9.26에 발생하여 입사 1년이 되는 2021.8.25까지 11개월간 사용할 수 있다. A2는 2020.10.26~2021.8.25까지 10개월간, A11은 2021.7.26~2021.8.25까지 1개월간 사용할 수 있다. A1~A11의 휴가 중 미사용한 휴가에 대해서는 2021.8월 임금지급일의 통상임금을 기준으로 2021.8.26 이후 최초 임금지급일까지 수당(a1~a11)으로 지급해야 하며, 이 시기를 넘어서 지급하는 것은 임금체불에 해당된다.

A1~A11 일부를 사용한 경우 먼저 발생한 휴가부터 순차적으로 사용한 것으로 처리하여야 며, 개근한 달 각각 발생하여 누적된 휴가 중 일부를 어떤 시점에 사용한 경우 사용자 또는 근로자가 특정 월에 발생한 휴가를 사용한 것으로 선택할 수 없다. 미사용수당 지급 시 혼선 및 당사자 간 분쟁을 방지하기 위한 해석이다.[5]

다만, 고용노동부는 노사합의로 후입선출도 가능하다고 해석을 변경하였음은 앞에서 설명하였다.[6]

한편, 유의해야 할 점은 사용기간이 남은 휴가에 대하여 당해 회계연도 말일 등 특정시점에 미사용수당으로 정산하는 것은 허용되지 않는다. 즉, A1~A4의 휴가에 대하여 2020.12.31에 수당으로 선지급하는 것은 휴가 사용을 제한하는 것이므로 원칙적으로 허용되지 않는다.

### (2) 회계연도 기준

앞에서 설명한 대로 회계연도 방식도 여러 종류가 있었지만, 그 중에서 C방식, 즉 입사연도의 다음연도 12.31까지 사용하는 방식을 기준으로 설명해 본다.

① A1~A11에 대한 합법적인 사용촉진이 이루어졌다면 수당지급의무는 입사 1년이 되는 시점(X 표시)에서 소멸된다.

② 사용촉진을 하지 않았거나, 일부만 촉진한 경우에는 A1~A11 중 미사용한 휴가에 대해서는 2022.1.1 이후 첫번째 임금지급일까지 수당으로 지급하여야 한다.

---

5) 고용노동부, 개정 근로기준법 설명자료(2018.5), 4쪽.
6) 고용노동부, 1년 미만 연차휴가 사용촉진 관련 주요 Q&A, 2020.5

수당의 금액을 계산할 때 2021.8월 임금지급일의 통상임금으로 지급해야 하는지, 2021.12월 임금지급일의 통상임금으로 지급해야 하는지에 대한 고용노동부의 해석은 없는 것으로 보인다. 따라서 이에 대해서는 기업에서 취업규칙 등에 명시를 해야 할 것으로 보인다(즉, 이월이나 사용기간 연장을 할 경우에는 수당을 산정하는 시점을 명확히 해주는 것이 바람직하다). 개인적으로는 휴가사용기간이 종료되는 2021.8월 임금지급일의 통상임금을 기준으로 2022.1.1 이후 첫 번째 임금지급일까지 지급해야 한다고 생각한다.

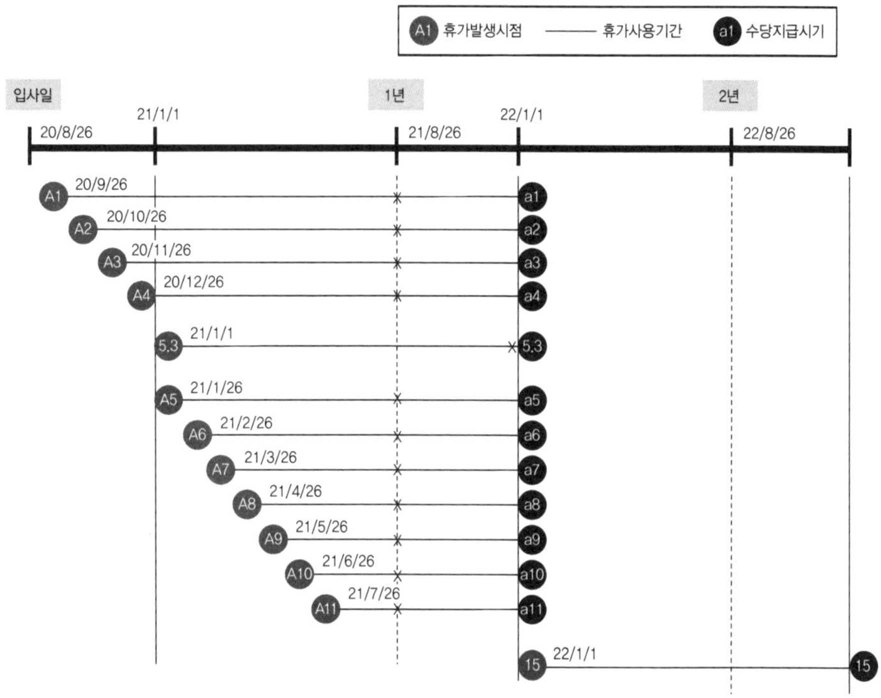


## 4. 계속근로 1년 이상인 기간에 대한 연차휴가

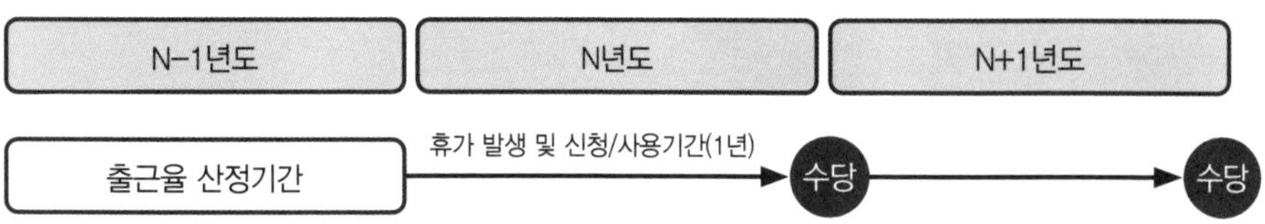

### (1) 통상임금 지급 원칙

연차휴가미사용수당의 지급기준은 통상임금 또는 평균임금 모두 가능하지만, 단체협약이나 취업규칙 등에 별도의 규정이 없는 이상 통상임금으로 지급하는 것이 일반적이며, 대법원 역시 통상임금 지급이 원칙이라고 판단하였다.[7]

### (2) 지급기준

재직 중인 근로자가 발생된 휴가를 모두 사용하거나 사용자가 발생된 연차 전체에 대해 사용촉진을 하지 않은 이상, 기업은 미사용한 휴가일수에 대하여 휴가 사용기간이 종료되는 시점에 수당으로 지급하여야 한다. 통상 연 1회 지급한다.

이 경우 연차휴가미사용수당은 휴가를 청구할 권리가 있는 연도분의 연차휴가에 대하여 보상하는 것이므로 최종 휴가청구권이 있는 달의 임금지급일의 통상임금을 기준으로 산정·지급되어야 한다.[8]

### (3) 지급시기

지급시기는 연차휴가청구권이 소멸된 다음 날(휴가사용기간 1년이 종료된 다음 날) 이후 최초로 도래하는 정기 임금지급일(급여일)까지는 지급되어야 한다.[9]

① 입사일 기준 방식이라면 근로자의 매년 입사일자 이후 최초로 도래하는 임금지급일까지 지급해야 한다. 서울중앙지방법원은 2012.12.12부터 2013.12.11까지의 근로로 2013.12.12에 발생한 연차휴가에 대한 미사용수당 청구권은 1년간의 연차휴가 사용기간이 종료한 날의 다음날인 2014.12.12에 발생하는데, 그 수당지급일은 해당 월의 임금지급일인 2014.12.16이라고 판단하였다[2018 서울중앙지방법원(2심), 확정].

입사일 기준으로 연차를 부여하는 기업에서 수당 지급시기를 입사일이 속한 매분기말로 변경하는 것은 지급시기가 지연되는 등 근로자에게 불이익하므로 취업규칙 불이익변경 절차를 거쳐야 한다.[10]

---

7) 대판 1990.12.26, 90다카12493; 2009.10.9, 근로기준과-3975; 1989.5.17, 임금 32240-7216 등
8) 1990.3.19, 근기 01254-3999; 2013.7.19, 근로개선정책과-4218
9) 연차유급휴가청구권·수당·미사용수당과 관련된 지침(2007.11.5, 임금근로시간정책팀-3295); 2003.8.7, 근기 68207-988; 1992.11.17, 근기 01254-1869
10) 2003.8.7, 근기 68207-988

② 회계연도 방식이라면 휴가사용이 종료되는 날(매년 12.31)의 다음날(다음해 1.1) 이후 최초로 도래하는 임금지급일(통상 1월 급여일)까지 지급하여야 한다.

■ **종합 정리**

<table>
<tr><th colspan="2" rowspan="2">구 분</th><th>금액 산정기준</th><th>지급시기(기한)</th></tr>
<tr><th>최종 휴가청구권이 있는 달의 임금지급일의 통상임금</th><th>휴가사용기간 1년이 종료되는 날의 다음 날 이후 최초 임금지급일까지</th></tr>
<tr><td colspan="2">A1~A11</td><td>최종 휴가청구권은 입사 1년(365일)이 되는 날까지 있으므로 그 달의 급여일의 통상임금을 기준으로 함.<br>ex. 2021.8.26 입사자는 2022.8.25까지 휴가청구권이 있으므로 2022.8월 임금지급일의 통상임금을 기준으로 함.</td><td>매년 근로자의 입사일자 이후 최초로 도래하는 임금지급일까지 지급하여야 함.<br>ex. 왼쪽의 예에서 2022.8.26 이후 최초로 도래하는 임금지급일까지 지급</td></tr>
<tr><td rowspan="2">연단위휴가</td><td>입사일 기준</td><td>연단위 휴가는 매년 근로자의 입사일자에 발생하여 다음해 입사일자의 전일까지 사용가능함. 따라서 다음해 입사일자가 속한 달의 임금지급일의 통상임금을 기준으로 함.<br>ex. 2021.7.15 입사자의 경우 2024.7.15에 발생된 16일의 연차휴가는 2025.7.14까지 사용가능함. 따라서 2025.7월 임금지급일의 통상임금으로 산정</td><td>매년 입사일자 이후 최초로 도래하는 임금지급일까지 지급<br>ex. 왼쪽의 예에서는 2025.7.15 이후 최초로 도래하는 임금지급일까지 지급</td></tr>
<tr><td>회계연도 기준</td><td>매년 1.1에 발생된 연차휴가는 12.31까지 사용가능하므로, 매년 12월 임금지급일의 통상임금으로 산정</td><td>휴가사용이 종료되는 날(매년 12.31)의 다음날(다음해 1.1) 이후 최초로 도래하는 임금지급일(통상 1월 급여일)까지 지급</td></tr>
</table>

※전년도 출근율이 80% 미만인 경우의 월단위 휴가는 연단위 휴가와 같은 방식 적용

## 5. 퇴직근로자에 대한 지급시기와 지급기준

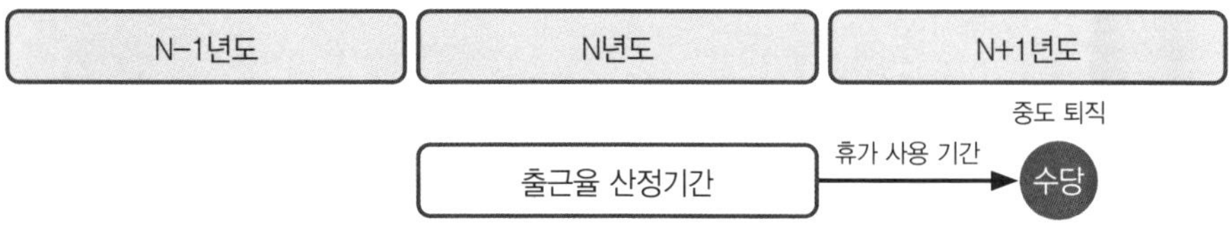


근로자에게 휴가가 발생하였으나, 퇴직으로 인하여 사용하지 못한 휴가에 대하여는 미사용일수 만큼 통상임금 등으로 지급하여야 한다.[11] 판례 역시 "연차

11) 1987.4.23, 근기 01254-6634; 1987.3.14, 근기 01254-4240

휴가를 이용하지 아니하고 계속 근로한 근로자들은 사용자에 대하여 그 휴가일수에 해당하는 임금(연차휴가미사용수당)을 더 청구할 수 있고 이러한 임금의 지급청구권은 근로자의 퇴직으로 소멸하지 않고, 퇴직전에 연차휴가청구권을 행사하지 않았다고 하여 발생하지 않는 것도 아니므로 사용자는 연차휴가미사용수당을 지급하여야 한다"고 본다.[12) 따라서 퇴직하는 근로자에게는 연차휴가미사용수당을 퇴직일로부터 14일 이내에 수당 지급 당시(퇴직하는 달)의 통상임금 등으로 지급하여야 한다.[13)]

한편, 1년 미만 근속기간 중 발생한 휴가를 사용하지 못하고 1년 미만 근속기간 중에 퇴직하는 경우에도 동일하게 적용된다.[14)]

## Ⅲ. 연차휴가 중 전부 또는 일부를 보상하지 않기로 한 단체협약의 효력

### 1. 일부를 보상하지 않기로 한 단체협약의 효력

노사간 영업직원은 8일, 내근직은 4일까지 1일 8시간의 통상임금으로 지급하여 보상하며, 이 일수를 초과하는 경우에는 보상하지 않는다는 단체협약을 체결한 경우, 이러한 단체협약의 내용은 근로기준법 제61조에도 불구하고 사용자의 사용촉진 조치 없이 근로자의 연차휴가 보상을 하지 아니하도록 해석되는 범위에서는 강행규정에 위반되어 효력이 없다. 만약 사용자가 사용촉진을 하였다는 증거가 없다면 근로자들의 미사용 연차휴가일수는 모두 수당으로 지급되어야 한다(2018 서울서부지법, 서울고등법원 확정).

### 2. 전부를 보상하지 않기로 한 노사합의서의 효력

노사는 회사의 경영악화 극복 및 연차 제도의 취지에 맞게 연차휴가 한도(25일) 이내에서 업무에 지장이 없도록 사용하고, 미사용 분에 대해서는 연차수당을

12) 대판 1990.12.26, 90다카13465
13) 2006.9.26, 임금근로시간정책팀-2862; 2007.11.5, 임금근로시간정책팀-3295; 1986.8.16, 근기 01254-13399
14) 고용노동부, 「주 40시간제 시행지침」, 2005.4, 17쪽

지급하지 않는다는 내용의 노사합의서를 작성하였다.

법원은 이러한 합의내용은 근로자들의 연차휴가미사용수당 청구를 제한하는 내용으로서 근로기준법에서 정하는 기준에 미치지 못하는 근로조건을 정한 것이어서 효력이 없으며, 여전히 미사용일수에 대한 수당을 지급하여야 한다고 보았다(2018 인천지법, 확정).

## Ⅳ. 연차휴가일에 근무할 경우 가산임금 지급 문제

**관련법령**

**근로기준법 제56조【연장·야간 및 휴일 근로】** ① 사용자는 연장근로(제53조·제59조 및 제69조 단서에 따라 연장된 시간의 근로를 말한다)에 대하여는 통상임금의 100분의 50 이상을 가산하여 근로자에게 지급하여야 한다.
② 제1항에도 불구하고 사용자는 휴일근로에 대하여는 다음 각 호의 기준에 따른 금액 이상을 가산하여 근로자에게 지급하여야 한다.
1. 8시간 이내의 휴일근로: 통상임금의 100분의 50
2. 8시간을 초과한 휴일근로: 통상임금의 100분의 100
③ 사용자는 야간근로(오후 10시부터 다음 날 오전 6시 사이의 근로를 말한다)에 대하여는 통상임금의 100분의 50 이상을 가산하여 근로자에게 지급하여야 한다.

가산임금제도는 연장·야간·휴일근로가 기준근로시간 내에서 행하여지는 근로보다 근로자에게 더 큰 피로와 긴장을 가져오게 하며, 근로자가 누릴 수 있는 생활상의 자유시간을 제한하는 것이 되므로, 이에 상응하는 경제적 보상을 하여 주려는 것인데 대하여, 연차휴가제도는 연장근로나 유급 주휴제와는 달리 근로자의 정신적, 육체적 휴양을 통하여 문화적 생활의 향상을 기하려는데 그 취지가 있어서 상이한 제도이다.

가산임금은 연장·야간·휴일근로에 대해 적용하도록 규정되어 있고 동 휴일에는 연차휴가는 포함되지 않는다고 봄이 상당하고, 또한 주44시간제 하의 근로기준법에 의하면 휴가일수가 20일을 초과하는 경우에는 그 초과일수에 대하여 통상임금을 지급하고 휴가를 주지 아니할 수 있도록 되어 있으므로, 20일 이하인 휴가일수에 대하여 보상을 지급해야 할 경우에도 통상임금을 추가로 지급하면 된다고 보는 것이 균형상 타당하므로 연차휴가일에 근무할 경우에는 가산임금

(수당)이 지급되지 않는다.[15]

따라서 연차휴가일에 근로할 경우 임금지급율은 유급휴가이기 때문에 당연히 지급되는 임금 100%(월급제에서는 통상 그 달의 급여가 감액되지 않고 정상지급됨)와 당일 근로제공에 대한 대가인 100%(연차휴가미사용수당)를 합한 총 200%가 된다.[16] 다만, 근로계약 당사자간의 합의로 가산임금을 지급하기로 한 경우에는 근로자에게 유리하므로 그에 따라야 한다.

## Ⅴ. 수당 지급후 임금인상시 소급지급 여부

### 1. 원 칙

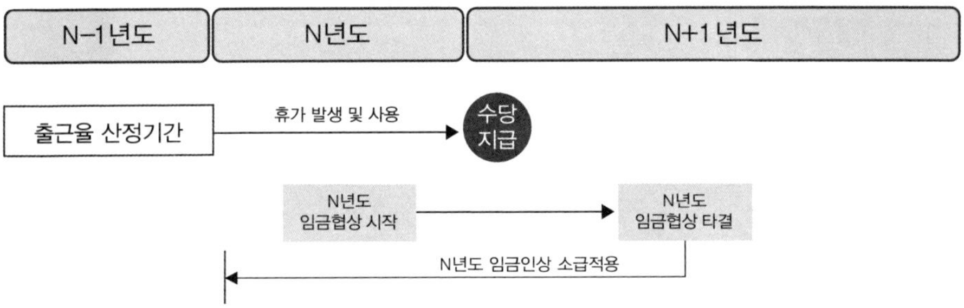


임금교섭 등이 타결되지 않아 N년도 임금인상률이 결정되지 않은 상태에서 N년도 12월의 통상임금을 기준으로 N+1년도 1월에 연차휴가미사용수당을 지급하였으나, N년도 임금교섭이 그 다음해인 N+1년도에 타결되면서 노사합의로 그 인상분을 N년도까지 소급하여 지급하기로 한 경우, N+1년도 1월에 지급된 연차휴가미사용수당 역시 이를 정산하여 차액을 추가지급하여야 한다. 그렇지 않으면 근로기준법 제43조의 임금 전액지급의 원칙에 위반될 수 있기 때문이다.

다만, 별도의 정함이 없는 이상 임금인상의 효과는 임금교섭 타결 시점에 재

15) 대판 1991.6.28, 90다카14758; 대판 1991.7.26, 90다카11636; 1985.7.19, 근기 01254-13213; 1986.1.23, 근기 01254-1110. 행정해석(1987.7.6, 근기 01254-10781)은 비록 사용자가 근로자가 청구한 시기에 휴가를 부여하지 않았다고 하더라도 가산임금은 지급되지 않는다고 한다.

16) 1991.11.6, 근기 01254-16101; 1981.5.26, 근기 1455-15762; 1981.6.2, 근기 1455-17176

직 중인 근로자에만 적용되고, 그 이전에 퇴직한 근로자에게는 적용되지 않으므로 임금교섭이 타결되기 전에 퇴직한 근로자에게는 별도의 정산을 하지 않아도 된다.[17)]

## 2. 포괄임금제 등으로 수당이 선지급된 경우

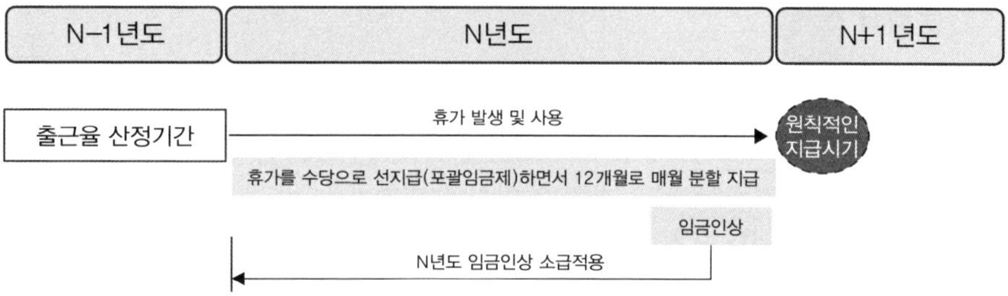


포괄임금제 등으로 인해 연차휴가미사용수당이 선지급된 경우 추후 임금인상이 이루어져 통상임금이 인상된 경우에 기지급된 미사용수당에 대해서도 차액을 추가로 지급하여야 한다. 원칙적인 경우라면 N년도 1년간 휴가를 사용하지 않은 경우 N년도 12월의 통상임금을 기준으로 N+1년 1월경에 지급되지만, 포괄임금제로 인하여 N년도 1월부터 선지급한 것이기 때문이다.

행정해석 역시 "사용자가 근로자들에게 연차휴가미사용수당을 미리 지급하였더라도, 이후 임금인상 등의 이유로 통상임금이 상승하여 연차휴가청구권이 소멸된 날의 다음날 기준으로 산정한 연차휴가미사용수당과 차액이 발생할 경우에는 그 차액만큼은 지급하여야 할 것"이라고 하거나[18)] "근로자의 근로기간이 1년에 이르지 못한 상태에서 연차휴가미사용수당을 미리 지급하였다 하더라도

---

17) 대판 2002.4.23, 2000다50701 등, 단체협약이란 노동조합이 사용자 또는 사용자단체와 근로조건 기타 노사관계에서 발생하는 사항에 관하여 체결하는 협정으로서, 노동조합이 사용자측과 기존의 임금·근로시간·퇴직금 등 근로조건을 결정하는 기준에 관하여 소급적으로 동의하거나 이를 승인하는 내용의 단체협약을 체결한 경우에 그 동의나 승인의 효력은 단체협약이 시행된 이후에 그 사업체에 종사하면서 그 협약의 적용을 받게 될 노동조합원이나 근로자들에 대해서만 생기고 단체협약 체결 이전에 이미 퇴직한 근로자에게는 위와 같은 효력이 생길 여지가 없으며, 근로조건이 근로자에게 유리하게 변경된 경우라 하더라도 다를 바 없다.; 1995.9.14, 근기 68207-1506

18) 2014.6.13, 근로개선정책과-3360; 2012.6.13, 근로개선정책과-3077

동 수당은 1년간의 근로의 대가로 지급되어지는 것임에 비추어 볼 때 이를 그 지급되는 월의 임금으로는 볼 수 없다"고 하고 있다.[19]

## Ⅵ. 연차휴가미사용수당과 평균임금의 산정

### 1. 문제의 소재

평균임금을 계산함에 있어서 연차휴가미사용수당의 포함범위에 대하여 판례와 행정해석 간에 차이가 있어, 이하에서는 그림을 중심으로 설명을 하기로 한다. 평균임금 산정사유는 여러 가지가 있지만 여기서는 퇴직금이라고 가정한다. 또한 연차휴가미사용수당은 크게 '수당A'와 '수당B 또는 수당C(설명의 편의상 퇴직시기에 따라 B 또는 C로 구분)'의 2가지로 구분하기로 한다(1년 미만 근무자가 중도퇴직한 경우는 퇴직금이 발생하지 않으므로 제외).

N+1년도 3.1 또는 5.1에 퇴직하는 경우, 수당A는 퇴직전 이미 발생한 연차휴가미사용수당으로, 퇴직 전전년도(N-1년)의 출근율에 따라 퇴직 전년도(N년도)에 미사용한 일수에 대하여 지급된 수당이다. 수당B 또는 수당C는 퇴직으로 인해 비로서 지급사유가 발생한 연차휴가미사용수당으로서, 퇴직 전년도(N년도)의 출근율에 의해 퇴직년도(N+1년도)에 사용할 수 있었으나, 퇴직으로 인해 사용하지 못하여 수당으로 지급된 것이다.

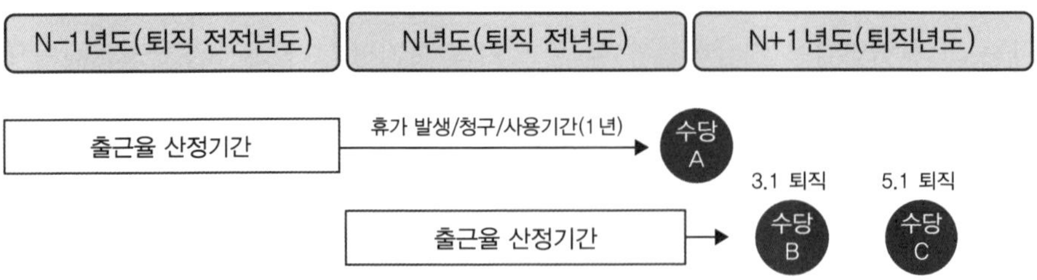


19) 2001.11.10, 보험 68430-1957; 2001.11.8,임금 68207-772

## 2. 행정해석의 입장[20]

행정해석은 '퇴직전 이미 발생한 연차휴가미사용수당(수당A)'은 그 금액의 3 / 12를 '퇴직금 산정을 위한 평균임금 산정 기준임금'에 포함시키지만, '퇴직으로 인해 비로소 지급사유가 발생한 연차휴가미사용수당(수당B 또는 수당C)'은 평균임금의 정의상 '산정사유 발생일 이전에 그 근로자에 대하여 지급된 임금'이 아니므로 평균임금 산정범위에 포함되지 않는다고 한다.

다른 행정해석도 "연차휴가미사용수당은 매달 지급되는 임금이 아니라는 점을 감안하면 1년분의 연차휴가미사용수당을 근로월별로 균등하게 산입하는 것이 타당하며, 퇴직근로자의 평균임금 산정기준인 임금총액에는 퇴직일(평균임금 산정사유 발생일) 전일에 이미 발생되어 있는 1년분의 연차휴가중 미사용 연차휴가일수가 확정되어 연차휴가근로수당으로 대체 지급된 금액의 3 / 12를 산입하여야 한다고 한다.[21]

즉, 위 그림에서 근로자의 퇴직시기에 관계없이(3.1이든 5.1이든) 수당A의 금액 중 3 / 12에 해당하는 금액이 평균임금에 포함된다고 본다.

## 3. 판례의 입장

### (1) 원 칙

판례는 행정해석과 상반되는 입장을 보인다. "퇴직금 산정의 기준이 되는 평균임금은 퇴직하는 근로자에 대하여 퇴직한 날 이전 3개월간에 그 근로의 대상으로 지급된 임금의 총액을 그 기간의 총일수로 나눈 금액을 말하고, 퇴직하는 해의 전 해의 출근율에 따른 연차휴가미사용수당(수당A)은 퇴직 전년도에 대한 1년간의 근로에 대한 대가이지 퇴직하는 그 해의 근로에 대한 대가가 아니므로, 연차휴가청구권의 기초가 된 출근율 산정기간의 일부가 퇴직한 날 이전 3개월간 내에 포함되는 경우에 그 포함된 부분에 해당하는 연차휴가미사용수당만이 평균임금 산정의 기준이 되는 임금총액에 산입된다"고 한다.[22]

---

20) 연차유급휴가청구권·수당·미사용수당과 관련된 지침(임금근로시간정책팀-3295, 2007.11.5)
21) 1993.11.22, 근기 68207-2422; 1993.9.23, 근기 68207-2056 등
22) 대판 1993.4.27, 92다37161; 대판 1994.5.24, 93다4649; 대판 1996.12.23, 95다

즉, 근로기준법상의 평균임금 정의에 충실하게 해석하여, 퇴직일 전 3개월간의 기간 중 일부가 출근율 산정기간인 퇴직 전년도 이내에 포함되어, 퇴직 전년도의 근로의 대가로 포함되는 경우에는 그에 해당하는 수당 금액만이 평균임금에 포함되며, 그렇지 않은 경우에는 전부 제외된다.

위 사례에서 수당A는 퇴직전 3개월 이내에 근로의 대상으로 지급된 것이 아니므로 평균임금 산정에서 제외되고, 수당B는 평균임금 산정기간 3개월(N년도 12월 / N+1년도 1월 / N+1년도 2월) 중에 N년도 12월이 포함되므로 1개월에 상응하는 부분은 평균임금 산정범위에 포함되지만, 수당C의 경우는 평균임금 산정기간이 전부 N+1년(2.1~4.30)에 해당하므로 연차휴가 산정을 위한 출근율 산정기간인 N년도와 겹치는 부분이 없어 평균임금 산정범위에서 제외된다.

따라서 판례에 따르면 N+1년도 1.1~3.31 사이에 퇴직하는 경우에만 연차휴가미사용수당이 평균임금에 산입되지만, 4.1 이후 퇴직할 경우에는 평균임금 산정에서 제외된다. N+1년도 3.31에 퇴직하게 되면 퇴직전 3개월은 N년도 12.31~N+1년도 3.30이 되며 N년도 근로의 대가는 1일(12.31)만 포함되므로, '연차휴가미사용수당×1 / 365'만이 평균임금 계산에 포함되게 된다.

판례를 이해하는 것이 어렵기 때문에 다음에서는 실제 판례의 내용을 기준으로 그림으로 설명을 해 보기로 한다.

### (2) 사례1

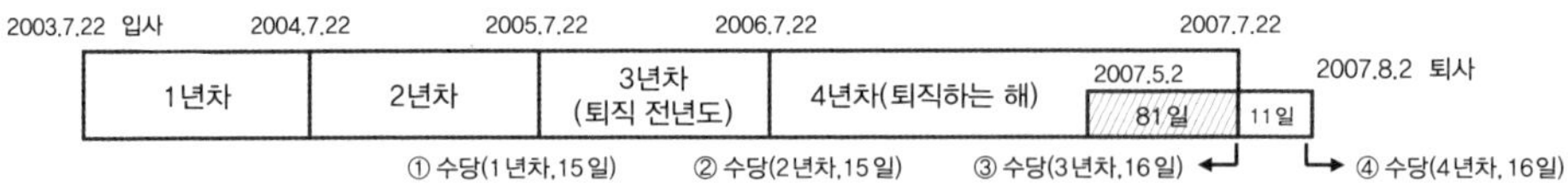


2003.7.22 입사하여 2007.8.2 퇴직한 근로자의 경우 2007.7.22에 4년차 근무연도(2006.7.22~2007.7.21)에 대한 16일의 연차휴가권 및 연차휴가수당청구권을 확정적으로 취득하게 된다. 4년차 근무연도 중 2007.5.2부터 2007.7.21까지의 81일은 퇴직일 이전 3개월(총 92일)에 포함되므로, 평균임금 산정을 위한 임금에 포함되는 연차휴가수당은 전체 연차휴가수당 834,272원(=1일 통상임금

---

32631; 대판 2011.10.13, 2009다86246 등

52,142원 × 16일) 중 81일에 해당하는 부분인 185,139원(=834,272원 × 81 / 365, 원 미만 버림)이다.[23] 즉, 판례에 따르면 근로기간인 1년간과 퇴직전 3개월이 겹치는 부분(위 그림의 빗금친 부분)의 기간에 대하여 '④수당'을 반영하여 계산된다. 한편, 고용노동부 행정해석에 따르면 '③수당의 3 / 12'가 반영되는 결과가 된다.

### (3) 사례2

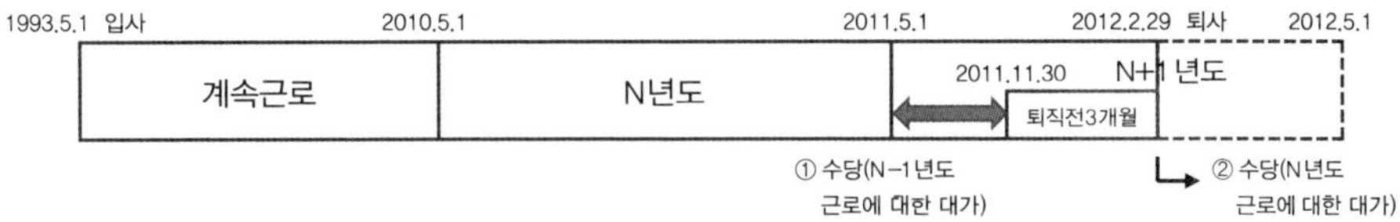


근로자가 퇴직하는 해의 전해인 N년도 1년간의 근로(2010.5.1~2011.4.30)에 대한 대가로서 연차휴가미사용수당청구권(②수당)이 퇴직시점에서 발생하지만, 2010.5.1부터 2011.4.30까지의 기간이 근로자가 퇴직한 2012.2.29.부터의 이전 3개월의 기간 내에 포함되지 않으므로 평균임금 산정에 포함되는 연차휴가수당은 존재하지 않는다.[24] 즉, 평균임금 산정시점인 2012.2.29로부터 3개월 이상 떨어져 있어 연차휴가미사용수당이 퇴직전 3개월의 기간에 제공된 근로와는 관계가 없으므로 평균임금 산정기초가 되는 임금총액에 산입할 수 없다.

반면, 행정해석에 따르면 '①수당'의 3 / 12에 해당하는 금액이 평균임금에 반영된다.

### (4) 예 외

근로기준법 등에 의한 퇴직금 규정은 최저기준이므로, 취업규칙 등에 퇴직금 산정의 기준이 되는 '월봉'을 퇴직 직전일로부터 최종 3개월간에 지급된 기본급 및 매월 공통으로 지급하는 제수당(건설수당, 시간외근무수당, 휴일근무수당, 월차휴가수당)과 퇴직 직전 1년간에 지급된 연차휴가수당 및 상여수당의 1 / 12에 해당액의 합계액을 3등분한 것으로 정의한 경우, 이에 따라 산정한 퇴직금액이 법정

---

23) 서울고판 2011.6.10, 2010나32339(대법원 파기환송 이후 서울고등법원에서 화해가 이루어졌으나, 연차휴가에 대한 내용은 변경이 없었다).

24) 광주고판 2014.11.7, 2013나11811(확정); 같은 취지의 사례로 대판 1996.12.23, 95다32631

기준보다 많다면 퇴직 직전 1년간에 지급된 연차휴가수당은 연차휴가를 받게 된 원인이 된 퇴직하기 전 해 1년간의 일부가 퇴직한 날 이전 3개월간에 포함되는지 여부에 관계없이 그 3 / 12에 해당하는 금액의 1 / 3을 포함시켜서 퇴직금을 산정하여야 한다.[25)]

## 4. 종합정리

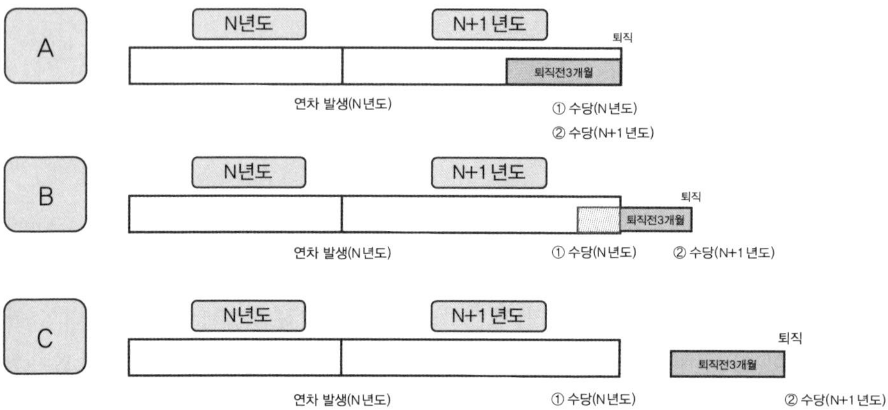


위의 내용들을 종합해보면, A의 경우 판례에 따르면 '②수당(N+1년도에 대한 근로의 대가)' 금액의 3 / 12개월(실제 365일중 89~92일)에 해당하는 금액이 평균임금에 반영되지만, 행정해석에 따르면 '①수당' 금액의 3 / 12에 해당하는 금액이 반영된다.

B의 경우 판례의 경우 '②수당(N+1년도에 대한 근로의 대가)' 금액을 기준으로 N+1년도의 기간과 퇴직전 3개월이 겹치는 기간만 평균임금에 반영된다(B의 빗금 부분). 이 경우 겹치는 기간은 최소 1일에서 최대 92일이 된다. 행정해석은 A와 마찬가지로 '①수당' 금액의 3 / 12에 해당하는 금액이 반영된다.

C의 경우에는 판례는 N+1년도의 기간과 퇴직전 3개월이 겹치는 부분이 없으므로 연차수당은 퇴직금에 반영되지 않지만(매년도 자신의 입사일 또는 회계연도 말일로부터 3개월 후에 퇴사하게 되면 반영되지 않는다), 행정해석에 따르면 A, B와 마찬가지로 '①수당' 금액의 3 / 12에 해당하는 금액이 반영된다.

---

25) 대판 1996.12.23, 95다32631

결론적으로 행정해석은 퇴직일에 관계없이 '①수당' 금액의 3 / 12에 해당하는 금액이 반영된다는 일관된 결론이지만, 판례의 경우 퇴직일에 따라 연차수당이 평균임금에 반영될 수도 있고, 아닐수도 있다. 또한 반영되는 경우에도 반영되는 기간이 퇴직일에 따라 달라지게 된다. 또한, 2년 미만 근무하고 퇴직한 근로자의 경우 행정해석에 따르면 연차휴가미사용수당은 평균임금 산정시 포함될 수 없게 된다. 가령 1년 6개월을 근무하고 퇴직하는 경우 근로자가 지급받는 연차휴가미사용수당은 '퇴직으로 인해 비로소 지급사유가 발생한 연차휴가미사용수당'이지 퇴직전 이미 발생한 것이 아니기 때문이다. 만약, 2년 이상을 근로하고 퇴직한 경우에는 반영되게 된다. 그러나 판례에 따르면 1년을 만근하고 2년차 1.1~3.31 사이에 퇴직하는 경우에는 연차휴가미사용수당이 평균임금에 산입될 수 있게 된다.

이러한 판례의 입장에도 불구하고 고용노동부는 행정해석을 변경하지 않고, "퇴직함으로써 비로소 지급사유가 발생하는 연차휴가미사용수당이 『퇴직금 산정을 위한 평균임금 산정 기준임금』에 포함되지 않는다는 해석은 현행 유지한다"는 입장을 보이고 있다.[26)]

## 5. 입사 2년차 퇴직시 연차휴가미사용수당의 평균임금 반영

### (1) 연 혁

**[평균임금(1일분) 산정공식]**

| A. 산정사유 발생일 이전 3개월간 지급된 임금총액 + B. [연차휴가미사용수당 + 상여금(1년간 금액)]×3/12 |
|---|
| 산정 사유 발생일 이전 3개월간의 일수 |

연차휴가미사용수당을 평균임금에 반영하는 방식에 대하여 기존 행정해석은 퇴직 전전년도 출근율에 의하여 퇴직 전년도에 발생한 연차휴가 중 미사용한 일수에 대한 연차휴가미사용수당 금액의 3/12을 퇴직금 산정을 위한 평균임금 산정 기준임금에 포함한다고 보았다.[27)]

그러나 1년~2년 사이에 퇴직하는 경우는 퇴직 전전년도의 출근율이 없다. 이

26) 연차유급휴가청구권·수당·미사용수당과 관련된 지침(임금근로시간정책팀-3295, 2007.11.5.)
27) 2007.11.5, 임금근로시간정책팀-3295

해석은 근로기준법 제60조 제3항이 삭제되기 전의 해석이다. 동 조항은 사용자는 근로자의 최초 1년 간의 근로에 대하여 연차휴가를 주는 경우에는 제2항에 따른 휴가를 포함하여 15일로 하고, 근로자가 제2항에 따른 휴가를 이미 사용한 경우에는 그 사용한 휴가 일수를 15일에서 뺀다고 하고 있었다.

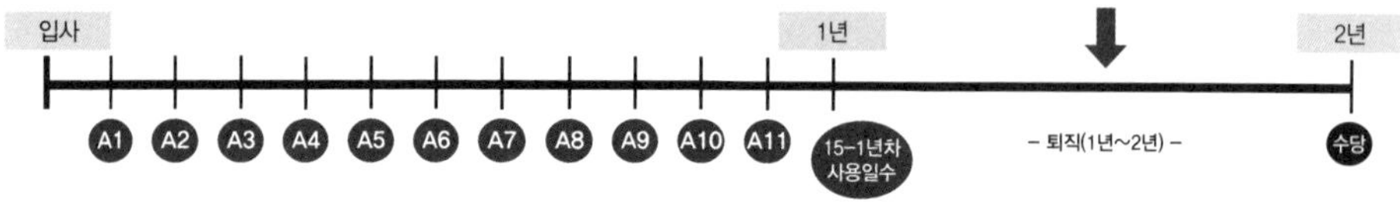


따라서 최초로 연차휴가미사용수당을 받는 시점은 1년이 되는 시점이 아니라 2년이 되는 시점이므로 1년~2년 사이에 퇴직하는 경우 평균임금 산정공식 중 B에 반영되는 연차휴가미사용수당은 없게 되어 있었다. 만약 3년차에 퇴직한다면 2년이 되는 시점에 지급받은 연차휴가미사용수당이 포함되게 된다.

### (2) 현행 근로기준법에 따른 반영방법

2018.5.29부터 근로기준법 제60조 제3항이 삭제되었고, 현행 근로기준법은 계속근로 1년 미만인 근로자의 경우 입사 1년이 되는 시점까지 연차휴가 사용이 가능하고, 1년이 되는 시점에 연차휴가미사용수당을 지급하도록 규정하고 있다.

따라서 동 조항이 삭제되기 전과 달리, 최초로 연차휴가미사용수당을 받는 시점은 입사 1년이 되는 시점으로, 최대 11일(A1~A11) 중 미사용일수에 대해 수당(a1~a11)으로 지급받게 되었다.

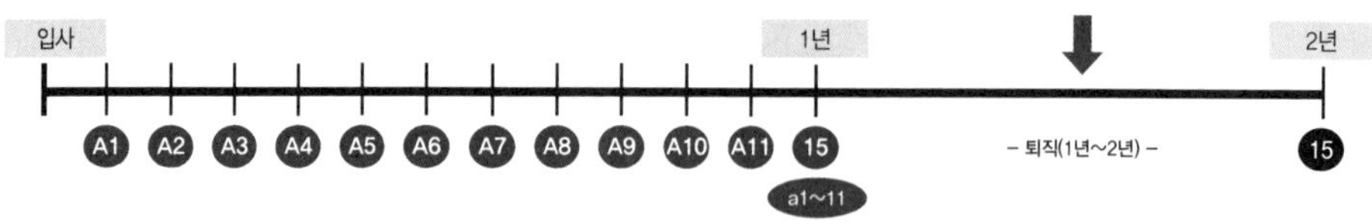


그렇다면 입사 1년~2년 시점에 퇴직하는 경우 연차휴가미사용수당(a1~a11 등 최대 11일분)은 평균임금 산정시 어떻게 반영해야 할까? 여기에 대해 고용노동부는 기존 행정해석(2007.11.5, 임금근로시간정책팀-3295)을 준용하여, 최초 1년의 근로가 끝난 다음 날 발생하는 연차휴가미사용수당 금액의 3/12를 퇴직금 산정을 위한 평균임금 산정 기준임금에 포함하여야 한다고 한다(2021 인터넷 질의회

신). 즉, 평균임금 산정공식 중 B에는 최대 11일분(a1~a11)의 연차휴가미사용수당이 반영된다.

### 6. 연차촉진에도 불구하고 연차수당을 지급한 경우 평균임금 산정

연차휴가 사용촉진 조치에 따라 지정된 휴가일에 근로자가 출근하였으나 사용자가 명확한 노무수령 거부의사를 표시하지 아니하고 노무수령한 경우라면 연차휴가미사용수당을 지급해야 하므로, 이에 따라 퇴직 전에 발생한 연차휴가미사용수당액의 3/12을 평균임금의 계산에 산입하여야 한다.[28)]

## Ⅶ. 연차휴가미사용수당의 반납과 상계

### 1. 반납의 의미

연차휴가 자체의 반납은 성립되지 않지만, 연차휴가미사용수당은 근로자의 자유의사에 기하여 일부 또는 전부를 반납할 수 있다(이 경우 동 수당의 권리는 개별 근로자에게 귀속된 것이므로 원칙적으로 노동조합이 대신 합의하는 것은 불가).[29)] 이 경우 연차휴가미사용수당에 대한 반납이라는 점, 구체적인 반납금액 등을 특정한 상태에서 반납신청서를 받아야 하며 그렇지 않은 경우의 반납동의는 무효이다.[30)]

개별 근로자의 동의는 명시적이든 묵시적이든 상관없으나 반납의 의사가 사용자에게 수용된 뒤에는 철회하더라도 그 법적 효력이 인정되지 않으므로 근로자가 퇴사시점에 이를 다시 지급해 달라고 하는 것은 허용되지 않는다.[31)] 반납은 그 개념상 근로자의 재산으로 귀속된 이후에 회사에 다시 반납된 것이기 때문이다. 따라서 이미 발생된 연차휴가미사용수당의 반납이 개별 근로자의 진의에 의한 자유의사에 따라 이루어진 경우라도 반납된 금액은 퇴직금 산정을 위한 평균임금 산정시 임금총액에 산입하여야 한다.[32)]

---

28) 2022.1.28, 근로기준정책과-329
29) 2000.3.28, 근기 68207-922; 2000.5.31, 근기 68207-1666
30) 2010.10.27, 근로기준과-1477
31) 2000.3.23, 근기 68207-871
32) 1999.3.12, 근기 68207-581; 2002.5.9, 근기 68207-1875

▶ **임금 반납·삭감·동결의 해석기준**[33)]

| 반 납 | 삭 감 | 동 결 |
|---|---|---|
| 기왕의 근로에 대하여 발생된 임금 또는 향후 근로에 대해 발생할 임금의 일부에 대한 청구권을 포기하기로 약정하고 회사에 반납하는 것 | 장래 일정시점 이후부터 현재와 동일한 내용의 근로제공에 대해 종전보다 임금을 낮추어 지급하는 것 | 임금을 인상하지 않고 현재의 임금수준을 장래에도 계속 유지시키는 것 |
| 개별 근로자의 동의 필요 | 단체협약, 취업규칙, 근로계약 변경 등을 통해 가능<br>반드시 개별 근로자의 동의가 필요한 것은 아님 | |
| 근로자의 소득으로 귀속된 후 회사에 반납됨. | 법정기준 미만으로 삭감 불가 | - |
| 반납분은 평균임금 산정시 반영 | 삭감분은 평균임금 산정시 제외 | - |

## 2. 위로금 지급과 연차수당의 상계

회사가 연말에 직원들의 사기진작 차원에서 잔여 연차휴가일수와 관계없이 전 직원들에게 1인당 20만원씩을 지급하였는데, 근로자들이 연차휴가미사용수당 지급에 관한 소송을 제기하자 회사가 20만원에 대해 상계를 주장하였다.

그러나 법원은 ① 20만원 지급을 결정할 당시 전체 직원의 휴가사용률은 36%에 불과하였는데, 회사로서는 예산상의 어려움, 직원간 휴가기간의 중복에 따른 업무공백 우려 등으로 인하여 사용촉진과 수당지급 중 그 어느 것 하나도 선택하기 어려운 상황이었고,

② 이에 회사는 이러한 문제들을 피하기 위하여 전직원에게 10일분의 연차수당만 지급하고 남은 휴가일수에 관계없이 1인당 20만원씩을 지급하기로 결정하고 실제 지급하게 된 점,

③ 이로 인하여 연차수당이 정상적으로 지급되었을 경우에 비하여 단기근속 직원들은 이득을 본 반면, 장기근속 직원들은 손해를 보았던 점,

④ 근로자들이나 전체 직원들 대표가 회사에게 미지급한 연차수당 금액에서 20만원을 공제하는데 동의한다거나, 20만원을 받는 대가로 미지급 연차수당에 대한 권리를 모두 포기한다는 취지의 의사표시를 하였다고 볼 만한 증거는 전혀

33) 고용노동부, 「임금 반납·삭감·동결 등에 관한 해석기준」, 2009.3.

없는 점 등에 비추어보면, 20만원은 연차휴가 적기 사용이 쉽지 않았던 직원들의 노고에 대한 격려 및 직원들의 사기 진작을 위하여 은혜적으로 지급된 것일 뿐이므로, 20만원을 수령한 것을 가지고 연차수당의 일부 변제로 인정하거나 근로자들이 연차수당에 대한 권리를 전부 포기한 것으로 인정할 수 없다(2020 부산고법, 대법원 확정).

## Ⅷ. 연차휴가미사용수당의 대지급금 포함 여부

### 1. 대지급금의 의의

'대지급금(구. 체당금)'이란 임금채권보장법에 따라 사업주의 파산 등의 경우에 퇴직한 근로자가 임금 등의 지급을 받지 못한 경우에 임금채권보장기금에서 국가(고용노동부 장관)가 사업주를 대신하여 지급하는 체불 임금등을 말한다.

동법 제2조 제3호는'임금등'을 근로기준법 제2조·제34조·제46조 및 제74조 제4항에 따른 임금·퇴직금·휴업수당 및 출산전후휴가기간 중 급여라고 정의하고 있다.

### 2. 연차휴가미사용수당의 포함 여부

임금채권보장법 제7조 제2항에서는 "최종 3개월분의 임금, 최종 3년간의 퇴직급여등, 최종 3개월분의 휴업수당, 최종 3개월분의 출산전후휴가기간 중 급여"를 대지급금으로 지급하도록 규정하고 있다. "최종 3개월분의 임금"이란 당해 근로자의 퇴직일 또는 사실상 근로관계가 종료된 날부터 소급하여 3개월간 근로로 인하여 지급사유가 발생한 일체의 임금을 말하다.

연차휴가미사용수당의 대지급금 포함 여부에 대해 고용노동부는 다음과 같이 해석한다. 연차휴가미사용수당을 ① 퇴직일 전에 연차 사용기간이 종료되어 미사용 연차일수에 대한 수당 청구권이 발생된 수당과 ② 퇴직을 함으로써 비로소 미사용 연차일수에 대한 수당 청구권이 발생하는 수당으로 구분하여, ①은 대지급금 지급범위에 포함되지만, ②는 지급의무 발생시기가 퇴직 이전 3개월간에

발생한 것이라 할 수 없으므로 포함되지 않는다고 한다.[34)]

이러한 행정해석은 근로기준법 제60조 제3항이 삭제되기 이전의 것이므로, 1년~2년 사이에 퇴직하는 근로자의 경우 최대 11일분의 수당(a1~a11)의 수당은 대지급금에 포함되는 것으로 보아야 할 것이다(저자는 아직 관련 행정해석을 확인하지 못하였다).

## Ⅸ. 연차휴가미사용수당과 확정기여형(DC) 퇴직연금제도

근로자퇴직급여보장법 제19조에 따라 확정기여형(DC) 퇴직연금제도를 설정한 사용자는 동법 제20조에 따라 가입자의 연간 임금총액의 12분의 1 이상에 해당하는 부담금을 현금으로 가입자의 확정기여형퇴직연금제도 계정에 납입하여야 한다. 이 경우 '연간 임금총액'이라 함은 당해 사업연도 중에 근로자에게 지급된 임금의 총액이라는 점에서 전전년도에 발생한 연차휴가에 대한 미사용수당 뿐만 아니라 근로자가 퇴직으로 인해 비로소 지급사유가 발생한 연차휴가미사용수당도 근로의 대가로 발생한 임금에 해당함으로 DC형 퇴직연금제도의 부담금 산정시 산입하여야 한다.[35)]

## Ⅹ. 연차휴가미사용수당과 최저임금 산입 여부

최저임금법 시행규칙 제2조(최저임금의 범위) 제1항 제2호에 따르면'근로기준법 제60조에 따른 연차유급휴가의 미사용수당'은 최저임금에 산입되지 않는다. 따라서 포괄임금제 등을 실시하면서 연차휴가미사용수당을 포함시킨 경우에는 동 수당금액을 제외한 금액을 기준으로 최저임금 위반 여부를 판단하여야 한다.

34) 2017.7.6, 퇴직연금복지과-2904
35) 2016.2.23, 퇴직연금복지과-756; 2008.4.1, 퇴직연금복지과-87

## XI. 부당해고기간에 대한 연차수당 지급 여부

### 1. 부당해고기간에 대한 임금상당액 지급

판례와 행정해석은 부당해고기간 동안 계속 근로를 하였더라면 받을 수 있었던 기본급, 호봉급, 월차수당, 장기근속수당, 급식보조비, 상여금, 체력단련비 등 임금의 성질을 가진 모든 금품을 근로자에게 지급하여야 하며, 여기에는 연차휴가미사용수당도 이에 포함된다고 한다.[36)]

앞에서 설명한 바와 같이 대법원[37)]은 부당해고로 인하여 근로자가 출근하지 못한 기간은 전체 근로일 및 출근일에 모두 산입되는 것으로 보므로, 출근율 산정기간 1년 전체를 출근하지 못하였다고 하더라도 연차휴가는 정상적으로 발생된다. 따라서 부당해고기간 중의 임금상당액에는 매년 발생된 연차휴가에 대한 미사용수당도 포함되어야 한다고 본다.

반면, 고용노동부의 행정해석[38)]에 따르면 "연차휴가는 1년간 일정율 이상 출근한 근로자에 대하여 부여되는 것인 바, 해고무효확정판결로 해고가 취소된 경우 실제로 근로를 제공하지 아니한 해고기간중에는 이러한 법정요건을 충족하지 못하므로 연차휴가청구권은 발생하지 아니한다"고 해석한다. 이에 따르면 전년도에 부당해고로 인하여 1년 전체를 출근하지 못한 경우 복직하는 해에는 연차휴가가 발생되지 않고 따라서 연차휴가미사용도 발생되지 않는다는 결론이 나온다. 다만, 임금상당액이 아니라 별도의 손해배상을 청구할 수 있다고 보고 있다.

### 2. 사용촉진제도를 실시하고 있는 기업의 경우

대법원에 따르면 부당해고기간에 대하여 연차휴가미사용수당을 지급하여야 하는데, 만약 해당 기업이 연차휴가 사용촉진제도를 적법하게 시행하고 있다면 부당해고 이후 복직하는 근로자에게 수당을 지급해야 하는지에 대해서는 판례의 입장이 일관되지 않고 있다.

---

36) 대판 1993.9.24, 93다21736; 서울고판 2001.1.18, 99나54525(대법원 확정)
37) 대판 2014.3.13, 2011다95519
38) 1989.12.29, 근기 01254-21648

| 연차수당을 지급해야 한다는 판결 | 연차수당을 지급하지 않는다는 판결 |
|---|---|
| 부당해고에 따라 연차휴가를 사용할 수 있는 기회 자체가 박탈된 것이므로 근로자가 연차휴가에 대한 시기를 지정하여 사용할 수 있음을 전제로 한 근로기준법상의 사용촉진 규정은 적용되지 않고, 회사의 연차휴가 사용촉진에도 불구하고 여전히 연차수당을 임금상당액으로 지급하여야 한다(2020 서울고법, 대법원 확정). | 회사가 근로자의 해고기간 동안 직원들에 대하여 적법하게 연차휴가 사용촉진제도를 시행하여 오고 있었다면, 근로자가 해고되지 않고 회사에 계속 근무하였더라도 연차휴가를 사용하였을 경우이든 연차휴가를 사용하지 않았을 경우이든 회사로부터 연차수당을 지급받을 수 없었다고 보아야 하므로 연차수당은 임금상당액에 포함되지 않는다(2016 서울중앙지법, 확정). |

## XII. 감시·단속적 근로자의 연차휴가수당

감시·단속적 근로자의 경우 일반근로자와 달리 법정근로시간, 휴게, 휴일 규정의 적용을 받지 않는다는 점을 고려할 때, 통상 하루의 소정임금(1일 소정근로시간)을 1주 40시간에 비례 산정하기보다는 근무주기를 기준으로 하여, 해당 주기의 근로시간 합계를 해당 주기의 일수로 나누어 계산한다. 즉, ① 주 단위 근무는 1주 근로시간 합계 ÷ 7일, ② 격일제(24시간 격일제 포함)는 근무일의 근로시간 합계 ÷ 2일, ③ 「2일 근무, 1일 휴무」는 2일 근무일의 근로시간 합계 ÷ 3일 등으로 계산한다.[39)]

39) 2022.5.4, 임금근로시간과-982, 1주 단위로 근로하는 감단근로자의 경우 통상 하루의 소정임금(1일 소정근로시간)을 1주 40시간에 비례하여 산정하는 것으로 해석하였으나(임금근로시간과-517, 2021.3.5.), 지금은 본문내용과 같이 변경하였다.

# 제2절 형사벌칙/금품청산/소멸시효

## Ⅰ. 연차휴가 미부여와 형사처벌

### 1. 연차휴가 미부여죄

**관련법령**

**근로기준법 제110조【벌칙】** 다음 각 호의 어느 하나에 해당하는 자는 2년 이하의 징역 또는 2천만 원 이하의 벌금에 처한다.

1. 제10조, 제22조제1항, 제26조, 제50조, 제53조제1항·제2항, 같은 조 제4항 본문, 제54조, 제55조, 제59조제2항, 제60조제1항·제2항·제4항 및 제5항, 제64조제1항, 제69조, 제70조제1항·제2항, 제71조, 제74조제1항부터 제5항까지, 제75조, 제78조부터 제80조까지, 제82조, 제83조 및 제104조제2항을 위반한 자

**근로기준법 제115조【양벌규정】** 사업주의 대리인, 사용인, 그 밖의 종업원이 해당 사업의 근로자에 관한 사항에 대하여 제107조, 제109조부터 제111조까지, 제113조 또는 제114조의 위반행위를 하면 그 행위자를 벌하는 외에 그 사업주에게도 해당 조문의 벌금형을 과(科)한다. 다만, 사업주가 그 위반행위를 방지하기 위하여 해당 업무에 관하여 상당한 주의와 감독을 게을리하지 아니한 경우에는 그러하지 아니하다.

**형사소송법 제249조【공소시효의 기간】** ① 공소시효는 다음 기간의 경과로 완성한다.

5. 장기5년미만의 징역 또는 금고, 장기10년 이상의 자격정지 또는 벌금에 해당하는 범죄에는 5년

**▶ 연차휴가 미부여에 대한 형사처벌 관련 내용**

| 제60조 | 내 용 | 벌 칙 |
|---|---|---|
| 제1항 | 1년간 80% 이상 출근자에게 15일의 휴가 부여 | 2년 이하의 징역 또는 2천만원 이하의 벌금 |
| 제2항 | 계속근로기간 1년 미만인 근로자 및 1년간 80% 미만 출근자에 대하여 1개월 개근시 1일의 휴가 부여 | |
| 제4항 | 가산휴가 부여 | |
| 제5항 | 휴가는 근로자가 청구한 시기에 주고, 통상임금 또는 평균임금을 지급, 시기변경권 | |

※ 제61조(연차유급휴가의 사용촉진) 및 제62조(유급휴가의 대체)에 대해서는 처벌조항이 없음.

근로자에게 연차휴가를 부여하지 않을 경우 사업주가 연차휴가 부여를 하도록 상당한 주의와 감독을 게을리하지 않은 경우를 제외하고는, 사업주의 대리인, 사용인 등이 위반행위를 하면 그 행위자와 사업주를 동시에 처벌하도록 근로기준법은 규정하고 있다(양벌규정).

## 2. 성립요건

근로자의 연차휴가권은 근로기준법 상의 발생요건을 갖추면 당연히 성립하고, 다만, 근로자가 시기를 지정하여 그 청구를 하면 사용자의 적법한 시기변경권의 행사를 해제조건[40]으로 그 권리가 구체적으로 실현되는 것으로, 사용자가 휴가를 부여한다고 하는 적극적 작위가 요구되는 것은 아니어서, 위 조항 위반죄의 구성요건의 기본은 사용자가 근로자의 연차휴가권의 행사를 방해하지 않는다고 하는 부작위 의무에 위반한 행위가 되는 것이므로, (1) 근로자가 연차휴가에 대하여 시기를 지정하여 그 청구를 하였음에도 불구하고 사용자가 적법한 시기변경권을 행사하지도 아니한 채 근로자의 연차휴가를 방해한 경우에 성립함은 물론이고, (2) 사용자가 근로자의 연차휴가 자체를 인정하지 아니하여 그 시기지정권의 행사를 사전에 방해하는 것이라고 평가할 수 있을 정도에 이르면 근로자가 시기지정권을 행사하지 아니하고 그 청구를 한 경우에도 마찬가지로 성립한다.[41]

## 3. 관련 사례

아래 내용은 저자가 실제 연차휴가 미부여를 이유로 한 근로자의 진정사건을 대리한 결과로서, 사용자가 연차휴가를 의도적으로 승인하지 않고 결근처리한 것에 대하여 관할 고용노동지청이 시정명령을 내린 내용이다.

---

40) 민법 제147조 (조건성취의 효과) ② 해제조건 있는 법률행위는 조건이 성취한 때로부터 그 효력을 잃는다.

41) 대판 2000.11.28, 99도317

> **서울지방고용노동청 ○○지청**
>
> 수신자: ○○○
> 제 목: 노동관계법 위반사항 시정지시
>
> ---
>
> 1. A가 2013. X. X 귀하를 상대로 제기한 진정 사건 관련입니다.
> 2. 위 사건을 조사한 바, 귀사는 2013.5.20자 A의 연차휴가 신청에 대하여 연차휴가 사유 미기재와 취업규칙에 위반된다는 이유로 연차휴가를 승인하지 않고 복귀명령을 하였고, 그에 따라 진정인은 2013.5.24에 복귀한 사실이 있으며, 진정인이 출근하지 않은 기간(2013.5.20~5.23)을 무단결근으로 처리한 바 있습니다.
> 3. 또한 2013.7.30 진정 제기 이후 조사시에는 당시 연차휴가 미부여 이유에 대하여 진정인이 '제1회 △△ 대회' 행사 추진 등으로 사업 운영의 막대한 지장이 있는 경우에 해당한다고 주장한 바 있습니다.
> 4. 설령, 진정인이 연차사용기간(2013.5.20~5.23)이 사업운영의 막대한 지장이 있는 경우에 해당한다 하더라도, 2013.5.20 연차휴가 신청 당시 근로기준법 제60조 제5항에 따른 시기변경권을 행사한 사실이 없기에 진정인이 출근하지 않은 기간은 정당한 연차휴가 사용에 해당되며 이를 무단결근으로 처리한 것은 동법 위반으로 판단됩니다.
> 5. 따라서 진정인의 연차휴가 신청에 따라 출근하지 아니한 2013.5.20~5.23까지의 기간에 대하여는 무단결근이 아닌 정당한 연차휴가 사용기간으로 하여 2013.9.25까지 근태관리를 시정하시고, 증빙자료 등을 첨부하여 시정결과를 제출하여 주시기 바랍니다.
> 6. 만일 동 기한까지 위 시정에 불응하는 경우에는 연차휴를 불승인하고 복귀명령을 한 책임자를 근로기준법 위반 혐의로 입건조치 및 사법처리할 예정이오니 이점 유념하시기 바랍니다. 끝.

## 4. 연차휴가에 대한 근로감독

고용노동부의 근로감독에서 기업이 근로자에게 연차휴가를 부여하지 않은 것으로 적발된 경우, 고용노동부는 근로감독관집무규정에 따라 근로기준법 제60조 제1항, 제2항, 제4항, 제5항에 따른 연차휴가 미부여를 이유로 먼저 25일 이내의 시정기간을 부여하고, 기업이 정상적으로 연차휴가를 사용하도록 시정기간 내에 시정하는 경우에는 종결하지만, 시정하지 않는 경우에는 범죄인지하여 처리한다.

# Ⅱ. 연차휴가미사용수당 미지급과 형사처벌

## 1. 재직 중인 근로자

관련법령

**근로기준법 제109조【벌칙】** ① 제36조, 제43조, 제44조, 제44조의2, 제46조, 제51조의3, 제52조 제2항 제2호, 제56조, 제65조, 제72조 또는 제76조의3 제6항을 위반한 자는 3년 이하의 징역 또는 3천만원 이하의 벌금에 처한다.
② 제36조, 제43조, 제44조, 제44조의2, 제46조, 제51조의3, 제52조 제2항 제2호 또는 제56조를 위반한 자에 대하여는 피해자의 명시적인 의사와 다르게 공소를 제기할 수 없다.
**제115조【양벌규정】** 사업주의 대리인, 사용인, 그 밖의 종업원이 해당 사업의 근로자에 관한 사항에 대하여 제107조, 제109조부터 제111조까지, 제113조 또는 제114조의 위반행위를 하면 그 행위자를 벌하는 외에 그 사업주에게도 해당 조문의 벌금형을 과(科)한다. 다만, 사업주가 그 위반행위를 방지하기 위하여 해당 업무에 관하여 상당한 주의와 감독을 게을리하지 아니한 경우에는 그러하지 아니하다.
**형사소송법 제249조【공소시효의 기간】** ① 공소시효는 다음 기간의 경과로 완성한다.
5. 장기5년미만의 징역 또는 금고, 장기10년 이상의 자격정지 또는 벌금에 해당하는 범죄에는 5년

근로감독 결과 근로자들에게 연차휴가미사용수당 등을 지급하지 않은 경우 이는 근로기준법 제43조 위반의 임금체불로 처리된다. 이 경우 근로감독관은 기업에게 시정기간(14일 이내)을 부여하여 기업에게 미지급된 수당을 지급하도록 유도하되, 기업이 시정하지 않는 경우 범죄인지하여 처리한다. 다만, 평균임금 산정 등 임금계산상의 단순착오로 인한 체불인 경우에는 25일 이내의 시정기간을 부여한다.

사용자가 연차휴가미사용수당을 지급하지 않을 경우 임금체불로 형사처벌의 대상이 된다.[42] 이 경우 근로기준법 제43조의 임금의 전액지급원칙[43]에 위반되

42) 2010.3.22, 근로기준과-351. 단체협약·취업규칙 등에 연차휴가를 실시할 수 있는 1년의 기간이 만료된 후 최초의 임금정기지급일을 지급시기로 정하였다면 그 시기에 지급을 하여야 하며, 지급치 않을 경우 임금체불로 형사처벌의 대상이 된다;

43) 근로기준법 제43조는 전액지급의 원칙(제1항)과 정기불의 원칙(제2항)을 규정하고 있는데, 정기불의 원칙 위반(제2항)으로 기소된 사건에서 원심에서는 근로기준법 제43조제2항은 매월 1회 이상 일정한 날짜를 정하여 지급하는 것이 가능한 임금에 대해서만 적용될 수 있는데, 연차휴가는 연중 어느 시기에나 사용이 가능하여 그 미사용에 따른 수당을 월별로 산정하기란 불가능한 점 등을 고려할 때, 연차휴가미사용수당은 매월 일정한 날짜에 정기적으로 지급되는 임금이라고 할 수 없다는 이유로 사용자에 대하여 무죄로 판단하였으나, 대법원은

어, 제109조에 따라 처벌이 되며, 이 조항도 양벌규정이 적용된다. 제109조 위반죄의 경우 피해자가 명시적으로 처벌을 원하지 않는다는 의사를 표현한 경우에는 공소를 제기할 수 없도록 하는 '반의사불벌죄'로 규정되어 있다.

## 2. 퇴직 근로자 – 금품청산과 지연이자

**관련법령**

**근로기준법 제36조【금품 청산】** 사용자는 근로자가 사망 또는 퇴직한 경우에는 그 지급 사유가 발생한 때부터 14일 이내에 임금, 보상금, 그 밖의 모든 금품을 지급하여야 한다. 다만, 특별한 사정이 있을 경우에는 당사자 사이의 합의에 의하여 기일을 연장할 수 있다.

**근로기준법 제109조【벌칙】** ① 제36조, 제43조, 제44조, 제44조의2, 제46조, 제51조의3, 제52조 제2항 제2호, 제56조, 제65조, 제72조 또는 제76조의3 제6항을 위반한 자는 3년 이하의 징역 또는 3천만원 이하의 벌금에 처한다.

② 제36조, 제43조, 제44조, 제44조의2, 제46조, 제51조의3, 제52조 제2항 제2호 또는 제56조를 위반한 자에 대하여는 피해자의 명시적인 의사와 다르게 공소를 제기할 수 없다.

### (1) 금품청산

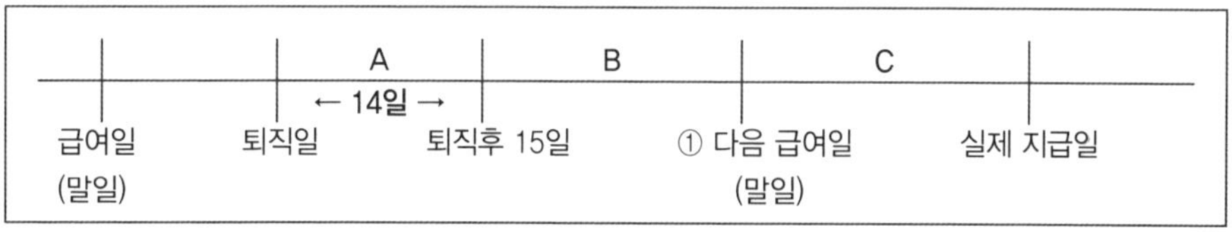


근로자가 사망 또는 퇴직한 경우 사용자는 14일 이내에 임금 등 일체의 금품을 지급하여야 한다. 여기에는 임금, 보상금, 퇴직금, 연말정산 환급금[44] 뿐만 아니라 연차휴가미사용수당도 포함된다. 따라서 근로자의 퇴직시 연차휴가미사용수당을 14일 이내에 지급하지 않을 경우 근로기준법 제109조의 벌칙이 적용된다. 위 그림에서 재직 근로자들과 동일한 시기에 지급할 목적으로 '① 다음 급여일'에 지급하는 것 역시 14일 이후에 지급한 것이므로 근로기준법에 위반된다. 만약, 퇴직근로자에

---

2006년 발생분 연차휴가미사용수당을 2008.2.7경 미지급한 것이므로 전액지급의 원칙(제1항) 위반에 해당한다고 보아 유죄로 판단하였다(대판 2017.7.11, 2013도7896 판결).

44) 대판 2011.5.26, 2009도2357. 소득세법 제137조에 따른 근로소득세액의 연말정산에 의한 환급금은 (생략) 근로기준법 제36조 소정의 근로자가 사망 또는 퇴직한 경우에 사용자가 그 지급 사유가 발생한 때부터 14일 이내에 지급하여야 할 임금, 보상금, 그 밖에 일체의 금품에 해당한다.

게 연차휴가미사용수당을 14일 이내에 지급하지 않는 경우에는 근로기준법 제43조의 임금전액지급의 원칙과 제36조의 금품청산 위반 등 2가지 모두 적용된다.

다만, 특별한 사정이 있을 경우에는 근로자와의 합의로 지급기일을 연장할 수 있고, 이 경우에는 연장된 지급기일까지는 형사처벌이 적용되지 않는다. 기일연장에 대한 당사자의 합의는 기간이나 횟수에 제한이 없다.[45)]

### (2) 지연이자

사용자가 근로자에게 임금 등을 지급하지 않는 경우 원칙적으로 상법에 따라 연 6%의 이자[46)]가 부과되고 근로자가 민사소송을 제기한 경우에는 「소송촉진 등에 관한 특례법」 제3조[47)]에 따라 연 12%의 이자가 부과된다. 그러나 근로자가 실제로 민사소송 등을 제기하기에는 현실적으로 무리가 있어서 2005.7.1부터 근로기준법에서 연 20%의 지연이자를 지급하도록 하는 특별규정을 두었다.[48)] 연차휴가미사용수당 역시 임금이므로 동일한 규정이 적용된다.

**관련법령**

**상법 제54조【상사법정이율】** 상행위로 인한 채무의 법정이율은 연6분으로 한다.
**근로기준법 제37조【미지급 임금에 대한 지연이자】** ① 사용자는 제36조에 따라 지급하여야 하는 임금 및 「근로자퇴직급여 보장법」 제2조제5호에 따른 급여(일시금만 해당된다)의 전부 또는 일부를 그 지급 사유가 발생한 날부터 14일 이내에 지급하지 아니한 경우 그 다음 날부터 지급하는 날까지의 지연 일수에 대하여 연 100분의 40 이내의 범위에서 「은행법」에 따른 은행이 적용하는 연체금리 등 경제 여건을 고려하여 대통령령으로 정하는 이율에 따른 지연이자를 지급하여야 한다.
② 제1항은 사용자가 천재·사변, 그 밖에 대통령령으로 정하는 사유에 따라 임금 지급을 지연하는 경우 그 사유가 존속하는 기간에 대하여는 적용하지 아니한다.
**근로기준법 시행령 제17조【미지급 임금에 대한 지연이자의 이율】** 법 제37조제1항에서 "대통령령으로 정하는 이율"이란 연 100분의 20을 말한다.

45) 대판(전) 1998.10.15, 98도1759
46) 상인이 그의 영업을 위하여 근로자와 체결하는 근로계약은 보조적 상행위에 해당하므로(대판 2005.11.10, 2004다22742), 임금채권은 상사채무에 해당한다(서울고판 1981.1.19, 80나3567).
47) 「소송촉진 등에 관한 특례법 제3조 제1항 본문의 법정이율에 관한 규정」 소송촉진 등에 관한 특례법 제3조 제1항 본문에서 "대통령령으로 정하는 이율"이란 연 100분의 12를 말한다(시행일 2019.6.1).
48) 고용노동부, 「지연이자제·반의사불벌죄 무료법률구조서비스제도 해설」, 2005.6, 4쪽 지연이자 규정은 「상법」 및 「소송촉진 등에 관한 특례법」의 특별법적 성격을 가지고 있다.

따라서 사용자가 연차휴가미사용수당을 근로자에게 지급하지 않은 경우, 근로자의 사망 또는 퇴직일로부터 15일째 되는 날부터 실제로 근로자에게 지급하는 날까지의 지연일수에 대하여 연 20%의 지연이자도 함께 지급되어야 하며, 당사자와의 합의로 지급기일을 연장한 경우에도 지연이자는 지급하여야 한다. 당사자간의 합의는 형사처벌 만을 면제해 주기 때문이다. 위 그림에서 B, C 기간에 대하여 지연이자가 지급되어야 한다.

## 3. 제36조 및 제43조 위반과 소멸시효와 공소시효[49)]

### (1) 소멸시효

근로기준법 제60조에 정한 연차휴가권을 취득한 근로자가 그 휴가권이 발생한 때부터 1년 이내에 연차휴가를 사용하지 못하게 됨에 따라 발생하는 연차휴가미사용수당도 그 성질이 임금이므로, 같은 법 제49조의 규정에 따라 연차휴가미사용수당 청구권에는 3년의 소멸시효가 적용되고, 그 기산점은 연차유급휴가권을 취득한 날부터 1년의 경과로 그 휴가의 불실시가 확정된 다음 날이다. 2014.7.21부터 2015.7.20까지의 근무기간에 대하여 발생한 연차휴가의 미사용에 따른 연차휴가미사용수당 청구권은 그 소멸시효가 연차유급휴가권 취득일인 2015.7.21부터가 아니라 2016.7.21.부터 진행된다.[50)]

### (2) 공소시효

그러나 형사상 공소시효는 형사소송법 제252조(시효의 기산점) 제1항에 따라 범죄행위의 종료한 때로부터 진행하므로, 재직 / 퇴직근로자의 경우 위 각각의 기산일로부터 5년이 경과하면 공소를 제기할 수 없게 된다. 제36조 위반행위와 제43조 위반행위는 그 구성요건이 다른 별개의 범죄이고, 실체적 경합관계[51)]에

---

49) 2001.5.3, 임금 68207-315; 2001.11.27, 임금 68200-815

50) 대판 2023.11.16, 2022다231403 · 231410

51) 형법 제38조(경합범과 처벌례) ① 경합범을 동시에 판결할 때에는 다음 각 호의 구분에 따라 처벌한다.

1. 가장 무거운 죄에 대하여 정한 형이 사형, 무기징역, 무기금고인 경우에는 가장 무거운 죄에 대하여 정한 형으로 처벌한다.
2. 각 죄에 대하여 정한 형이 사형, 무기징역, 무기금고 외의 같은 종류의 형인 경우에는 가

있으므로 공소시효 역시 각각 진행된다.[52)]

한편, 형사상 공소시효는 완성되었다고 하더라도 소멸시효의 중단[53)] 등으로 임금채권의 소멸시효가 완성되지 않았다면 민사상의 절차에 따라 임금채권을 행사할 수 있다.

## 4. 사용자의 면책사유

임금체불 등(근로기준법 위반죄)도 형사범죄이므로, 구성요건(고의, 범죄행위 등), 위법성 조각사유(정당방위 등)가 없을 것, 책임 조각사유(기대가능성 등)가 없을 것 등 3가지 범죄성립요건이 필요하다.

### (1) 임금체불에 대한 고의가 없는 경우

판례는 "임금 등 지급의무의 존재에 관하여 다툴 만한 근거가 있는 경우라면 사용자가 임금 등을 지급하지 아니한 데 상당한 이유가 있다고 보아야 할 것이어서 사용자에게 근로기준법 위반죄의 고의가 있었다고 인정하기 어렵고, 임금 등 지급의무의 존부 및 범위에 관하여 다툴 만한 근거가 있는지는 사용자의 지급거절 이유 및 지급의무의 근거, 사용자가 운영하는 회사의 조직과 규모, 사업 목적 등 제반 사항, 기타 임금 등 지급의무의 존부 및 범위에 관한 다툼 당시 제반 정황에 비추어 판단하여야 하며, 사후적으로 사용자의 민사상 지급책임이 인정된다고 하여 곧바로 사용자에게 동법 위반죄의 고의가 인정된다고 단정해서는 안된다"고 한다.[54)]

---

장 무거운 죄에 대하여 정한 형의 장기 또는 다액에 그 2분의 1까지 가중하되 각 죄에 대하여 정한 형의 장기 또는 다액을 합산한 형기 또는 액수를 초과할 수 없다. 다만, 과료와 과료, 몰수와 몰수는 병과할 수 있다.

3. 각 죄에 대하여 정한 형이 무기징역, 무기금고 외의 다른 종류의 형인 경우에는 병과한다.

② 제1항 각 호의 경우에 징역과 금고는 같은 종류의 형으로 보아 징역형으로 처벌한다.

52) 2004.8.12, 법무부 법무심의관실-3484; 2008.2.13, 임금근로시간정책팀-381

53) 민법 제168조 (소멸시효의 중단사유) 소멸시효는 다음 각호의 사유로 인하여 중단된다.

1. 청구, 2. 압류 또는 가압류, 가처분, 3. 승인

54) 대판 2011.10.27, 2010도14693; 대판 2007.3.29, 2007도97 등

### (2) 변경전 행정해석에 따라 처리한 경우의 고의 인정 여부

고용노동부의 행정해석은 각 기업의 업무처리에 있어서 실제적으로 활용되는 등 실질적인 행위준칙으로 활용하고 있다. 그러나 법원은 고용노동부의 질의회시, 지침, 예규 등의 행정해석은 행정기관의 통일적인 업무처리를 위한 내부지침으로 법 해석에 대한 행정조직의 내부의 기준을 정한 것으로서 행정 내부조직을 규율할 뿐 원칙적으로 법률과 같이 일반 국민을 구속하는 일반적 구속력이 있다고 보기는 어렵다고 일관되게 판시한다.

따라서 판례와 고용노동부 행정해석이 서로 다른 경우가 발생하며, 행정해석에 따라 업무처리를 한 경우 각 기업에서는 민·형사상의 문제가 발생할 수 있고, 근로자가 고용노동부에 진정이나 고소를 한 경우에는 무혐의 또는 사건종결 처리가 되지만 법원에 재판상의 청구를 할 경우에는 그 청구가 인정되는 경우가 발생하는 이상한 현상이 발생하기도 한다.

특히, 기존에 판례가 없어서 행정해석에 의존하여 업무를 처리하던 중, 법원이 행정해석과 다르게 판결을 하면 고용노동부는 판결에 따라 행정해석을 변경하기도 한다. 이 경우 사용자가 변경 전의 행정해석에 따라 연차휴가나 수당을 지급하지 않은 경우 형사처벌 등의 문제가 발생할 수 있다. 대표적인 예로 연차휴가 청구권이 발생된 이후 이를 사용할 수 있는 날이 없이 바로 퇴직하는 경우 변경 전에는 미사용수당을 지급하지 않아도 되었으나, 대법원 판결에 따라 행정해석을 변경(2006.9.21, 근로시간정책팀-2820)하여 이를 지급하도록 한 것을 들 수 있다.

이러한 경우 고용노동부는 행정해석 변경 전에 사용자가 종전 행정해석에 따라 미사용수당을 지급하지 않은 경우 사용자에게 미사용수당을 지급하지 않은 데 대한 '고의'가 없으므로 근로기준법 위반으로 보기 어렵다고 하면서, 당사자 간에 원만한 합의를 통하여 해결을 하되, 합의가 이루어지지 않는 경우에는 근로자가 별도의 재판상 청구를 통하여 권리구제(미사용수당 지급)를 받을 수 있다고 하였다.[55]

---

55) 2007.4.9, 임금근로시간정책팀-1361. 행정해석 변경이전에 발생한 연차휴가미사용수당청구권에 대하여는 종전 행정해석에 따라 관련 수당지급의무가 없다는 사실의 착오에 기인한 행위로 법 위반에 대한 고의가 없어 범죄구성요건 해당성 결여로 근로기준법 위반으로 보기는 어려우므로 행정적 절차에 의한 구제는 한계가 있다(2006.10.4, 임금근로시간정책팀-2939).

### (3) 책임조각사유에 해당하는 경우

사용자가 임금의 체불이나 미불을 방지할 수 없었다는 것이 사회통념상 인정될 정도가 되어 사용자에게 더 이상의 적법행위를 기대할 수 없다거나 사용자가 퇴직금 및 임금의 지급을 위하여 최선의 노력을 다하였으나 경영부진으로 인한 자금사정 등으로 도저히 지급기일 내에 퇴직금 및 임금을 지급할 수 없었다는 등의 불가피한 사정이 인정되는 경우에는 책임조각사유에 해당하여 사용자를 처벌할 수 없다. 다만, 단순히 사용자가 경영부진 등으로 자금압박을 받아 이를 지급할 수 없었다는 것만으로는 그 책임을 면할 수 없다. '임금이나 퇴직금을 기일 안에 지급할 수 없었던 불가피한 사정'이 있었는지 여부를 판단함에 있어서는, 사용자가 퇴직 근로자 등의 생활안정을 도모하기 위하여 임금이나 퇴직금 등을 조기에 청산하기 위해 최대한 변제노력을 기울이거나 장래의 변제계획을 분명하게 제시하고 이에 관하여 근로자 측과 성실한 협의를 하는 등, 퇴직 근로자 등의 입장에서 상당한 정도 수긍할 만한 수준이라고 객관적으로 평가받을 수 있는 조치들이 행하여졌는지 여부도 하나의 구체적인 징표가 될 수 있다.[56)]

## Ⅲ. 소멸시효

**관련법령**

**근로기준법 제49조【임금의 시효】** 이 법에 따른 임금채권은 3년간 행사하지 아니하면 시효로 소멸한다.

**제60조【연차 유급휴가】** ⑦ 제1항·제2항 및 제4항에 따른 휴가는 1년간(계속하여 근로한 기간이 1년 미만인 근로자의 제2항에 따른 유급휴가는 최초 1년의 근로가 끝날 때까지의 기간을 말한다) 행사하지 아니하면 소멸된다. 다만, 사용자의 귀책사유로 사용하지 못한 경우에는 그러하지 아니하다.

근로자가 연차휴가를 1년간 행사(사용)하지 아니한 경우(계속근로기간이 1년 미만인 근로자의 경우는 입사일로부터 1년까지)에는 휴가사용권 자체는 소멸되는 것이나 동 휴가에 대신한 연차휴가미사용수당은 근로기준법 제49조에 의하여 휴가청구권이 소멸한 때(휴가청구권이 소멸한 날의 다음날)로부터 3년간 이를 행사할 수 있으

56) 대판 2011.11.10, 2011도10539; 대판 2006.2.9, 2005도9230 등

며, 3년간 행사하지 아니하는 때에는 시효로 인하여 소멸한다.[57] 즉 연차휴가청구권의 소멸시효는 1년(계속근로기간이 1년 미만인 근로자의 경우는 입사일로부터 1년까지)이며, 연차휴가미사용수당 청구권의 소멸시효는 3년이다.[58]

## 1. 계속근로기간이 1년 미만인 기간 중에 발생한 연차휴가

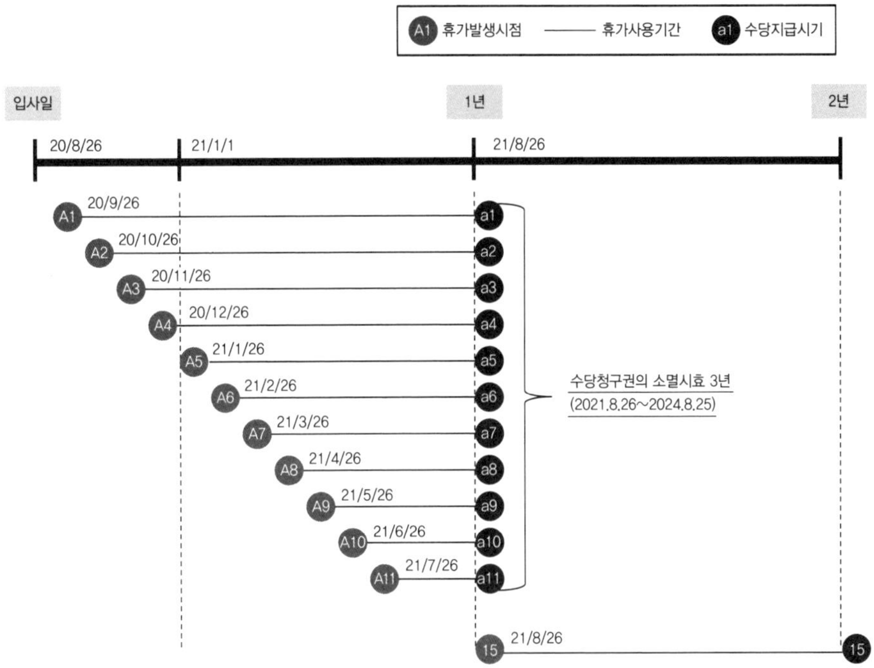


계속근로 1년 미만인 기간에 발생하는 A1~A11의 휴가에 대한 미사용수당(a1~a11)을 지급받지 못한 경우 근로자는 사용자에게 3년의 소멸시효가 지나기 전에 청구를 하여야만 수당을 지급받을 수 있다. 3년의 소멸시효 기간은 휴가청구권이 소멸한 날(2021.8.25)의 다음날(2021.8.26)부터 계산하므로 2024.8.25까지이다. 이 시기가 지나면 근로자는 사용자에게 미사용수당을 청구할 수 없게 된다.

57) 2004.2.9, 근로기준과-208; 1991.2.4, 임금 32240-1608; 1987.1.21, 근기 01254-959; 1986.8.16, 근기 01254-13399 등

58) 대판 1995.6.29, 94다18553; 대판 1995.6.30, 94다54559 등; 2010.9.13, 근로기준과-834

## 2. 계속근로기간이 1년 이상인 기간에 발생한 연단위 휴가

앞의 그림에서 최초 1년간의 근로로 2021.8.26에 발생된 15일의 연단위 휴가는 1년간인 2022.8.25까지 사용할 수 있고, 이때까지 사용하지 못한 경우 더 이상 휴가 사용은 하지 못하고 수당청구권으로 전환된다. 수당청구권은 휴가청구권이 소멸한 날(2022.8.25)의 다음 날(2022.8.26)부터 3년간 행사할 수 있다.

## 3. 휴가청구권의 소멸시효의 중단

근로기준법 제60조 제7항은 연차휴가청구권은 발생일로부터 1년간(계속근로기간이 1년 미만인 근로자의 경우는 입사일로부터 1년까지) 행사하지 않으면 소멸되지만, 사용자의 귀책사유로 근로자가 사용하지 못한 경우에는 소멸되지 않는다고 규정하고 있다.

### (1) 사용자의 귀책사유의 의미

사용자의 귀책사유라 함은 근로자가 휴가를 청구하였음에도 회사의 사정에 의하여 실시하지 못한 것(시기변경권 행사)을 의미하며, 사용자의 귀책사유로 연차휴가를 실시하지 않았을 때에는 임금으로 대체할 수 있다.[59] 그러나 근로기준법 제61조에 따라 사용자가 연차휴가사용촉진조치를 하여 미사용휴가에 대한 보상의무가 면제된 경우에는 '사용자의 귀책사유'로 보지 않는다.

### (2) 소멸시효가 중단된 경우의 처리

회계연도 기준 사업장에서 전년도 출근율에 따라 금년 1.1에 연차휴가가 발생하였으나, 금년도 전체를 사용자의 귀책사유로 휴업함에 따라 실근로일이 하루도 없게 되어 근로자가 연차휴가를 사용하지 못한 경우에는 휴가청구권이 소멸되지 않고, 소멸시효가 중단된다. 따라서 휴가청구권의 소멸시효는 사용자의 귀책사유가 종료되어 정상출근한 때로부터 기산되며,[60] 연차휴가미사용수당 역시

---

59) 1981.4.30, 근기 1455-13414

60) 민법 제178조 (중단후의 시효진행) ① 시효가 중단된 때에는 중단까지에 경과한 시효기간은 이를 산입하지 아니하고 중단사유가 종료한 때로부터 새로이 진행한다.
② 재판상의 청구로 인하여 중단한 시효는 전항의 규정에 의하여 재판이 확정된 때로부터 새

새로운 기산점으로부터 1년간 휴가를 사용하지 않아 휴가청구권이 소멸된 직후의 임금지불일에 발생한다.[61]

**▶ 사 례**

---

2012년 출근율이 80% 이상이어서, 2013.1.1에 연차휴가가 발생하였으나 2013년 전체를 사용자의 귀책사유로 휴업하고, 2014.1.1에 정상출근한 경우

- 연차휴가청구권의 사용기간은 2014.1.1~12.31까지이며, 동년 12.31에 소멸함.
- 연차휴가미사용수당청구권의 경우 2015.1.1에 발생하여 소멸시효가 기산됨.
  (각각 사용자의 귀책사유로 휴업한 기간만큼 연장됨)
  ※ 2013년 휴업이 없었다면, 휴가청구권은 2013.12.31에 소멸하고, 연차휴가미사용수당은 2014.1.1에 발생함.

---

취업규칙 등에 "사용자의 귀책사유로 인해 연차휴가를 사용치 못한 경우 해당 연차휴가일수에 대한 소정의 임금을 연차휴가수당으로 지급한다"고 규정한다 하더라도 이는 유효하지 않으며 근로자의 연차휴가청구권은 존속한다.[62]

위 사례에서 사용자의 귀책사유로 인하여 사용하지 못한 연차휴가는 휴가사용권 자체가 사용자의 귀책사유로 근로자가 연차휴가를 사용하지 못한 기간만큼 연장되므로 다음년도에 이월되어 다음연도 발생분과 합산하여 사용하는 것이 원칙이나, 당사자간의 합의 또는 근로자가 희망하는 경우에 한하여 미사용휴가를 임금으로 대체지급할 수 있다.[63]

실무상으로 연단위 휴가는 발생일로부터 1년이 경과한 시점에서 대부분 연차휴가미사용수당으로 정산을 하고, 근로자들도 이의를 제기하지 않아 정산이 완료되는 것이 일반적이다.

## 4. 행사의 의미

근로기준법 제60조 제7항은 연차휴가청구권은 발생일로부터 1년간(계속근로기간이 1년 미만인 근로자의 경우는 입사일로부터 1년까지) 행사하지 않으면 소멸된다고 규정하고 있다. 행사의 의미가 '사용'을 의미하는지 아니면 '사용자에게 청구'를

---

로이 진행한다.

61) 1999.11.22, 근기 68207-678; 2000.1.25, 근기 68207-186 등

62) 1990.6.28, 근기 01254-8982

63) 1994.2.17, 근기 68207-333; 1982.3.11, 근기 1455-6871

의미하는지에 대해서는 명확한 해석이 없다. 연단위 휴가의 경우 '사용'을 의미한다면 1년 이내에 사용하지 못한 연차휴가는 다음해 1.1에 연차휴가미사용수당청구권으로 전환되지만, '청구'를 의미한다면 12.31에 신청하여 다음해에도 수당청구권으로 전환되지 않고 연차휴가를 사용할 수 있기 때문이다.

사견으로는 연차휴가는 선사용, 후수당 지급이 원칙이고, 이월사용도 가능하기 때문에 근로자가 12.31에 연차휴가를 청구한 경우에는 그 다음해에도 근로자가 사용할 수 있다고 본다. 다만, 사용시기가 지나치게 확대되는 것은 바람직하지 않으므로 합리적인 범위 내에서 노사 당사자가 사용시기를 정해야 한다고 본다.

참고로 남녀고용평등법 제18조의2(배우자 출산휴가) 제3항은 배우자 출산휴가는 근로자의 배우자가 출산한 날부터 90일이 지나면 청구할 수 없다고 하고 있는데, 이에 대해 고용노동부는 출산한 날로부터 90일 이내에 휴가를 시작하면 되고, 종료일은 출산한 날부터 90일을 초과할 수 있다고 한다.[64]

한편 남녀고용평등법 제19조(육아휴직) 제1항은 사업주는 임신 중인 여성 근로자가 모성을 보호하거나 근로자가 만 8세 이하 또는 초등학교 2학년 이하의 자녀(입양한 자녀 포함)를 양육하기 위하여 육아휴직을 신청하는 경우에 이를 허용하여야 한다고 규정하고 있고, 제2항은 육아휴직의 기간은 1년 이내로 한다고 규정하고 있다.

만 8세 이하는 만 9세가 되는 날(생일)의 전날까지를 의미하며, 초등학교 2학년 이하는 초등학교 3학년이 되는 날(해당학년 3월 1일)의 전날까지를 의미하므로, 육아휴직 개시일이 이 요건에 해당하면 1년의 육아휴직을 모두 사용할 수 있다.

64) 고용노동부, 배우자 출산휴가급여 시행지침(2019.9), 4-5쪽.

# 제5장

# 기타 쟁점

# 제1절 취업규칙, 근로계약과 연차휴가

## Ⅰ. 취업규칙

### 1. 취업규칙 기재사항

**관련법령**

**근로기준법 제93조【취업규칙의 작성·신고】** 상시 10명 이상의 근로자를 사용하는 사용자는 다음 각 호의 사항에 관한 취업규칙을 작성하여 고용노동부장관에게 신고하여야 한다. 이를 변경하는 경우에도 또한 같다.

1. 업무의 시작과 종료 시각, 휴게시간, 휴일, 휴가 및 교대 근로에 관한 사항

상시 10명 이상 근로자를 사용하는 사용자는 취업규칙에 연차휴가에 관한 사항을 작성하거나, 변경하는 경우에 고용노동부장관에게 신고를 하여야 한다. 특히, 연차휴가에 관한 사항은 취업규칙의 필수적 기재사항이다.[1] 근로기준법에 규정된 연차휴가에 관한 사항 뿐만 아니라, 해당 기업의 고유한 휴가청구방법, 절차, 휴가신청서 양식 등을 규정하고, 근로자의 휴가청구권과 사용자의 시기변경권한도 명확히 하는 것이 바람직하다. 특히, 사용촉진제도를 도입하고자 하는 경우 반드시 취업규칙 등에 관련 내용을 명시하여야 한다.

### 2. 취업규칙과 연차휴가제도 운용

#### (1) 직원간 차등 설정 문제

연봉제 적용 직원(과장급 이하)과 연봉제 비적용 직원(차장급 이상 책임자)간에 연차휴가제도를 달리 정할 수 있는지 여부에 대하여 행정해석[2]은 "퇴직급여제도는 근로자퇴직급여보장법 제4조 제2항에 따라 차등설정이 금지되지만 근로기준

1) 고용노동부, 표준취업규칙, 2019.10, 26쪽
2) 2000.10.10, 근기 68207-3128

법상의 연차휴가제도는 최저기준이므로 취업규칙 등에서 최저기준 이상의 범주에서 근로자 그룹별로 연차휴가제도를 다르게 정하는 것은 근로기준법 위반이라고 볼 수 없다. 다만, 이를 변경하는 경우에는 취업규칙 변경의 유불리 여부를 판단하여 적법한 변경절차를 거쳐야 한다"고 하여 근로기준법 이상의 연차제도를 설정하면서 차등을 두는 것은 예외적으로 가능하다고 본다.

따라서 연차휴가미사용수당 지급률을 단체협약이나 취업규칙 등으로 사무직에게는 100%, 생산직(조합원)에게는 150%로 차등을 두는 것도 균등처우 위반에 해당하지 않는다고 한다.[3]

### (2) 취업규칙상의 연차제도 변경

취업규칙 등에 "연월차휴가는 근로기준법에 따른다"고 명시되어 있는 경우에는 근로기준법 보다 상위의 연월차휴가를 정할 수 있음에도 불구하고 근로기준법에서 정한 휴가만 부여하기로 약정한 것이므로 근로기준법이 개정되면 휴가일수도 자동적으로 변경된다. 다만, "근로기준법이 개정될 경우 다시 정하기로 한다"고 명시된 경우에는 취업규칙 등의 변경전까지는 기존의 연월차제도가 그대로 적용된다.[4]

### (3) 공무원 연가제도를 준용하는 경우

노사간 단체협약으로 공무원에 준하여 연가를 실시하기로 하고, 이를 연월차휴가에 갈음하는 것으로 인정한 경우라면, 그 범위 내에서는 근로기준법상의 연월차휴가를 부여한 것으로 볼 수 있지만, 그 연가 일수가 법정 연월차휴가일수에 미달하는 경우에는 부족한 일수에 해당하는 휴가를 추가로 부여하여야 한다. 예를 들어, 공무원의 연가는 최대 21일이므로 근로기준법상 최대 연차휴가일수인 25일보다 적게 되므로 이 부분은 근로기준법에 따라 25일이 적용된다.[5]

### (4) 주 44시간제 하의 연월차제도를 유지하고 있는 경우

주 40시간제 시행 전에 취업규칙 등에 종전 법에 의한 연월차휴가일수가 구

---

3) 1996.6.25, 근기 68207-842
4) 2005.1.28, 근로기준과-528; 고용노동부, 「주 40시간제 시행지침」, 2005.4, 44쪽
5) 2003.12.2, 근기 68207-1560; 2012.12.6, 근로개선정책과-6710

체적으로 명시된 경우 연월차휴가일수의 합이 개정법에 의한 연차휴가일수 보다 많으면 취업규칙 등에 규정된 연월차휴가 규정이 적용된다. 또한 출근율이 80~90%에 해당하는 근로자의 경우 종전 법에 따르면 연차휴가가 발생하지 않았지만, 주 40시간제 시행에 따른 개정 근로기준법 따르면 연차휴가가 발생하므로 근로자에게 유리한 방법을 적용하여 연차휴가를 부여하여야 한다.[6)]

### (5) 연차휴가와 경조휴가 등 약정휴가

공가, 경조휴가 등 약정휴가가 있더라도 이는 노사간 협상의 결과에 의한 것이므로, 강행규정인 연차휴가일수에는 영향을 미칠 수 없고, 근로기준법이 우선적으로 적용되어야 한다. 즉, 사용자가 근로자에게 법정 연차휴가와는 별도로 추가적인 약정휴가를 부여한 것이므로 약정휴가가 있다는 이유로 연차휴가일수를 법정기준보다 적게 부여할 수는 없다.[7)]

취업규칙에 연차휴가 외에 약정휴가(경조휴가, 하계휴가, 기타휴가 등)를 별도로 유급으로 설정한 경우, 근로자가 약정휴가를 사용하였다고 하여 그만큼을 연차휴가일수에서 차감할 수는 없으며, 만약, 기존의 약정휴가를 폐지하고 이를 연차휴가로 사용케 하기 위해서는 취업규칙을 변경해야 하는데, 이는 근로조건 불이익변경에 해당되어 근로기준법 제94조에 따른 취업규칙 변경절차를 거쳐야 한다.[8)]

대법원 역시 "A사의 취업규칙에 의하면 근로기준법 소정의 유급휴일 및 유급휴가일수의 최하한을 상회하는 휴일 및 휴가에 관하여 규정하고 있는 점은 인정할 수 있으나, 동 취업규칙에 의한 휴일이나 휴가를 근로기준법 소정의 연·월차휴가로 갈음할 수는 없으므로 근로자들이 취업규칙에 따른 휴일 및 휴가를 전부 사용하였다고 하더라도 이로써 연·월차휴가를 대체이용한 것이라고 할 수 없다"고 한다.[9)]

## 3. 2020.3.31 개정 근로기준법의 취업규칙 반영

2020.3.31 개정 근로기준법의 내용을 취업규칙에 반영(개정)하지 않았을 경우

6) 고용노동부, 「주 40시간제 시행지침」, 2005.4, 43~44쪽; 2004.10.12, 근로기준과-5440; 2012.3.13, 근로개선정책과-1708. 이 경우 이미 월차휴가가 부여된 경우에는 개정법에 의한 연차휴가일수에서 기부여된 월차휴가 만큼 공제하여야 한다.
7) 2012.12.6, 근로개선정책과-6710
8) 2012.12.6, 근로개선정책과-6707
9) 대판 1996.2.9, 94다19501

A1~A11의 사용기간이 개정법에 따라 입사일로부터 1년인지 아니면 기존 취업규칙에 따라 발생일로부터 1년인지가 문제된다. 요약하면 취업규칙보다 법이 우선하므로 법에 따라 적용해야 하는지에 대한 문제이다.

이에 대해 고용노동부(2020.7 인터넷 질의회신)는 노사 당사자간 다툼을 미연에 방지하기 위해서는 개정법의 내용을 반영하여 취업규칙에 명시하는 것이 바람직하며, 취업규칙을 개정하지 못한 경우에도 회사가 개정 전과 같이 발생일로부터 1년으로 보장하겠다는 취지로 해석할 만한 특별한 사정이 없는 한 개정법에 따라 입사일로부터 1년까지 사용할 수 있다고 해석한다. 결론적으로 법이 우선 적용된다는 의미이다.

## Ⅱ. 근로계약서에의 서면명시

### 1. 서면명시 및 교부

**관련법령**

**근로기준법 제17조 【근로조건의 명시】** ① 사용자는 근로계약을 체결할 때에 근로자에게 다음 각 호의 사항을 명시하여야 한다. 근로계약 체결 후 다음 각 호의 사항을 변경하는 경우에도 또한 같다.

1. 임금
2. 소정근로시간
3. 제55조에 따른 휴일
4. 제60조에 따른 연차유급휴가
5. 그 밖에 대통령령으로 정하는 근로조건

② 사용자는 제1항제1호와 관련한 임금의 구성항목·계산방법·지급방법 및 제2호부터 제4호까지의 사항이 명시된 서면(「전자문서 및 전자거래 기본법」 제2조제1호에 따른 전자문서를 포함한다)을 근로자에게 교부하여야 한다. 다만, 본문에 따른 사항이 단체협약 또는 취업규칙의 변경 등 대통령령으로 정하는 사유로 인하여 변경되는 경우에는 근로자의 요구가 있으면 그 근로자에게 교부하여야 한다.

**제114조 【벌칙】** 다음 각 호의 어느 하나에 해당하는 자는 500만원 이하의 벌금에 처한다.

1. 제6조, 제16조, 제17조, 제20조, (생략) 및 제103조를 위반한 자

사용자는 근로자와 근로계약을 체결할 경우에 임금, 소정근로시간, 휴일 뿐만 아니라 연차휴가에 관한 사항을 필수적으로 명시하여야 하며, 근로계약 체결 후 연차휴가에 관한 사항이 변경되는 경우에도 관련 내용을 명시하여야 한다.

특히, 연차휴가에 관한 사항이 명시된 서면(근로계약서)을 반드시 근로자에게 교부하여야 하며, 관련 내용이 단체협약이나 취업규칙에 따라 변경되는 경우에는 당해 근로자가 요구하면 이를 수정하여 교부하여야 한다.

근로계약서 작성시 서면으로 명시할 내용에 대하여 '취업규칙에서 서면 명시 사항을 규정하고 있고 그 내용을 준용한다'고 규정하고 그 취업규칙 내용을 주지(설명 등)하였을 경우에는 이를 근로기준법 제17조에 의한 서면 명시로 볼 수 있을 것이나, 만약 근로자가 요구하는 경우에는 그 서면으로 명시한 내용(취업규칙에서 명시한 내용 포함)을 교부하여야 한다.[10]

한편, 근로자의 의사에 반하여 연차휴가를 사용토록 하거나 연차휴가를 부여하지 않는 내용의 근로계약은 근로기준법에 위반된다. 근로자의 자의로 사용하지 않은 휴가의 경우 보상하지 않는다는 내용도 마찬가지이다.[11]

## 2. 서면명시 위반죄 관련 사례

취업규칙에 연차휴가에 관해서만 규정하고 있고, 월차휴가 및 연월차휴가수당의 산정에 관한 규정을 두고 있지 않는 회사에서 근로계약서에 임금의 구체적 항목으로 기본급과 직위수당만 기재되어 있자, 검사는 연월차휴가수당 등 임금의 구성항목, 계산방법 및 지불방법 등을 서면명시 하지 않았음을 이유로 사용자를 기소하였다.

대법원은 "근로계약 체결시 임금의 구성항목 등의 서면명시의무를 다하였는지 여부에 대하여는 임금의 구성항목 등에 관한 근로계약이나 취업규칙 등의 제규정 등을 종합적으로 검토하여 판단하여야 한다"고 하면서, ① 취업규칙에 연차휴가만 규정된 것은 주 40시간제 시행에 따른 조치였고, ② 고용계약서에 '본 계약에서 명시되어 있지 않은 모든 사항은 회사의 취업규칙 및 근로기준법에 따른다'고 규정하고 있는 점, ③ 연봉계약서에서는 '본 계약에서 정하지 아니한 사항은 회사의 제규정에 따른다'고 규정하고 있는 점, ④ 취업규칙에서는 '이 규칙으로 정해지지 않은 사항은 근로기준법, 기타 관련 법령과 통상관례에 따른다'고 규정하고 있는 점(이러한 규정들을 '보충규정'이라 한다) 등을 알 수 있어 이러한 보충규정에 따라 근로기준법상 휴가수당 등에 관한 규정을 적용할 수 있으므로, 임금의 구성항

---

10) 2007.8.7, 근로기준팀-5809

11) 1994.4.27, 근기 68207-709; 1994.7.7, 근기 68207-1090

목 등에 관한 서면 명시의무를 위반한 것으로 보기는 어렵다고 판시하였다.[12)]

### 3. 18세 미만인 자와의 근로계약

**관련법령**

**근로기준법 제67조【근로계약】** ① 친권자나 후견인은 미성년자의 근로계약을 대리할 수 없다.
② 친권자, 후견인 또는 고용노동부장관은 근로계약이 미성년자에게 불리하다고 인정하는 경우에는 이를 해지할 수 있다.
③ 사용자는 18세 미만인 사람과 근로계약을 체결하는 경우에는 제17조에 따른 근로조건을 서면(「전자문서 및 전자거래 기본법」 제2조 제1호에 따른 전자문서를 포함한다)으로 명시하여 교부하여야 한다.

연소근로자의 노동기본권을 보호하고 사업주의 합법적 고용을 권장하기 위하여, 사용자는 18세 미만인 사람과 근로계약을 체결하는 경우에는 임금, 소정근로시간, 휴일, 연차휴가 등의 근로조건을 서면(전자문서 포함)으로 명시하여 교부하여야 하며, 위반시에는 500만원 이하의 벌금에 처해진다.

## Ⅲ. 임금명세서

**관련법령**

**근로기준법 제48조【임금대장 및 임금명세서】** ② 사용자는 임금을 지급하는 때에는 근로자에게 임금의 구성항목·계산방법, 제43조 제1항 단서에 따라 임금의 일부를 공제한 경우의 내역 등 대통령령으로 정하는 사항을 적은 임금명세서를 서면(「전자문서 및 전자거래 기본법」 제2조 제1호에 따른 전자문서를 포함한다)으로 교부하여야 한다.

**근로기준법 시행령 제27조의2【임금명세서의 기재사항】** 사용자는 법 제48조제2항에 따른 임금명세서에 다음 각 호의 사항을 적어야 한다.

1. 근로자의 성명, 생년월일, 사원번호 등 근로자를 특정할 수 있는 정보
2. 임금지급일
3. 임금 총액
4. 기본급, 각종 수당, 상여금, 성과금, 그 밖의 임금의 구성항목별 금액(통화 이외의 것으로 지급된 임금이 있는 경우에는 그 품명 및 수량과 평가총액을 말한다)
5. 임금의 구성항목별 금액이 출근일수 · 시간 등에 따라 달라지는 경우에는 임금의 구성항목별 금액의 계산방법(연장근로, 야간근로 또는 휴일근로의 경우에는 그 시간 수를 포함한다)

12) 대판 2007.3.30, 2006도6479

6. 법 제43조 제1항 단서에 따라 임금의 일부를 공제한 경우에는 임금의 공제 항목별 금액과 총액 등 공제내역

2021.11.19부터 임금명세서 교부가 의무화되었다. 연차휴가미사용수당의 경우에도 미사용일수 또는 미사용시간과 통상임금(시급)을 포함한 계산방법과 금액을 명시한 임금명세서를 근로자에게 교부하여야 한다.

아래 예시는 저자가 예시로 작성한 것이며, 통상임금을 기준으로 지급하는 경우를 가정한 것이므로, 기업 실정에 맞게 수정하여 사용하기 바란다.

| 구 분 | 계산 방법 | | |
|---|---|---|---|
| | 임금 항목 | 산출식 또는 산출방법 | 지급액(원) |
| 일 단위 지급시 | 연차휴가미사용수당 | 미사용일수×8시간×통상임금(시급) | ○원 |
| 시간 단위 지급시 | 연차휴가미사용수당 | 미사용시간×통상임금(시급) | ○원 |

## Ⅳ. 기간제 및 단시간근로자의 근로계약

관련법령

**기간제법 제17조 【근로조건의 서면명시】** 사용자는 기간제근로자 또는 단시간근로자와 근로계약을 체결하는 때에는 다음 각 호의 모든 사항을 서면으로 명시하여야 한다. 다만, 제6호는 단시간근로자에 한정한다.

1. 근로계약기간에 관한 사항
2. 근로시간·휴게에 관한 사항
3. 임금의 구성항목·계산방법 및 지불방법에 관한 사항
4. 휴일·휴가에 관한 사항
5. 취업의 장소와 종사하여야 할 업무에 관한 사항
6. 근로일 및 근로일별 근로시간

기간제법에 따라 기간제 또는 단시간 근로자에 대해서도 근로계약서를 작성하여야 하며, 이 경우에도 연차휴가에 관한 내용은 서면으로 명시되어야 하며, 이를 위반할 경우 과태료가 부과된다.

다만, 근로기준법 또는 기간제법은 사용자의 근로계약 서면명시의무를 규정하

고 있을 뿐 설명의무는 규정하고 있지 않지만,[13] 근로계약에 관한 사항은 중요한 사항이므로 근로자에게 충분히 설명을 해 주는 것이 바람직할 것이다.

## Ⅴ. 근로자파견계약과 연차휴가

### 1. 근로자파견계약의 작성

**관련법령**

**파견법 제20조【계약의 내용 등】** ① 근로자파견계약의 당사자는 고용노동부령으로 정하는 바에 따라 다음 각 호의 사항을 포함하는 근로자파견계약을 서면으로 체결하여야 한다.
8. 휴일·휴가에 관한 사항

근로자파견계약의 당사자인 파견사업주와 사용사업주는 서면으로 근로자파견계약서를 작성하여야 하며, 휴가 등에 관한 사항을 필수적으로 기재하여야 한다. 근로자파견계약을 서면으로 체결하지 않을 경우에는 파견법 제12조(허가의 취소등) 제1항 제15호에 따라 고용노동부장관은 파견사업주의 근로자파견사업의 허가를 취소하거나 6월 이내의 기간을 정하여 영업정지를 명할 수 있다.

### 2. 근로자파견계약시 사용사업주의 의무

**관련법령**

**파견법 제20조【계약의 내용 등】** ② 사용사업주는 제1항에 따라 근로자파견계약을 체결할 때에는 파견사업주에게 제21조 제1항을 준수하도록 하기 위하여 필요한 정보를 제공하여야 한다. 이 경우 제공하여야 하는 정보의 범위와 제공방법 등에 관한 사항은 대통령령으로 정한다.
**제30조【근로자파견계약에 관한 조치】** 사용사업주는 제20조에 따른 근로자파견계약에 위반되지 아니하도록 필요한 조치를 마련하여야 한다.
**파견법시행령 제4조의2【정보제공의 범위 및 방법】** ① 사용사업주가 법 제20조제2항에 따라 파견사업주에게 제공해야 하는 정보는 사용사업주의 사업에서 파견근로자와 같은 종류 또는 유사한 업무를 수행하는 근로자에 대한 다음 각 호의 정보를 말한다.
4. 휴일·휴가에 관한 사항
② 사용사업주는 제1항 각 호의 정보를 파견사업주에게 서면으로 제공하여야 한다.

사용사업주는 사용사업주의 사업 내에 파견근로자와 같은 종류 또는 유사한

13) 2007.7.26, 비정규직대책팀-3018

업무를 수행하는 근로자에 대한 연차휴가 등의 정보를 파견사업주에게 제공함으로써 사용사업주의 사업 내의 동종 또는 유사한 업무를 수행하는 근로자에 비하여 파견근로자에게 차별적 처우가 발생하지 않도록 하여야 한다. 또한 사용사업주는 휴가 등을 규정한 근로자파견계약의 내용에 위반되지 않도록 필요한 조치를 강구하여야 한다.

### 3. 근로자파견계약시 파견사업주의 의무

**관련법령**

**파견법 제26조【취업조건의 고지】** ① 파견사업주는 근로자파견을 하려는 경우에는 미리 해당 파견근로자에게 제20조 제1항 각 호의 사항과 그 밖에 고용노동부령으로 정하는 사항을 서면으로 알려주어야 한다.

파견사업주는 연차휴가 등 근로자파견계약에 관한 내용을 당해 파견근로자에게 미리 서면으로 알려주어야 하며 이를 위반한 파견사업주에게는 근로자파견사업의 허가취소 또는 6월 이내의 영업정지가 내려질 수 있으며(동법 제12조 제1항 제18호), 1천만원 이하의 과태료가 부과될 수 있다(동법 제46조 제3항).

### 4. 연차휴가와 관련한 사용자

**관련법령**

**파견법 제34조【근로기준법의 적용에 관한 특례】** ① 파견 중인 근로자의 파견근로에 관하여는 파견사업주 및 사용사업주를 「근로기준법」 제2조 제1항 제2호의 사용자로 보아 같은 법을 적용한다. 다만, 「근로기준법」 제15조부터 제36조까지, 제39조, 제41조부터 제43조까지, 제43조의2, 제43조의3, 제44조, 제44조의2, 제44조의3, 제45조부터 제48조까지, 제56조, 제60조, 제64조, 제66조부터 제68조까지 및 제78조부터 제92조까지의 규정을 적용할 때에는 파견사업주를 사용자로 보고, 같은 법 제50조부터 제55조까지, 제58조, 제59조, 제62조, 제63조, 제69조부터 제74조까지, 제74조의2 및 제75조를 적용할 때에는 사용사업주를 사용자로 본다.
② 파견사업주가 대통령령으로 정하는 사용사업주의 귀책사유로 근로자의 임금을 지급하지 못한 경우에는 사용사업주는 그 파견사업주와 연대하여 책임을 진다. 이 경우 「근로기준법」 제43조 및 제68조를 적용할 때에는 파견사업주 및 사용사업주를 같은 법 제2조 제1항 제2호의 사용자로 보아 같은 법을 적용한다.

**파견법시행령 제5조【사용사업주의 귀책사유】** 법 제34조 제2항 전단에서 "대통령령으로 정하는 사용사업주의 귀책사유"란 다음 각 호의 어느 하나에 해당하는 사유를 말한다.
1. 사용사업주가 정당한 사유없이 근로자파견계약을 해지한 경우
2. 사용사업주가 정당한 사유없이 근로자파견계약에 따른 근로자파견의 대가를 지급하지 않은 경우

▶ **파견법에 따른 파견/사용사업주의 책임영역**

| 파견사업주 책임영역 | 사용사업주 책임영역 |
|---|---|
| 해고<br>퇴직급여제도(제34조)<br>금품청산(제36조)<br>임금<br>연장·야간 및 휴일근로(제56조)<br>**연차휴가(제60조)**<br>재해보상 | 근로시간(제50조~제52조)<br>(탄력적·선택적근로시간 포함)<br>연장근로의 제한(제53조)<br>휴게·휴일(제54조 및 제55조)<br>**유급휴가의 대체(제62조)**<br>출산전후휴가 등 모성보호(제74조 등) |

파견법 제34조는 근로기준법 제60조(연차유급휴가)의 적용에 있어서는 파견사업주를, 제62조(유급휴가의 대체)의 적용은 사용사업주를 사용자로 본다고 규정하고 있다. 따라서 연차휴가 부여 의무나 휴가 미사용시 발생하는 수당지급에 대한 민·형사상 책임은 모두 파견사업주가 부담하며, 연차휴가일수도 파견사업주를 기준으로 산정하여야 한다.[14)] [15)] 다만, 사용사업주가 정당한 사유없이 근로자파견계약을 해지하거나 근로자파견의 대가를 지급하지 않은 경우에는 사용사업주는 파견사업주와 연대하여 임금지급에 대한 책임을 진다.

## 5. 파견근로자에 대한 사용촉진

### (1) 사용촉진의 근거규정

근로기준법 제61조(연차 유급휴가의 사용 촉진)와 관련하여 고용노동부는 근로자파견계약에 명시하지 않더라도, 사용사업주가 근로기준법을 근거로 사용촉진을

14) 파견근로자에 대한 주 40시간제 적용기준(2007.11.6, 임금근로시간정책팀-3311)

15) 2009.1.22, 여성고용과-266. 파견법 제34조 제1항은 파견 중인 근로자의 파견근로에 관하여는 파견사업주 및 사용사업주를 근로기준법 제2조의 규정에 의한 사용자로 보아 동법을 적용하도록 하고 있음. 다만, 근기법 준수에 관한 책임 한계를 명확히 설정하기 위해 근로기준법상의 임금지급, 가산임금, 재해보상 등에 관하여는 파견사업주를 사용자로 보고, 근로시간, 휴일, 휴가부여 등에 관하여는 사용사업주를 사용자로 보도록 하고 있으나, 예외적으로 파견법 제34조 제3항은 근로기준법 제55조(휴일), 제73조(생리휴가) 및 제74조제1항(산전후휴가)에 따라 사용사업주가 유급휴일 또는 유급휴가를 주는 경우 그 휴일 또는 휴가에 대하여 유급으로 지급되는 임금은 파견사업주가 지급하도록 하고 있다.

할 수 있다고 한다.[16] 하지만, 2015년 대법원[17]은 관련 근거가 없이는 사용촉진이 불가능하다고 하였으므로 파견근로자에 대한 사용촉진과 관련한 근거규정을 근로자파견계약서, 파견사업장의 취업규칙 등에 반드시 명시하고 시행하는 것이 바람직하다고 생각된다.

### (2) 사용촉진의 주체

파견근로자에 대하여 사용사업주와 파견사업주 중 누가 사용촉진의 주체인지에 대하여 근로기준법에는 아무런 규정이 없다. 고용노동부는 사용촉진은 연차휴가 부여의무 및 연차휴가미사용수당에 대한 보상의무를 누가 부담하는지와 밀접한 관련이 있는데, 근로기준법 제60조는 파견사업주에 대하여 연차휴가 부여의무를 규정하고 있으므로, 파견사업주가 파견근로자에 대한 사용촉진의 주체라고 해석하고 있다.

다만 실제로 파견근로자가 연차휴가를 사용할 때는 파견근로자를 실제로 사용하고 있는 사용사업주의 협조가 반드시 필요하며, 사용사업주는 사업운영에 막대한 지장이 있는 등의 특별한 사정이 없는 한 파견근로자가 연차휴가를 사용할 수 있도록 하여야 한다. 특히 파견법 제20조는 파견사업주와 사용사업주가 근로자파견계약을 체결할 때 서면계약서에 휴가에 관한 사항도 포함시켜야 하도록 규정하고 있으므로, 파견사업주와 사용사업주는 근로자파견계약 체결 시에 파견근로자의 연차휴가 사용에 관한 절차 및 상호 준수해야 하는 사항 등을 구체적으로 정하는 것이 필요하다.[18]

## 6. 연차휴가 사용으로 인한 결원이 파견근로자 사용사유가 되는지 여부

정규직 직원의 연차휴가 사용으로 인하여 결원이 생긴 경우가 파견법상의 '출산·질병·부상 등으로 결원이 생긴 경우' 또는 '일시적·간헐적으로 인력을 확보하여야 할 필요가 있는 경우'에 해당되어 파견근로자를 사용할 수 있는지에 대하여 고용노동부는 이를 부정한다.

16) 고용노동부 인터넷 질의(1AA-1302-031292, 2013. 2. 12.)
17) 대판 2015.10.29, 2012다71138
18) 2017.8.21, 고용차별개선과-1998

'일시적·간헐적으로 인력을 확보할 필요가 있는 경우'가 어떤 경우인지에 관하여는 파견법상 명문으로 정하고 있지는 않으나, 통상적으로는 경기의 영향, 계절적 요인, 갑작스런 주문의 증가 등으로 업무량이 폭증하여 인력을 적시에 확보하기 어려운 경우 등으로 이해하는 것이 적절할 것으로 보인다. 연차휴가 등으로 업무공백이 발생하였다 하더라도 이는 사전에 충분히 예측이 가능하고 기존직원의 업무 대행이 가능한 통상적인 인력운용의 측면이 강하여 '출산·질병·부상 등으로 결원이 생긴 경우'나 '일시적·간헐적으로 인력을 확보할 필요가 있는 경우'에 해당된다고 보기 어려울 것으로 판단된다.[19)]

## Ⅵ. 기간제법 및 파견법에 의한 차별문제

### 1. 연차휴가와 차별

사용자는 기간제근로자임을 이유로 당해 사업 또는 사업장에서 동종 또는 유사한 업무에 종사하는 기간의 정함이 없는 근로계약을 체결한 근로자에 비하여 차별적 처우를 하여서는 안되며, 파견근로자임을 이유로 사용사업주의 사업 내의 동종 또는 유사한 업무를 수행하는 근로자에 비하여 파견근로자에게 차별적 처우를 하여서는 아니된다.

차별적 처우 금지 영역에 포함되는 근로조건 등의 범위는 근로기준법, 취업규칙 또는 근로계약 등에 의한 근로조건인 임금, 근로시간, 휴일, 휴가, 안전·보건 등으로 연차휴가 역시 차별금지 영역에 포함된다.[20)] 따라서 비정규직이라는 이유로 연차휴가 부여, 연차휴가수당 등과 관련하여 합리적 이유없이 차별적 처우를 한 경우에는 기간제법 및 파견법에 따라 시정을 하여야 한다. 예를 들어 연차휴가미사용수당의 경우 그 산정의 기초가 되는 통상임금 또는 평균임금의 산정방식을 정규직과 비정규직 사이에 다르게 적용하는 경우에는 합리적 이유가 없는 한 불리한 처우에 해당한다.[21)]

---

19) 2007.7.23, 비정규대책팀-2956; 2010.10.21, 고용평등정책과-835
20) 2007.7.9, 비정규직대책팀-2736(기간제근로자); 2007.6.26, 비정규직대책팀-2414(파견근로자)
21) 고용노동부, 「기간제·단시간·파견근로자를 위한 차별시정제도를 알려드립니다」, 2007.6, 35쪽

## 2. 사 례

고용노동부[22]는 비정규직이라는 이유로 연차휴가 부여 등의 의무 자체를 이행하지 않는 경우에는 차별문제 이전에 근로기준법 위반으로 처리된다고 보는데, 서울고등법원은 고용노동부와 달리 비정규직 차별에 해당한다는 입장을 보였다.[23]

### (1) 연차휴가수당 미지급이 차별처우 금지영역에 해당하는지 여부

서울고등법원은 연차휴가수당은 파견법상의 차별 금지영역인 '임금 그 밖의 근로조건'에 해당한다고 하면서 ① 파견법이 차별적 처우에 관하여 근로기준법에 정해진 의무를 위반한 차별과 근로기준법에 정해진 의무를 위반하지 아니한 차별을 구분하고 있지는 않고, 근로기준법에 정해진 의무를 위반한 차별적 처우도 얼마든지 있을 수 있는 점, ② 파견법 제34조 제1항 본문은 파견 및 사용사업주 모두를 근로기준법의 규정에 의한 사용자로 본다고 규정하면서 그 단서에서 임금 등은 파견사업주를, 근로시간 등은 사용사업주를 사용자로 본다고 규정하고 있으나, 이는 근로기준법의 적용에 관한 규정에 불과하므로, 파견법의 적용에 있어서도 양 사업주를 구분하여 적용하여야 한다고는 보기 어려운 점, ③ 사용자가 근로기준법을 위반하여 특정 정규직 근로자를 다른 정규직 근로자에 비하여 차별하는 경우에는 근로기준법에 따른 책임만을 부담하게 되나, 파견근로자를 정규직 근로자에 비하여 차별하는 경우 근로기준법에 따른 책임에 더하여 파견법에 따른 시정명령, 배상명령 등의 대상이 될 수 있는바, 이는 파견법의 보호규정에 따른 당연한 결과이고 이를 들어 역차별이라고 할 수는 없으며, '특정 정규직 근로자를 다른 정규직 근로자에 비하여 차별하는 경우'도 보호할 필요가 있으면 이에 대하여도 차별적 처우를 금지하는 입법을 함으로써 해결함이 타당하고 파견법의 차별적 처우의 개념을 축소하여 해석하는 것은 타당하지 아니한 점, ④ 예를 들어 파견근로자에게 연차휴가수당을 60% 지급하고, 정규직에게는 120% 지급하는 등 근로기준법 위반과 차별이 혼재하는 경우, 근로기준법 위반 부분은 차별적 처우가 아니라고 보는 경우에는 연차휴가수당 미지

---

22) 고용노동부, 「기간제·단시간·파견근로자를 위한 차별시정제도를 알려드립니다」, 2007.6, 26쪽
23) 서울고판 2017.5.17, 2016누79078(확정), 차별 불인정(인천지노위) → 차별 인정(중노위) → 차별 불인정(서울행정법원) → 차별 인정(서울고등법원, 확정) 등 판정과 판결 결과가 계속 번복되다가 사용자가 항소하지 않아 확정되었다.

급분 40%(100%-60%) 부분은 민사소송 등의 방법으로 구제를 받게 하고, 정규직 근로자에게 지급된 위 120%의 연차휴가수당에서 파견근로자에게 이미 발생한 100%의 연차휴가수당을 제외한 나머지 20% 부분만 차별적 처우로서 구제를 받게 하게 될 것이나, 이는 하나의 연차휴가수당에 대하여 2개의 구제절차를 받도록 하는 셈이 되어 타당하지 않고, 나아가 위와 같이 단순한 사례가 아니라 연차휴가수당의 계산이 복잡하거나 어느 부분까지 근로기준법 위반인지가 다투어지지 않는 경우 근로자로 하여금 이를 근로기준법상 의무위반과 그렇지 아니한 차별적 처우로 나누어 다투도록 하는 것은 합리적 해석이라고 보기 어려운 점, ⑤ 차별적 처우에 대한 파견법에 따른 시정과 근로기준법 위반에 대한 민사상 구제는 그 절차와 내용에 차이가 있으므로 근로기준법 위반이면서 차별적 처우에 해당하는 경우에도 파견법 규정을 적용함으로써 차별적 처우를 방지할 필요성이 큰 점 등을 종합하여 보면, 근로기준법에 정해진 의무를 위반한 것도 차별적 처우 금지영역에 해당한다고 봄이 타당하다.

### (2) 불리한 처우의 존재 및 합리적 이유의 존재 여부

회사가 근로자들에게 매월 만근한 경우 연차휴가수당을 지급하지 않은 것은 명백히 불리한 처우에 해당하며, 회사가 근로자들이 연차휴가를 신청하였더라도 업무량이 많아 승인이 어려웠을 것이라는 취지로 주장하고, 근로자들이 연차휴가를 사용하지 못하고 무단결근으로 처리된 경우가 상당수 발견되고, 연차휴가를 사용하지 못하고 퇴사한 경우 연차휴가미사용수당을 지급하였어야 함에도 이를 지급하지 않은 점 등을 종합하여 볼 때 회사가 연차휴가를 부여하지 않고 연차휴가미사용수당을 지급하지 않은 차별적 처우에 합리적 이유가 있다고 보기 어렵다.

### (3) 배액 배상명령

회사는 근로자들에게 근로기준법에 따라 연차휴가를 부여하거나 연차휴가수당을 지급하여야 함은 충분히 숙지하고 있었다 할 것이므로 회사는 차별적 처우에 명백한 고의가 있었다고 할 것이고, 최소 약 3개월에서 최대 약 2년 8개월간 장기간 차별적 처우가 계속된 이상, 이는 그에 대한 문제가 제기되거나 시정명령을 받았는지 여부와 무관하게 차별적 처우가 반복된 경우에 해당하므로, 연차휴가수당 미지급금액의 2배에 해당하는 배상을 명한 것은 정당하다.

## Ⅶ. 휴가 관련 서류의 보존

관련법령

**근로기준법 제42조【계약 서류의 보존】** 사용자는 근로자 명부와 대통령령으로 정하는 근로계약에 관한 중요한 서류를 3년간 보존하여야 한다.

**근로기준법시행령 제22조【보존 대상 서류 등】** ① 법 제42조에서 "대통령령으로 정하는 근로계약에 관한 중요한 서류"란 다음 각 호의 서류를 말한다.

6. 휴가에 관한 서류
8. 법 제51조제2항, 법 제52조, 법 제58조제2항·제3항 및 법 제59조에 따른 서면 합의 서류

② 법 제42조에 따른 근로계약에 관한 중요한 서류의 보존기간은 다음 각 호에 해당하는 날부터 기산한다.

6. 제1항제8호의 서면 합의 서류는 서면 합의한 날
8. 법 제51조 제2항, 제51조의2 제1항, 같은 조 제2항 단서, 같은 조 제5항 단서, 제52조 제1항, 같은 조 제2항 제1호 단서, 제53조 제3항, 제55조 제2항 단서, 제57조, 제58조 제2항 · 제3항, 제59조 제1항 및 제62조에 따른 서면 합의 서류

② 법 제42조에 따른 근로계약에 관한 중요한 서류의 보존기간은 다음 각 호에 해당하는 날부터 기산한다.

8. 그 밖의 서류는 완결한 날

연차휴가에 관한 서류는 '완결한 날'로부터 3년간 보존하여야 하며, 이를 위반할 경우 근로기준법 제116조(과태료) 제1항 제2호에 따라 500만원 이하의 과태료가 부과된다. '완결한 날'은 연차휴가가 과거 근로에 대한 휴식의 기회를 제공하는 측면과 과거 근로에 대한 보상적 측면이 모두 고려된 제도이므로, 보존기간의 기산점은 연차휴가의 부여 및 사용, 미사용수당의 정산 등 일련의 과정을 모두 완료한 날로 본다.[24)]

한편, 동법시행령 제22조 제8호에는 동법 제62조(유급휴가의 대체)는 제외되어 있어, 연차휴가의 대체에 관한 근로자대표와의 서면합의 서류는 보존대상이 아닌 것으로 나타나고 있으나, 사견으로는 동 서면합의 역시 근로자와의 분쟁이나 근로감독 등을 대비하여 동법시행령 제22조 제6호의 서류로 보아 보존을 하는 것이 타당하다고 생각된다.

24) 2022.10.5, 근로기준정책과-3116

# 제2절 기타 쟁점 및 추가 설명

## Ⅰ. 월차휴가

### 1. 월차휴가의 정식 명칭

주 40시간제 시행과 함께 월차휴가라는 공식적인 명칭은 사라졌다. 그러나 아직도 계속근로 1년 미만 근로자에게 발생하는 월 1일의 휴가에 대해 월차라고 부르는 경우가 많은데, 근로기준법상의 정식 명칭은 연차유급휴가이다.

다만, 주 40시간제 시행 전의 연월차제도를 그대로 유지하고 있는 경우에는 월차라고 사용해도 된다.

### 2. 법정휴가인가? 약정휴가인가?

월차휴가가 법정휴가인지 약정휴가인지에 따라 출근율 산정 방법이나 사용촉진 가능 여부 등이 달라질 수 있다. 특히 여기서 가장 큰 쟁점은 고용노동부 해석대로 연월차휴가 모두 법정휴가라면 연월차휴가의 총 일수가 현행 연차휴가 일수 이상만 되면 적법하게 되지만, 법원 해석대로 월차휴가가 연차휴가와는 별개의 약정휴가라면 월차휴가 12일은 제외하고 연차휴가 일수만으로 법정기준을 충족해야 한다는 것이다. 또한 약정휴가라면 원칙적으로 사용촉진도 불가능해진다.

#### (1) 고용노동부 : 법정휴가

주 44시간제 하에서의 연월차제도를 그대로 유지하기로 노사가 합의한 경우에는 구법의 연월차휴가제도를 폐지·조정하여 개정법의 연차휴가제도로 통합한 취지를 고려할 때, 그 단체협약상의 연월차휴가는 모두 주 40시간제에 의한 연차휴가로 볼 수 있고 따라서 단체협약상의 연월차휴가는 모두 휴가사용촉진조

치의 대상이 될 수 있다.[25] 법정휴가인 연차휴가의 일종으로 보고 있는 듯한 해석이다.

한편, 법정휴가인지 약정휴가인지에 대한 언급은 없지만, 고용노동부와 같이 월차휴가에 대해서도 사용촉진이 가능하다고 본 법원 판결도 있다.[26]

#### (2) 법원 : 약정휴가

근로기준법상 월차휴가가 연차휴가에 통합되어 폐지된 이후에도 단체협약으로 월차휴가를 연차휴가와 별도로 존속시켜 왔다면, 월차휴가는 단체협약에 의하여 비로소 인정된 것으로, 근로기준법 제60조에서 정한 연차휴가와는 별도의 제도이다. 미사용 월차에 대해 지급되는 수당은 근로기준법상의 권리가 아니라 단체협약에 의하여 인정되는 '약정상 권리'에 불과하다고 하여 약정휴가라고 본 판결이 있다[2019 대전고등법원(대법원 확정), 2019 대구고등법원(확정)].

## Ⅱ. 판결, 행정해석 등이 서로 다른 경우

### 1. 왜 노무사 마다 말이 달라요?

강의나 상담을 하다보면 '왜 노무사마다 말이 달라요?'라는 질문을 하는 분이 있다. 아래 표는 저자가 쓴 「저성과자와 노동법」이라는 책에 소개된 내용이다. 2년의 기간제 근로계약 만료 이후 갱신기대권 인정 여부가 쟁점이 된 사례에서 총 5번의 판정/판결의 결과는 계속 번복되었다.

그렇다면 왜 공익위원이나 판사들은 왜 말이 다를까요(판정/판결의 결과가 다를까요)? 대법원 전원합의체 판결의 경우 14명의 대법관이 완전 일치된 의견을 내는 경우도 있지만 대부분 '몇 대 몇'이라고 하면서 다수의견과 반대의견으로 나누어지는 이유는 무엇일까요?

---

25) 2004.9.23, 근로기준과-5129; 2008.1.18., 임금근로시간정책팀-185

26) 서울고판 2013.1.17, 2012누19375(대법원 확정)

**[판결추적]**

| 구 분 | 지방노동위원회 | 중앙노동위원회 | 서울행정법원 | 서울고등법원 | 대법원 |
|---|---|---|---|---|---|
| 판정/판결일 | 2013.1.24 | 2013.5.22 | 2013.11.21 | 2014.11.6 | 2016.11.10 |
| 사건번호 | 서울2012부해2741 | 중앙2013부해138 | 2013구합17688 | 2013누53679 | 2014두45765 |
| 결과 | 근로자 패 | 근로자 승 | 근로자 패 | 근로자 승 | 근로자 승 |

그 이유는 판단이라는 것이 개별 판사, 공익위원, 노무사 등의 양식과 주관 등에 따라 이루어지는 것이기 때문이다. 대부분은 대법원 판결문, 고용노동부 행정해석의 기준에 따라 의견을 제시하지만 그러한 대법원 등의 기준이 반드시 옳은 것도 아니며 시대상황 등에 따라 변경될 수도 있다.

결국은 최종 결정은 기업이 몫이다. 누구의 의견이 합리적인지를 판단하는 능력을 인사노무 담당자 스스로 길러서 그 기업에 가장 합리적인 적용방식을 찾아야 한다. 물론 대부분의 경우 기존의 판결이나 행정해석에 근거해서 이루어지게 된다.

## 2. 법원 vs 고용노동부

법원과 고용노동부간의 해석이 다른 사례는 이미 이 책의 내용, 즉 연차휴가에서만 여러 사례가 소개되었다. 이 경우 기업에서는 어떻게 적용해야 하는가? 결론부터 말하자면 법원의 판결에 따르는 것이 타당하다.

대표적인 예로 1년 계약직의 연차휴가 일수가 26일(고용노동부)인지, 아니면 11일(대법원)인지에 대해 서로 의견이 달랐지만, 대법원이 11일라고 판단한 이후 고용노동부는 대법원 입장에 따라 행정해석을 변경한 것이 있다. 즉, 법에 대한 최종적인 해석 권한은 법원에 있다.

법원과 고용노동부가 입장을 같이 하면 기업에서는 그에 따라 노무관리를 하면 되겠지만, 서로 해석이 다른 경우라면 원칙적으로 법원의 판결에 따라 적용하는 것이 바람직하다.

## 3. 법원 간 판결이 다른 경우

이 책에서도 부당해고 이후 복직하는 근로자에게 연차휴가미사용수당을 지급해야 하는지에 대해 대법원 판결은 없지만, 법원 간에 서로 다른 해석을 한 사례가 있었다. 원칙적으로 상급심의 판단에 따라야 한다.

그러나 대법원의 최종 판단이 아니므로, 노무사 등을 통하여 의견을 받아보고 어느 판결이 더 합리적이고 논리적인지를 판단한 다음 기업에 적합한 것을 선택·적용하면 된다. 물론 이 방향이 무조건 옳다고 할 수는 없다. 이후 대법원 등 상급심에서 또다른 판결을 내릴 수 있기 때문이다.

### 4. 고용노동부의 행정해석이 다른 경우

이러한 사례도 이 책에서 여러 가지가 사례가 소개되었다. 노사협의회 근로자위원이 근로자대표가 될 수 있는지, 근로계약을 통한 연차대체가 도입가능한지 등이다. 이러한 경우 고용노동부 스스로 행정해석을 정비하는 것이 필요하다. 만약 정비가 되지 않은 경우라면 고용노동부에 서면질의를 하여 최종 결론을 받아보던지, '3. 법원 간 판결이 다른 경우'와 같이 기업 스스로 어느 행정해석이 더 타당한지 논리적으로 판단한 후에 적용하면 된다.

고용노동부 행정해석은 서면질의를 한 기업이나 기관에 대해서만 문서로 회신을 주는 것이어서, 질의를 한 기업이나 기관만 관련 내용을 볼 수 있다. 다만, 고용노동부가 질의회시집 등으로 공개를 하는 행정해석은 질의를 하지 않은 기업/기관에서도 볼 수 있다.

## Ⅲ. 시간 단위 연차관리

① 연차휴가 발생과 관련하여 출근율은 '전년도의 소정근로일수'로, 발생되는 양(일수 또는 시간)은 '전년도 소정근로시간'에 따른다.

② 연차휴가의 사용은 소정근로일에 가능하며, 소정근로일의 '1일 소정근로시간'의 범위에서 1일, 시간, 분 단위 등으로 사용할 수 있다.

③ 연차휴가미사용수당은 발생량과 사용량의 단위를 일 또는 시간으로 통일시킨 다음 '발생량-사용량'에 따라 시간 단위로 지급하면 된다(일수 역시 시간으로 환산이 가능하다).

## 1. 주 40시간 → 단시간 근로 등

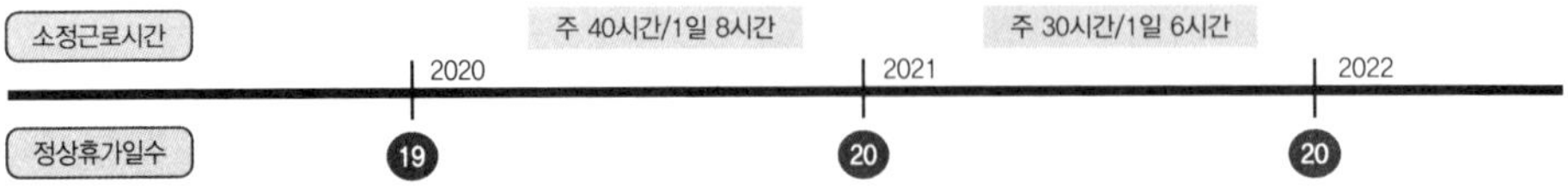


2020년에 주 40시간으로 근로하다가 2021년에 주 30시간으로 근로시간이 단축된 경우(단시간근로로 변경, 육아기/가족돌봄 등을 위한 근로시간 단축 등), 탄력적 근로시간제에서 1일 소정근로시간이 다른 경우 등을 예로 들어보자(이하 같다).

2021년에 휴가를 사용하면 '소정근로일에 소정근로시간 만큼'사용하는 것이므로, 1일 8시간이 아니라 6시간만 사용하는 것이다. 발생된 20일은 전년도(2020년)에 주 40시간 근로이므로 1일 8시간 짜리 20일, 즉 160시간의 연차가 발생한 것이다.

하지만 사용량은 연차 1일을 사용하면 6시간을 사용한 것이므로(2021년에 1일 6시간의 소정근로로 변경되었기 때문), 154시간(=160시간-6시간)의 잔여 연차가 남았고, 미사용수당 역시 154시간분의 통상임금을 지급하면 된다.

즉, 발생량과 사용량을 '시간'으로 단위를 통일하면 된다.

## 2. 단시간 근로 등 → 주 40시간

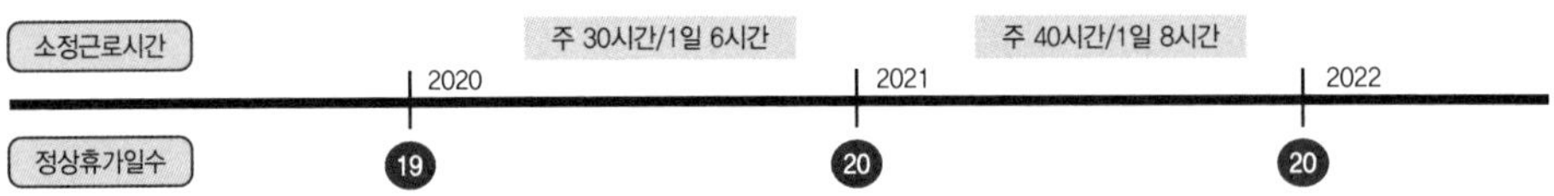


2020년에 주 30시간으로 근로하였다면, 2021년에 발생한 연차휴가 20일은 8시간 짜리가 아니라 6시간 짜리로 총 120시간(=20일×6시간)의 연차휴가가 발생한 것이다. 단시간근로자의 계산공식에 따르더라도 120시간(=20일×8시간×30시간/40시간)으로 같은 결과이다.

하지만 연차휴가를 사용하는 2021년은 주 40시간으로 되어서, 1일의 소정근로시간은 8시간이다. 만약 2021년에 2일의 연차휴가를 사용하였다면, 이는 총

16시간을 사용한 것이다.

따라서 104시간의 잔여 연차가 있고, 연말까지 미사용한 경우 104시간의 통상임금으로 미사용수당이 지급되면 된다.

### 3. 단시간 근로 등 → 단시간 근로 등

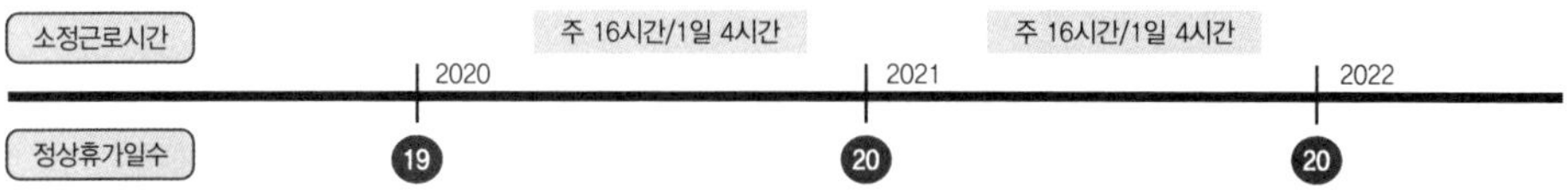


2020년에 주 16시간(=1일 4시간×주 4일)으로 근로하였다면, 출근율은 1주 소정근로일 4일을 1년으로 적용한 결과인 연간 소정근로일수를 기준으로 산정한다. 발생량은 단시간 근로자에 대한 계산방식을 적용하면 20일(8시간 짜리)이 아니라 64시간(=20일×8시간×16시간/40시간)이다. 물론 20일이기는 하지만 3.2시간 짜리 20일이다.

한편, 연차를 사용하는 2021년은 주 4일 근무하므로 이 4일 중에만 연차를 사용할 수 있으며, 1일 사용시 4시간을 차감하거나, 노사합의시 1시간, 2시간, 3시간 등 시간 단위로도 사용가능하다. 즉, 발생된 1일 3.2시간 단위로 사용하는 것이 아니라, 소정근로일에 소정근로시간 만큼 사용하는 것이므로 1일 4시간을 사용하는 것이다.

마찬가지로 미사용수당 역시 미사용 시간에 해당하는 통상임금을 지급하면 된다.

# 제3절 연차휴가 사용과 장시간근로 개선

## Ⅰ. 연차휴가 사용실태

### 1. 국민여가활성화기본법

2017.3.21 시행된 국민여가활성화기본법은 국민은 일과 여가의 조화를 이룰 수 있도록 적절한 수준의 여가를 보장받아야 하며, 국민의 여가 보장을 위하여 국가 및 지방자치단체에 대하여 ① 직장에서 휴가 사용이 촉진될 수 있도록 필요한 대책을 수립·시행할 의무, ② 직장인의 휴가사용 실태를 포함한 여가 활성화에 필요한 조사 및 연구를 실시하도록 의무를 부과하고 있다.

그러나 동 법률은 실효성이 없어서 현실적으로 실태를 조사할 수 있는 방안은 거의 없다. 휴가발생 및 사용에 대한 통계청의 공식통계도 없고 고용노동부가 실시하는 사업체노동력조사 및 고용형태별 근로실태조사에서 근로시간, 근로일수는 조사하지만 휴가에 대한 조사는 포함되어 있지 않다. 다만, 기업체노동비용조사에서 휴가의 부여일수, 미사용일수, 미사용 사유, 사용촉진제 실시 여부를 조사한 적이 있지만, 비공식 통계라는 이유로 고용노동부도 더이상 통계를 내지 않고 있다.

### 2. 최근 실태조사

2016년 기준 국내 임금근로자 1,000명에 대한 휴가사용 실태 조사 결과 연차휴가 부여일수는 평균 15.1일, 사용일수는 평균 7.9일(사용률 52.3%)로 나타났다. 부여일수는 15~20일 미만이 42.6%로 가장 많고, 사용일수는 5일 미만이 33.5%로 가장 많았다. 휴가사용 횟수는 연평균 5.85회로 나타났으며, 최장휴가사용일은 평균 3.08일로 나타나 대체로 연차휴가를 짧게 사용하는 경향이 나타났다.

연차휴가를 모두 사용하지 못한 장애요소로는 ① 직장내 분위기 〉 ② 업무 과다 또는 대체 인력 부족 〉 ③ 연차휴가 보상금 획득 등의 순서로 나타났다. 근로자들은 휴가를 사용하지 못할 경우 ① 삶에 대한 만족감 하락 〉 ② 스트레스 누적으로 인한 업무능률 저하 〉 ③ 스트레스 및 피로누적으로 인한 건강문제 등을 우려하였다. 한편, 연령이 높을수록 '휴가사용 문제는 중요치 않다'는 응답비중이 높게 나타났다(50대 근로자의 경우 22.5%).

미사용 연차휴가에 대하여 금전보상을 실시하는 경우는 약 50%로 조사되었으며, 1일 평균 수당금액은 87,000원으로 조사되었다. 민간보다는 공공부문이, 그리고 기업규모가 클수록 수당을 지급하는 비율이 높게 나타났다.

연차휴가 사용촉진제에 대해 알고 있다는 반응은 49%로 조사되었고, 현재 근무하는 직장에서 시행되는 비율을 35.6%로 조사되었다. 사용촉진제를 시행하는 근로자 집단은 그렇지 않은 근로자 집단에 비해 휴가사용일수 및 휴가사용률이 높은 것으로 나타났다.

휴가사용을 장려할 수 있는 효과적인 조직문화 개선방안에 대해 근로자들의 상당수가 휴가지원비 제공을 꼽았고, 그 뒤로 휴가사용률의 개인 및 부서평가 연계, CEO / 임원 / 부서장 휴가사용 의무화 등의 순으로 나타났는데, 아이러니하게도 미사용 휴가에 대한 금전보상 폐지에 대해서는 사실상 소득감소를 의미한다는 점에서 반대의견이 과반 이상으로 나타났다.[27)]

## Ⅱ. 근로시간저축휴가제

### 1. 근로시간저축휴가제의 주요 내용

고용노동부와 일부 국회의원은 현행 근로기준법에 규정되어 있는 보상휴가제도(연장·야간·휴일근로에 대해 임금을 지급하는 대신 유급으로 휴가를 부여하는 제도)의 활용이 저조하기 때문에, 이를 보완하여 연장·야간·휴일근로 또는 미사용 연차휴가에 대해 수당을 지급하지 않고 근로시간저축계좌에 저축하였다가 근로자가 필요한 경우에 휴가로 계좌에서 꺼내어 사용하거나, 이와 반대로 휴가를 먼저 사용하고 이후 연장근로 등으로 보충할 수 있도록 하는 근로시간저축휴가제를 도입하고자 준비를 하고 있다.

27) 이동희 외, 국내관광 활성화를 위한 휴가확산의 기대효과 분석 및 휴가사용 촉진방안, 산업연구원, 2017.5, 49-69쪽

**관련법령**

**근로기준법 제57조【보상 휴가제】** 사용자는 근로자대표와의 서면 합의에 따라 제51조의3, 제52조 제2항 제2호 및 제56조에 따른 연장근로·야간근로 및 휴일근로 등에 대하여 임금을 지급하는 것을 갈음하여 휴가를 줄 수 있다.

이러한 근로시간저축휴가제의 활용을 통해 근로자는 근로시간 선택권을 한층 강화하여 일과 삶의 조화를 도모하고, 불황으로 인한 수요 급감시 휴가사용·근로시간 단축을 통해 고용유지 및 소득안정을 보장받을 수 있으며, 기업은 근로시간 조정을 통해 수요변동에 보다 탄력적으로 대응할 수 있을 것으로 기대하였는데 그 주요 내용은 다음과 같다.[28)]

**[현행법과 개정안 비교]**

| 구 분 | 현행(보상휴가제) | 개정안(근로시간저축휴가제) |
|---|---|---|
| 적립(교환)대상 | 연장근로·야간근로 및 휴일근로시간 | 연장근로·야간근로·휴일근로 및 유급휴가 |
| 도입근거 | 사용자와 근로자대표의 서면합의 | 사용자와 근로자대표의 서면합의 |
| 선(先)휴가사용 후 연장근로 | 규정 없음 | 휴가사용 후 연장·야간·휴일근로를 통해 휴가사용시간 보충가능 |
| 휴가 시기 | 규정 없음 | 근로자가 청구한 시기. 다만, 사업운영에 막대한 지장이 있는 경우 시기 변경가능 |
| 미사용휴가에 대한 임금지급 | 규정 없음 | 사용자는 자신의 책임 있는 사유로 근로자가 사용하지 못한 휴가, 근로자가 이직·해고 등으로 인하여 사용하지 못한 휴가에 대하여 임금지급 |
| 구체적인 운영방법 | 규정 없음 | 근로시간 또는 유급휴가의 적립, 휴가의 부여·실시 및 정산 등 구체적인 운영방법에 대하여는 대통령령으로 정함. |
| 벌 칙 | 규정 없음 | 임금지급 위반 시 3년 이하 징역 또는 2천만원 이하 벌금(단, 반의사불벌죄 적용), 휴가 시기 위반시 2년 이하 징역 또는 1천만원 이하 벌금 |

28) 고용노동부 공고 제2010-108호(2010.11.18.); 이완영 의원 등 10명이 발의한 근로기준법 일부개정법률안(2012.9); 김무성 의원 등 159명이 발의한 근로기준법 일부개정법률안(2015.11) 등

## 2. 근로시간저축휴가제도 외국 입법례[29)]

### (1) 독일: 근로시간계좌제(Arebeitszeitkonto)

실근로시간과 소정근로시간의 차이를 계좌에 적립하거나(credit) 적립시간을 사용할(debit) 수 있는 제도로 1년이내의 단기계좌 또는 장기계좌로 운영한다. 법률상 명시적 규정은 없으며, 근로시간법이 규정한 범위내에서 통상적으로 기업내 단체협약이나 경영협정에 따라 실시하고 있으며, 2007년 IAB(노동시장·직업연구소) 조사(15,976개 사업장) 결과, 계좌제 실시비율은 41.4%(정산기간이 1년이내 기업 66.8%), 장기계좌 실시비율은 4.4%(주요 운영목적은 안식년, 조기퇴직, 보상휴가, 교육훈련)로 나타났다.

### (2) 프랑스: 근로시간계좌제(compte 'epargne-temps)

근로자가 연차휴가권, 연장근로에 대한 보상휴가권, 보너스 명목의 유급휴가권 등을 근로시간계좌에 적립하여 필요한 경우 휴가를 사용하면서도 유급처리를 받도록 하는 제도로 1994년에 도입되었다. 근로시간계좌에 적립된 근로시간채권의 용도는 휴가 외에 자녀양육을 위한 무급휴가를 유급휴가로 전환, 안식년을 유급휴가로 사용, 무급의 직업훈련 기간에 대하여 유급처리 등에 활용하고 있다.2005년 규제완화로 연장근로에 따른 보상휴가권을 근로시간계좌에 예치할 수 있는 상한(1년에 22일)이 삭제되고, 예치된 휴가권의 소멸시효(5년 또는 10년)도 삭제되었다. 한편 사회보험료의 납부를 근로시간채권으로 대체 가능하다.

### (3) 네덜란드: 생애저축제도(Life-course savings scheme)

임금의 일부분 및 연장·휴일근로시간을 적립하여 기금 마련, 능력개발·육아·조기퇴직 등 장기휴가·휴직(최대 3년)시 저축된 기금에서 사용할 수 있도록 하는 제도로 2006년에 도입되었으며, 2006.11월 현재 70개 산별협약 중 17개 협약에서 제도에 참여하고 있다.

---

29) 2012.9.4 이완영 의원 등 10명의 국회의원들이 발의한 「근로기준 일부개정법률안 검토보고서(의안번호 제1544호)」에서 인용

# Ⅲ. 실질적인 연차사용 확대방안

## 1. 근로자들의 인식 개선

연차휴가는 근로시간의 단축과 밀접한 관련이 있는 근로조건 중의 하나임에도 불구하고,[30] 앞에서 살펴본 통계자료를 통해 근로자들은 여전히 연차휴가를 추가 수입원으로 인식하면서 연말에 수당으로 지급받으려는 인식이 높다는 점이 파악되었다. 사용자 역시 사용촉진제가 도입되었음에도 불구하고 기존 관행대로 업무처리를 하면서 사용촉진제 실시에 소극적이다.

따라서 근로자들에게 연차휴가는 소득보전이 목적이 아니라 '피로회복과 휴양'이 기본취지라는 점을 인식시키는 한편, 사용자 역시 사용촉진제를 적극 활용함으로써 기본취지에 부합하게 연차휴가제도를 운영함으로써 근로자들에게 휴가사용을 적극적으로 장려하여야 한다.

## 2. 직장분위기 문제 해결

휴가를 사용하지 않는 직장분위기로 인해 연차사용률이 저조한 경우에는 제도적으로 연차휴가 사용을 보장하여 근로자들이 자유롭게 연차휴가를 이용할 수 있도록 하여야 한다. 계획연휴제와 연차휴가대체제도를 적극 활용하여 여름휴가, 각종 기념일 휴가(생일, 결혼기념일 등) 등에 의무적으로 휴가를 사용할 수 있는 제도를 만들어 주거나, 징검다리 휴일이나 명절 전후에 연차휴가를 사용하도록 전사적으로 운영하거나, 부서별 또는 그룹별로 운영하게 되면 근로자들이 자유롭게 휴가를 사용할 수 있게 된다.

한편, 부서장들의 평가지표로 부서원들의 연차휴가 사용율을 5~10% 정도 포함시키는 것도 연차휴가 사용률을 높이는 한가지 방법이 될 수 있을 것이다.

## 3. 인력부족 문제

근로자들이 휴가를 사용하지 못하는 또하나의 주된 이유는 근로자가 휴가를 사용할 경우 인력이 부족하여 대신 업무를 수행할 사람이 없기 때문이다. 특히,

---

30) 헌법재판소 2008.9.25, 2005헌마586

생산공장의 교대근로자, 병원의 교대업무에 종사하는 간호사 등의 경우에는 근로자 1명이 휴가를 사용하게 되면 이를 대체하기가 용이하지 않기 때문이다. 하지만 앞의 판결에서 본 바와 같이 인력확보문제는 회사의 귀책으로 돌아가므로 충분한 인력을 확보하는 것이 우선이다.

특히, 최근의 화두인 '장시간근로 개선'과 관련하여 교대제 개편, 반듯한 시간제 일자리 창출, 스마트워크 등을 통하여 장시간근로를 개선하고, 필요한 인력을 확충하여야 한다. 장시간근로로 인한 피해는 근로자와 사용자 모두에게 문제가 되기 때문이다.

만약, 300명의 근로자를 사용하고 있는 기업에서 근로자 1명의 평균 연차휴가일수가 20일이고, 이들이 연차휴가를 모두 사용할 수 있다면 "1일 8시간×20일×300명=연 48,000시간"의 공백이 발생한다. 동 시간만큼 신규 근로자를 채용한다고 가정하면 근로자 1명의 연 소정근로시간이 "주 40시간×1년 평균 52.14주≒2,086시간"이므로 신규 채용가능한 근로자수는 "48,000시간÷2,086시간≒23명"이 된다. 연장근로시간까지 포함하게 되면 23명 이상의 신규 일자리가 창출되고, 기존 근로자들은 충분한 휴식을 취할 수 있게 된다.

## 4. 연차휴가 캘린더 활용

고용노동부가 권장하고 있는 개인별 연차휴가 캘린더를 활용함으로써 연차휴가 사용률을 높일 수도 있다.

**▶ 개인별 연차휴가 캘린더 작성 요령(고용노동부)**

① 근로자 개인별로 연차휴가 캘린더 작성·제출(1월중)

② 사용자는 개인별 연차휴가 캘린터 작성·배포(1월중)
- 법정휴일·약정휴일·토요휴무일·연차휴가 등을 색깔을 구분하여 체크
- 사용자는 근로자가 신청한 휴가일이 특정시기에 집중되어 업무에 지장이 있을 때는 근로자와 협의하여 시기 변경

③ 개인별 휴가일정표에 따른 휴가 사용내역 확인(1~6월)
- 중간에 연차휴가 사용시기를 변경해야할 사유가 있을 때에는, 근로자가 휴가일자 조정을 사용자에 신청하고, 개인별 캘린더를 수정하여 사용

④ 연차휴가 미사용 근로자 및 연차휴가사용촉진 조치 대상자 파악(6월)

⑤ 연차휴가 미사용자에 대한 연차휴가사용촉진 조치 실시(휴가사용기간 만료 6월전, 회계연도 기준시 통상 7월 10일)

- 연차휴가 미사용자에게 남은 휴가일수를 통보하고, 통보일부터 10일 이내에 연차휴가 사용시기를 지정하여 사용자에게 통보하도록 서면으로 촉구

⑥ 근로자가 휴가사용 시기를 지정하여 통보하지 않은 경우, 휴가사용 만료 2개월 전에 사용자가 휴가사용 시기를 정하여 근로자에게 서면 통보

- 이렇게 했는데도 근로자가 연차휴가를 사용하지 않으면, 연차수당을 지급하지 않아도 됨.

---

고용노동부의 연차휴가 캘린더가 복잡하다고 생각되는 경우에는 필자가 뒤쪽에 서식으로 첨부한 '연간 연차휴가 사용계획서'를 매년 1월(회계연도 기준시)에 전 근로자들에게 배포하고, 각 근로자들은 부서장들과 협의하여 연차휴가가 1년 중에 균형있게 사용될 수 있도록 계획을 세우도록 하는 것도 방법이 될 수 있다. 다만, 사용촉진 부분에서 설명하였다시피 이는 근로기준법상의 연차휴가 사용촉진제도와는 관계없이 휴가사용을 장려하기 위한 방법이다.[31]

## 5. 가족친화인증 및 근로자 휴가지원사업

가족친화제도를 모범적으로 운영하는 기업 등에 대하여 심사를 통하여 여성가족부장관이 인증을 부여하는 가족친화인증제도[32]에서 연차휴가 이용률이 높을 경우 최대 5점을 부여받는다.

또한 한국관광공사에서 실시하는 '근로자 휴가지원사업'을 실시하는 경우에도 가점이 부여된다. 근로자 휴가지원 사업은 직장 내 자유로운 휴가문화 조성을 위해 기업과 정부가 함께 근로자의 국내 여행 경비를 지원하는 사업으로, 중소기업기본법상 중소기업근로자를 대상으로 한다. 근로자와 기업이 일정 금액의 여행경비를 적립하면 국가가 추가 금액을 적립해 주고, 근로자는 정해진 방식에 따라 동 금액을 활용하여 휴가를 사용할 수 있다.[33]

---

31) 기존 「연차휴가 실무」에 첨부되어 있던 '개인별 연차휴가 캘린더 사용요령'은 이번 「연차휴가와 노동법」에서는 첨부하지 않고, 관련 내용을 파일로 저자의 네이버 카페(조갑식 노무사의 laborlawschool)에 업로드하여 두었으므로 참고하기 바란다.

32) 상세한 내용은 가족친화지원사업 홈페이지(http://www.ffsb.kr)를 참고하기 바란다.

33) 상세한 내용은 한국관광공사 홈페이지(http://vacation.visitkorea.or.kr/travel/worker/workerMain.do)를 참고하기 바란다.

# 첨부 / 서식

- ■ 연차휴가 관련 근로기준법 변경 연혁
- ■ 연차휴가 이월사용 동의서
- ■ [Ⅰ-①] 미사용 연차휴가일수 알림 및 휴가사용시기 지정 요청
- ■ [Ⅰ-②] 연차휴가 사용시기 지정통보서(A1~A9)
- ■ [Ⅱ-①] 미사용 연차휴가일수 알림 및 휴가사용시기 지정 요청
- ■ [Ⅱ-②] 연차휴가 사용시기 지정통보서(A10~A11)
- ■ [Ⅲ-①] 미사용 연차휴가일수 알림 및 휴가사용시기 지정 요청
- ■ [Ⅲ-②] 연차휴가 사용시기 지정통보서(연단위 휴가)
- ■ 미지정 연차휴가 사용시기 지정통보(2차 사용촉진)
- ■ 연차휴가 사용촉진 관련 서면통보서 수령 확인 대장
- ■ 연차휴가 대체합의서
- ■ 근로자대표 선정서
- ■ 연차휴가 사용 및 퇴근 요청서(노무수령 거부 통지서)
- ■ 연차휴가 사용 및 퇴근 요청서(노무수령 거부 통지서)
- ■ 연간 연차휴가 사용계획서
- ■ 20XX 연차휴가 관리대장

# 연차휴가 관련 근로기준법 변경 연혁

## 1. 1953.5.10 제정 근로기준법

〈주요내용 요약〉

◎ 1년간 개근시 8일, 9할 이상 출근시 3일 부여
◎ 휴가일이 20일을 초과할 경우 초과일수에 대해 임금으로 대체 가능
◎ 근로자가 청구한 시기에 부여하고, 평균임금을 지급
　단, 사업운영에 심대한 장애가 있는 경우에 시기변경 가능
◎ 업무상 부상/질병으로 휴업한 기간/산전후휴가기간은 출근으로 간주

第48조【연차유급휴가】

① 사용자는 1년간 개근한 근로자에 대하여는 8일, 9할 이상 출근한 자에 대하여는 3일의 유급휴가를 주어야 한다.

② 1년간의 유급휴일의 총수가 20일 이상이 되는 경우에는 사용자는 그 20일을 초과하는 일수에 대하여는 제46조의 규정에 의한 임금을 지급하고 유급휴가를 주지 아니할 수 있다.

③ 사용자는 제2항의 규정에 의한 유급휴가는 근로자의 청구가 있는 시기에 주어야 하며 그 기간에 대하여는 평균임금을 지급하여야 한다. 단, 근로자의 청구한 시기에 유급휴가를 주는 것이 사업운영에 심대한 지장이 있는 경우에는 그 시기를 변경할 수 있다.

④ 근로자가 업무상의 부상 또는 질병으로 휴업한 기간과 산전·산후의 여자가 제60조의 규정에 의하여 휴업한 기간은 제1항의 규정의 적용에 있어서는 출근한 것으로 본다.

## 2. 1961.12.4 제1차 개정 근로기준법(시행 1961.12.4)

〈주요내용 요약〉

◎ 가산휴가 신설(2년 이상 계속근로한 경우 1년을 초과한 매 1년마다 1일 가산)

◎ 연차휴가수당 지급기준: 평균임금 → 통상임금 또는 평균임금

第48조【연차유급휴가】

① 사용자는 1연간 개근한 근로자에 대하여는 8일, 9할이상 출근한 자에 대하여는 3일의 유급휴가를 주어야 한다.

② 사용자는 2년 이상 계속근로한 근로자에 대하여는 1년을 초과하는 계속근로연수 1년에 대하여 전항의 휴가에 1일을 가산한 유급휴가를 주어야 한다. 단, 그 휴가총일수가 20일을 초과할 경우에는 그 초과하는 일수에 대하여는 통상임금을 지급하고 유급휴가를 주지 아니할 수 있다.

③ 사용자는 전2항의 규정에 의한 유급휴가는 근로자의 청구가 있는 시기에 주어야 하며 그 기간에 대하여는 취업규칙이나 기타로 정하는 바에 의한 통상임금 또는 평균임금을 지급하여야 한다. 단 근로자의 청구한 시기에 유급휴가를 주는 것이 사업운영에 심대한 지장이 있는 경우에는 그 시기를 변경할 수 있다.

④ 근로자가 업무상의 부상 또는 질병으로 휴업한 기간과 산전산후의 여자가 제60조의 규정에 의하여 휴업한 기간은 제1항의 규정의 적용에 있어서는 출근한 것으로 본다.

## 3. 1974.12.24 제2차 개정 근로기준법(시행 1975.1.1)

第48조【연차유급휴가】

① 사용자는 1연간 개근한 근로자에 대하여는 8일, 9할이상 출근한 자에 대하여는 3일의 유급휴가를 주어야 한다.

② 사용자는 2년 이상 계속근로한 근로자에 대하여는 1년을 초과하는 계속근로년수 1년에 대하여 제1항의 휴가에 1일을 가산한 유급휴가를 주어야 한다. 다만, 그 휴가총일수가 20일을 초과하는 경우에는 그 초과하는 일수에 대하여는 통상임금을 지급하고 유급휴가를 주지 아니할 수 있다.

③ 사용자는 제1항 및 제2항의 규정에 의한 유급휴가는 근로자의 청구가 있는

시기에 주어야 하며 그 기간에 대하여는 취업규칙이나 기타로 정하는 바에 의한 통상임금 또는 평균임금을 지급하여야 한다. 다만, 근로자의 청구한 시기에 유급휴가를 주는 것이 사업운영에 심대한 지장이 있는 경우에는 그 시기를 변경할 수 있다.

④ 근로자가 업무상의 부상 또는 질병으로 휴업한 기간과 산전산후의 여자가 제60조의 규정에 의하여 휴업한 기간은 제1항의 규정의 적용에 있어서는 출근한 것으로 본다.

## 4. 1980.12.31 제3차 개정 근로기준법(시행 1980.12.31)

제48조【연차유급휴가】

① 사용자는 1연간 개근한 근로자에 대하여는 8일, 9할이상 출근한 자에 대하여는 3일의 유급휴가를 주어야 한다.

② 사용자는 2년 이상 계속근로한 근로자에 대하여는 1년을 초과하는 계속근로연수 1년에 대하여 제1항의 휴가에 1일을 가산한 유급휴가를 주어야 한다. 다만 그 휴가총일수가 20일을 초과할 경우에는 그 초과하는 일수에 대하여는 통상임금을 지급하고 유급휴가를 주지 아니할 수 있다.

③ 사용자는 제1항 및 제2항의 규정에 의한 유급휴가는 근로자의 청구가 있는 시기에 주어야 하며 그 기간에 대하여는 취업규칙이나 기타로 정하는 바에 의한 통상임금 또는 평균임금을 지급하여야 한다. 다만 근로자의 청구한 시기에 유급휴가를 주는 것이 사업운영에 심대한 지장이 있는 경우에는 그 시기를 변경할 수 있다.

④ 근로자가 업무상의 부상 또는 질병으로 휴업한 기간과 산전산후의 여자가 제60조의 규정에 의하여 휴업한 기간은 제1항의 규정의 적용에 있어서는 출근한 것으로 본다.

⑤ 제1항 및 제2항의 유급휴가는 1년간 행사하지 아니한 때에는 소멸된다. 다만, 사용자의 귀책사유로 사용하지 못한 경우에는 그러하지 아니하다. 〈신설〉

## 5. 1989.3.29 제5차 개정 근로기준법(시행 1989.3.29)

第48조【연차유급휴가】

① 사용자는 1년간 개근한 근로자에 대하여는 10일, 9할 이상 출근한 자에 대하여는 8일의 유급휴가를 주어야 한다.

② 사용자는 2년 이상 계속근로한 근로자에 대하여는 1년을 초과하는 계속근로연수 1년에 대하여 제1항의 휴가에 1일을 가산한 유급휴가를 주어야 한다. 다만 그 휴가총일수가 20일을 초과할 경우에는 그 초과하는 일수에 대하여는 통상임금을 지급하고 유급휴가를 주지 아니할 수 있다.

③ 사용자는 제1항 및 제2항의 규정에 의한 유급휴가는 근로자의 청구가 있는 시기에 주어야 하며 그 기간에 대하여는 취업규칙이나 기타로 정하는 바에 의한 통상임금 또는 평균임금을 지급하여야 한다. 다만 근로자의 청구한 시기에 유급휴가를 주는 것이 사업운영에 심대한 지장이 있는 경우에는 그 시기를 변경할 수 있다.

④ 근로자가 업무상의 부상 또는 질병으로 휴업한 기간과 산전산후의 여자가 제60조의 규정에 의하여 휴업한 기간은 제1항의 규정의 적용에 있어서는 출근한 것으로 본다.

⑤ 제1항 및 제2항의 유급휴가는 1년간 행사하지 아니한 때에는 소멸된다. 다만, 사용자의 귀책사유로 사용하지 못한 경우에는 그러하지 아니하다.

## 6. 1996.12.31 제6차 개정 근로기준법(시행 1997.3.1)

**〈주요내용 요약〉**

◎ 신설: 휴가일수가 30일을 초과할 경우에는 초과일수에 대해 유급휴가를 부여하지 않을 수 있음.

◎ 유급휴가의 대체제도 신설: 근로자대표와의 서면합의에 의하여 월차 또는 연차휴가일에 갈음하여 특정근로일에 근로자를 휴무시킬 수 있는 제도

第48조【연차유급휴가】

① 사용자는 1년간 개근한 근로자에 대하여는 10일, 9할 이상 출근한 자에 대하여는 8일의 유급휴가를 주어야 한다.

② 사용자는 2년이상 계속근로한 근로자에 대하여는 1년을 초과하는 계속근로

년수 1년에 대하여 제1항의 휴가에 1일을 가산한 유급휴가를 주어야 한다. 다만, 그 휴가총일수가 20일을 초과하는 경우에는 그 초과하는 일수에 대하여는 통상임금을 지급하고 유급휴가를 주지 아니할 수 있으며, 30일을 초과할 경우에는 그 초과하는 일수에 대하여는 유급휴가를 주지 아니할 수 있다. 〈후단 신설〉

③ 사용자는 제1항 및 제2항의 규정에 의한 유급휴가는 근로자의 청구가 있는 시기에 주어야 하며 그 기간에 대하여는 취업규칙이나 기타로 정하는 바에 의한 통상임금 또는 평균임금을 지급하여야 한다. 다만 근로자의 청구한 시기에 유급휴가를 주는 것이 사업운영에 심대한 지장이 있는 경우에는 그 시기를 변경할 수 있다.

④ 근로자가 업무상의 부상 또는 질병으로 휴업한 기간과 산전산후의 여자가 제60조의 규정에 의하여 휴업한 기간은 제1항의 규정의 적용에 있어서는 출근한 것으로 본다.

⑤ 제1항 및 제2항의 유급휴가는 1년간 행사하지 아니한 때에는 소멸된다. 다만, 사용자의 귀책사유로 사용하지 못한 경우에는 그러하지 아니하다.

제48조의2【유급휴가의 대체】〈신설〉

사용자는 근로자대표와의 서면합의에 의하여 제47조의 규정에 의한 월차유급휴가일 또는 제48조의 규정에 의한 연차유급휴가일에 갈음하여 특정근로일에 근로자를 휴무시킬 수 있다.

## 7. 1997.3.13 신규 제정 근로기준법(시행 1997.3.13)

**〈신규 제정된 연차휴가제도 관련 내용 요약〉**

◎ 1년간 개근시 10일, 9할 이상 출근시 8일 부여
◎ 2년 이상 계속근로시 1년을 초과한 매 1년마다 가산휴가 1일 부여
(휴가일수가 20일을 초과할 경우 초과일수에 대해서는 통상임금을 지급하고 유급휴가를 미부여할 수 있음)
◎ 근로자가 청구한 시기에 휴가 부여, 동 기간에 대해서는 통상임금 또는 평균임금을 지급 → 사업운영에 막대한 지장이 있을 경우 시기변경 가능
◎ 업무상 부상/질병으로 휴업한 기간/산전후휴가기간은 출근으로 간주
◎ 연차휴가 1년간 미사용시 소멸(사용자의 귀책사유로 사용하지 못한 경우는 제외)
◎ 근로자대표와의 서면합의에 의하여 월차 또는 연차휴가일에 갈음하여 특정근로일에 근로자를 휴무시킬 수 있는 제도

제59조【연차유급휴가】

① 사용자는 1년간 개근한 근로자에 대하여는 10일, 9할이상 출근한 자에 대하여는 8일의 유급휴가를 주어야 한다.

② 사용자는 2년이상 계속근로한 근로자에 대하여는 1년을 초과하는 계속근로년수 1년에 대하여 제1항의 휴가에 1일을 가산한 유급휴가를 주어야 한다. 다만, 그 휴가 총일수가 20일을 초과할 경우에는 그 초과하는 일수에 대하여는 통상임금을 지급하고 유급휴가를 주지 아니할 수 있다.

③ 사용자는 제1항 및 제2항의 규정에 의한 유급휴가는 근로자의 청구가 있는 시기에 주어야 하며 그 기간에 대하여는 취업규칙이나 기타 로 정하는 바에 의한 통상임금 또는 평균임금을 지급하여야 한다. 다만, 근로자가 청구한 시기에 유급휴가를 주는 것이 사업운영에 막대한 지장이 있는 경우에는 그 시기를 변경할 수 있다.

④ 근로자가 업무상 부상 또는 질병으로 휴업한 기간과 산전·산후의 여자가 제72조의 규정에 의하여 휴업한 기간은 제1항의 규정의 적용에 있어서는 출근한 것으로 본다.

⑤ 제1항 및 제2항의 유급휴가는 1년간 행사하지 아니한 때에는 소멸된다. 다만, 사용자의 귀책사유로 사용하지 못한 경우에는 그러하지 아니하다.

제60조【유급휴가의 대체】

사용자는 근로자대표와의 서면합의에 의하여 제57조의 규정에 의한 월차유급휴가일 또는 제59조의 규정에 의한 연차유급휴가일에 갈음하여 특정근로일에 근로자를 휴무시킬 수 있다.

## 8. 2003.9.15 제5차 개정 근로기준법(주 40시간제 도입)(시행 2003.9.15)

**〈주 40시간제 시행에 따른 연차휴가제도 관련 내용 요약〉**

◎ 1년간 8할 이상 출근시 15일 부여

◎ 계속근로년수 1년 미만인 경우 1월간 개근시 1일의 휴가 부여
최초 1년간의 근로에 대해서는 월 1일씩 부여되는 휴가를 포함하여 총 15일 부여하고, 이미 사용한 경우에는 15일에서 공제

◎ 3년 이상 계속근로시 최초 1년을 초과하는 매 2년마다 1일의 휴가를 가산하여 부여

◎ 가산휴가를 포함한 총 휴가일수는 25일을 한도로 함.
◎ 휴가는 근로자가 청구한 시기에 부여하고, 통상임금 또는 평균임금을 지급 → 사업운영에 막대한 지장이 있을 경우 시기변경 가능
◎ 업무상 부상/질병으로 휴업한 기간/산전후휴가기간은 출근으로 간주
(계속근로년수 1년 미만인 경우에 부여되는 월 1일의 휴가에도 적용)
◎ 연차휴가 1년간 미사용시 소멸(사용자의 귀책사유로 사용하지 못한 경우는 제외)
◎ 연차휴가 사용촉진제도 신설
- 휴가사용기간 만료 3개월 전에 법정절차를 준수하여 사용촉진을 한 경우에도 근로자가 미사용한 경우에는 미사용휴가에 대한 보상의무를 면제함.

제59조【연차유급휴가】

① 사용자는 1년간 8할이상 출근한 근로자에 대하여는 15일의 유급휴가를 주어야 한다.

② 사용자는 계속근로년수가 1년 미만인 근로자에 대하여는 1월간 개근시 1일의 유급휴가를 주어야 한다.

③ 사용자는 근로자의 최초 1년간의 근로에 대하여 유급휴가를 주는 경우에는 제2항의 규정에 의한 휴가를 包含하여 15일로 하고, 근로자가 제2항의 규정에 의한 휴가를 이미 사용한 경우에는 그 사용한 휴가일수를 15일에서 공제한다.

④ 사용자는 3년 이상 계속근로한 근로자에 대하여는 제1항의 규정에 의한 휴가에 최초 1년을 초과하는 계속근로년수 매 2년에 대하여 1일을 가산한 유급휴가를 주어야 한다. 이 경우 가산휴가를 포함한 총 휴가일수는 25일을 한도로 한다.

⑤ 사용자는 제1항 내지 제4항의 규정에 의한 휴가는 근로자의 청구가 있는 시기에 주어야 하며, 그 기간에 대하여는 취업규칙이나 그 밖의 정하는 바에 의한 통상임금 또는 평균임금을 지급하여야 한다. 다만, 근로자가 청구한 시기에 휴가를 주는 것이 사업운영에 막대한 지장이 있는 경우에는 그 시기를 변경할 수 있다.

⑥ 제1항 내지 제3항의 규정을 적용함에 있어서 근로자가 업무상의 부상 또는 질병으로 휴업한 기간과 산전·산후의 여성이 제72조의 규정에 의하여 휴업한 기간은 출근한 것으로 본다.

⑦ 제1항 내지 제4항의 규정에 의한 휴가는 1년간 행사하지 아니한 때에는 소멸된다. 다만, 사용자의 귀책사유로 사용하지 못한 경우에는 그러하지 아니하다.

제59조의2【연차유급휴가의 사용촉진】〈신설〉

사용자가 제59조제1항·제3항 및 제4항의 규정에 의한 유급휴가의 사용을 촉진하기 위하여 다음 각호의 조치를 하였음에도 불구하고 근로자가 휴가를 사용하지 아니하여 제59조제7항 본문의 규정에 따라 소멸된 경우에는 사용자는 그 미사용휴가에 대하여 보상할 의무가 없으며, 제59조제7항 단서의 규정에 의한 사용자의 귀책사유에 해당하지 아니하는 것으로 본다.

1. 제59조제7항 본문의 규정에 의한 기간이 끝나기 3월전을 기준으로 10일 이내에 사용자가 근로자별로 미사용휴가일수를 알려주고, 근로자가 그 사용시기를 정하여 사용자에게 통보하도록 서면으로 촉구할 것
2. 제1호의 규정에 의한 촉구에 불구하고 근로자가 촉구를 받은 때부터 10일 이내에 미사용휴가의 전부 또는 일부의 사용시기를 정하여 사용자에게 통보하지 아니한 경우에는 제59조제7항 본문의 규정에 의한 기간이 끝나기 2월전까지 사용자가 미사용휴가의 사용시기를 정하여 근로자에게 서면으로 통보할 것

제60조【유급휴가의 대체】

사용자는 근로자대표와의 서면합의에 의하여 제59조의 규정에 의한 연차유급휴가일에 갈음하여 특정근로일에 근로자를 휴무시킬 수 있다.

## 9. 2005.5.31 제7차 개정 근로기준법(시행 2006.1.1)

제59조【연차유급휴가】

① 사용자는 1년간 8할이상 출근한 근로자에 대하여는 15일의 유급휴가를 주어야 한다.
② 사용자는 계속근로연수가 1년 미만인 근로자에 대하여는 1월간 개근시 1일의 유급휴가를 주어야 한다.
③ 사용자는 근로자의 최초 1년간의 근로에 대하여 유급휴가를 주는 경우에는 제2항의 규정에 의한 휴가를 포함하여 15일로 하고, 근로자가 제2항의 규정에 의한 휴가를 이미 사용한 경우에는 그 사용한 휴가일수를 15일에서 공제한다.
④ 사용자는 3년 이상 계속근로한 근로자에 대하여는 제1항의 규정에 의한 휴

가에 최초 1년을 초과하는 계속근로연수 매 2년에 대하여 1일을 가산한 유급휴가를 주어야 한다. 이 경우 가산휴가를 포함한 총 휴가일수는 25일을 한도로 한다.

⑤ 사용자는 제1항 내지 제4항의 규정에 의한 휴가는 근로자의 청구가 있는 시기에 주어야 하며, 그 기간에 대하여는 취업규칙이나 그 밖의 정하는 바에 의한 통상임금 또는 평균임금을 지급하여야 한다. 다만, 근로자가 청구한 시기에 휴가를 주는 것이 사업운영에 막대한 지장이 있는 경우에는 그 시기를 변경할 수 있다.

⑥ 제1항 내지 제3항의 규정을 적용함에 있어서 다음 각 호의 어느 하나에 해당하는 기간은 출근한 것으로 본다.

1. 근로자가 업무상의 부상 또는 질병으로 휴업한 기간
2. 임신 중의 여성이 제71조제1항 또는 제2항의 규정에 의한 보호휴가로 휴업한 기간

cf. 제2항: 유사산휴가

⑦ 제1항 내지 제4항의 규정에 의한 휴가는 1년간 행사하지 아니한 때에는 소멸된다. 다만, 사용자의 귀책사유로 사용하지 못한 경우에는 그러하지 아니하다.

## 10. 2012.2.1 제23차 개정 근로기준법(시행 2012.8.2)

**〈제23차 개정 근로기준법의 주요내용 요약〉**

◎ 1년간 80% 미만 출근자도 1월 개근시 월 1일의 연차휴가 부여
◎ 출산전후휴가 분할사용 및 동 기간의 출근간주
◎ 연차휴가 사용촉진시점: 3개월 전 → 6개월 전

제60조【연차유급휴가】

① 사용자는 1년간 8할이상 출근한 근로자에 대하여는 15일의 유급휴가를 주어야 한다.

② 사용자는 계속하여 근로한 기간이 1년 미만인 근로자 또는 1년간 80퍼센트 미만 출근한 근로자에게 1개월 개근 시 1일의 유급휴가를 주어야 한다.

③ 사용자는 근로자의 최초 1년간의 근로에 대하여 유급휴가를 주는 경우에는 제2항의 규정에 의한 휴가를 포함하여 15일로 하고, 근로자가 제2항의 규정에

의한 휴가를 이미 사용한 경우에는 그 사용한 휴가일수를 15일에서 공제한다.

④ 사용자는 3년 이상 계속근로한 근로자에 대하여는 제1항의 규정에 의한 휴가에 최초 1년을 초과하는 계속근로연수 매 2년에 대하여 1일을 가산한 유급휴가를 주어야 한다. 이 경우 가산휴가를 포함한 총 휴가일수는 25일을 한도로 한다.

⑤ 사용자는 제1항 내지 제4항의 규정에 의한 휴가는 근로자의 청구가 있는 시기에 주어야 하며, 그 기간에 대하여는 취업규칙이나 그 밖의 정하는 바에 의한 통상임금 또는 평균임금을 지급하여야 한다. 다만, 근로자가 청구한 시기에 휴가를 주는 것이 사업운영에 막대한 지장이 있는 경우에는 그 시기를 변경할 수 있다.

⑥ 제1항부터 제3항까지의 규정을 적용하는 경우 다음 각 호의 어느 하나에 해당하는 기간은 출근한 것으로 본다.

1. 근로자가 업무상의 부상 또는 질병으로 휴업한 기간
2. 임신 중의 여성이 제74조제1항부터 제3항까지의 규정에 따른 휴가로 휴업한 기간

※ 제74조 제2항: 출산전후휴가의 출산전 분할사용

⑦ 제1항 내지 제4항의 규정에 의한 휴가는 1년간 행사하지 아니한 때에는 소멸된다. 다만, 사용자의 귀책사유로 사용하지 못한 경우에는 그러하지 아니하다.

### 제61조【연차유급휴가의 사용 촉진】

사용자가 제60조제1항·제3항 및 제4항에 따른 유급휴가의 사용을 촉진하기 위하여 다음 각 호의 조치를 하였음에도 불구하고 근로자가 휴가를 사용하지 아니하여 제60조제7항 본문에 따라 소멸된 경우에는 사용자는 그 사용하지 아니한 휴가에 대하여 보상할 의무가 없고, 제60조제7항 단서에 따른 사용자의 귀책사유에 해당하지 아니하는 것으로 본다.

1. 제60조제7항 본문에 따른 기간이 끝나기 6개월 전을 기준으로 10일 이내에 사용자가 근로자별로 사용하지 아니한 휴가 일수를 알려주고, 근로자가 그 사용 시기를 정하여 사용자에게 통보하도록 서면으로 촉구할 것
2. 제1호에 따른 촉구에도 불구하고 근로자가 촉구를 받은 때부터 10일 이내

에 사용하지 아니한 휴가의 전부 또는 일부의 사용 시기를 정하여 사용자에게 통보하지 아니하면 제60조제7항 본문에 따른 기간이 끝나기 2개월 전까지 사용자가 사용하지 아니한 휴가의 사용 시기를 정하여 근로자에게 서면으로 통보할 것

## 11. 2017.11.28 제27차 개정 근로기준법(시행 2018.5.29)

**〈제27차 개정 근로기준법의 주요내용〉**

◎ 입사 1년간 80% 이상인 경우 최초 1년간 11일과 2년차에 발생하는 15일 등 총 26일
◎ 육아휴직기간을 출근으로 간주
◎ 사용촉진이 가능한 휴가에서 제60조 제3항을 삭제

제60조【연차 유급휴가】

~~③ 사용자는 근로자의 최초 1년 간의 근로에 대하여 유급휴가를 주는 경우에는 제2항에 따른 휴가를 포함하여 15일로 하고, 근로자가 제2항에 따른 휴가를 이미 사용한 경우에는 그 사용한 휴가 일수를 15일에서 뺀다.~~

⑥ 제1항 및 제2항을 적용하는 경우 다음 각 호의 어느 하나에 해당하는 기간은 출근한 것으로 본다.

1. 근로자가 업무상의 부상 또는 질병으로 휴업한 기간
2. 임신 중의 여성이 제74조제1항부터 제3항까지의 규정에 따른 휴가로 휴업한 기간
3. 「남녀고용평등과 일·가정 양립 지원에 관한 법률」 제19조제1항에 따른 육아휴직으로 휴업한 기간

제61조【연차 유급휴가의 사용 촉진】

사용자가 제60조 제1항 및 제4항에 따른 유급휴가의 사용을 촉진하기 위하여 다음 각 호의 조치를 하였음에도 불구하고 근로자가 휴가를 사용하지 아니하여 제60조제7항 본문에 따라 소멸된 경우에는 사용자는 그 사용하지 아니한 휴가에 대하여 보상할 의무가 없고, 제60조제7항 단서에 따른 사용자의 귀책사유에 해당하지 아니하는 것으로 본다.

## 12. 2020.3.31 개정 근로기준법(시행 2020.3.31)

〈주요 개정내용〉

◎ 계속근로 1년 미만자의 휴가 소멸시기가 '발생일로부터 1년'에서 '입사일로부터 1년'로 변경
◎ 근로기준법 제60조 제2항의 연차휴가에 대한 사용촉진 규정 신설
(계속근로 1년 미만 및 1년간 80% 미만 출근한 근로자의 연차휴가에 대한 사용촉진)

제60조【연차 유급휴가】

⑦ 제1항·제2항 및 제4항에 따른 휴가는 1년간(계속하여 근로한 기간이 1년 미만인 근로자의 제2항에 따른 유급휴가는 최초 1년의 근로가 끝날 때까지의 기간을 말한다) 행사하지 아니하면 소멸된다. 다만, 사용자의 귀책사유로 사용하지 못한 경우에는 그러하지 아니하다.

제61조【연차 유급휴가의 사용 촉진】① 사용자가 제60조 제1항·제2항 및 제4항에 따른 유급휴가(계속하여 근로한 기간이 1년 미만인 근로자의 제60조 제2항에 따른 유급휴가는 제외한다)의 사용을 촉진하기 위하여 다음 각 호의 조치를 하였음에도 불구하고 근로자가 휴가를 사용하지 아니하여 제60조 제7항 본문에 따라 소멸된 경우에는 사용자는 그 사용하지 아니한 휴가에 대하여 보상할 의무가 없고, 제60조 제7항 단서에 따른 사용자의 귀책사유에 해당하지 아니하는 것으로 본다.

1. 제60조 제7항 본문에 따른 기간이 끝나기 6개월 전을 기준으로 10일 이내에 사용자가 근로자별로 사용하지 아니한 휴가 일수를 알려주고, 근로자가 그 사용 시기를 정하여 사용자에게 통보하도록 서면으로 촉구할 것
2. 제1호에 따른 촉구에도 불구하고 근로자가 촉구를 받은 때부터 10일 이내에 사용하지 아니한 휴가의 전부 또는 일부의 사용 시기를 정하여 사용자에게 통보하지 아니하면 제60조 제7항 본문에 따른 기간이 끝나기 2개월 전까지 사용자가 사용하지 아니한 휴가의 사용 시기를 정하여 근로자에게 서면으로 통보할 것

② 사용자가 계속하여 근로한 기간이 1년 미만인 근로자의 제60조 제2항에 따른 유급휴가의 사용을 촉진하기 위하여 다음 각 호의 조치를 하였음에도 불구하고 근로자가 휴가를 사용하지 아니하여 제60조 제7항 본문에 따라 소멸된 경우

에는 사용자는 그 사용하지 아니한 휴가에 대하여 보상할 의무가 없고, 같은 항 단서에 따른 사용자의 귀책사유에 해당하지 아니하는 것으로 본다.

1. 최초 1년의 근로기간이 끝나기 3개월 전을 기준으로 10일 이내에 사용자가 근로자별로 사용하지 아니한 휴가 일수를 알려주고, 근로자가 그 사용 시기를 정하여 사용자에게 통보하도록 서면으로 촉구할 것. 다만, 사용자가 서면 촉구한 후 발생한 휴가에 대해서는 최초 1년의 근로기간이 끝나기 1개월 전을 기준으로 5일 이내에 촉구하여야 한다.
2. 제1호에 따른 촉구에도 불구하고 근로자가 촉구를 받은 때부터 10일 이내에 사용하지 아니한 휴가의 전부 또는 일부의 사용 시기를 정하여 사용자에게 통보하지 아니하면 최초 1년의 근로기간이 끝나기 1개월 전까지 사용자가 사용하지 아니한 휴가의 사용 시기를 정하여 근로자에게 서면으로 통보할 것. 다만, 제1호 단서에 따라 촉구한 휴가에 대해서는 최초 1년의 근로기간이 끝나기 10일 전까지 서면으로 통보하여야 한다.

## 연차휴가 이월사용 동의서*

근로자 ◇◇◇는 연차휴가의 이월사용과 관련하여 다음과 같이 동의합니다.

- 다 음 -

1. 이월사용하는 연차휴가와 이월사용기간
   (1) 계속근로 1년 미만의 기간에 발행하는 연차휴가(총 11일): 입사연도의 다음연도 12.31까지 사용
   (2) 입사 2년 이상의 경우: 정상적인 사용기간 1년 + 추가 1년까지 사용

2. 연차휴가미사용수당의 지급
   (1) 근로자는 이월사용기간까지 연차휴가를 모두 사용하도록 하여야 한다.
   (2) 이월사용기간까지 사용하지 못한 휴가는 「근로기준법에 따라 최종 휴가청구권이 있는 달의 임금지급일」의 통상임금을 기준으로 산정하여, 위 1의 이월사용기간 이후 최초로 도래하는 임금지급일까지 지급한다.
   (3) 휴가를 사용한 경우 먼저 발생한 휴가부터 순차적으로 사용한 것으로 처리한다.

3. 위 내용은 동의시점부터 근로자가 퇴직할 때까지 적용한다.

20XX.○.○

근로자 ◇◇◇ (인)

㈜ ☆☆☆ 귀중

---

* 위 동의서는 입사일 기준으로 연차휴가를 부여하는 기업의 예시이므로 이를 참고하여 수정사용하기 바라며, 근로자 개인별 동의도 가능하지만 단체협약이나 취업규칙 등으로 전직원 또는 특정 근로자 집단을 대상으로 실시하는 것도 가능하다.

## [ I – ①] 미사용 연차휴가일수 알림 및 휴가사용시기 지정 요청 [근로기준법 제61조 제2항 관련, A1~A9]

1. 근로자 인적사항

| 성 명 | | 부 서 | | 사 번 | |
|---|---|---|---|---|---|

2. 미사용 연차휴가일수

202X. . . 현재 발생된 휴가 O일 중에 O일을 사용하셨으며, 사용하지 않은 연차휴가는 _____일 입니다.

| 발생한 연차휴가일수(A) | 사용한 연차휴가일수(B) | 미사용한 연차휴가일수(A–B) |
|---|---|---|
| 일 | 일 | 일 |

3. 연차사용시기 지정 및 회신 요청

202X. . .까지(이 문서를 받은 날로부터 10일 이내) 첨부된 서식에 휴가 사용시기를 작성하여 서명하신 후, 부서장을 경유하여 OO팀으로 회신해 주시기 바랍니다. 또한 지정하신 시기에 휴가를 반드시 사용해 주시기 바라며, 미사용한 경우 연차휴가미사용수당이 지급되지 않음을 알려드립니다.

4. 회신이 없는 경우 등

정해진 기한까지 회신이 없는 경우 또는 미사용 휴가일수 중 일부만 통보하시는 경우에는 회사에서 부서장과 협의하여 귀하의 연차휴가 사용일자(시기)를 지정하여 통보드릴 예정입니다. 이 경우에도 회사가 지정한 시기에 휴가를 사용하시지 않으시면 연차휴가미사용수당이 지급되지 않음을 알려드립니다.

연차휴가는 귀하의 육체적·정신적 휴양의 기회를 제공하고, 일과 생활의 균형을 위한 제도이므로, 그 취지에 맞게 연차휴가를 적극적으로 사용해 주시기를 당부드립니다.

※ 첨부 : 연차휴가 사용시기 지정통보서(회신 양식) – 본인 및 부서장 각 사본 1부 보관

202X. . .

㈜○○○○ (직인)

〈작성요령〉 – '시간 단위'인 경우 위 서식에서 '일수'를 '시간'으로 수정하여 사용

1. 근로자 개인별로 통지가 되어야 하므로, 인적사항을 기재함.
2. 발생한 연차휴가일수(A) : 최대 9일(A1~A9)
3. 사용한 연차휴가일수(B) : 최대 9일(A1~A9) 중 사용한 일수 기재
4. 도달시기 : 근로자의 입사 후 최초 1년의 근로기간이 끝나기 3개월 전을 기준으로 10일 이내 (ex. 1.1 입사자의 경우 10.1~10.10 사이에 근로자에게 도달되어야 함)

## [ Ⅰ – ②] 연차휴가 사용시기 지정통보서(A1~A9)

1. 근로자 인적사항

| 성 명 | | 부 서 | | 사 번 | |
|---|---|---|---|---|---|

2. 미사용 휴가일수 : _____일

3. 회사로부터 휴가사용시기 지정 요청 관련 문서를 받은 날 : 202X. . .

본인은 미사용한 연차휴가에 대하여 다음과 같이 휴가 사용시기를 지정하여 회사에 통보합니다.

– 다　　음 –

■ 휴가 사용시기 지정(원하는 휴가 사용날짜에 O표시)

– 본인의 입사일로부터 1년(365일)이 되는 시점까지만 지정 가능

| | | | | | | | | | | | | | | | | | |
|---|---|---|---|---|---|---|---|---|---|---|---|---|---|---|---|---|---|
| O월 | 일 | 1 | 2 | 3 | 4 | 5 | 6 | 7 | 8 | 9 | 10 | 11 | 12 | 13 | 14 | 15 | |
| | 지정 | | | | | | | | | | | | | | | | |
| | 일 | 16 | 17 | 18 | 19 | 20 | 21 | 22 | 23 | 24 | 25 | 26 | 27 | 28 | 29 | 30 | 31 |
| | 지정 | | | | | | | | | | | | | | | | |
| O월 | 일 | 1 | 2 | 3 | 4 | 5 | 6 | 7 | 8 | 9 | 10 | 11 | 12 | 13 | 14 | 15 | |
| | 지정 | | | | | | | | | | | | | | | | |
| | 일 | 16 | 17 | 18 | 19 | 20 | 21 | 22 | 23 | 24 | 25 | 26 | 27 | 28 | 29 | 30 | |
| | 지정 | | | | | | | | | | | | | | | | |
| O월 | 일 | 1 | 2 | 3 | 4 | 5 | 6 | 7 | 8 | 9 | 10 | 11 | 12 | 13 | 14 | 15 | |
| | 지정 | | | | | | | | | | | | | | | | |
| | 일 | 16 | 17 | 18 | 19 | 20 | 21 | 22 | 23 | 24 | 25 | 26 | 27 | 28 | 29 | 30 | 31 |
| | 지정 | | | | | | | | | | | | | | | | |

☞ 총합계는 미사용일수와 동일하여야 합니다.

202X. . .

위 통보자 :　　　(서명)

(주)○○ 귀중

〈작성요령〉 – '시간 단위'인 경우 위 서식에서 '일수'를 '시간'으로 수정하여 사용

1. 휴일 및 휴무일(토요일) 등은 제외하고 휴가시기를 지정하시기 바랍니다.
2. 지정하신 휴가일수(O표시의 개수)는 미사용일수와 동일해야 합니다.
3. '3. 회사로부터 휴가사용시기 지정 요청 관련 문서를 받은 날'로부터 10일 이내에 OO팀에 도착될 수 있도록 해 주시기 바랍니다.
4. 이 문서의 사본 1부를 꼭 보관하시고, 부서장에게도 1부를 제출해 주셔서 지정하신 날짜에 잊어버리지 않고 휴가를 사용할 수 있도록 해 주시기 바랍니다.
5. 지정하신 시기에 휴가를 사용하시지 않더라도, 연차휴가미사용수당이 지급되지 않습니다.

## [Ⅱ- ①] 미사용 연차휴가일수 알림 및 휴가사용시기 지정 요청
## [근로기준법 제61조 제2항 관련, A10~A11]

1. 근로자 인적사항

| 성 명 | | 부 서 | | 사 번 | |
|---|---|---|---|---|---|

2. 미사용 연차휴가일수

202X. . . 현재 발생된 휴가 O일 중에 O일을 사용하셨으며, 사용하지 않은 연차휴가는 _____일 입니다.

| 발생한 연차휴가일수(A) | 사용한 연차휴가일수(B) | 미사용한 연차휴가일수(A-B) |
|---|---|---|
| 일 | 일 | 일 |

3. 연차사용시기 지정 및 회신 요청

202X. . .까지(이 문서를 받은 날로부터 10일 이내) 첨부된 서식에 휴가 사용시기를 작성하여 서명하신 후, 부서장을 경유하여 OO팀으로 회신해 주시기 바랍니다. 또한 지정하신 시기에 휴가를 반드시 사용해 주시기 바라며, 미사용한 경우 연차휴가미사용수당이 지급되지 않음을 알려드립니다.

4. 회신이 없는 경우 등

정해진 기한까지 회신이 없는 경우 또는 미사용 휴가일수 중 일부만 통보하시는 경우에는 회사에서 부서장과 협의하여 귀하의 연차휴가 사용일자(시기)를 지정하여 통보드릴 예정입니다. 이 경우에도 회사가 지정한 시기에 휴가를 사용하시지 않으시면 연차휴가미사용수당이 지급되지 않음을 알려드립니다.

연차휴가는 귀하의 육체적·정신적 휴양의 기회를 제공하고, 일과 생활의 균형을 위한 제도이므로, 그 취지에 맞게 연차휴가를 적극적으로 사용해 주시기를 당부드립니다.

※ 첨부 : 연차휴가 사용시기 지정통보서(회신 양식) – 본인 및 부서장 각 사본 1부 보관

202X. . .

㈜ㅇㅇㅇㅇ (직인)

〈작성요령〉 – '시간 단위'인 경우 위 서식에서 '일수'를 '시간'으로 수정하여 사용

1. 근로자 개인별로 통지가 되어야 하므로, 인적사항을 기재함.
2. 발생한 연차휴가일수(A) : 최대 2일(A10~A11)
3. 사용한 연차휴가일수(B) : 최대 2일(A10~A11) 중 사용한 일수 기재
4. 도달시기 : 근로자의 입사 후 최초 1년의 근로기간이 끝나기 1개월 전을 기준으로 5일 이내
   (ex. 1.1 입사자의 경우 12.1~12.5 사이에 근로자에게 도달되어야 함)

## [Ⅱ-②] 연차휴가 사용시기 지정통보서(A10~A11)

1. 근로자 인적사항

| 성 명 | | 부 서 | | 사 번 | |
|---|---|---|---|---|---|

2. 미사용 휴가일수 : _____일

3. 회사로부터 휴가사용시기 지정 요청 관련 문서를 받은 날 : 202X. . .

본인은 미사용한 연차휴가에 대하여 다음과 같이 휴가 사용시기를 지정하여 회사에 통보합니다.

- 다　　음 -

■ 휴가 사용시기 지정(원하는 휴가 사용날짜에 O표시)

– 본인의 입사일로부터 1년(365일)이 되는 시점까지만 지정 가능

| | | | | | | | | | | | | | | | | | |
|---|---|---|---|---|---|---|---|---|---|---|---|---|---|---|---|---|---|
| O월 | 일 | 1 | 2 | 3 | 4 | 5 | 6 | 7 | 8 | 9 | 10 | 11 | 12 | 13 | 14 | 15 | |
| | 지정 | | | | | | | | | | | | | | | | |
| | 일 | 16 | 17 | 18 | 19 | 20 | 21 | 22 | 23 | 24 | 25 | 26 | 27 | 28 | 29 | 30 | 31 |
| | 지정 | | | | | | | | | | | | | | | | |
| O월 | 일 | 1 | 2 | 3 | 4 | 5 | 6 | 7 | 8 | 9 | 10 | 11 | 12 | 13 | 14 | 15 | |
| | 지정 | | | | | | | | | | | | | | | | |
| | 일 | 16 | 17 | 18 | 19 | 20 | 21 | 22 | 23 | 24 | 25 | 26 | 27 | 28 | 29 | 30 | |
| | 지정 | | | | | | | | | | | | | | | | |

☞ 총합계는 미사용일수와 동일하여야 합니다.

202X. . .

위 통보자 :　　　　(서명)

(주)○○ 귀중

〈작성요령〉 – '시간 단위'인 경우 위 서식에서 '일수'를 '시간'으로 수정하여 사용

1. 휴일 및 휴무일(토요일) 등은 제외하고 휴가시기를 지정하시기 바랍니다.
2. 지정하신 휴가일수(O표시의 개수)는 미사용일수와 동일해야 합니다.
3. '3. 회사로부터 휴가사용시기 지정 요청 관련 문서를 받은 날'로부터 10일 이내에 OO팀에 도착될 수 있도록 해 주시기 바랍니다.
4. 이 문서의 사본 1부를 꼭 보관하시고, 부서장에게도 1부를 제출해 주셔서 지정하신 날짜에 잊어버리지 않고 휴가를 사용할 수 있도록 해 주시기 바랍니다.
5. 지정하신 시기에 휴가를 사용하시지 않더라도, 연차휴가미사용수당이 지급되지 않습니다.

## [Ⅲ- ①] 미사용 연차휴가일수 알림 및 휴가사용시기 지정 요청 [근로기준법 제61조 제1항 관련, 연단위 휴가]

1. 근로자 인적사항

| 성 명 | | 부 서 | | 사 번 | |
|---|---|---|---|---|---|

2. 미사용 연차휴가일수

202X. . . 현재 발생된 휴가 O일 중에 O일을 사용하셨으며, 사용하지 않은 연차휴가는 _____일 입니다.

| 발생한 연차휴가일수(A) | 사용한 연차휴가일수(B) | 미사용한 연차휴가일수(A-B) |
|---|---|---|
| 일 | 일 | 일 |

3. 연차사용시기 지정 및 회신 요청

202X. . .까지(이 문서를 받은 날로부터 10일 이내) 첨부된 서식에 휴가 사용시기를 작성하여 서명하신 후, 부서장을 경유하여 OO팀으로 회신해 주시기 바랍니다. 또한 지정하신 시기에 휴가를 반드시 사용해 주시기 바라며, 미사용한 경우 연차휴가미사용수당이 지급되지 않음을 알려드립니다.

4. 회신이 없는 경우 등

정해진 기한까지 회신이 없는 경우 또는 미사용 휴가일수 중 일부만 통보하시는 경우에는 회사에서 부서장과 협의하여 귀하의 연차휴가 사용일자(시기)를 지정하여 통보드릴 예정입니다. 이 경우에도 회사가 지정한 시기에 휴가를 사용하시지 않으시면 연차휴가미사용수당이 지급되지 않음을 알려드립니다.

연차휴가는 귀하의 육체적·정신적 휴양의 기회를 제공하고, 일과 생활의 균형을 위한 제도이므로, 그 취지에 맞게 연차휴가를 적극적으로 사용해 주시기를 당부드립니다.

※ 첨부 : 연차휴가 사용시기 지정통보서(회신 양식) – 본인 및 부서장 각 사본 1부 보관

202X. . .

㈜○○○○ (직인)

〈작성요령〉 – '시간 단위'인 경우 위 서식에서 '일수'를 '시간'으로 수정하여 사용

1. 근로자 개인별로 통지가 되어야 하므로, 인적사항을 기재함.
2. 발생한 연차휴가일수(A) : ① 비례연차, ② 연단위 휴가(15~25일), ③ 월단위 휴가(전년도 출근율이 80% 미만인 경우 개근월수 당 1일) 중 하나에 해당하는 휴가의 일수 기재
3. 사용한 연차휴가일수(B) : 발생한 연차휴가일수 중 이미 사용한 일수 기재
4. 도달시기 : 휴가사용기간 만료 6개월 전을 기준으로 10일 이내
   (ex. 1.1 입사자의 경우 7.1~7.10 사이에 근로자에게 도달되어야 함)

## [Ⅲ- ②] 연차휴가 사용시기 지정통보서(연단위 휴가)

1. 근로자 인적사항

| 성 명 | | 부 서 | | 사 번 | |
|---|---|---|---|---|---|

2. 미사용 휴가일수 : _____일

3. 회사로부터 휴가사용시기 지정 요청 관련 문서를 받은 날 : 202X. . .

본인은 미사용한 연차휴가에 대하여 다음과 같이 휴가 사용시기를 지정하여 회사에 통보합니다.

- 다 음 -

■ 휴가 사용시기 지정(원하는 휴가 사용날짜에 O표시)

- 본인의 입사일로부터 1년(365일)이 되는 시점까지만 지정 가능

| | | | | | | | | | | | | | | | | | |
|---|---|---|---|---|---|---|---|---|---|---|---|---|---|---|---|---|---|
| 0 월 | 일 | 1 | 2 | 3 | 4 | 5 | 6 | 7 | 8 | 9 | 10 | 11 | 12 | 13 | 14 | 15 | |
| | 지정 | | | | | | | | | | | | | | | | |
| | 일 | 16 | 17 | 18 | 19 | 20 | 21 | 22 | 23 | 24 | 25 | 26 | 27 | 28 | 29 | 30 | 31 |
| | 지정 | | | | | | | | | | | | | | | | |
| 0 월 | 일 | 1 | 2 | 3 | 4 | 5 | 6 | 7 | 8 | 9 | 10 | 11 | 12 | 13 | 14 | 15 | |
| | 지정 | | | | | | | | | | | | | | | | |
| | 일 | 16 | 17 | 18 | 19 | 20 | 21 | 22 | 23 | 24 | 25 | 26 | 27 | 28 | 29 | 30 | |
| | 지정 | | | | | | | | | | | | | | | | |
| 0 월 | 일 | 1 | 2 | 3 | 4 | 5 | 6 | 7 | 8 | 9 | 10 | 11 | 12 | 13 | 14 | 15 | |
| | 지정 | | | | | | | | | | | | | | | | |
| | 일 | 16 | 17 | 18 | 19 | 20 | 21 | 22 | 23 | 24 | 25 | 26 | 27 | 28 | 29 | 30 | 31 |
| | 지정 | | | | | | | | | | | | | | | | |
| 0 월 | 일 | 1 | 2 | 3 | 4 | 5 | 6 | 7 | 8 | 9 | 10 | 11 | 12 | 13 | 14 | 15 | |
| | 지정 | | | | | | | | | | | | | | | | |
| | 일 | 16 | 17 | 18 | 19 | 20 | 21 | 22 | 23 | 24 | 25 | 26 | 27 | 28 | 29 | 30 | 31 |
| | 지정 | | | | | | | | | | | | | | | | |
| 0 월 | 일 | 1 | 2 | 3 | 4 | 5 | 6 | 7 | 8 | 9 | 10 | 11 | 12 | 13 | 14 | 15 | |
| | 지정 | | | | | | | | | | | | | | | | |
| | 일 | 16 | 17 | 18 | 19 | 20 | 21 | 22 | 23 | 24 | 25 | 26 | 27 | 28 | 29 | 30 | |
| | 지정 | | | | | | | | | | | | | | | | |
| 0 월 | 일 | 1 | 2 | 3 | 4 | 5 | 6 | 7 | 8 | 9 | 10 | 11 | 12 | 13 | 14 | 15 | |
| | 지정 | | | | | | | | | | | | | | | | |
| | 일 | 16 | 17 | 18 | 19 | 20 | 21 | 22 | 23 | 24 | 25 | 26 | 27 | 28 | 29 | 30 | 31 |
| | 지정 | | | | | | | | | | | | | | | | |

☞ 총합계는 미사용일수와 동일하여야 합니다.

202X. . .

위 통보자 : (서명)

(주)○○ 귀중

〈작성요령〉 - '시간 단위'인 경우 위 서식에서 '일수'를 '시간'으로 수정하여 사용

1. 휴일 및 휴무일(토요일) 등은 제외하고 휴가시기를 지정하시기 바랍니다.
2. 지정하신 휴가일수(O표시의 개수)는 미사용일수와 동일해야 합니다.
3. '3. 회사로부터 휴가사용시기 지정 요청 관련 문서를 받은 날'로부터 10일 이내에 OO팀에 도착될 수 있도록 해 주시기 바랍니다.
4. 이 문서의 사본 1부를 꼭 보관하시고, 부서장에게도 1부를 제출해 주셔서 지정하신 날짜에 잊어버리지 않고 휴가를 사용할 수 있도록 해 주시기 바랍니다.
5. 지정하신 시기에 휴가를 사용하시지 않더라도, 연차휴가미사용수당이 지급되지 않습니다.

## 미지정 연차휴가 사용시기 지정통보(2차 사용촉진)

■ 근로자 인적사항

| 성 명 | | 부 서 | | 사 번 | |
|---|---|---|---|---|---|

회사는 202X. . 에 ________님에게 미사용 연차휴가 일수에 대한 사용시기를 지정하여 OO팀으로 서면 통보(회신)해 주실 것을 요청드렸습니다.

그러나 정해진 기한까지 미사용 휴가일수의 전부 또는 일부의 사용시기를 회사에 통지를 해 주시지 않으셔서, 근로기준법 제61조에 따라 회사가 부서장과 협의 후 귀하의 잔여 휴가시기를 지정하여 통보하니, 지정된 날짜에 연차휴가를 모두 사용해 주시기 바랍니다.

※ 지정된 시기에 휴가를 사용하지 않는 경우 연차휴가는 소멸되고 미사용분에 대한 수당이 지급되지 않으니, 반드시 모두 사용해 주시기 바랍니다.

– 다 음 –

■ 휴가 지정일자

| 월 | 연차휴가 사용 지정일 | 소 계 |
|---|---|---|
| 월 | | 일 |
| 월 | | 일 |
| 월 | | 일 |
| 월 | | 일 |
| | 총 합계 | 일 |

20XX년 월 일

㈜ㅇㅇㅇㅇ (직인)

〈작성요령〉 – '시간 단위'인 경우 위 서식에서 '일수'를 '시간'으로 수정하여 사용

※ 이 서식은 계속근로 1년 미만/이상인 근로자 모두에게 공통적으로 사용할 수 있도록 만들었습니다. 상황에 맞게 수정하여 사용하시기 바랍니다.

1. 근로자 개인별로 통지가 되어야 하므로, 인적사항을 기재함.
2. 연차휴가 사용 지정일
   (1) HR부서에서 지정하기 보다는 업무상황을 고려하여 부서장과 협의해서 지정하는 것을 권장함.
   (2) 미사용일수 전부를 지정하여야 함(일부만 지정시 나머지 휴가에 대하여 수당지급의무 발생)
   (3) 휴가를 사용할 수 있는 법정기간을 고려하여 지정할 것
      ① 계속근로 1년 미만 : 입사일로부터 1년이 되는 날까지 지정
      ② 계속근로 1년 이상 : 발생일로부터 1년이 되는 날까지 지정
4. 도착시기 등은 이 책 본문의 '사용촉진' 부분을 참고할 것(반드시 도착시기를 준수해야 함).
5. 2차 사용촉진은 추후 수당지급과 관련한 분쟁이 발생할 가능성이 높으므로 근로자로부터 수령증을 받거나, 부서 단위의 수령 확인 대장 등을 작성하여 수령 여부에 대하여 명확히 하는 것이 좋습니다.

## 연차휴가 사용촉진 관련 서면통보서 수령 확인 대장

본인은 회사에서 통보한 "미사용 연차휴가일수 통지 및 휴가사용시기 지정 요청" 및 "미사용 연차휴가 사용시기 지정통보서"를 서면으로 직접 수령하였음을 확인합니다.

■ 부서명 : ______________________

| No | 성 명 | 사 번 | 수령일자 | 서 명 |
|---|---|---|---|---|
| 1 | | | | |
| 2 | | | | |
| 3 | | | | |
| 4 | | | | |
| 5 | | | | |
| 6 | | | | |
| 7 | | | | |
| 8 | | | | |
| 9 | | | | |
| 10 | | | | |
| 11 | | | | |
| 12 | | | | |
| 13 | | | | |
| 14 | | | | |
| 15 | | | | |
| 16 | | | | |
| 17 | | | | |
| 18 | | | | |
| 19 | | | | |
| 20 | | | | |

〈작성요령〉 – '시간 단위'인 경우 위 서식에서 '일수'를 '시간'으로 수정하여 사용

1. 근로자수가 많은 경우 부서 책임자에게 배포를 하도록 하고, '연차휴가사용촉진 통보서 수령 확인 대장'에 근로자들의 서명을 받아 놓도록 하면 수령 여부를 둘러싼 법적분쟁을 방지할 수 있을 것입니다.
2. 각 휴가(A1~A9, A10~A11, 회계연도 기준 비례연차, 연단위 휴가)와 관련한 법정기간 내에 근로자에게 도달되어야 하며, 근로자가 수령한 일자를 기재합니다.

## 연차휴가 대체합의서

(주)ㅇㅇㅇ 대표이사 ㅁㅁㅁ와 근로자대표 △△△는 직원들의 건강증진과 문화생활 보장 등을 위하여 근로기준법 제62조(유급휴가의 대체) 및 취업규칙 제ㅇㅇ조에 근거하여 연차휴가 대체사용에 대하여 다음과 같이 합의한다.

－다　음－

1. 적용대상:
2. 연차휴가 대체일(총 ㅇ일)
   ① 20XX. X. X ② 20XX. X. X ③ 하기휴가 ㅇ일(20XX. . . ~ . .)
3. 신입사원, 1년간 80% 미만 출근 등으로 대체되는 ㅇ일의 연차휴가가 없는 경우에는 다음연도 연차휴가를 가불 형식으로 선사용하고, 추후 정산한다.
4. 연차휴가가 대체되는 경우, 직원에게 발생한 연차휴가일수에서 위 ㅇ일을 사용한 것으로 보며, 추후 연차휴가미사용수당을 지급하지 않는다. 위 ㅇ일을 제외한 나머지 연차휴가는 직원이 자유롭게 사용할 수 있다.
5. 동 합의의 유효기간은 20XX.1.1~12.31(1년간)로 하며, 다음연도의 연차휴가 대체에 대해서는 금년 12.1에 협의한다.

20XX. . .

| | |
|---|---|
| 주식회사 ㅇㅇㅇ | 주식회사 ㅇㅇㅇ |
| 대표이사 ㅁㅁㅁ (인) | 근로자대표 △△△ (인) |

〈작성요령〉 – ‘시간 단위’인 경우 위 서식에서 ‘일수’를 ‘시간’으로 수정하여 사용

1. 적용대상: 전직원을 대상으로 해도 되며, 특정 직종/부서 등을 정해서 실시하는 것도 가능
2. 연차휴가 대체일은 정확한 날짜를 기재하는 것이 바람직함. 소정근로일 중에서 지정해야 하며, 휴일 또는 휴무일은 지정 불가
3. 대체휴가일수가 부족한 직원에 대한 휴가부여 방안 마련
4. 대체된 휴가일수를 제외한 나머지 연차휴가일수에 대한 처리방안 마련
5. 유효기간을 명시하면 해당 기간까지만 적용됨(갱신 또는 자동연장 조항을 활용하는 것도 가능). 특정일에 대하여 1회성으로 적용하는 경우는 유효기간을 명시할 필요 없음.
6. 근로자대표: 원칙적으로 전사 대상으로 근로자대표를 선출해야 하지만, 최근 고용노동부는 특정 직종/부서에만 연차대체를 하는 경우에는 그 직종/부서 단위로 근로자대표를 선출할 수 있다고 하고 있음(ex. 사무직과 생산직 중 사무직에 대해서만 연차대체를 한다면 사무직 중에서 근로자대표를 선출).

## 근로자대표 선정서

성　명 :
부　서 :
사　번 :

상기인 ○○○을 (주)■■의 연차휴가 대체에 관한 근로자대표로 선정하고, 이에 관한 합의서 작성 및 날인에 관한 일체의 권한을 위임합니다.

년　　월　　일

[선정인 명단 및 날인]

| No | 소 속 | 사 번 | 성 명 | 서명(인) |
|---|---|---|---|---|
| 1 | | | | |
| 2 | | | | |
| 3 | | | | |
| 4 | | | | |
| 5 | | | | |
| 6 | | | | |
| 7 | | | | |
| 8 | | | | |
| 9 | | | | |
| 10 | | | | |

## 연차휴가 사용 및 퇴근 요청서(노무수령 거부 통지서)
## [근로자가 휴가 사용시기를 지정한 경우]

1. 근로자 인적사항

| 성 명 | | 부 서 | | 사 번 | |
|---|---|---|---|---|---|

2. 근로기준법 제61조(연차유급휴가 사용촉진)에 따라 회사는 귀하에게 미사용 연차휴가일수를 알려주고, 그 사용시기를 정하여 회사에 통보하도록 안내하였습니다. 이에 따라 귀하는 금일을 휴가 사용시기로 지정하여 회사에 회신을 하였습니다.

   따라서 오늘은 귀하의 연차휴가 사용일로서 회사에 출근하여 근로를 제공하시면 안되며, 회사는 귀하의 근로를 제공받기 거부하니 즉시 퇴근하셔서 연차휴가를 사용하시기 바랍니다.

3. 본 통지서를 수령하고도 계속 근로를 하는 경우, 회사는 근로기준법에 따라 귀하가 오늘 연차휴가를 사용한 것으로 처리하고, 추후 연차휴가미사용수당을 지급하지 않을 것임을 알려드리니, 이점 유념하시어 휴가제도의 취지에 맞게 충분한 휴식을 취하시기 바랍니다.

20XX.○.○

㈜○○○○ (직인)

-------------------------- 절 취 선 --------------------------

### 연차휴가 사용 및 퇴근 요청서 수령 확인증

1. 본인은 오늘 연차휴가 사용일임에도 불구하고 회사에 출근하였으며, 회사로부터 '연차휴가 사용 및 퇴근 요청서'를 받았음을 확인합니다. 만약, 계속 근로를 하더라도 오늘은 연차휴가를 사용한 것으로 처리되며, 추후 연차휴가미사용수당을 받지 못하더라도 이의를 제기하지 않을 것을 확인합니다.

2. 받은 일시 : 202X. . . 00:00

202X. . .

위 수령인 : (서명)

(주)○○ 귀중

## 연차휴가 사용 및 퇴근 요청서(노무수령 거부 통지서)
## [2차 사용촉진으로 회사가 휴가 사용시기를 지정한 경우]

1. 근로자 인적사항

| 성 명 | | 부 서 | | 사 번 | |
|---|---|---|---|---|---|

2. 근로기준법 제61조(연차유급휴가 사용촉진)에 따라 회사가 귀하에게 미사용 연차휴가일수를 알려주고, 그 사용시기를 정하여 회사에 통보하도록 안내하였음에도 불구하고 아무런 통보를 하지 않아 부득이 회사가 오늘을 귀하의 연차휴가 사용일로 지정하여 통보하였습니다.

   따라서 오늘은 귀하의 연차휴가 사용일로서 회사에 출근하여 근로를 제공하시면 안되며, 회사는 귀하의 근로를 제공받기 거부하니 즉시 퇴근하셔서 연차휴가를 사용하시기 바랍니다.

3. 본 통지서를 수령하고도 계속 근로를 하는 경우, 회사는 근로기준법에 따라 귀하가 오늘 연차휴가를 사용한 것으로 처리하고, 추후 연차휴가미사용수당을 지급하지 않을 것임을 알려드리니, 이점 유념하시어 휴가제도의 취지에 맞게 충분한 휴식을 취하시기 바랍니다.

20XX. ○. ○

㈜○○○○ (직인)

-------------------------- 절 취 선 --------------------------

### 연차휴가 사용 및 퇴근 요청서 수령 확인증

1. 본인은 오늘 연차휴가 사용일임에도 불구하고 회사에 출근하였으나, 회사로부터 '연차휴가 사용 및 퇴근 요청서'를 받았음을 확인합니다. 만약, 계속 근로를 하더라도 오늘은 연차휴가를 사용한 것으로 처리되며, 추후 연차휴가미사용수당을 받지 못하더라도 이의를 제기하지 않을 것을 확인합니다.
2. 받은 일시 : 202X. . . 00:00

202X. . .

위 수령인 : (서명)

(주)○○ 귀중

## 연간 연차휴가 사용계획서

근로기준법이 정하는 바에 따라 충분한 휴식을 보장하고, Work & Life Balance 등을 위하여 직원 개인별로 발생한 연차휴가를 1년간 균형있게 사용하는 것을 장려하기 위한 일환으로 다음과 같이 '연간 연차휴가 사용계획서'를 제출받고 있습니다.

각 부서장들께서는 업무공백이 발생하지 않도록 직원들간의 일정을 조절하여, 소속 직원들이 충분한 휴식을 취할 수 있도록 적극적으로 휴가사용을 장려해 주시기 바랍니다. 동 사용계획서를 1월 ○일까지 취합하여 ○○팀으로 제출 부탁드립니다.

– 다 음 –

1. 인적사항 및 휴가일수

| 소 속 | 직 급 | 성 명 | 20XX 연차휴가일수 |
|---|---|---|---|
| | | | 일 |

2. 휴가 사용일자 지정

| 월 | 연차휴가 사용 일자 | 소계 | 월 | 연차휴가 사용 일자 | 소계 |
|---|---|---|---|---|---|
| 1월 | | 일 | 7월 | | 일 |
| 2월 | | 일 | 8월 | | 일 |
| 3월 | | 일 | 9월 | | 일 |
| 4월 | | 일 | 10월 | | 일 |
| 5월 | | 일 | 11월 | | 일 |
| 6월 | | 일 | 12월 | | 일 |

☞ 휴일, 토요일(무급휴무일)은 제외하고 기재하시기 바랍니다.
☞ 동 사용계획서는 근로기준법상 연차휴가 사용촉진제도와는 무관합니다.

20XX년 1월 일

제 출 자: (서명)

(주)○○○ 귀중

# 20XX 연차휴가 관리대장

20XX. ○. ○. 현재

1. 계속근로기간이 1년 이상인 근로자

| No | 소속 | 사번 | 성명 | 입사일 | 20XX 휴가일수(A) | 사용 일수(B) | 대체사용 일수(C) | 미사용일수 (D=A−B−C) | 통상임금 (E) | 미사용수당 (D×E) | 비고 |
|---|---|---|---|---|---|---|---|---|---|---|---|
| 1 | | | | | | | | | | | |
| 2 | | | | | | | | | | | |
| 3 | | | | | | | | | | | |
| 4 | | | | | | | | | | | |
| 5 | | | | | | | | | | | |
| 6 | | | | | | | | | | | |
| 7 | | | | | | | | | | | |

2. 계속근로기간이 1년 미만인 근로자(신입사원, 기간제근로자 등)

| No | 소속 | 사번 | 성명 | 입사일 | 20XX 월별 개근여부 | | | | | | | | | | | | 발생일수 (A) | 사용일수 (B) | 미사용일수 (C=A−B) |
|---|---|---|---|---|---|---|---|---|---|---|---|---|---|---|---|---|---|---|---|
| | | | | | 1 | 2 | 3 | 4 | 5 | 6 | 7 | 8 | 9 | 10 | 11 | 12 | | | |
| 1 | | | | | | | | | | | | | | | | | | | |
| 2 | | | | | | | | | | | | | | | | | | | |
| 3 | | | | | | | | | | | | | | | | | | | |
| 4 | | | | | | | | | | | | | | | | | | | |
| 5 | | | | | | | | | | | | | | | | | | | |
| 6 | | | | | | | | | | | | | | | | | | | |
| 7 | | | | | | | | | | | | | | | | | | | |

# <저자약력>

## 조 갑 식 (노무법인 KS 대표)

### [카 페]

조갑식 노무사의 laborlawschool (네이버 카페)
https://cafe.naver.com/laborlawschool

### [전 공]

| 학사 | 석사 | 박사 |
|---|---|---|
| 법학, 경영학, 청소년교육학, 소방학,<br>산업안전공학, 교육공학, 산업공학, 상담심리학 | 노동법 전공 | 사회법 전공(수료) |

### [자 격]

| 구 분 | 보유 자격 |
|---|---|
| 인사<br>노무 | 공인노무사, 경영지도사(인적자원관리), 아웃소싱지도사 2급<br>직업능력개발훈련교사 1급(직업상담서비스), 역량인증 HRM 전문가<br>직업능력개발훈련교사 3급(총무·일반사무)<br>여성가족부 가족친화 인증심사원/컨설턴트 |
| 산업안전 | 산업안전기사, 건설안전기사, 산업위생관리기사, 인간공학기사<br>직업능력개발훈련교사 3급(산업안전관리, 산업보건관리)<br>ISO45001(안전보건경영시스템), 소방안전관리자 1급, 위험물안전관리자<br>사업장 안전보건강사, 건설업 안전보건강사 |
| 상담/교육 | 직업능력개발훈련교사 1급(직업상담서비스)<br>직업능력개발훈련교사 3급(평생교육)<br>감정노동관리사, 산업카운슬러 2급 |
| 법정<br>교육 등 | 직장 내 성희롱 예방교육 강사, 직장 내 장애인 인식개선교육 강사<br>개인정보관리사(CPPG), 개인정보취급사(CPPF) |
| 청소년 | 청소년지도사 2급, 청소년상담사 3급, 직업능력개발훈련교사 3급(청소년지도) |
| PC활용 | 정보처리기사, 사무자동화산업기사, 워드 1급, 컴퓨터활용능력 2급 등 |

### [논문 및 저서]

| 논문 및 저서 | 년 월 | 학술지/출판사 등 |
|---|---|---|
| 통상임금의 개념 및 범위에 관한 연구(석사학위논문) | 2008.2 | 고려대학교 노동대학원 |
| 고용서비스 발전을 위한 입법방안 연구 | 2013.12 | 고용노동부 연구용역 |
| 정직과 관련한 실무상의 법적 쟁점 | 2014.4 | 노동법포럼(제12호) |
| (공정인사지침 반영) 저성과자와 노동법(저서) | 2016.2 | 중앙경제사 |